近世日本国際関係論

荒野泰典

吉川弘文館

目次

序論　本書の研究上の立場と四つのキーワード……一
――「近世日本」・「国際関係」・「日本型小帝国」・「鎖国・開国」言説――

第Ⅰ部　近世日本国際関係論の位相

第一章　近世日本国際関係論の前提……三八
――東アジアの華夷秩序と通商関係――

はじめに　三八
第1節　東アジアという地域　三九
第2節　華夷秩序の位相　四三
第3節　国家のネットワーク　四八
おわりに　五四

第二章　日本型華夷秩序の構築……六〇
第1節　倭寇的状況と東アジアの変動　六〇
第2節　諸民族雑居の日本　七三
第3節　日本の華夷秩序と海禁　九〇
第三章　長崎口の構築……一〇五
第1節　長崎口の境界性　一〇五
第2節　貿易都市長崎　一〇八
第3節　貿易都市長崎から「長崎口」へ　一一三
第4節　「臭い」と境界　一二四
第四章　対馬口の形成と展開……一四二
はじめに　一四二
第1節　幕藩制的外交体制の確立課程　一四三
第2節　幕藩制的外交体制の特質　一五六
おわりに　一六六
補論1　通訳論……一六九

第五章　小左衛門と金右衛門……一九三
——せめぎあう人的ネットワークと海禁——
第1節　朝鮮人になった日本人　一九三
第2節　伊藤小左衛門の世界　一九六
第3節　蔭山九大夫と先生金右衛門　二一一
第4節　地域と海禁をめぐる断章　二三三
補論2　釜山倭館の草梁移転……二三三
——倭館移転を朝鮮側から考える——
補論3　近世東アジアの国際関係論と漂流民送還体制……二四八
第Ⅱ部　海禁論の射程
第一章　海禁と鎖国……二六四
第1節　「鎖国」概念の重層性　二六四
第2節　海禁概念の伝来　二六七
第3節　海禁概念の定着　二七八
第4節　海禁から鎖国へ　二八八

第二章　「鎖国・開国」言説の誕生……………………………………三〇三
第1節　課題の設定　三〇三
第2節　「海禁」から「鎖国・開国」へ　三〇四
第3節　「海禁」の思想——如見とケンペル——　三一三
第4節　「鎖国・開国」定着の歴史的意義　三二〇
第三章　「開国」論……………………………………………………三二四
第1節　鎖国と開国　三二四
第2節　「鎖国」と欧米諸国——ケンペル、シーボルト、ペリー——　三二六
第3節　「鎖国」の受容　三三三
第4節　日本の「開国」と東アジア　三三四
補論4　鎖国論と江戸時代論……………………………………………三四三
第Ⅲ部　日本型華夷意識の展開
——国際的相互認識の位相——
第一章　近世の対外観…………………………………………………三六〇
はじめに——課題の設定——　三六〇

第1節　世界観の諸相　三六二
第2節　「華夷」の顛末　三七七
おわりに——民衆の位相——　三八四

第二章　天竺の行方……三八八
——三国世界観の解体と天竺——

はじめに——課題の限定——　三八八
第1節　天竺と三国世界観——フロイス『日本史』を中心に——　三八九
第2節　近世から近代へ　四一一
第3節　天竺の消長——地理的認識から——　四二〇

第三章　二人の皇帝……四四二

第1節　欧米人の見た将軍と天皇　四四二
第2節　「教皇《パパ》」と「皇帝《エンペラドール》」——キリシタン宣教師達の理解——　四四四
第3節　二人の皇帝——オランダ人・イギリス人の理解——　四五〇
第4節　王権の世俗性　四五七

あとがきにかえて

索　引

凡例

・本書に収録した論文の初出は、各章末に記載した。なお、初出論文に対し、著者自身により大幅に加筆・訂正をほどこしたものがある。
・記述のなかの史料保存機関名については、名称や移管先に変更があったものもあるが、初出時の情報のままとした。
・一部、重複した史料の引用や叙述がみられるが、著者の思考過程を示すため、そのままとしている。
・校正にあたっては、秋山伸一、及川将基、上白石実、田中葉子の協力を得た。
・「あとがきにかえて」は、著者への聞き取りをもとに文章化したものである。

序論　本書の研究上の立場と四つのキーワード

――「近世日本」・「国際関係」・「日本型小帝国」・「鎖国・開国」言説――

1　本書の研究上の立場

私は一九七八年に近世日本の国際関係について「四つの口」論を提示し[1]、その五年後の八三年に、「鎖国」に替えて「海禁・華夷秩序」という対概念で、近世日本の国際関係を脱構築する（根本から組み立てなおす）ことを提言した[2]。それ以来、私は「鎖国・開国」言説を前提に組み立てられてきた近世日本と東アジアの「対外関係」の見直しを続けてきたが、その作業は、近世日本の「国際関係」の実態を、従来とは違う視点から掘り起こすとともに、それらの史実を歴史叙述に載せるための理論的な裏づけを必要とした。

実態の掘り起こしとしては、欧米中心史観の表象（象徴）の一つでもある「南蛮貿易」観[3]や、いわゆる「日本単一民族」観などを脱構築するための仮説的枠組みとしての「倭寇的状況・諸民族雑居」論[4]、島原・天草一揆や「日本人の海外渡航禁止」説などの見直し[5]、近世日本の政治・社会・経済・文化などと国際関係の関連の検証[6]、「四つの口」における貿易の実態とその構造的変化と歴史的な意義づけ[7]、いわゆる「開国」の再検討（「開港」が「開国」になった経緯[8]）などがその主なものである。

これらの作業を進めるうちに私は、近世日本の国際関係が、近・現代のそれに匹敵するほどの内容（構造・論理・

歴史）を備えていることについての確信を深め、この研究分野の呼称を、従来のやや値引きした語感のある「対外関係」に替えて、「国際関係」とすることを提言した。[9]同じ頃、近世日本国家の実態は「帝国」と呼ぶのがふさわしいとの豊見山和行・平川新の提言に触発されて、近世日本の国家形態を、「海禁・華夷秩序」を編成原理とする「日本型小帝国」と規定した。[10]今後の私の課題の一つは、これらの仮設（説）をもとに、一六世紀半ばから一九世紀末までの日本の国際関係の通史を書くことではないかと、考え始め、いずれ実現したいと考えている。

二つ目の理論的な整理は、近世日本と東アジア、および世界の国際関係を研究するうちに、おのずから皮膚感覚のように身についた近世日本の国際関係の実態を言語化する試みでもあった。まず、倭寇的状況論と並行して、「海禁」・「華夷秩序」概念の理論的整理と、アジアの視点からのキリスト教問題の再評価を行い、[11]さらに一九九〇年代前半からは、「鎖国」・「開国」・「海禁」などの歴史用語の由来や意味内容の変遷、日本社会への定着とその歴史的な意味などの検討を始めた。[12]その動機は二つあった。一つは、日本の「鎖国」と中国・朝鮮の「海禁」とは違う、あるいは中国の「華夷秩序」には実態があるが日本のそれには無いなどという類型的な議論に私は納得できず、その理由を私なりに突き詰めて考えざるをえなかったこと。もう一つは、「鎖国」ではない（すなわち、国を閉ざしてはいない）という史実をいくら提示しても、「鎖国」という言い方・表現はなくならず、それは近世日本史研究のみならず、前後の時代の中世史や近代史においても、より強固に「鎖国」観が維持されているように見えたからである。その頃には、管見のかぎりでは、まだ「鎖国」、あるいは「開国」という言葉（あるいは用語）そのものの歴史についての研究は、ほとんどなかった。

「鎖国」の語源が、エンゲルベルト・ケンペル Engelbert Kaempfer（一六五一〜一七一六）の『日本誌』（一七二七年刊のオランダ語版がほどなく日本に輸入）の付録の論文のうちの、日本の「鎖国」の是非を論じた論文を、元長崎オランダ通詞志筑忠雄（一七六〇～一八〇六）が翻訳して、『鎖国論』（一八〇一年）と名付けたことに始まるということは、戦前から通説になっていた。[13] さらに私がこの問題に取り組み始めた一九九〇年初め頃までには、以下の三点がすでに明らかにされていた。

（1）まず、ケンペル『日本誌』でヨーロッパに紹介された元禄時代の日本の実像、特に「鎖国」による平和のもとで繁栄を享受する、優れた資質を持つ日本国民というイメージと、その「鎖国肯定論」が、啓蒙主義時代のヨーロッパ思想界に影響を与えたこと。[14]

（2）その一方で、『鎖国論』の日本社会への浸透は着実だが緩慢であり、[15]「鎖国」という言葉が日本社会で一般化するのは、米国ペリー艦隊による「開港」以後であること。[16]

（3）「海禁」については、田中健夫が、徳川幕府の正史『徳川実紀』（「大猷院殿御実紀附録巻三」）にその用例があることを明示し、かつ、「鎖国」という言葉が「玉虫色」である（人によってどのような意味にもなる）という問題点と、その対策として、後に述べる言説論的な検討の必要性をすでに指摘していたこと。[17]

これら先達の仕事に導かれながら手探りで進めてきた作業が、いわゆる「鎖国・開国」という「言説 discourse（英）／discours（仏）」の研究であることを私が知ったのは、今世紀に入り、大島明秀の一連の研究に出会ってからのことだった。[18] 前述の、いわゆる「鎖国」に関する実証的な史実掘り起こしの作業を始めてからすでに一〇年近くも経ってからのことで、まずは自らの不勉強を恥じる他はない。

さて、大島の仕事に啓発された私は「言説」について学び始め、それによって「鎖国」に関する長年の素朴な疑問がほぼ氷解するのを感じた。その疑問とは、先に述べたように、史実としては「鎖国」（国を鎖《とざ》）していなかったことが明白であるのにもかかわらず、「鎖国」という言葉は無くならないばかりか、その延命のための様々なアイデアが提案されるなどして、いまだに命脈を保っているのはなぜか、さらにそれが端的に示している「鎖国」という言葉と、この言葉が体現している歴史観の根強さは何によるのか、ということだった。例えば、私が一九七八年に提案した「四つの口」論は、ほどなく高校日本史の教科書などにも採用されたが、「鎖国下の四つの口」などという、形容矛盾としか言いようのない表現（「四つの口」が開いているのに「鎖国《くにをとざす》」?）で記述されて、多くの場合その矛盾も意識化されず、その問題に正面から向き合おうともされない、という類いのことである。(20)

同じ頃に、文科省の学習指導要領から「鎖国」が削除されたが、「開国」は残された。そのために、教科書の叙述の上では、「鎖国」という表現はない、つまり、「鎖国」（国を鎖《とざ》した）という記述はないのにもかかわらず、米国ペリー艦隊の圧力によって、突然「開国」した（国を開いた）という、珍妙なことになっていた。その矛盾が国会などで指摘され――「開国」があるのに「鎖国」がないのはおかしい云々――、教科書の記述上の矛盾をとりあえずは解消すべく、「鎖国」が復活させられた（二〇一八年六月）。しかし新聞記事などで見るかぎり、近世日本の国際関係の実態について、踏みこんだ議論がなされた形跡は見当たらないようだ。

この経緯から明らかになるのは、「開国」が既成の史実――まず高校までの日本史の授業で教えられるべき必須のアイテム――とされていること、次に、その前提として、江戸時代は「鎖国」という言説が必要とされるものの、その実態がどうであったかという史実に対する関心、あるいは配慮は見られないこと。いわゆる歴史なるものが、例えば戦前までの天皇神話の末路のように、時代に応じて変わっていく――さらに言えば変わっていくべき――ものという初歩的な認識すら見られない。当然のことながら、一九七〇年代後半からの研究の蓄積で明らかにされてきた近世日本の国際関係の実態は、「四つの口」（長崎・薩摩・対馬・松前）を通じて国際関係を維持・管理することで、三〇〇年近い平和を保ち、そのもとで着実な経済成長と豊かな文化を成熟させつつ、自生的な近代化を準備したと評価すべきである。[21] いわゆるペリー来航を契機とする「開国」に始まる（とされる）「文明開化」（近代化）の素地（基礎）は、近世において緩やかにだが着実に醸成され、それがアジアの中でいち早く日本が近代化に成功する社会的文化的素地を作ったということは既に明らかである。さらに、若干の時間差はあれ、同様の現象が東アジア諸国（中国・朝鮮・ベトナム等）でも確認される、という認識も共有されるようになった。[22]

文科省が、学習指導要領から「鎖国」という言葉を削除したことには、それなりの歴史的な根拠があった。既述のように、私は「鎖国」という言葉は、「開国」と同様に史実を正確に表現した用語ではないので、より正確なしかるべき用語・表現に替えるべきと考え、例えば、海禁・華夷秩序体制に基づく近世日本の国際関係というように、具体案を提示してきた。[23] その前提には、かつて「鎖国」としてほとんど顧みられなかった、あるいは「鎖国」下の例外的な事例としてしか取り上げられてこなかった近世日本にも、確かな国際関係（外交・貿易関係等）が存在し、それが近世史それ自体や、近代日本の形成過程にとって欠くことのできない要素であるという見解が、ほぼ学界で共有されるようになった研究動向の変化があった。[24] それに励まされて私は、例えば、いわゆる「鎖国」体制の下、長崎だけで辛うじて「世界」と繋がっていたとされがちだった近世日本が、実態としては、「四つの口」を通じて日常的に外交・貿易関係を維持しつつ、政治・経済・社会・文化等の各分野で成長・成熟しながら、半ば自生的に近代を準備したという史実を確認した。[25]

それと並行して私は、近代以後現在まで近世日本の国際関係を、「鎖国」・「開国」という二つの言葉の組み合わせ（対《ペア》、あるいは対概念）で語ってきた歴史とその理由、つまり「鎖国・開国」言説とその歴史的意味を明らかにする必要があると考えるようになった。すなわち、近世日本（と東アジア）の国際関係の歴史的実態とともに、それを準備し、かつ内側から支えた思想・論理をも明らかにすることの必要性の認識である。それは例えば、自分たち欧米勢力のほとんどが排除、あるいは関係を制限されているというだけで、同時代の、日本をはじめとする東アジア諸国（中国・朝鮮等）を「鎖国」と断定した、欧米流の独断的な姿勢を相対化するための視点＝立ち位置を確保する作業でもあり、その作業の人類史的意義も大きいに違いない。

しかしそれと同時に、そのように語られてきた、あるいは教えられてきたという史実は、その顚末は言うまでもなく、原因やその結果なども含めて歴史叙述に残さなければならない。もちろん歴史教科書にも銘記すべきである。しかし既述のような、「開国」の歴史的意義、あるいはその正当性を確保するためだけに、「鎖国」という言葉が復活させられたという事実には、「開国」を契機に旧幕府にとって替わった維新政府に始まり、その継承者である現在の政権こそが、近・現代日本国家の正当な継承者であるという自意識と主張、あるいはそのような存在であることを自認したいという願望が透けて見える。

そのような風潮と軌を一にするかのように、近世をはさむ前後の時代、すなわち中世と近代の研究者は、これまで述べてきた近世史での議論とはほとんど関係なく、依然として近世＝「鎖国」という前提で自らが研究する時代を意義づけるのが習わしとなっており、それが各時代の研究者のアイデンティティの一つとなっているようにも見受けられる。中世史の場合は、私が研究を始めた七〇年代には、「明るい中世」・「暗い近世」（あるいは、開放的な中世と閉鎖的な近世）という言説がまだまかり通っていた。中世の「明るさ」・「自由」はもう一つの側面、すなわち、絶え間ない戦争や飢餓などの過酷な現実と裏腹の関係にあり、それを克服するために近世という時代が生み出されたことは、藤木久志の一連の画期的な研究(26)で、すでに明らかにされているにもかかわらず、である(27)。

「開国」が前提であれば、それ以前は「鎖国」でなければならない、ということなのだろうか？　とすれば、そこには、近世＝「鎖国」＝閉鎖・停滞、近代＝「開国」＝開放・進歩・発展という固定観念が蜷局《とぐろ》を巻いてうずくまっており、近代の一〇〇年が、間断のない戦争と侵略に明け暮れ、沖縄の悲惨・大空襲・原爆二発・シベリア抑留などで幕を閉じたということを顧みる余地はなさそうであり、ましてや、近世の平和による社会・経済・文化の発展と成熟が近代を準備したという史実においてをや、と言いたくもなる(28)。

これらの現実から、「鎖国」言説の根強さは、近世日本の国際関係の実態にではなく、現代においても研究者のみならず、国民的にも広く支持されているらしい、いわゆる「開国」言説の根強さによるのではないかという疑念を私は抱くようになった。しかしその話題に移る前に、そもそも「言説」とは何か、ということについて、確認しておく必要があるだろう。

2 言説とは何か——歴史学の方法論として考える——

私が理解しえたかぎりでは、「言説」の辞書的な意味は、物事や考えを言葉で説明すること、すなわち「演説」や「論述」などを意味する言葉である。それが、ミシェル・フーコー Michel Foucault（一九二六〜八四）によって、単なる言語表現ではなく、制度や権力と結びつき、現実を反映するとともに、現実を創造する言語表現であり、かつ制度的権力のネットワークであると捉えなおされて、哲学や社会学、文学・歴史などにおける分析の道具として盛んに使われるようになった。その意味を大まかに要約すれば、言葉は単にそれ自体として存在しているのではなく、ある歴史的な文脈や階級・社会関係、価値観などを身にまとって存在しており、その言葉を言うだけで、それにこめられた意味の連鎖を共有している人たちの間で、あるイメージや価値判断などが生じる、それらの総体を「言説」と呼ぶということになるようだ(29)。

例えば、著名な和辻哲郎の『鎖国』は、「鎖国」の具体的内容については、語る価値もないと切り捨てる一方で、可能性と輝きに満ちた（と和辻が考える）「南蛮貿易」時代（私見では、「倭寇的状況の最盛期」）を熱く語りながら、豊臣秀吉の登場、いわゆる「鎖国」時代到来の直前で唐突に叙述を終え、「日本の悲劇」という副題をつける奇妙さ。この研究テーマに関心を持った二〇歳代半ばに、ワクワクしながら読み始めて、最後まで読み終え、「鎖国」について一言も触れていないという事実を確認した時の驚きと失望は、今でも忘れられない。高校時代から教科書等で親しんできた『古寺巡礼』や『風土論』などの著者だけに期待も大きく、それ故に失望も大きかった。しかしそのようなレトリックも、「鎖国」と言うだけで国民のほとんどが、国際的孤立・閉鎖性・停滞・圧政・進歩なき国民等々の言葉で表現される「イメージの連鎖を共有」していたということを前提とすれば、賛同はできないにしても、理解できないわけではない。

要するに彼は、戦国時代までの日本・日本人が持っていた豊かな可能性が、近世の「鎖国」によって圧殺された、その結果が近代の軍国主義時代とみじめな敗戦であり、「日本の悲劇」であると言いたいらしい。そこには、「近世」＝「鎖国」にすべての責任をかぶせて、彼の生きた時代（近・現代）の責任を問う（あるいはそれについて自省する）姿勢は見えない(30)。あるいは私の勉強不足のために気づいていないだけなのかも知れないが、そうでないとすれば、「鎖国」という言葉に幻惑されて、それが三〇〇年近い平和を維持し、内からの近代を準備した近世日本の国際体系の実態あるいは史実に対する配慮がおろそかになっていると言わざるをえない。

既述のように、史実（歴史的実態）として近世日本は、「四つの口」を通じた周辺諸国と外交・貿易関係を維持していたのであって、「鎖国」していたのではなく、当時の為政者や国民がそう考えていたわけでもない(31)。したがって、近世日本＝「鎖国」という歴史認識そのものが正しくない、あるいは実態を正確に表現していない。しかし、その一方でこの言説が、近代に入ってから制度や権力と結びついて機能してきたこともまた、まぎれもない史実である。政権奪取後の明治初年に、いわゆる「新政反対一揆」に直面した維新政府は、その窮地を脱するために、ことさらに「鎖国」を始めとする旧幕府の「失政」をあげつらい、それによる「遅れ」を取り戻すことができるのは、旧幕府ではなく自分たちであるというスローガン（言説）を掲げて、「国民」を近代化と国権拡張政策に駆り立て、「国民」の中のエリートやその予備軍たちも、それを自らの価値として内在化することで、彼らの時代を生き抜こうとしていた。その健気でもあり痛ましくもある姿を、お雇い外国人エルヴィン・フォン・ベルツ Erwin von Bälz（一八四九～一九一三）が日記に書き留めている。[32]

以上のことを踏まえて、この問題に関して私が本書でなすべきことは、以下の三つと考える。

（1）国際関係をはじめとする近世日本の実態とその構造・論理・思想などを、引き続き明らかにすること（史実の究明）。そのため次の手順で、「史実」と「言説」を腑分け（大島明秀の表現による[33]）する。

（2）その言説を、いつ・誰が・どのような理由で（何を根拠に）語り始めたのか、例えば、誰が「鎖国」と断定し、かつ、いつどのような経緯で日本人が自ら「鎖国」と考えるようになったのかを、明らかにする。

（3）さらにその経緯も、もう一つの史実として、その歴史的意義とともに歴史叙述として書き残す。

言い換えれば、「鎖国・開国」言説を歴史叙述に組みこむ、ということになる。ここに述べた手順は、国際関係にかぎらず、およそ歴史研究のすべてに通じるのではなかろうか。

それはさておき、今世紀に入った頃から私は近世の国際関係については、確かな関係が近世を通じて維持されていたという史実（実態）と、それをあえて「鎖国」と断じてきた言説を二本柱としつつ、両者の関係性も含めて研究し、叙述することを心がけるようになった。[34]文科省の学習指導要領（日本史）から「鎖国」が削除されたのはそんな折だったが、それに付随して起きるであろうことが、さらに私に言説研究の必要性を痛感させた。それには、現在日本の歴史教育にまつわる次のような事情が関わっている。ある出来事や事象が史実ではないことが明らかになると、あるいはそのように教科書検定で判断されると、それらはたちまち教科書の記述から姿を消すという問題である。[35] いわゆる「慶安の触書」(一六四九年)が実在しなかったことが論証されて、教科書から削除されたことはまだ記憶に新しい。それとともに、慶安の触書を近世の百姓(農村)支配の表象(特徴を象徴するもの)として語ってきた歴史も、単なる間違いとして顧みられないか、その誤りの理由も深く詮索されることなく過ぎてしまうことになる。

例えば、「表日本」・「裏日本」という言葉も、私たち団塊の世代にはごくありふれた言説だった。[36] 最近まで「裏」と呼ばれていた日本海沿岸地域は、前近代においては先進諸国でもあった中国・朝鮮などと隣接する、いわば日本の先進地域でもあったと考えられる。現在でも、いわゆる「裏」と呼ばれてきた地域を旅すれば、おそらく誰もが、その地域独特の文化の深さと多様性、さらに景観の美しさと落ち着いた風情に心を打たれるに違いない。そもそも何時頃から、どのようにしてこのような表現がされるようになったのかということも含めて、この言葉そのものは史実の一つとして歴史叙述にはとどめておく必要がある。

実は、それに類したことやその正負の遺産が、私たちの身辺には珍しくないのではなかろうか。言葉は本来、諸刃の刃のような属性を持っているものだが、そのような属性も併せて歴史叙述にとどめることが、歴史をより人間に寄り添った豊かなものにすると、私は信じたい。

同じようなことが「鎖国」についても起きようとしているのではないか。まず欧米人が当時の日本を含む東アジア諸国を「鎖国」と断じた歴史的経緯や、近代前後からその「鎖国」観を受け入れて、現在にいたるまで約一世紀の間、自らもそのように語ってきた近・現代日本人の歴史も、その歴史が体現してきた日本人・東アジア人の心性も、「鎖国」という言葉の削除とともに忘れ去られてしまうのではないか。実は同様の心性は日本人だけでなく、中国・朝鮮人など他の東アジア諸国民にも見られ、それは後発の近代国家の国民がほぼ一様に抱えているのではないか、という印象を私は持っており、それもその歴史を学ぶことを通じて克服していくべきものではないだろうか。

後で述べるように、「鎖国」という言葉は、近・現代という時代と、それを生きた国民の在り方や心性・アイデンティティと密接に関わっており、言説論はその関係性を読み解くための有効な方法である。しかし現在の歴史教育の現状では、いずれ「鎖国」という言葉も、一九世紀以来研究現場をはじめ教育現場・マスコミ等でもそのように語ってきたという歴史も、まるでなかったことのように跡形もなく消えて、あるいは消されてしまいかねない、ちょうど敗戦直後、生徒たちにそれまでの日本史の教科書に墨を塗らせたのと同様に。つまり理由を説明せず、ただ結論に従わせるだけということがいまだに行われがちであることを、見落としてはならない。ある先輩の歴史家（近世日本史）に、歴史研究を志ざされた理由を尋ねた時、その人は敗戦時の教科書への墨塗体験が動機と答えられ、史実は自分で確認しなければと思ってね、と付け加えられた。この先輩と同年配の歴史研究者には、同じ動機を抱えておられる方々が多いのではないだろうか。

歴史学も無謬ではありえない。しかしその誤りをまるでなかったかのように抹消、あるいは覆い隠して済ませるべきではない。誤った事実やその原因なども明らかにし、語り伝えていくことも、史実を正しく伝えることと同じく、歴史に携わる者の役割であり、責任でもある。そのことを通じて、「歴史に人あり」ということ、つまり、歴史学もまた人が作り出すものであり、人の営みに他ならないということを明示すること、それは歴史学と歴史教育に人間を取り戻すために有効な方法でもあると、私は考えるようになった(37)。

次に、最近私が多用している、「近世日本」・「国際関係」・「日本型小帝国」・「鎖国・開国」言説、という四つのキーワードについて私見を述べて序論としたい。

3 「日本近世」から「近世日本」へ

まず、「近世日本」という表記について。かつて「近世」という時期区分は、日本独自の封建制、いわゆる幕藩体制の構造的特質＝「兵農分離」・「石高制」・「鎖国」とされた時期があり、(38)私にはこの表記はその時期の名残と見える。つまり、それは日本史の中の近世ということを意味し、同時代の世界との関連性についての意識や配慮は希薄で、その前提としていわゆる「鎖国」観があったように私には見える。しかし現在においては、近世の日本国家が世界史的な連関の中で生まれ、その時代を通じて必要にして十分な（と幕府当局が考えていた程度の）国際関係は維持していたこと、つまり厳密な意味で「鎖国」ではなかったことはすでに明らかである。近世が「鎖国」なら、近現代もまた「鎖国」であって、その本質は、田中健夫がすでに指摘しているように、「海禁」、すなわち「下海通蕃之禁」（国王以外の者＝「人臣」が許可なく、海外に出たり、外国人と交わることの禁止）である。逆に言えば、国王の許可があるか、その代理の者（外交使節等）としての「下海・通蕃」は許されるということを意味している。実は現在の日本も、近世に比べるとはるかに洗練されているので見過ごされがちだが、出入国の際のパスポートチェックが端的に示しているように、私たち国民の出入国が国家にしっかり把握・管理されていることは間違いない。

伝統的に「鎖国」と評価されてきた近世においても、「四つの口」を通じて周辺諸国（中国・オランダ・朝鮮・琉球・アイヌ等）との国際関係を維持していたことを踏まえ、それを私は「大君外交体制」と名づけた。(39)それ以後、「鎖国」下の「四つの口」などという言説が一般化し、今では教科書にも採用されている。しかしその時には、そもそも「鎖国」であるのに「四つの口」が開いているとすることの根本的な矛盾には、私自身もまだ気づいていなかった。

矛盾とは、「口」が開いているのになぜ「鎖《とざす》」と表現されるのかということに始まって、いわゆる「開国」以後本当にこの国は私たち一般国民にも開かれたのか、そもそも海外往復の際のパスポートチェック、あれはいったい何なのか、現代の「海禁」体制の一環ではないのか、等々。すなわち、現在においては、世界の国家連合による各国国民の国境を越えた往来のチェック体制は、かつての近世日本の「海禁」体制よりはるかに整備・強化される一方で、その実施方法もはるかに進歩し、スマートになっている。そのために、私たち国民がその手続きにさほど不便を感じることもなくなり、出入国の度毎に国家によってチェックされていることに鈍感になっているにすぎないのではないか。そう気づいた時に私は、「近世日本」が「鎖国」なら現代日本も基本的に同じと考えるようになり、数年前のイラクにおける日本人捕虜に対する政府・マスコミの「自己責任」論（つまり国家の警告に背いて彼の国に入ったので、政府の責任ではない）に基づく容赦のない断罪と配慮に欠けた措置と姿勢と、それに対する当時の米国務長官の「自己責任とまでは言えない」というコメントとの越えがたい落差――民主主義の定着度、あるいは質の違い――に今さらながら憮然とする一方で、それに対してせめて新聞に投書などして日本政府・マスコミなどの勘違いを指摘すべきだったのではないか、この分野の研究者としてそれくらいの貢献はすべきだったのではないかと、いまだに忸怩たる思いを抱えている。

それはさておき、時期区分についても、中世から近代の間、すなわちほぼ一六世紀から一九世紀の間に近世という時期が設定されうることは、世界史レヴェルでもほぼ認められるようになっている。これらのことを踏まえて私は、従来のような日本独自の時期区分としての近世ではなく、世界史的な時期区分としての近世における日本、すなわち、地球的世界と近世という時代を共有していた日本の歴史的な諸相の探求という意味で、「近世日本」early modern

Japan とする。(40)

4 「対外関係・交渉」から「国際関係」へ——パラダイムの転換——

今世紀の初め頃から私は、既述のように、近世史についても、従来の「対外交渉」・「対外関係」などの用語に替えて、「国際関係」という用語を使用してきた。近・現代において一般化している「国際関係」という用語は、前近代においてはふさわしくない、あるいは近現代とは異なっている、未成熟であるなどという、今となってはさほど根拠があるとは思えない前提が、従来の「対外交渉」・「対外関係」という呼称には込められているように、私は感じてきた。その前提には、欧米社会と、それに倣って「文明開化」した日本・東アジア諸国をはじめとする近代的国家群を基準として、それ以外を劣ったもの、未成熟なものとするある種の偏見、素朴《ナイーヴ》な独断があるように私には思える。(41)

しかし近世以前の地球的世界には、独自の構造と論理を持つ複数の世界が存在しており、それぞれの世界においては、複数の国家、もしくはそれに近い組織体による国際体系（世界システム、あるいは国際関係）が存在した。(42) 欧米のそれもその中の一つであり、東アジアなどの他の「世界」の国際体系が欧米系のそれより劣っているとはかならずしも言えない。欧米系のそれを唯一の国際体系とし、それを基準にそれ以外の世界の国際体系を劣ったものとする、近代欧米主義的な立場に私は到底同意できない。現在も地球で頻発している様々な紛争や相次ぐテロなどの諸問題に、有効な解決策を見いだせないでいるようにみえる現在の国際社会は、現状に対する深刻な危機意識と、過去に長く平和を維持した経験を持つ各地域（世界）の国際システムの構造と論理に学ぶ謙虚さを、持つべきではないだろうか。

中嶋嶺雄によれば、現代の国際関係は「単に国家間の諸関係のみではなく、広く国際社会全体の諸関係を包括する概念」であり、「様々なレヴェルでの国際的な接触」、例えば「諸個人や諸集団の国境を越えた関係」も含まれる。そのような国際関係は、政治・経済・社会・文化などのいくつかの分野の組み合わせから成っており、それらの諸断面が交錯する「場」の諸問題を解明するのが国際関係論である。[43]中嶋は、近世日本を「鎖国」と考えておられるようだが、この定義は、実はほとんどそのまま近世の国際関係にも当てはまる。すなわち、近世日本の国際関係が持つ固有の論理や歴史を明らかにするのが、近世国際関係史、あるいは関係論という研究領域の目標である。つまり、近世国際関係論は、従来の対外関係史や外交・貿易史にとどまらず、社会史・文化史など関連する諸分野をも組みこんで、近世日本国際関係という枠組み、あるいは「場」の立場から総合する、あるいは脱構築（組み立て直し）を志す研究領域である。[44]

「国際関係」を単なる「国家と国家の間の交流」と狭く定義すると、[45]例えば、近世日本の国家（幕藩制国家：幕府・松前藩・和人集団）が持っていた蝦夷地のアイヌ（等の先住民族）との関係は、「国際関係」ではないことになる。しかしそれは、同時代の徳川政権から現在の日本政府までの「国際関係」についての立場を容認することであり、私は同意できない。[46]一八世紀末からの欧米勢力の「通商」要求に対して、徳川政権は、それまでの国際関係を「通信」（朝鮮・琉球）・「通商」（唐〈中国〉・オランダ）と定式化し、それ以外に新たな関係を認める必要性はないとして、欧米勢力（ロシア・オランダ・米国等）の要求を拒絶した。[47]しかしこの定式には、蝦夷地のアイヌらの先住民との関係、すなわち徳川政権が後にロシアなどとの交渉の際に主張することになる、「撫育」の関係は入っていない。その理由は、徳川政権にとって蝦夷地は「無主の地」（大名・領主などのような、その地域を代表する権力、つまり「主《あるじ》」が存在しない土地）であるが、以前より日本の影響力が及んでいる、つまり、潜在的な日本の領土 Japan proper である、すなわち、蝦夷地は「他国の領土となったことがない」地域＝「固有の領土」ということらしい。[48]

「無主」というのは、先住民（アイヌ等）を代表する、もしくは彼らを支配する勢力、あるいは権力が存在しないという意味だが、徳川政権の立場においては、蝦夷地がアイヌなど先住民の生活圏であり、彼らが、かつては和人勢力と対等か、それ以上の力関係で、互いに協定を結ぶ主体的な勢力でもあったという史実は[49]、半ば意図的に無視されている。それは米国政府の先住民（いわゆるインディアン等）に対する姿勢と、奇妙に一致している[50]。

私が試みてきた作業は、まず第一に、東アジアにも伝統的な国際関係が存在し、機能してきたこと――近世日本のそれもその一つ――を確認した上で、その構造と論理を洗い出すこと、第二に、国際関係における個人、あるいは私的集団（歴史的には「倭寇」や、国家を形成するまでに至っていない民族、いわゆる先住民、少数民族など）の歴史的な地位と役割を保証すること、言い換えれば、その存在と歴史的意義を歴史叙述として残すこと、それによって国際関係における国家の役割を相対化するとともに、国際関係論の内容をより豊かで実情に即したものにすること、あるいはそのような叙述を試みることである。東アジア諸国が伝統的に採ってきた、国王以外の外交・貿易を禁ずる「海禁」政策それ自体が、国家権力の客体と思われがちな「人臣」（臣下・国民）が国際関係においても国王の潜在的なライヴァル（競争相手、rival）と意識されていたことを端的に示している[51]。

5　「日本型小帝国」と「海禁」言説――「幕藩制国家」を国際関係から観る――

豊見山和行の近世日本国家＝「帝国」という議論に接した時、私はすぐにその論点に関わるいくつかの史料を思い起こし、同時にその提言を受け入れる気になっていた。その史料とは、次に紹介する、実はよく知られた二つの史料だった。一つ目は、一六一〇年に徳川家康の意を受けて、本多正純が明の福建総督宛に送った（とされる）書簡の冒頭の、徳川政権の自己紹介＝自己認識の部分である（以心崇伝『異国日記』[52]）。

方今、吾日本国主源家康、一統闔国、撫育諸島、左右文武、経緯綱常、遵往古之遺法、鑑旧時之烱戒、邦富民殷而積九年之蓄①、風移俗易而追三代之跡、風移俗易而追三代之跡、其化之所及、朝鮮・安南・交趾・占城・暹羅・呂宋・西洋・柬埔寨等、蕃夷之君長酋帥②、各無不上書輸宝、由是益慕中華而求和平之意、無忘于懐③、

〔大意〕最近我が「日本国主源家康」が日本を統一し、秩序を回復して九年が経ち①、その「化」（影響・徳）は「朝鮮・安南《アンナン》・交趾《コウチ》・占城《チャンパ》・暹羅《シャム》・呂宋《ルソン》・西洋《サイヨウ》・柬埔寨《カンボジャ》等之蕃夷之君長・酋帥」に及び②、いずれも書を奉り、宝を運んでくる、これによりますます「中華」との「和平」を求める気持ちが募る③。

この部分は、①徳川家康は日本を統一して平和を実現し、②その「化」（徳）を慕って、朝鮮から東南アジアにいたる地域の諸国から朝貢使節が訪れる（書を奉り、宝を運んでくる）、③このためますます「中華」との和平を求める気持ちが強くなっている、と述べる。①②は、日本が明と同様に周辺諸国から「朝貢」を受ける国（帝国）であること、③が、明とともにシナ海域（東および東南アジア）の秩序と平和を担う存在として、「和平」（講和）を実現したい、と述べている[53]。

以上①・②・③を併せて、明と並び立ち、ともに東アジアの平和と秩序を守る国家＝帝国の主宰者としての家康の自意識を見ることができる。それは、朝鮮侵略戦争の講和交渉の際に、明皇帝の「冊封」を拒否した豊臣秀吉の自意識とも通底する。秀吉は、明の冊封に甘んじて（臣下の礼をとって）までして、国交を回復するという選択肢は持たず、後継者家康もその姿勢を共有していた。客観的に見れば、秀吉の侵略戦争においては、明・朝鮮側が明らかに優勢で、日本側の失敗（敗戦）に終わることは目に見えていた。しかしそれを、朝鮮との関係については、一六〇七年に「通信使」が来日し、とりあえず、日朝講和が実現した。しかし朝鮮側の名目は「回答兼刷還使」、つまり、日本側（家

康）の書簡に対する「回答」（返簡）と「刷還」（戦争で略奪された朝鮮人の連れ戻し）であって、日本側が期待した「通信」（国王同士が好《よしみ》を結ぶ証に、書簡を交換する）使節ではなかった。このような両者の立場の違いが、後の宗氏・対馬藩の国書改竄事件（柳川一件）の原因となるのだが、この段階では、使節の来日によって日朝間の「講和」が成立し、次いで、島津氏の琉球征服（一六〇九年）によって、朝鮮侵略戦争の失敗で損なわれた武家政権の名目（国体、すなわち国の体面）を、回復した（とすくなくとも国内的にはみなされた）。こうして家康は豊臣政権の後継者の地位を確保し、外交・貿易に関わる様々な儀礼等も、徳川政権とそれに連なる武家諸階層による国内支配の正当性を表象する儀礼として大々的に執り行われ、それが政権安定に果たした歴史的役割は大きかった。[54]

このような日本人の自意識は、同時代の日本を訪れたヨーロッパ人たちの日本観にも反映している。彼らは、当時の日本を「帝国 kijzerrijk」・将軍を「皇帝 kijzer」と認識していた[55]（いずれもオランダ語）。それが、豊見山の「帝国」論によって私自身の記憶の奥から呼び起こされたもう一種類の史料たちであり、それを代表するのが、次に紹介する一七世紀後半と一九世紀前半の日本について、エンゲルベルト・ケンペルとフランツ・シーボルト Franz von Siebold（一七九六〜一八六六）の報告である。ともにドイツ人だが、オランダ東インド会社とオランダ王国に奉職して、元禄時代（ケンペル）と文化文政期（シーボルト）の日本に滞在し、それぞれの時代の日本について、詳しい記録を残した。[56]

彼らの日本の国際関係についての記述の特徴は、まず、それらの関係を中国・オランダ①とその他の琉球列島・朝鮮・蝦夷列島②に分けており、その記述から、分類の基準は国家主権の有無で、欧米型の国際関係の基準（国家主権・勢力均衡・国際法）に則ったものであることが分かる。その上で彼らは異口同音に、①の関係については、彼らの「日本人との交流や共同生活の途は完全に断ち切られ」ているとして、「完全な鎖国状態」とする。つまり、彼らの

「日本＝鎖国」論の根拠はこの点にあり、その論理を受け入れればあながち間違いとも言えないことになる。[57]

しかしその一方で、②の関係についても、両者はともに、「本来は日本国の領土ではないが、日本の守護の下に統治されている多くの辺地がある」として、琉球列島・朝鮮・蝦夷列島を挙げ（ケンペル『日本誌』上巻、一六九〜一七二頁）、シーボルトもこれらの「近隣諸国」を、「保護国」、または「植民地」（シーボルト『日本』第四巻、一七一〜一七四頁）と報告している。つまり彼らが「帝国」と呼ぶ、日本とその「保護国」（朝鮮・琉球）・「植民地」（蝦夷地）は、（欧米諸国が構成する）「世界」から「孤立」して「一個の世界」（シーボルト『日本』前掲箇所）を構成しており、それを東アジア地域でみれば、当時の日本は、一七世紀前半に中華世界から政治的に自立した後、約二世紀経って経済的にも自立したことになる。同時代の蘭学者たちも、日本を地球上の六帝国の一つと考えるようになっていた。[58]「海禁」という用語が、幕府による国際関係の統制策として幕府の正史『徳川実紀』（「大猷院殿御実紀附録巻三」）に登場し、それが平和の維持に特に有効であると合理化（説明）されるのも、同時期のことである。[59]「海禁」言説が、まず、領主階級のレヴェルで定着したと言ってよいだろう。

しかし次に述べるように、ケンペルの時代から約一世紀後のシーボルトの時代には、欧米諸国の日本とアジアに対する姿勢が大きく変わっていた。シーボルトは言う、「今や全世界で貿易の自由と国民の交通が叫ばれている時代」であり、それゆえに「国民経済に抵触する」日蘭貿易のシステムは、「完全に改革されなければならない」と。そのヨーロッパの「叫び」は、日本よりもむしろ、唯一日本貿易を享受している（と欧米勢力から見られていた）オランダに、まず向けられた。[60]ヨーロッパの国際世論をかわしながら、新しい体制の下でもオランダが日本における従来の権益を保持しようとすれば、「改革」のイニシアティヴはオランダが取らなければならない、というのがシーボルトの結論だった。彼の提言で実現した、オランダ国王の徳川将軍への「開国勧告」（一八四四年）のための使者派遣は、その「改革」のための第一歩だった。[61] シーボルトの立ち位置《スタンス》は『鎖国論』（一八一〇年）の訳者志筑忠雄のそれによく似ている。彼（志筑）は次のように述べる（『鎖国論』訳例（訳註）。なお本書では東京大学史料編纂所蔵松平家本を底本とした）。

通商の事、今猶我長崎に於て唐・和蘭陀の交易あれハ、皇国といへとも絶て外国通商なきにハあらねとも、此等ハ欧羅巴《オイローパ》の眼より見れハ、通商といふにも足らす。

志筑は、「皇国」（日本）が「鎖国」しているとは考えていなかったが、ロシア使節ラックスマンの通商要求（一七九二年）が欧米諸国の世界進出の一環であることも理解していた。それに対処するために、まず「上下相和」して、来るべき国難に備えなければならないとする。志筑『鎖国論』は、そのための警世の書だった。その欧米の通商要求を支えた論理はどのようなものだったのかを、次に見よう。

6　「鎖国・開国」言説の形成と定着——欧米と日本の位相——

ヨーロッパでは日本を「鎖国」とする観方は変わらなかったが、その評価は一八世紀の間に大きく変化した。志筑の訳業『鎖国論』のもとになったケンペルの論文は、彼が滞在した時期（一六九〇〜九二年）に見聞した日本の平和と繁栄、それを享受する国と国民の実態を踏まえた、鎖国肯定論であった。日本の「皇帝」（将軍）や中国の皇帝は啓蒙君主になぞらえられるなど、ヨーロッパの思想界（百科全書派からイマヌエル・カント〈一七二四〜一八〇四〉などまで）に影響を与えた。[62] 一九世紀末に浮世絵が印象派にインスピレーションを与えたように。

しかし産業革命を経た一八世紀末のヨーロッパでは、ケンペル流の鎖国肯定論は否定され、東アジアの啓蒙君主は専制君主に、平和は沈滞に、自足して暮らす国民は進歩のない人民に、整備された制度は圧政に、というふうに評価が逆転し、結局のところ「鎖国」によって「文明開化の道」を閉ざされ、国は貧しくなって野蛮化せざるをえない、したがって「鎖国」は得策ではないと、断定されることになる。[63] こうして、解放された「国民」相互の自由な往来によって発展するヨーロッパと、「鎖国」してそれから取り残される日本・アジアという図式とともに、「鎖国」・「開国」という正《プラス》・負《マイナス》という相反する価値（あるいは評価）を負った二つの言葉（言説）が、対偶関係で結びつけられて、「鎖国・開国」言説が形成された。この言説においては、「開国」があるべき姿、「鎖国」はその逆とされ、「開国」は要求する側（欧米諸国）だけでなく、たとえ強制的にであっても、結果として「開国」させられる側の国民にとっても利益になる、とされた。欧米諸国がアジアなどの他の諸地域に対して「開国」を強要する道義的根拠（正当性）を与えたのもこの言説であり、ペリーもその論理で日本を武威で「開国」させ、[64]「開港」後の日本も、刀を返すように、同じまなざしと手法で、朝鮮・琉球・清に立ち向かうことになる。

一方、一九世紀初頭の日本で生まれた「鎖国」という言葉が、米国ペリー艦隊による「開港」（日米和親条約締結…一八五四年）を契機に、一般に流布することになる。同じ頃、open country の訳語として生まれた「開国」という言葉とともに、「処士横議」（誰もが自由に議論する）の風潮の中で、「鎖国」・「開国」の是非がおおっぴらに議論され、これら二つの言葉が社会に浸透し、それにともなって「海禁」という言葉は忘れられていったと考えられる。こうして、「鎖国」・「開国」という二つの言葉が一般に流布・拡散し、一九世紀末の近代化の成功によって、「鎖国・開国」言説として定着し、近・現代日本人のナショナル・アイデンティティの核となっていく。[65]

註

（1） 荒野泰典「幕藩制国家と外交―対馬藩を素材として―」（『歴史学研究』別冊、一九七八年。のち藤野保編『論集幕藩体制

史　第一期第八巻　対外関係と鎖国』雄山閣出版、一九九五年所収。本書第Ⅰ部第四章）。
（2）荒野泰典「日本の鎖国と対外意識」（『歴史学研究』別冊、一九八三年。のち『近世日本と東アジア』東京大学出版会、一九八八年に表題の「鎖国」にカギカッコ（「　」）を付して収録）。
（3）その代表例として、和辻哲郎『鎖国―日本の悲劇―』（筑摩書房、一九五〇年）を挙げて後述する。本書は、「鎖国」を表題としながら、書かれているのは豊臣秀吉の登場までで、いわゆる近世の国際関係についての具体的な記述はなく、「南蛮貿易」を称賛する言葉の後、秀吉の登場で記述は突然終わる。近世の国際関係について一言も語らずに、「日本の悲劇」とはどういうことかと私は唖然としたが、そのこと自体が、和辻の時代にあっては、「鎖国」はわざわざ説明するまでもなく、いわば「陰画」としての「鎖国」イメージとその意義づけが定着しており、「陽画」としての南蛮貿易観が国民に共有されていた、あるいは和辻もそれを共有していたと言ってよいだろう。和辻のこの作品は、「鎖国」言説の在り様（実態とその働き）を端的に示す見本と言ってよいだろう。
（4）荒野泰典「日本型華夷秩序の形成」（朝尾直弘他編『日本の社会史1』岩波書店、一九八七年。本書第Ⅰ部第二章）。
（5）荒野泰典「江戸幕府と東アジア」（同編『日本の時代史一四　江戸幕府と東アジア』吉川弘文館、二〇〇三年）。
（6）荒野泰典「通史」（同他編『日本の対外関係五　地球的世界の成立』吉川弘文館、二〇一三年）。同「通史」（同他編『日本の対外関係六　近世的世界の成熟』吉川弘文館、二〇一〇年）。同「通史」（同他編『日本の対外関係七　近代化する日本』吉川弘文館、二〇一二年）。
（7）荒野前掲註2書。
（8）荒野泰典「「開国」とは何だったのか―「鎖国」との関連で考える―」（『開国史研究』一〇号、二〇一二年）。なお、前掲註6論文も参照されたい。
（9）荒野泰典「世界のなかの近世日本―近世国際関係論の構築に向けて―」（『国際社会の中の近世日本』国立歴史民俗博物館、二〇〇七年）。同「民族と国家」（同他編『日本の対外関係一　東アジア世界の成立』吉川弘文館、二〇一〇年）。その意図は、当時のいわゆる対外関係が近代以後のそれに劣らないほどに高度な内容を持っていたというだけでなく、当時の日本が享受していた平和と繁栄は、ケンペルなどが言うように、「鎖国」（国際的孤立）の賜物として偶然に与えられたものではなく、徳川政権が自らの主体性にもとづいて国際関係を管理・統制・運営するシステムを築き上げ、それを維持したからであるという立場を、明確にするためでもあった。

(10) 豊見山和行『琉球王国の外交と王権』(吉川弘文館、二〇〇四年)。平川新『日本の歴史一二　開国への道―江戸時代／十九世紀―』(小学館、二〇〇八年)。これらの仕事によって私は、「帝国」という観点に気づかされ、近世の琉球王国や蝦夷地のアイヌ等が、自律性を保ちながら徳川政権の「支配」を受け入れている、そのあり方を表現するのにふさわしい、と直感した。なお当初私は、石母田正の表現を借りて、近世日本を「東夷の小帝国」としたが(荒野前掲註6「通史」『日本の対外関係六　近世的世界の成熟』)、近世日本では「東夷」という観念は克服されているのではないか、という村井章介の指摘を受けて、「東アジアの小帝国」、もしくは「日本型小帝国」に替えている(荒野前掲註6「通史」『日本の対外関係五　地球的世界の成立』・荒野前掲註6「通史」『日本の対外関係七　近代化する日本』)。村井の指摘は、古代・中世と近世の国家権力の自己認識(アイデンティティ)、すなわち自らがどのような政権であるかという認識における時代差を的確についており、それは近世という時代の性格を考える際のキーワードの一つ、と私は考えている。

　ちなみに豊見山は、近世までの琉球王国の存在形態が伝統的に「日中両属」とされてきたのに対して、琉球王国の主体性を中心に据えて、日中両国に対する二重朝貢体制とすることを提唱し、この時期の王国の自意識の核心を、「唐と大和のウトゥイエ〈交際＝お付き合い〉を飼い慣らす〈調整する〉」という表現に見出している(同「敗者の戦略としての琉球外交―「唐・大和のお取合《ウトゥイエ》」を飼い慣らす―」『史苑』七〇号、二〇一〇年)。実は「服属」と一面的に捉えられがちな「朝貢」という行為・儀礼においても、朝貢する側の主体性とそれを受ける側の道義的責任も含まれていると考えるべきである(荒野泰典「東アジアの華夷秩序と通商関係」、歴史学研究会編『講座世界史一　世界史とは何か』東京大学出版会、一九九五年。本書第Ⅰ部第一章)。上記の表現は、中世の琉球王府の自立意識が、薩摩・島津氏の軍事占領後にも脈々と受け継がれて近代を迎え、さらに現代にも生きていることを示している。それと同様の関係性が、封建的主従制の主・従の関係にも存在した(朝尾直弘「天下人と京都」、同他編『天下人の時代』平凡社、二〇〇三年)。私が提唱する「国際関係」論は、そのような、日本・東アジアはもちろん、地球的世界の多様な人々の、それぞれの生活や歴史に根差したアイデンティティの受け皿の一つでありたい、と願う。

なお、「帝国」概念について私は、吉村忠興「「帝国」という概念について」（『史学雑誌』一〇八編三号、一九九七年）に多くを学んだが、同論文の存在は私のゼミの卒業生濱口祐介氏の示教を受けた。

(11) 荒野泰典「国際認識と他民族観―「海禁」と「華夷秩序」論覚書―」（歴史科学協議会編『現代を生きる歴史科学二　過去への照射』大月書店、一九八七年）。

(12) 荒野泰典「海禁と鎖国」（同他編『アジアのなかの日本史Ⅱ　外交と戦争』東京大学出版会、一九九二年。本書第Ⅱ部第一章）。同「海禁と鎖国の間で」（『あたらしい歴史教育二　日本史研究に学ぶ』大月書店、一九九三年。本書第Ⅱ部第二章）。同「東アジアのなかの日本の開国」（田中彰編『近代日本の軌跡Ⅰ　明治維新』吉川弘文館、一九九四年。本書第Ⅱ部第三章）。同「東アジアへの視点を欠いた鎖国論」（「教科書に真実と自由を」連絡会編『徹底批判『国民の歴史』』大月書店、二〇〇〇年。本書第Ⅱ部補論4）。荒野前掲註8論文「「開国」とは何だったのか」。

(13) 板沢武雄「鎖国及び「鎖国論」について」（明治文化研究会編『明治文化研究論叢』一元社、一九三四年。のち『日蘭文化交渉史の研究』吉川弘文館、一九五九年に収録）。

(14) 小堀桂一郎『鎖国の思想―ケンペルの世界史的使命―』（中央公論社、一九七四年）。小堀以後、ヨーゼフ・クライナー「ケンペルとヨーロッパの日本観」（図版解説『ドイツ人の見た元禄時代　ケンペル展』図録、ドイツ日本研究所、一九九〇年）などの仕事によって、この種の知見はより詳細になっている。

(15) 同前。

(16) ロナルド・トビ著、速水融他訳『近世日本の国家形成と外交』（創文社、一九九〇年。なお、原著は、*State and Diplomacy in Early Modern Japan: Asia in the Development of the Tokugawa Bakufu* (Princeton University Press, 1984). なお、この史実は、私も大島明秀（後掲註18参照）も確認している。このことは、米国ペリー艦隊による「開港」の日本人に対する政治的・心理的影響の大きさを物語る（荒野前掲註6『日本の対外関係七　近代化する日本』）。

(17) 田中健夫『中世対外関係史』（東京大学出版会、一九七五年）。田中は本書で、「江戸幕府の鎖国体制は、中国を中心に形成された東アジアの国際秩序の日本的表現」とし、この体制の形成については、従来の「おおむねヨーロッパ諸国との関係に限られていた」研究の他に、「東アジアの諸国の動きを中心にした国際関係史の面からの考察」も必要としている（同

「東アジア国際社会における鎖国の意義」)。なお、「鎖国について」(『歴史と地理』二五五号、一九七六年。のち、同『対外関係と文化交流』思文閣出版、一九八二年に収録)では、「鎖国」という言葉が「まさに玉虫色」で「いう人、きく人の立場で、どのようにでも変化し、またどのような概念をも包摂してしま」う、「便利ではあるがまことに厄介であり、こまったこと」とし、その問題の解決のためには、以下の三つの作業が必要としている。

①「鎖国」という言葉の由来から歴史的名辞として固定されるまでの経緯を明らかにする。

②この言葉の意味・内容の時代による変遷とその実態を把握する。

③「鎖国」の問題を東アジアの国際関係の中でとらえる。

初めの二点は、「言説」という言葉こそ使われていないが、まさに「鎖国」という言葉の言説論的な検討の必要性を説いたごく早い例である。周知のように、田中には「倭寇」についての、言説論をふくんだ浩瀚で示唆に富んだ研究があり、そこで提示された倭寇観は私の「倭寇的状況論」のルーツでもある(田中『倭寇』教育社新書、一九八二年。同『東アジア通交圏と国際認識』吉川弘文館、一九九七年)。

言説論が日本に紹介される以前に、田中が独自にその手法を駆使している先見性には、改めて敬服させられる。同様に、華夷意識・秩序概念については、中村栄孝『日鮮関係史の研究』上・中・下(吉川弘文館、一九七〇年)に大きな影響を受けた。その華夷秩序論は、朝尾直弘の「日本型華夷意識」論と田中健夫の「鎖国・海禁」論とともに、今でも私の指標の一つである。

(18) 大島明秀の仕事は、ほどなく『「鎖国」という言説―ケンペル著・志筑忠雄訳『鎖国論』の受容史―』(ミネルヴァ書房、二〇〇九年)にまとめられた。本書は、志筑忠雄『鎖国論』(一八〇一年)の書誌的な調査に基づいて、「鎖国」言説の発生・流布と定着の過程を、日本からヨーロッパ、近世から現代まで丹念に追跡・検討した労作で、その作業を通じて、この言説が日本人を縛るようになった経緯と、今もなお私たちを縛っている現実、さらにそれからの解放の必要性を明快に示した。「開国」概念の誕生から定着までの過程は、私の仕事の他、上白石実「鎖国と開国」(前掲註6『日本の対外関係七　近代化する日本』所収)が明らかにしているが、それ以前に大島には、「開国」言説についても先駆的な仕事がある(同「「開国」概念の検討―言説論の視座から―」『国文研究』五五号、熊本県立大学日本語日本文学会、二〇一〇年)。

(19) 形容矛盾とは、既述のように、実際には、国を鎖《とざ》していなかったにもかかわらず、「鎖国」と表現すること。実は、ケンペルのこの論文を最初に訳出した志筑忠雄も、かくいう私自身も、当初はその矛盾に気づいていなかった。
私が最も大きな影響を受けたのは、朝尾直弘による「鎖国」の論点整理だった(同「近世の政治と経済(1)」『日本史研究入門Ⅲ』東京大学出版会、一九六九年。同「鎖国制の成立」『講座日本史四　幕藩制社会』東京大学出版会、一九七〇年)。その特徴は、①近世日本の国際関係を東アジアという「場」において考えるべきこと(日本とヨーロッパは、直接ではなく、この場を通じて出会った、その歴史的意義)、②「鎖国」を幕藩体制国家の三大特質の一つとして位置づけたこと——ちなみに、朝尾の三大特質とは「兵農分離」・「石高制」・「鎖国」——、③国内政治と対外関係の構造的な関連の指摘、の三点にまとめることができる。以上のうち①は、前掲註17の田中の提言③にあたる。

私と同世代のこの分野の研究者にとって、朝尾の「鎖国」の位置づけは大きな励みになった。一九七七年から歴史学研究会の近世史部会が、四年連続で東アジア地域との国際関係(薩摩—琉球・対馬—朝鮮・松前—蝦夷地)を取りあげ、これを契機に近世日本の対外関係史研究において、東アジアとの関係が主要な柱の一つとされるとともに、議論の枠組みが幕藩体制論から幕藩制国家論に転換して現在にいたる。

しかし田中の批判のように、朝尾の整理の③は、もともと国を鎖すという意味しかない「鎖国」という言葉に、対外関係の構造的関連(あるいは編成)という要素を加えたために、「関係がある」のに「鎖している」と表現する矛盾をもち、学術用語としての整合性を欠くことになった。田中が「鎖国」という「玉虫色」の言葉遣いを強く批判し、「鎖国」に替えて、東アジアの国際社会の伝統に根ざし、かつ歴史的に(例えば、明律に)明確に内容も規定されており、かつ幕府当局もそのように呼んでいた「海禁」という用語を提案したことの意義は大きい(田中前掲註17論文「鎖国について」)。
(20) 例えば、佐々木潤之介(一九二九〜二〇〇四)は、私が提案してきた「四つの口」論や漂流民送還体制、さらに国内経済と国際的分業の変化による貿易の内容や構造の変化という史実も、彼の「鎖国」論に織りこみずみと断言する(同『江戸時代論』吉川弘文館、二〇〇五年)。どこにどう織りこまれているのかが私には理解できないのだが、それは「鎖国」論者の多くに共通する姿勢であり、田中が批判してきた「鎖国」の歯止めのない拡張解釈に他ならないのではないか。なお、そのこととは別に、私は佐々木に対するオマージュを、私なりに持っているつもりである(荒野泰典「佐々木潤之介『江戸時代論』が残したメッセージ」『経済』一三〇号、新日本出版社、二〇〇六年）。ある学会が引けた後に近所の飲み屋でたまたま出くわし、「鎖国だ」（佐々木）、「いや、海禁だ」（荒野）とやり合ったことがあった。戦後の近世史研究に一時代を画した大家でありながら、一回り以上も若い私と対等に議論される氏の真摯なまなざしを、そんな折には決まって、左右どちらかだったかに首をかしげて言葉を絞り出される氏独特の表情と声音ともに懐かしく想いだす。

(21) 荒野泰典『「鎖国」を見直す』（岩波書店、二〇一九年）。

(22) 荒野泰典・石井正敏・村井章介編『アジアのなかの日本史』Ⅰ〜Ⅵ（東京大学出版会、一九九二〜九三年）。

(23) もっとも私は、単に史実ではなかったという理由だけで、「鎖国」という言葉を削除することには賛成できない。仮にそれが史実ではなかったとしても、それを重要な「史実」として教育現場やマスコミ等を通じて国民諸階層に注入され、定着して、現在に至っているという現実とその歴史的意義は、「鎖国・開国」言説を構成する重要な柱の一つとして、長く語り継がなければならない。それがこの分野の研究に携わって来た者の歴史的役割と私は考える。それとともに、やや突飛な提案かもしれないが、近世日本の三〇〇年近い平和体制とそれを生み出し支えた「人臣」（国民）の「避戦の思想」（戦争はもう嫌だという強い思い）と、現在日本の平和憲法とそれによる戦後七〇年の平和と繁栄こそ、私たち日本人が世界に誇ることができる世界歴史遺産ではないか。

(24) 山口啓二『鎖国と開国』（岩波書店、一九九三年）。朝尾直弘前掲註19論文。

(25) 荒野「〔X〕アジアの近代化とナショナリズム―一九世紀前半〜一九世紀末―」（荒野・石井正敏・村井章介共同執筆「Ⅰ時期区分論」の内の荒野執筆分、『アジアのなかの日本史Ⅰ　アジアと日本』東京大学出版会、一九九二年）。

(26) 藤木久志は『豊臣平和令と戦国社会』（東京大学出版会、一九八五年）以来、一貫して村や民衆の視点から、戦国時代の村と戦場を見つめた多くの作品を産み出している（同『戦国の作法―村の紛争解決―』平凡社、一九八七年、ほか）。そこに描かれた現実こそが、近世の平和と秩序の社会・国家を生み出す原動力だったことが納得できる。ケンペルが彼の「鎖国論」の結論部分で、いわゆる元禄時代の日本の人・社会・経済・平和などを列挙した上で、いわゆる「鎖国」肯定論を展開する歴史的背景がこれである（後述、註56書参照）。

(27) もっとも、中世史研究においても、藤木久志とは違うアプローチながら、中世の歴史の到達点としての近世という視点が根付きつつあることも確かである。

(28) その一方で、近代史研究においても、「鎖国」していた近世日本が米国ペリー艦隊によって「開国」されて、近代が始まるという思いこみ(開国言説)が見直されるようになってきている。近代史の側からも、その始点、あるいは萌芽を近世に遡って見出そうという試みも見られるようになっており(三谷博『ペリー来航』吉川弘文館、二〇〇三年)、一九五〇年代に尾藤正英が提起した視点が(尾藤『日本封建思想史研究—幕藩体制の原理と朱子学的思惟—』青木書店、一九六一年)、近世を挟む前後の時代においても共有されるようになってきている。

(29) 「言説」に関するこの説明は、私が「民族と国家」(前掲註9論文)の中で、「言説」という方法について初めて書いた時に参照した、ウィキペディアの説明をなぞったものである。この時に紹介されていた参考文献は以下の通り。中山元『フーコー入門』(ちくま新書、一九九六年)、同『思考の用語辞典』(筑摩書房、二〇〇〇年)、ミシェル・フーコー著、中村雄二郎訳『知の考古学』(河出書房新社、二〇〇六年、新装版)、同著、渡辺一民他訳『言葉と物』(新潮社、一九七四年)など。私の不勉強のために参照すべくしてできていない著作も多いが、お気づきのことがあればご教示いただければ幸いである。なお、その後同じサイトを覗いたところ、理由は不明だが上記の説明は削除されて、やや簡略な説明に差し替えられていた。言説論については、フーコーの著作に立ち返り、その上であらためて自分の言葉で語ることができるように努力したい。

(30) 例えば、山口啓二の卒業論文『松平定信と海防』(東京帝国大学卒業論文、一九四四年。のち『山口啓二著作集　第一巻』校倉書房、二〇〇九年所収)は、定信の海防政策とその歴史的環境について、現代の研究レヴェルに勝るとも劣らない精緻さで叙述し、「あとがき」はあたかも幕末開港と敗戦による軍閥政治と戦争からの解放を予見するかのようで、和辻哲郎の「敗戦」=悲劇観とは対蹠的な受け止め方をしているように見える。

(31) 例えば、ロシア使節ラックスマンへの返書(『通航一覧』第七、国書刊行会、一九一三年、一九二～一九三頁)。

(32) 東京大学医学部の「お雇い教師」として来日したベルツは、日本の歴史について彼に質問されたある日本人(学生と思われる)が、きっぱりと「我々には歴史はありません、我々の歴史は今からやっと始まるのです」と断言したと書き残している(トク・ベルツ編、菅沼竜太郎訳『ベルツの日記』上、第二編、明治九年一〇月二五日条、岩波書店、一九七九年)。よく知られた記事だが、日本の近代化は、近世に培われた社会・経済・文化・精神などに育まれた近代的な要素と、この若者に見られるような心性をも原動力として達成されたのではないだろうか。

（33）大島明秀「「蘭学」を腑分けする」（荒野泰典編『近世日本の国際関係と言説』溪水社、二〇一七年）。

（34）例えば、島原・天草の乱（一六三七〜三八年）の歴史的性格については、百姓一揆とキリシタン一揆の二者択一で議論されてきた伝統がある。しかし乱そのものは、百姓一揆・キリシタン一揆はもちろんのこと、様々な要素・顔を持つ鵺《ぬえ》（あるいは多面体）のような事件だった。私がまず注目したのは、一揆側が当時全国的に蔓延していた領主の苛政を訴えて立ちあがったのに対して、領主側（松倉氏）はその行動を、当初からキリシタン一揆と決めつけて対応し、そのように幕府に報告したことである。そこに領主松倉氏の自らの失政の責任を一揆側に押しつけようとする狡猾さが垣間見えるのだが、それは常のこととして、注目すべきなのは、幕府が領主側の報告をそのままに受けて、キリシタン一揆＝殲滅という立場をとったことである。そこには、対立する両者の言い分を聴取した上で裁定を下すという、中世以来の伝統でもある紛争・争論の裁定者という立場（藤木前掲註26書）ではなく、領主からの報告だけで「キリシタン一揆」と断定し、当初から殲滅の方針で臨んだところに、幕府をはじめとする当時の領主支配の危機的な状況についての気づきが垣間見える。すなわち幕初からの苛酷な搾取と矛盾がほぼ極限に達しており、全国各地＝各大名領が島原・天草地域と同様の状況になる可能性があり——そうなると再び戦乱の時代に戻ってしまう——、それを未然に防ぐために、総力を挙げて、問答無用で押しつぶす戦略を取ったと私は推定している（荒野前掲註5・6論文）。

（35）史実至上主義の問題点については、荒野前掲註9「民族と国家」を参照されたい。

（36）史実至上主義と並んで、「差別語」などとして、一見不都合な言葉を抹殺する、いわゆる「言葉狩り」の問題もある。二一世紀に入った頃の私が勤務した大学のゼミ生たちは、「表日本」・「裏日本」の言葉を知らなかった。私と同年配の方なら、「裏日本」を舞台に、一九八〇年代前半に放映された吉永小百合主演のテレビドラマ「夢千代日記」をご記憶の方も多いだろう。なお、日本の「表・裏」がいつ頃、どのようにしてこの社会に定着したかについては、阿部恒久『「裏日本」はいかにつくられたか』（日本経済評論社、一九九七年）、古厩忠雄『裏日本—近代日本を問い直す—』（岩波書店、一九九七年）などを参照。これらの仕事も、日本史における「言説」研究の先駆けなのではないだろうか。

（37）荒野泰典「言説学事始め—研究史の進化のために—」（『岩波講座日本歴史　月報』二〇、岩波書店、二〇一五年）。

(38) 朝尾直弘による兵農分離・石高制・鎖国を幕藩体制の三大特質とする理論的整理が、その代表的なものである(前掲註19参照)。

(39) 荒野前掲註1論文。

(40) 私の最初の論文集の表題を「近世日本と東アジア」とした理由も、この点にある。

(41) 例えば、法学者(行政法)織田万(一八六八~一九四五)は清国の国際関係に関する法制度(管理・統制の体制)について詳細な記述をしておきながら、清国には「外交」と呼びうるようなものはない、と断言する(『清国行政法 臨時台湾旧慣調査会第一部報告』臨時台湾旧慣調査会、一九〇五~一五年)。しかしその断定は、清国が展開していた国際関係の体系を、彼がある種の先入観に妨げられて、それ(外交、あるいは国際関係)と認識できなかったことを自ら暴露しているにすぎないのではなかろうか。この場合に問われるべきは、織田の「外交」観・「国際関係」観であり、彼の同時代の日本人のみならず、彼らがそのまま受容した欧米世界の東アジア、さらにはアジア全体に対するまなざしの問題でもある。

(42) 有賀貞他編『講座国際政治一 国際政治の理論』(東京大学出版会、一九八九年)、歴史学研究会編『講座世界史一 世界史とは何か』(前掲註10)所収の論文等を参照されたい。

(43) 中嶋嶺雄『国際関係論―同時代への羅針盤―』(中央公論社、一九九二年)。なお、百瀬宏も、もともと国と国との関係を意味する international relation の和製漢語である「国際関係」が、はたして「国と国との関係」に限られるのかと問い、国際関係を形成する要素(行為体 actor)は国家だけではないとする。さらに、古代史家の石母田正の、日本の古代国家の成立と構造の歴史的特徴の一つは、「国際関係」と切り離して考えることはできないという指摘(石母田『日本の古代国家』岩波書店、一九七一年)を受けながら、「国際関係という概念を広義にとって、古代国家までをもふくむものとすれば」、近代以後のそれではないが、「基本的な機能の上ではそれと相通じる国際関係がそこに存在したことは確かであろう」とする(百瀬『国際関係学』東京大学出版会、一九九五年)。私の意図は、同様の立場から、地球レヴェルの同時代の国際関係の在り方のうち、とりあえず近世日本と東アジアの国際関係の実態、すなわちその構造とそれを構成する論理を明らかにすることである(荒野前掲註10「東アジアの華夷秩序と通商関係」など)。

(44) 荒野前掲註9「世界のなかの近世日本」。

(45) 例えば、恩師の一人田中健夫も、「国際関係」を「自らを国家と意識した集団相互の関係」と定義している(同「漢字文化圏のなかの武家政権」『前近代の国際交流と外交文書』吉川弘文館、一九九六年)。しかし、そう単純に割り切れないのが、現在の国際関係の実情である。「自ら国家と意識」した、あるいはそうであろうとした集団が、「国家」として認められず、周辺地域の国家や同地域の既存の国家と紛争を起こす事例は、枚挙にいとまない。近代欧米主義的であると同時に、前近代の東アジア諸国家もほぼ共有していたと考えられる「国際関係」の定義そのものの再検討が迫られている。

(46) 現在の日本政府の立場に対する私の意見は、とりあえずは、荒野泰典「現在日本の国境問題を近世国際関係論から考える」(同編『近世日本の国際関係と言説』溪水社、二〇一七年)を参照されたい。

(47) これを私は、一九九二年以来「海禁・華夷秩序」体制の「祖法化」と「言い換えること」を提案してきた(荒野前掲註12論文「海禁と鎖国」)。幕府の主張は、まさにその体制の祖述であり、長く続いている平和とそのもとでの経済的・文化的成長と成熟が、その正当性の感覚を支えていた。田中健夫がすでに指摘しているように、この時期の幕府の公式見解は「鎖国」ではなく「海禁」であり、長く平和を支えてきた実績のある制度と認識していた。それを私は小堀桂一郎の名著『鎖国の思想』(前掲註14)に倣って、「海禁の思想」と呼ぶことにしたい。かつて、一九八〇年代の初めに「海禁・華夷秩序」論を提示した時に、「海禁」という言葉には、その体制を肯定するニュアンスがあるので、近世のそれを表現する用語としてはふさわしくないのでは、との意見を下さった先輩があったが、まず、ケンペルのいわゆる「鎖国論」は「鎖国」肯定論であり、この言葉が否定的な意味で日本人の間に流布するのは近代以後(定着するのは一九世紀後半)であることを踏まえると(前掲註18参照)、歴史認識の面からも、「海禁・華夷秩序」の対概念で「鎖国」を脱構築するのがふさわしいと、私は考えている。なお、私の提言に対する「単なる言い替え」といった批評は、今もあまり変わっていない。

(48) この事例で補足説明の必要があるのは、長く私が宿題としてきた、幕府の主張には「通信」・「通商」だけで、アイヌ(蝦夷地)との関係が入っていないことについてである。それは、幕府が蝦夷地を「無主の地」とみなして、アイヌとの関係を「国際関係」の範疇に入れていなかったことによる、と考えられる。それは現在の日本政府が、もともとアイヌなどの先住民族の生活圏であった蝦夷地=北海道などを「固有の領土」と主張する根拠でもある。しかし、いわゆる「国際関係」の国家権力による独占(例えば「人臣に外交なし」などの言説)の問題点を浮き彫りにしつつ、その障壁を乗り越えてより現実に即した国際関係の在り方を構想するためにも、アイヌなどの先住民も国際関係の重要な actor として位置づける必要があり、現在の国際社会（例えば国連など）もその方向に動きつつある（百瀬前掲註43書）。その立場から私は、徳川政権は彼らを「撫育」の対象と位置づけていることを踏まえて、「通信」・「通商」に「撫育」を加え、近世日本の「華夷秩序」を構成する三つのカテゴリー（範疇）として定式化した。

ちなみに、近世の蝦夷地や台湾のような地域を、当時は「無主」と呼んだが、それは人が住んでいないという意味ではなく、「主」（その集団を代表する政治的権力）が存在しないという意味である。したがって、ロシアとの間で、蝦夷地域（現在の北海道だけでなく、樺太・千島も含むアイヌ等先住民の生活圏）の領有が問題となった時に、日ロ双方でアイヌに対する「撫育」の有無が問題とされたのは、双方の影響力がどの程度及んでいたかを図る尺度とされたからである（及川将基「「撫育」の論理と松前藩―非分禁止を中心に―」『立教　日本史論集』七号、一九九八年）。しかしその立場が、この地域を生活圏とするアイヌなどの先住民の主体性に対する配慮を欠いたものであったことは言うまでもない。その問題は、現在においてもますます旧来の国家主権に固執する国際関係の定義が、その正当性を問われている、深刻かつ本質的な問題と私は考えている。

(49)　蝦夷地の蠣崎氏（後の松前氏）は、天文二〇（一五五一）年に、渡島半島西部セタナイ（瀬田内）のアイヌ首長ハシタインを「西尹」（西部アイヌ）の「尹《オサ》」として、上ノ国の天の川の郡内で、東部シリウチ（知内）の首長チコモタインを「東夷」（東部アイヌ）の「尹」として、「夷狄の商船往来の法度」を結んだことはよく知られている（榎森進『アイヌの歴史』草風館、二〇〇七年ほか、類書を参照されたい）。これによって一世紀ほど続いたアイヌと「和人」（日本人）勢力との戦争状態に終止符が打たれ、近世の「和人地」（日本人の居住地域で松前藩の領地）の原型（原和人地）が創出され、アイヌとの交易が城下町松前に限定されたと考えられている。そのあり様は、北米大陸に入植した当時の英・蘭等の白人勢力（西インド会社等）と先住民（いわゆるインディアンたち）の関係、さらに合衆国政府がその史実を否定した経緯と酷似している（後掲註50）。

(50)　『米国条約集 *TREATIES AND OTHER INTERNATIONAL ACTS OF THE UNITED STATES OF AMERICA*』（米国政府出版局、一九三一年、簡略版 SHOTR PRINT）。その「編集方針 PLAN OF EDITION」は、この条約集に収録する

範囲 Scope として国際的な条例 International acts・効力を有した協定 Agreements which have been in force 等二一点を挙げ、その四点目に、インディアン諸種族との条約 Treaties with Indian Tribes はこの条約集には収録しないとする。一八七一年三月三日の米国政府の条例 the act によって、「今後はアメリカ合衆国領域内のインディアン民族、すなわち諸種族は、合衆国と条約を結ぶべき独立した民族、種族、すなわち政権 power として承認も、認識もしない」と規定されたことを踏まえ、それまでの四〇〇以上結ばれた条約の歴史的重要性は認めながらも、それらは今やほとんど歴史に過ぎず now largely historic、地名や政府に対する賠償請求の根拠になっている程度なので、「どのようにアレンジしようとも in any form of arrangement」この条約集に収録するのは「断じて望ましくない It would be highly undesirble」とされた（傍点荒野）。もちろん、インディアン条約は別に編集されるので、そちらを参照されたいとの断り書きもある。しかし私は、historic という言葉遣いに、かつて訪れた米国ハワイ州の捕鯨博物館 Kaanapali Maui Whalers Village Museum の展示の締めくくりの説明文「捕鯨の黄金時代の終焉 the end of the “Golden Era of Whaling”」と同じものを感じる。

　捕鯨を、米国人の歴史において最も重要かつ刺激的な時代の一つ one of the most important and exciting era in Americans history と位置づけつつ、それが四つの理由（暴風による船の減少、石油の発見、南北戦争による船の不足、捕鯨そのものによる鯨の減少）によって、捕鯨時代の終わりを余儀なくされたと締めくくる。しかし自らの鯨の乱獲の責任や現在米国主導で展開されている捕鯨禁止運動にみられる自然保護などの主張はまったく見ることができない。なお、この資料は米国における捕鯨関係資料の調査に同行した及川将基氏の提供による。

　改めてつけ加える必要もないかもしれないが、この条例後、日本の旧土人保護法（一八九九年）の手本となったドーズ法（一八八七年）が成立し、本格的かつ体制的な先住民からの土地収奪が始まった。政治的な主体として認め（承認も認識もし）ないことの政治的（歴史的）効果と、そう規定した当時の「合衆国」の構成員たちのあからさまな恣意性（あるいは欲望）や不実さ・非情さは隠しようもない。なお、この規定が現在の米国でどのように扱われているのか、あるいはどのような位置にあるのかを、私はまだ確認しておらず、今後の課題としておきたい。

　ちなみに、米国の独立戦争後の、いわゆる大陸会議期 the Continental Congress Period（一七七四～八九年）に、合衆国政府はオランダ・フランスとも条約を結んだが、フランスとの条約は政府 the Gouverment of France 間のものなので収録するが、オランダとの契約は、アムステルダムの銀行家や商人 bankers or merchants of Amsterdam が相手であり、INTERNATIONAL ACTS（国際条約）ではないので収録しないとされている。現在のニューヨーク New York はオランダ西インド会社の領地で、ニュー・アムステルダム Niew Amsterdam と呼ばれていた。なお、一七世紀前半に台湾をめぐって起きた日本の朱印船とオランダ東インド会社との紛争（台湾事件、一六二七〜三二年）の解決にあたって、オランダとの関係が政治的（外交）関係をふくむ関係から、民間レヴェルの（外交は許されない）貿易のみの「通商」関係に降格されたが、その際の幕府の裁定の根拠も、オランダ側の主体が国家（政府）ではなく、商人が構成する組織体＝会社（東インド会社）ということだった（加藤榮一『幕藩制国家の形成と外国貿易』校倉書房、一九九三年）。先の戦争で日本が敗北した後、「植民地」朝鮮が国家主権を保持していなかったという理由（連合国側の判断）で、その臨時政府や国民の意志に配慮することなく、連合国内部の政治的関係で戦後処理が行われたことが、現在も続く朝鮮半島の南北分断の始まりである。同様の事例は現在の地球世界にも少なからず見受けられるのではなかろうか。

（51）「海禁」＝「下海通蕃之禁」（人臣が私的に海外出たり外国人と交わることの禁止）は、中国王朝で伝統的にみられ、いわゆる「鎖国」は「海禁の一種」とする田中健夫の指摘は妥当である（前掲註19）。海禁の対象である「人臣」は、国際関係における国王のライヴァルであり、もう一人の重要な Actor（「芝居」における役割分担者、関係者、構成員、主体）であることを端的に示している。私の提案する国際関係論の定義は、「人臣に外交なし」という古代以来の国家意識を克服できない日本政府やマスコミ、さらには学界から国民諸階層にいたるまでの、旧態依然とした国際感覚に対する根底的な批判でもある。

（52）『異国日記』の史料批判は、藤井讓治「一七世紀の日本―武家の国家の形成―」（『岩波講座日本歴史』一二、岩波書店、一九九四年）による。

（53）徳川家康以来の徳川政権の明との国交回復政策が目指していたのは、明との国交回復によって、明の日本に対する海禁政策（「国民」の日中間の私的な往来禁止）を解除させ、一六世紀半ば以来発生した倭寇的状況において既成事実となっている「倭寇的勢力」（華人密貿易集団・日本人・ヨーロッパ人など）によって担われている日中間のシナ海交易を合法化して、当時の日本において欠かせなくなっていた商品（白糸〈中国産高級生糸〉・絹織物など）を合法的かつ安定して確保し、かつ、それによって日本を「倭寇の巣窟」という言説から脱却させ、東アジア国際社会において日本政権としての正当性を確保することにあった（前掲註6『日本の対外関係五　地球的世界の成立』）。しかし、それが実現するのは、明清交代（一六四四年）を経て、清の覇権が確立し、日本に対する海禁が解除され（展海令、一六八四年）、さらに新井白石の正徳新例（一七一五年）を経て、両国の間で「通商」の関係とすることについての暗黙の合意が成立してからのことである（荒野前掲註6論文、五巻・六巻）。

（54）荒野前掲註6論文、五巻。

（55）荒野泰典「二人の皇帝―欧米人の見た天皇と将軍―」（田中健夫編『前近代の日本と東アジア』吉川弘文館、一九九六年。本書第Ⅲ部第三章）。

（56）ケンペル『日本誌』からの引用は、エンゲルベルト・ケンペル著、今井正訳『日本誌―日本の歴史と紀行―』上下（霞ヶ関出版、一九七二年）、フォン・シーボルト『日本』からの引用は、P・F・フォン・シーボルト著、岩生成一監修、中井晶夫訳『日本：日本とその隣国、保護国―蝦夷・南千島列島・樺太・朝鮮・琉球諸島―の記録。日本とヨーロッパの文書および自己の観察による』全六巻・図録三巻（雄松堂書店、一九七七〜七九年）による。なお、シーボルト Siebolt はドイツ語読みではジーボルトだが、オランダ語では、シーボルトとなる。彼は素性を隠すために、オランダ語で名乗り、それが慣用として現在まで伝わっているものと推定される。

（57）ただし、ケンペル、シーボルトはともに、日本人の「出国」禁止を「鎖国」の根拠の一つとしている。これはいわゆる「鎖国令」と呼ばれてきた寛永一二年（一六三五）老中の長崎奉行宛「条々」（業務指令書）の第一条「異国江日本之船遣之儀堅停止」を、「日本人の海外渡航禁止」と誤読したもので、実際は、「長崎」から「異国」（東南アジア方面）への「日本之船」の渡航を禁止したものであり、その実態は「奉書船」の停止を命じたもので、すべての日本人のすべての海外への渡航を禁止したものではない（荒野前掲註5「江戸幕府と東アジア」）。上記の法令を、すべての日本人のすべての海外への渡航禁止と誤読したまま、他の「三つの口」（対馬、薩摩、松前）では日常的に「日本人」が「海外」へ渡航していた史実との矛盾にも長く気づかれなかった。「鎖国」言説と、「国家主権」言説にとらわれて、もう一つの「活動体」actor を視野に入れることができていない。ヨーロッパ＝東アジア型「国際関係」言説の麻酔効果による思考停止である。

（58）例えば、大槻玄沢『環海異聞』（一八〇七年）・高野長英『わすれがたみ』（一八三九年）など（荒野泰典「近世の対外観」

『岩波講座日本通史一三　近世三』岩波書店、一九九四年、本書第Ⅲ部第一章)。この事例を「帝国」論に発展させる契機をつかめないままでいる時に、私は豊見山和行・平川新の仕事に出会ったのだった(前掲註10)。

(59) 田中前掲註17「鎖国について」。荒野前掲註6『日本の対外関係六　近世的世界の成熟』。同前掲註12「海禁と鎖国」。

(60) 横山伊徳「日本の開港とオランダの外交―オランダ外務省文書試論―」(荒野他編『アジアのなかの日本史Ⅰ　アジアと日本』東京大学出版会、一九九二年)。

(61) 荒野前掲註12「東アジアのなかの日本の開国」。松方冬子『オランダ風説書と近世日本』(東京大学出版会、二〇〇七年)。

(62) 小堀前掲註14書。

(63) 典拠は、ドイツ語版ケンペル『日本誌』の編集者クリスチャン・ウィルヘルム・ドーム(一七五一～一八二〇)の「後書」で、ケンペルの「鎖国肯定論」を批判した部分である(前掲註56書)。なお、『日本誌』には、ヨハン・カスパル・ショイヒツァー(一七〇二～二九)による英訳本 *The History of Japan*(一七二七年)と、ドームの編集によるドイツ語版 *Geschichte und Beschreibung von Japan*(一七七七～七九年)がある。ドームは法学者 Jurist、プロイセンの外交官、政治家、歴史学者で、啓蒙思想家。なお志筑忠雄の訳出は、英語版のオランダ語訳 *De Beschryving van Japan*(一七三三年)による。

(64) ペリーの遠征に主席通訳官として随行した宣教師S・W・ウィリアムズは、ペリーの日本官憲に対する度重なる恫喝や横暴な態度、詐欺に等しい要求ぶりに対して激しい嫌悪感を示している。しかしそんな彼も、「日本が「開港に踏みきって、鎖国主義を放棄した暁には、計りしれぬ実益がもたらされるであろうし、民衆はその利益に潤う」し、「国家の基盤もそれによって、いっそう強固なものとなる」(傍線荒野)と、「開港」の意義自体は認めている(S・W・ウィリアムズ『ペリー日本遠征随行記』新異国叢書八、雄松堂書店、一九七〇年)。欧米世界における「鎖国・開国」言説の根深さが知られる。なお、傍線部分は、後にジョセフ・ヒコが「開国」のメリットを説いた文章にも、まったく同じ論調が見える。

(65) 荒野前掲註12「海禁と鎖国」。なお、大島明秀は「オリエンタリズム」を、同様の意識構造の表象として使用しており、興味深い(同前掲註33論文)。

(初出)「総説―本書の刊行に向けて―」(荒野泰典編『近世日本の国際関係と言説』溪水社、二〇一七年)。

第Ⅰ部　近世日本国際関係論の位相

第一章　近世日本国際関係論の前提

——東アジアの華夷秩序と通商関係——

はじめに

シリーズ『講座世界史』の編集委員から、私に提示された課題は、「明時代の中国を中心とした、東アジア地域世界の構造と相互交流を、秩序理念と民衆世界の双方にわたって論じる」ことだ。この課題においては、一九世紀半ばに「世界資本主義」に包摂される以前には、東アジアという独自の構成原理を持った「地域世界」がそこに成立していた、ということが前提とされている。たしかに私たちは、一九世紀後半の日本のいわゆる「開国」の過程を、単に、欧米列強の圧倒的な武力を背景にした「鎖国」から「開国」への転換の過程、あるいは、その過程で噴出した矛盾の連鎖としてだけではなく、東アジア的な国際体系と西洋的なそれとの軋轢、という視点からもみるようになってきている(1)。私たちも、すでにその視点からこの歴史的過程を整理したことがあるし(2)、このような問題の立て方は、もちろん、日本史だけにとどまらず、同じ時期に欧米列強の進出に直面した地球上の各地域に共通するものでもある(3)。

このような、地球上の各地域・世界に、独自の構成原理、すなわちそれぞれの「世界」を見出し、重視する視点には、それぞれの地域の自律性と、それらを内側から支え、もしくは保証する各地域固有の矛盾の存在が前提となる。

本章では、その前提の上で、まず東アジアという地域そのものの成立と、その歴史的意味について検討し、次に、

——まだ仮説の段階だが——その地域の国際秩序を特徴づけているとみなされてきたそれぞれの華夷秩序を取り上げ、さらに、この地域の国際秩序を構造化させる重要な要素として私が考えている、人臣相互の交流の検証に努める。ただし、行論の都合によって、時代は明代を前後することもあることは、あらかじめお断りさせて頂きたい。

第1節　東アジアという地域

1　東アジアという地域概念の成立

私たちは現在、東アジアや東アジア世界という地域概念を、世界史や日本史を語る際に、欠かすことのできないキーワードの一つと、意識するようになってきている。これは、私の認識する限りでは、一九六〇年代初めの「世界史構想の転換」をきっかけとする議論を発端としていた。しかしそれ以前の五〇年代に入った頃から、すでに西ヨーロッパ諸国を典型とし、比較史的な方法を用いて、日本や中国の発展段階を測定するという方法、いわゆる「世界史の基本法則」に対する反省が始まり、改めて「世界史総体の構造とその発展法則の究明」のための模索が始められたのだった。その中で、世界史と日本史を媒介する地域としての東アジア世界がとりあげられ、それがどのような「世界」であるかが問題とされ始めたのだった。(4) その経緯についてこれ以上立ち入る余裕も準備もないが、「世界」と呼びうるほどの有機的な関連性をもつか否かは別にして、このいわゆる東アジア地域が独自の構成原理を持ち、それが中国を中心とする華夷的な国際秩序に規定されていたという点については、現在のところ、ほぼ共通の理解に達していると、みなしてよいのではないだろうか。

このように、日本の所属する地域を他の地球的世界と区別し、その区別を成り立たせている要素を、中国を中心とする華夷秩序などに求めるという見方は、日本では遅くとも一八世紀のはじめには成立していた。例えば、西川如見（一六四八〜一七二四）の『増補華夷通商考』（一七〇八年）は、世界を大きく「外国」と「外夷」に分け、前者に、朝鮮・琉球・台湾・東京・交趾を含めている。後の二つは、現在ではベトナムに含まれる地域である。「外国」の特徴は、「中華」（中国）の外ではあるが「中華ノ命」に従い、「中華ノ字」を用い、「三教通達」（仏教・儒教・道教の普及）していることだという。もちろん、中国と日本もこの類型に入る。つまり、如見の「外国」範疇は、現在の私たちが「東アジア」と呼んでいる地域の国々にほぼ重なることになる。同じ時期に成立した寺島良安の『和漢三才図会』（一七一三年）も、地球上の国々について同様の分類をしている。もっとも、日本人はこのころようやくアジアという概念に馴れはじめたところで、東アジアという言葉はまだ知らなかったが。その一方で、中国以外のこれらの国々が、それぞれに独自の言葉や習俗をもっていることも十分に認識されていた。つまり、それぞれに独自性をもちながら、いくつかの指標において共通しており、そのことによって他の地域と区別されるという認識なのだ。

よく知られているように、中世の日本人は、世界が本朝（日本）・唐（中国）・天竺（インドほか）[5]の三国で構成されていると考えていた。その三国観が、一六世紀半ば以来、日本人の地理的認識が地球規模に拡大していくなかで解体し再編されて、如見のような認識に到達したのだった。[6]つまり、私たちの歴史が所属するのは、どのような地域であるかという認識は、一六世紀半ば以後の地球的世界の成立という歴史的事件[7]に媒介されて、初めて成立した。当たり前のようだが、東アジアという地域概念も歴史的に獲得されたもので、人の認識以前から先験的に存在する、単なる地理的なひろがりではなかった。そして、この段階で獲得された認識の枠組みは、興味深いことの一つだが、基本的に現在でも踏襲されている。[8]

2　地域の重層性

このように地域という概念を、単なる地理的な広がりではなく、人や社会・国家が活動し、互いに様々な関係をとり結ぶ場という意味でつかうことにするならば、地域はもっと柔軟で多様な様相を見せてくるのではないか。例えば、一六世紀半ばからのシナ海域での銀の流通というテーマについて考えようとすれば——改めて言うまでもないことだが——日本の銀とともに、中南米産の銀を念頭に置く必要が出てくる。つまり、銀の流通に関わる地域は、近世の段階ですでに、地球規模である。日本列島上の住民であるアイヌの生活圏（アイヌ・モシリ）も、南方の和人（日本人）との関係のみにとどまらず、現在の北海道を越えて、西はサハリンから沿海州をへて大陸に、東は千島列島をつたってアラスカ方面にまで広がる。西川如見や寺島良安が東アジアの特徴として挙げたいくつかの指標も、あらためてとりあげてみると、それぞれに含まれる国々や地域は、重なる部分も多いが、ずれている部分もある。つまり、それぞれの指標について、それぞれの地域がある。以上のことを踏まえて、東アジアという地域の内容を整理すれば、次の四点になる。

第一に、シナ海域、あるいは日本列島という場を見ると、そこには様々な地域が重層的に存在しながら、人々や社会、あるいは国家の営みと互いに規定しあっている。東アジアという地域もそれら複数の地域の一つにすぎないし、この地域内の人々の営みがそのなかだけに限定されるわけでもない。本章のテーマである華夷秩序や通商関係も、人や社会、国家の営みの、そのようなひろがりと厚みのなかにおいて考えることが必要となる。

第二に、地域は人々の営みにともなって、形成され、発展し、場合によっては衰退することもある。村井章介が提示する環シナ海地域、環日本海地域[9]は、日本の中央から見て辺境にあたる地域の人々の、いわゆる国境を越えた自生的な営みの中で、一三世紀頃からくっきりとその姿を現わしたのだった。環太平洋地域も、一六世紀半ば以来のイスパニア人の活動によって、一つの地域としてのまとまりを獲得する。言い換えれば、東アジアという地域も、歴史的な有効性を失うか、他の地域に埋没するなどして、消滅する場合もありうるということだ。

第三に、やや逆説めくが、東アジアという地域が華夷秩序で特徴づけられるというよりも、華夷秩序という指標によって他と区別される地域が東アジアなのだ。華夷秩序という指標を立てることによって初めて、東アジアの輪郭が見えてくると言えば良いだろうか。例えば、地理的に近接していながら、台湾やベトナムが東アジアに入れられ、フィリピンが入れられない理由もここにある。それはまた、華夷秩序という切り口で、この地域の人々や国家の営みの何が、どこまであきらかにできるのかを自覚することにもつながる。

第四に、地域の主役は国家ばかりではないということだ。華夷秩序の主要な構成要素は、まずは国家群ということになる。一六世紀以後の東アジアを例にとれば、中国（明・清）、日本、朝鮮、琉球、ベトナム（東京《トンキン》・広南）の国家群がそれだ。しかし、かならずしも国家を媒介にしない人々や国家を形成する以前の民族、例えば蝦夷地（現北海道）のアイヌ・ギリヤークや台湾の先住民族、さらにそれぞれの国家にとりこまれた様々な少数民族の存在も忘れることはできない。この人々も、東アジアという地域を構成するもう一つの主要な構成要素だった。

第2節　華夷秩序の位相

1　中国の華夷秩序

華夷秩序というと、一般に、中国のそれのみが想起されやすい。たしかに、中国王朝の華夷秩序がもっとも古く、典型的かつ強靱であり、その結果、他の国々の華夷秩序にモデルを提供することになった。儒学や律令制が東アジアの国々に学ばれ、共有されていったように、華夷秩序も周辺の国々に共有されていった。本節ではその様相を概観するが、まず、モデルを提供した中国の華夷秩序について整理する。

中国の華夷秩序をあえて大まかに要約すれば、中国王朝の皇帝と周辺の諸国・諸民族の「王」たちとの間に形成された、礼的な関係を基軸とする国際秩序、ということになる。それはまず、秦・漢の統一国家が成立するなかで結ばれた、周辺の諸国・諸民族との政治的関係を基にして、編成された。編成の特徴は以下の三つである。

一つは、その編成原理。それが中国人の世界観である華夷思想だった。中国人は、世界をおおまかに二つに分けて考える。すなわち、天の命を受けた皇帝（天子）が支配し、彼の制定した礼と法の秩序がある文化的な地域（華夏）と、その周辺の礼・法を持たない暗黒・未開の地域（四海）である。華夏の中核が中華、四海に住む人々が四夷（南蛮・東夷・西戎・北狄）と呼ばれる。(10) しかし、華と夷の二分法だけでは編成原理にはならない。この思想は、夷を王者の徳によって華に再結合させるという王化思想をあわせ持っており、(11) この要素が中華的な諸価値が周辺の民族に共有されることを可能にしていた。

二つは、華と夷の礼的関係が、皇帝と周辺諸国王の朝貢と回賜の関係を基本形としていたこと。後に見るように、この関係は、同時に、多くの使節の派遣と、それにともなう公貿易と私貿易の二つの形態の貿易を付随させていた。三つは、現実の政治的関係の親疎に応じて、冊封関係から体制外の通商関係まで、それぞれに待遇の違いがあり[12]、それらは関係の深い順に内から外へと、同心円状に配置されていた[13]。周辺諸国・諸民族は、中国を守るために、防塁のように、その周辺に配されていたわけだ。そのかぎりでは、この体制は中国王朝の安全保障のためのシステムであって、きわめて政治的であり、軍事的ですらあった。

2　周辺諸国の華夷意識と華夷秩序

日本人の研究者は、中国の他に日本も華夷秩序を持っていたことを意識していた。三〇年以上も前に遠山茂樹は、近代以前のこの地域には、多くの朝貢国をもつ清帝国と沖縄を服属させた日本とが併存していたと述べている[14]。遠山は「朝貢＝冊封的秩序」とも言われているから、清と日本の二つの華夷秩序が、部分的には重なりながら、併存していると見ていたと判断してよい。二つの華夷秩序の規模の違いを朝尾直弘は、コウモリ傘（あるいはビーチパラソル）とムギワラ帽子との差に譬える[15]。

このような、東アジアに、中国のそれ以外に華夷秩序が存在しうるという視点は、さらに発展させるべきものだった。酒寄雅志は、古代における朝鮮半島の諸国（高句麗・百済・新羅）、渤海、日本、ベトナムは、それぞれの国家を形成するなかで独自の華夷思想を形成した[16]という興味深い指摘をしている。それらはまず、それぞれの王権の正当性と支配層内部における超越的地位を保持するために必要な政治思想だったこと、次に、それらが中国の華夷思想を手本としながら、中国と対等な位置に自らを置き、限られた小世界のなかで覇者たろうとした点において、共通していたこと。しかし、ひとたび国家が成立し、支配領域も確定すると、それぞれの華夷思想に基づいた支配秩序、つまり各々の華夷秩序が互いに抵触し、対立を生じることになる。こうして、周辺諸国の華夷秩序は挫折を経験するが、それによって華夷意識を放棄するわけではない。中国の華夷秩序のもとで、周辺諸国と競合しながらも、それぞれの華夷意識を保持しつつ、相互の妥協点を探りつつ、自らの華夷秩序を設定することになる。

田中健夫は、東アジア諸国の国際認識の型を、中国型、中国周辺型、島嶼型の三つに分類される。[17]中国周辺型として、朝鮮・琉球が挙げられているが、ベトナムもこれに入る。そして、島嶼型が日本ということになる。この整理・視角は、それぞれの華夷意識や華夷秩序の内実を考察する際にも有効だろう。

まず、日本の場合について考えてみよう。近世日本の思想家の多くが、他国と比較して明らかになる日本の美点は、天皇の存続と、他国の侵略を許したことがないことであると主張し、それらの二点を近世の華夷意識の根拠とする。[18]天皇の存続という事実は、中国の政治思想の根幹である革命思想とはまったく相容れない。しかしこの特徴が、海に囲まれているために大陸の変動の影響が比較的おだやかであり、かつ、内部矛盾の進行がゆるやかだったという列島の辺境性に帰因すると考えれば、[19]日本支配層の華夷意識はまさに島嶼型の自意識の端的な表現と言ってよい。日本の国家が、中国の華夷秩序に対して比較的自由な立場を取りえたのも、同じ条件による。

では、朝鮮のように、常に中国の圧倒的な影響のもとにある周辺型の国ではどうか。朝鮮は、宗主国中国を藩属国として常に尊重し、「事大」（大に事《つか》える）を国是としたと言われてきた。[20]たしかに、中国に対する事大、日本に対する交隣（対等な友好関係）は、一五世紀はじめ以来の朝鮮の外交姿勢の二本柱だった。しかし、孫承喆は、事大という言葉には、小国が、そうすることによって大国による侵略の危機を回避するという、一種の羈縻《きび》政策の意味が含まれているという。つまり、事大という言葉には、表面的な意味の他に、軍事的に劣勢な状態にある朝鮮が、生きのびていくためのしたたかな計算がこめられていたのだった。[21]この対外認識は、朝鮮が中国的な華夷秩序やその価値体系に、場合によっては、中国の王朝よりも忠実であろうとすることにつながる。そのようにして中国の価値体系を共有することが、朝鮮国家自身の華夷秩序の正当性をも保障したのだった。これを小中華意識と呼ぶとすると、これは周辺型国家としてのぎりぎりの選択と言ってよく、その特徴は、自らを中国に同一化させながら、それ以外の国や民族、例えば日本や女真〔後金・清〕等を「夷」とみなすところにある。一六四四年の明清交代以後は、朝鮮の小中華意識を、いっそう強化させることになるのだが、この間の事情は、日本や「南の中華帝国」ベトナムにも共通している。[22]

中国へのもう一つの忠実な朝貢国だった琉球についても、同じような主体性を見ることができる。高良倉吉によれば、琉球の王宮首里城正殿に掲げられた万国津梁の鐘〔一四五八年〕には、「琉球国は南海の勝地にして、三韓〔朝鮮〕の秀を鍾め、大明〔中国〕を以て輔車となし、日域〔日本〕を以て脣歯となす。此の二中間に在りて湧出するの蓬萊島なり。舟楫を以て万国の津梁となし、異産至宝は十方刹に充満せり」〔原漢文、読み下し・註は高良による〕との文言があるという。[23]「輔車」と「脣歯」は、ともに、近い仲で互いに深い利害関係があることを意味している。ここに謳われているのは、中国や朝鮮・日本との三国との緊密な関係を国家存立の基盤としていることの誇りであって、従属の意識ではない。

このような自尊意識は、国家を形成する以前の民族、例えば、アイヌにも当然のことながら備わっていた。[24]言うまでもなく、アイヌにかぎらず、自らの文化複合に対するおのずからの愛着や誇りは、すべての民族が普遍的に持っているものだ。この意識を、とりあえず、エスノセントリズム〔自文化中心主義〕と呼ぶことにする。中国をはじめとする東アジア諸国の華夷秩序の基層にも同じ意識が流れている。両者の違いは、華夷秩序が、エスノセントリズムを基層に持ちながら、それを華・夷という文化的落差に翻訳し、礼的秩序という政治的システムに焼きなおして、国家秩序の基軸に据えた点にある。国家意識としての体系性を持つか否かに違いがあるが、独善的な自尊意識に陥りやすいという点では同質である。

3 東アジア国際社会のモデル

この地域では、中国の華夷秩序から国家形成以前の民族の意識まで、様々な発展段階と形態を持ったエスノセントリズムが互いに影響しあいながら、ある緊張関係を持って対峙していた。[25]したがって、これらの国家・民族によって構成される国際社会は、中国の華夷秩序のみによって規定される単純なモデルではありえなかった。少なくとも、この国際社会においては、中国の華夷秩序と、それに接合される周辺諸国の華夷秩序が重層構造を成していた。仮に、中国のそれをメインシステム、周辺諸国のそれをサブシステムと呼ぶことにすると、この地域の国際社会はメインとサブのシステムによって構成されていた、と言うこともできる。[26]しかしその構成のされ方は、例えば、中世の対馬が朝鮮からはその国家領域の一部と見なされがちであり、近世の琉球が中国と日本に両属的であったように、重層的で、かなりいりくんでいた。それが国際紛争の火種になることもあった。その矛盾を緩和させ、あるいは克服させるものは何だったのか、というのが次の問題となる。しかしそれらの条件も、超歴史的に存在するというよりも、それぞれの歴史的条件のなかで準備されるのではないか。

第3節　国家のネットワーク

1　国家間ネットワークの形成

先に整理したように、この地域の国際秩序は、中国を中心とするメイン・システムと、周辺諸国のサブ・システムとの複合から成っていた。中国の古代帝国が解体して以後、このような国家間のネットワークがもっとも完成した姿を現したのは、一五世紀のはじめだった。[27] このようなネットワークは、どのように形成されたのか。もとよりそれは、古代帝国の再来ではない。

一三六八年に明王朝が成立した。元という征服王朝を追い払って建国した明は、漢民族による中華の回復をスローガンとし、周辺諸国に朝貢を呼びかけた。すなわち、「四夷」（周辺諸国）の「君長」（王）に朝貢を呼びかけ、応じた「君長」を「国王」に封じ（冊封）、その「国王」のみに朝貢の形での国交と貿易を許すという方針をとった。朝貢船の真偽を判別するために、明が各「国王」に交付したのが、「勘合符」である。その一方で、人・物の交流を国家管理のもとに置くための政策、つまり、民間の私的な海外貿易を禁止する海禁政策をとった。この政策は、直接には、倭寇と沿岸住民の接触を断つことを目的としていたが、結果として、朝貢貿易体制を保障することになった。明のこの方式は、当初は、周辺諸地域の主体的条件や相互認識の齟齬、さらには、明の農民反乱（民乱）や権力闘争のためにぎくしゃくすることが多かったが、一五世紀のはじめになって、ようやく朝鮮・日本との冊封関係が安定し、琉球・ベトナムなどとの関係もそれに次いだ。こうして、明皇帝と周辺国王の冊封・朝貢関係を軸とする国際関係の国家管理のシステム（朝貢貿易システム）が成立した。

このシステムの成立を可能にした条件は、次の三つだろう。

第一に、明がそれを周辺諸国に受け入れさせることができたなんらかの力業と、それを受け入れた周辺諸国の主体的条件。明の力業は、二つある。一つは、周辺地域に先駆けて文明化した中国の、高い文化や経済力に支えられた政治的・軍事的な力量だった。しかし、諸民族が成長・発展し、中国側の力量が相対的に低下した場合には、例えば、宋が契丹を兄とする盟約を結び、南宋が金に臣下の礼をとったように、逆転することもさほど珍しくはなかったし、元や清のように、周辺の遊牧民族によって征服されることもあった。しかしその場合でも、中国の文化的経済的な優位は揺るがなかった。中国の高い経済力、そこから産みだされる商品、陶磁器や絹織物などの魅力は、周辺国家からヨーロッパ諸国まで魅了し続けた。周知のように、中国市場はアヘン戦争の直前まで、世界中の銀を吸収し続けた。中国貿易の魅力、これがもう一つの力業だった。

一方、周辺諸国・諸民族は、明の冊封を受けることによって、その攻撃を回避するとともに、自らの政権の正当性を獲得し、あわせて、貿易による経済的メリットを期待できた。

第二に、外敵に対する集団安全保障への要求。中国王朝は藩属国が侵略された場合には、宗主国として救援することを期待されていたし、藩属国は有事の際に宗主国の軍事指揮下に入ることが通例だった。もちろん、この安全保障システムには、豊臣秀吉の朝鮮侵略に際して、明が朝鮮に救援軍を派遣した事例に見られるような、あきらかな問題点があった(28)。問題点は三つあった。一つは、朝鮮側は、藩属国として、宗主国明に、外交権も軍事権も従属させられたこと。軍事指揮権は明軍が握り、朝鮮が意にそまない講和を、しかも頭ごしに、日明両国の間で進められたことは、よく知られている。二つは、救援するか否かは、明の一方的判断に任されていたこと。明は、朝鮮の救援要請をうけてすぐに援軍を派遣したわけではなかった。むしろ、明は朝鮮が日本と共謀しているのではないかとの疑惑をなかなか捨てられなかった。明が救援を決定したのは、朝鮮の情勢を探ってその疑いを晴らして後のことで、その時は侵略軍の上陸からすでに二ヶ月ほどが経過していた。三つは、朝鮮側は救援の条件として、明軍の兵糧や馬糧、さらには兵士の慰労まで要求され、目にあまる明兵の乱暴狼藉を耐え忍ばなければならなかったこと。これらのことは、冊封体制が有事の際には、どのような形で藩属国に顕現するかをよく示しており、集団安全保障のシステムとして、かならずしも十分に機能しないこと、あるいはその問題点をよく示している。しかし、これよりはややましかもしれないが、現在でも私たちは不完全な安全保障システムしか持っていない。さらに、朝鮮国王宣祖の明の救援を待望する姿勢には、単なる執念以上のものが見える。すなわち、それは藩属国として宗主国の道義的責任を問う姿勢であり、両者の関係を片務的なものに終わらせまいとする、ぎりぎりのところでの主体性の表現と私にはみえる。それとともに、集団安全保障に対する、藩属国側の切なる要求もみてとれるのではないか。

第三に、民間レヴェルの、国境を超えた交易ネットワークの存在。これは、具体的には倭寇がその存在を代表している。一四世紀の半ばに倭寇がこの海域に姿を現して以後、一七世紀の後半まで、この禁圧、防止は明・朝鮮の各国家の重要な政治課題であり、日本の政府に対する主要な要求だった。しかし、倭寇は単なる日本人の海賊だけではなかった。倭寇は、かつては、朝鮮半島を主に襲った一四世紀のそれと、中国沿岸を襲った一六世紀の倭寇に分けられ、前者が日本人、後者が中国人主体と見なされていた。しかし一四世紀の倭寇も、日本人だけでなく、朝鮮人との連合や、朝鮮人のみの倭寇も存在した可能性が高いことが指摘され[29]、その本質は、国境や民族の違いを超えた、民間レヴェルの連帯や連合による活動、もしくは運動と見なされるようになった。彼らは、「倭」として独自の服装をし、特有の言葉を話したという[30]。彼らの活動の背景には、国家を媒介しない、民間レヴェルのネットワークがこの地域に広がっていた。そのネットワークの結節点となったのが、諸民族がまじりあい、物資や情報がゆきかう都市的な場、つまり港市 port city だった。港市は、日本列島から朝鮮半島、大陸沿岸部から、東南アジア各地にいたるまで、あらゆる場所に見いだすことができる。その意味では、彼らのネットワークは、港市間のネットワークと見ることもできる。(31) 彼らはそのなかを縦横に行動していたのだった。

したがって、彼らの活動を抑止するためには、そのネットワークを分断しながら、同時に、それに代わるものをつくりあげなければならない。そのための装置が海禁であり、そうやって構築されたのが、次に見るような、朝貢関係を軸にした国家間のネットワークだった。そして、そのもとで港市のいくつかは、堺や長崎のように、朝貢貿易の拠点として国家権力にとらえなおされ、変質させられることになった。

実際、明を中心とした朝貢関係が機能している間は倭寇も影をひそめていたが、それが弛緩し、明への朝貢国が激減する一六世紀になると、民間のネットワークがふたたび後期倭寇という形で表面化してくるのだった。言い換えれば、国家間のネットワークの基盤となったのは、それ以前にこの地域に展開していた、民間レヴェルの交易ネットワークに他ならなかった。

一四〇二年に足利義満が「日本国王」として明皇帝の冊封を受けたのも、その一環だった。日本の「国王」が中国皇帝の冊封を受けたのは、五世紀の「倭の五王」以来のことであり、これ以後は豊臣秀吉の朝鮮侵略の際の、日明講和の時の秀吉しかいない。秀吉自身は冊封を拒否したが、彼の侵略そのものが明との「勘合」(公貿易)復活を主要な目的の一つとしていたように、勘合貿易が途絶した後も日本はなんらかの形での公的な、すなわち国家間の関係回復を模索せざるをえなかった。一三世紀以来の東シナ海域の交流の活況は、政治的にも経済的にも日本に国際的孤立を許さなくなっていたのだった。その意味でこれは、この地域の新たな状況を反映しており、それゆえにその後日本が、

再びかつてのような孤立主義に戻ることはなかった。(32)

2　海禁と朝貢貿易

国家間のネットワークと、それによって形成された国際秩序は、次の三つの特徴を持っていた。

第一に、この秩序は、「国際」という言葉からも明らかなように、諸国家間のネットワークによって構成されている。というよりは、国家、厳密にいえば、国王、あるいはある地域を代表する政治的権力のみによるネットワークをその特徴としている。そのイデオロギーは伝統的に「人臣に外交なし」というような言葉で表現される。(33)その趣旨を体現した政策が海禁だが、海禁の本来の意味が「下海通蕃之禁」、すなわち人民が私的に海外に出て外国人と交わることを禁止することであったように、「人臣」が国際関係に参加することをすべて禁止したわけではない。「人臣」(国王以外の者)が私的に国際関係を展開することを禁止したのであって、民間の勢力であっても、国家権力を構成しているか、特権的な地位を与えられていれば、かならずしも、その関係からは排除されない。その特徴は、次に見るような、朝貢貿易に含まれる私貿易という貿易形態に端的に現われている。

第二に、このシステムは、政治と経済、あるいは、外交と通商が癒着した形で、あるいは相互補完的な形で構成されている。中国と周辺諸国との朝貢関係は、その典型的な例だった。よく知られているように、明との朝貢関係は、周辺諸国の王が明皇帝によって、その地域の「国王」に冊封されることによって始まる。そして、明は「国王」と認定した存在だけに朝貢貿易関係を許した。朝貢関係は、「夷」の国王(例えば琉球国王)が「華」の国王(例えば明皇帝)へ貢物を献げ(朝貢)、「華」の国王が「夷」の国王へ返礼の品を下賜する(回賜)という関係だが、この関係は基本的には君臣関係を可視化する政治的儀礼だった。しかし、この政治的儀礼そのものが、朝貢・回賜という物品のやり取りを含むために、貿易の一形態ととられがちな上に、公貿易と私貿易という二つの貿易形態を付随させていることが多い。公貿易は、政府間の貿易で、おおむね定額。私貿易は、朝貢使節の随行した特権商人と受け入れ側の特権商人との間で行われる貿易で、おおむね、相対貿易の形を取る。前近代の東アジアで展開された国家間の貿易は、ほぼ、この形態とその応用によって構成されていた。前節で紹介した中村栄孝の中国歴代王朝の「夷」の処遇の四つの形態のうち、体制外の通商関係、すなわち互市の関係は、朝貢貿易関係のうち政治的関係（国家同士の関係とそれに関わる貿易関係、つまり、朝貢・回賜と公貿易）を除いて、私貿易のみを許したものだった。現代の、政府の直接の関与をとりあえずは排除した、いわゆる、民間レヴェルの関係とほぼ同じと見てよいが、国家・政府の管理から自由であるわけではない。近世日本をめぐる貿易関係も、その原理の応用だった。[34] もっとも、近世の日朝・日琉関係は、「国王」相互の関係（徳川将軍と朝鮮国王、徳川将軍と琉球国王）と、その関係を日常的に担う藩（対馬藩、薩摩藩）とそれぞれの国との関係と、二重になっており、「国王」相互の関係は、国書と土産の交換（朝貢・回賜にあたる）にとどめられている。そして、貿易は藩レヴェルでそれぞれの藩の独占形態で営まれたが、対馬藩の朝鮮貿易には、朝貢貿易の形態がすべて含まれており、琉球の中国王朝（明・清）への進貢貿易も同様だった（薩琉関係には、別の要素が入る）。

このように、朝貢関係の原理は、深くこの地域に根を下ろしていた。しかし、全体的な傾向として、時代が下るにしたがって、朝貢関係は、貿易の要素が強調されてくるように見える。そのことから、その本質は貿易関係にあって、政治的要素を偶然的なものとする見解もある。[35] しかし私は、この二つの要素が分かちがたく結びついているのが、朝貢貿易関係の、すなわち、前近代の東アジアにおける貿易の特質と見る。この結びつきが解体されて、経済原則が表面化し、新たな政治との関係が構築されるのが近代化の過程なのだった。

第三に、この秩序は、琉球という交易国家を産み出した。このネットワークにおいて要石の位置を占めたのが琉球だった。明初の琉球は三山鼎立時代で、三国それぞれに朝貢していたが、一四二〇年代に三山が統一されてから琉明関係は安定した。この時期の一七一回という琉球の朝貢回数は、周辺諸国のなかで飛び抜けて多い（第二位はベトナムの八九回）。元代の華人に代わって、中国と周辺地域との中継貿易を担ったのは周辺国家群で、なかでも琉球の頭抜けて多い朝貢回数は、その役割の重要さを示している。その需要に支えられた旺盛な貿易活動は、日本・中国・朝鮮から東南アジアを経てインド洋にまでおよび、その誇らかな自意識は前節で見た通りだ。

しかしそのことは同時に、琉球という交易国家の消長が、この秩序のそれとほぼ軌を一にするということでもある。一六世紀に入ると、この秩序は弛緩し、いわゆる後期倭寇が活動を始める。やがて、この海域にポルトガル・イスパニアが参入し、日本人も豊富な銀を背景に参加する。それにともなって、琉球の貿易活動は衰退し、一五七〇年を最後に東南アジア諸国との貿易は途絶えた。[36]そして、周知のように、一六〇九年には島津氏の侵略に屈伏し、その属領とされることになる。

おわりに

ある地域の自律性が、そこに住む人々の自生的な営みと、それがつくりだすネットワークを基盤にしていることは、言うまでもない。しかしそれらの営みとネットワークは、それ自体としてあるのではなく、常に、家族・社会集団・民族・国家に媒介されながら、歴史的な存在としてあり、そのことによってその地域は固有の矛盾を孕むことになる。やや短絡的にいえば、ある地域の自律性は、その地域に固有の矛盾によって保障されていたのだった。

では、東アジアという地域に固有の矛盾はいったい何か。国家、あるいは民族相互の利害の対立か。国家は共通の利害のあるかぎり容易に連携し、共生することが可能であり、民族の違いも越えがたい溝でないことは、例えば、倭寇の事例で証明済みだろう。国家や民族の対立は、むしろ、より深刻な矛盾を隠蔽するために仕組まれる、あるいは、少なくとも、隠蔽する役割を果たしてきたことは確かだ。では、より深刻な矛盾とは何か。

私には、それは、国際関係をめぐる国家と民間の対抗関係だったと思える。それを端的に表わしているのが、倭寇と海禁の関係だった。倭寇は、一四世紀半ばに東アジアに出現して以来、一六世紀末にほぼ跡を絶つまで、この地域において解決すべき最大の課題の一つだった。それは国や民族の枠を越えた、民間レヴェルの自由な人々の交流の姿であると同時に、人臣に対する掠奪や殺戮をともなうおぞましい事件でもあった。倭寇の活動を暴力化させたのは、海禁に象徴されるような国家の厳しい規制だったが、その暴力性は、かえって国際関係の国家統制を肯定させたのではないか。そして倭寇は、自由な交流の面でよりも、おぞましく、忌むべき暴力性の面で、長く記憶されたように見うけられる。それは、東アジアの支配層のみでなく、直接の被害に遭った人々において特にそうだったのではないか。かくして、豊臣秀吉の朝鮮侵略はもちろんのこと、近・現代の日本の東アジアへの侵略行為までも、中国や朝鮮の人々からは、倭寇の延長線上でとらえられることになった。

日本においては、少なくとも、近世の大部分の時期を通じて、倭寇は忌むべき存在であり、日本の恥と見なされていた。そのために、国境を越えた民間レヴェルの人々の交流は、倭寇を連想させるものと見なされ、その歴史的性格は正当に位置づけられることはなかった。近世日本においては、人民レヴェルの、あるいは、民間レヴェルの人々の交流を禁じた近世日本の体制（海禁）は、むしろ、平和で秩序だった対外関係をつくりだすための手段として、長く肯定されたのだった。そのような思想的な状況において倭寇が再評価されるのは、幕末から唱導されるようになる国権拡張路線の先駆けとしてだった。そこで倭寇は、またしても、人々の自由な交流の証としてではなく、東アジアの人々の「胆肝を寒からしめた」側面において想起されるのだった。つまり、倭寇についての、かつて東アジアの沿岸部を荒らしまわった日本人という認識、あるいは、その暴力性、犯罪性についての認識などは以前のままで、その評価のみが逆転したのだった。

それは日本の国家と「人臣」が、倭寇を媒介にして東アジアの国際社会と共有していたはずの、ある秩序の感覚を捨て去ることだった。それとともに、倭寇禁圧の延長線上にあった旧体制も、「鎖国」というレッテルを貼られて捨て去られ、後には、日本の近代化を阻んだ主要な要因として糾弾されることにもなった。もちろんそこには、日本をはじめとする東アジア諸国が、欧米諸国を中心とする近代世界に従属的に接続され、国家としての独立性をいかに保持するかが焦眉の課題と意識されたという問題が関わる。しかし、そのような状況のもとでの、いわゆる「開国」は、かならずしも東アジアの人々との自由な交流を保障するものではなかった。むしろ、自由な交流が制限されたままで、国権拡張路線が突出していったのではなかったか。こうして現在もなお、私たち日本人とアジアの人々との間には、半世紀以上も前の戦争、つまり近代の「倭寇」に対する償いと反省という課題が、重く横たわっている。これをもって、倭寇以後における国家と人民の対外関係をめぐる対抗関係の深刻さと、それのこみいった事情をうかがうことができるだろう。ひき続き、この対抗関係を視野の中心に置き、ひとつひとつこみいった事情を解きほぐしていく作業が、求められている。

註

（1）　ロナルド・トビ著、速水融他訳『近世日本の国家形成と外交』（創文社、一九九〇年）。

（2）荒野泰典・石井正敏・村井章介「Ｉ　時期区分論」（同編『アジアのなかの日本史Ｉ　アジアと日本』東京大学出版会、一九九二年）のうち荒野執筆部分（〔Ⅷ〕倭寇的状況と新秩序の模索―一六世紀前半～一七世紀末―、〔Ⅸ〕近世的秩序の安定と矛盾の深化―一七世紀末～一九世紀前半―、〔Ⅹ〕アジアの近代化とナショナリズム―一九世紀前半～一九世紀末―）。
（3）有賀貞・宇野重昭・木戸蓊・山本吉宣・渡辺昭夫編『講座国際政治一　国際政治の理論』（東京大学出版会、一九八九年）。
（4）幼方直吉・遠山茂樹・田中正俊『歴史像再構成の課題』（御茶の水書房、一九六六年）。例えば、一九六〇年代はじめに刊行された『岩波講座日本歴史』は、各時代に一章を設けて、東アジアの情勢とその中での日本の位置を明らかにすることを試みている。その一連の論文は、「東アジア世界というものを考えるうえできわめて重要な役割を果した」（田中健夫『中世対外関係史』東京大学出版会、一九七五年）。残念ながら、近世については岩生成一「鎖国」（『岩波講座日本歴史一〇　近世二』一九六三年）があるのみで、東アジアのなかの日本の位置は検討されていない。この問題点は、六〇年代末からの朝尾直弘の批判（「近世の政治と経済（1）」『日本史研究入門』Ⅲ、東京大学出版会、一九六九年。「鎖国制の成立」『講座日本史四　幕藩制社会』東京大学出版会、一九七〇年）によって、ようやく明確に指摘されることになる。
（5）ここで「天竺」を「インドほか」としたのは、三国世界観における「天竺」は現在のインドより広い地域をふくみ、むしろ「唐」の向こう、あるいは「唐」以外の地域というようなニュアンスを持った地域概念だったからだ。この点については、「天竺の行方」（木村尚三郎他編『中世における地域・民族の交流』学生社、一九九六年。本書第Ⅲ部第二章）を参照。
（6）荒野泰典「近世の対外観」（『岩波講座日本通史一三　近世三』岩波書店、一九九四年。本書第Ⅲ部第一章）。
（7）山口啓二『鎖国と開国』（岩波書店、一九九三年）。
（8）例えば冊封体制論を提唱した西嶋定生は、東アジア世界を構成する要素として、冊封関係、漢字文化、儒教、律令制、仏教を挙げるが（同『中国古代国家と東アジア世界』東京大学出版会、一九八三年）、その発想の仕方は驚くほど如見たちに似ている。
（9）村井章介『アジアのなかの中世日本』（校倉書房、一九八八年）。
（10）中村栄孝「十三・四世紀の東亜情勢とモンゴルの襲来」（『岩波講座日本歴史六　中世二』岩波書店、一九六三年）。
（11）西嶋定生『日本歴史の国際的環境』（東京大学出版会、一九八五年）。

(12) 中村栄孝は、歴代王朝の夷の処遇を、おおまかに、冊封体制、会盟体制、修貢体制、体制外通商関係の四つに分類している（前掲註10論文）。このうち、冊封体制が、周辺諸国の王が皇帝から官爵を受け、君臣関係を結ぶ、いわゆる宗主国と藩属国との関係だ。藩属国は中国の年号を用い、朝貢などの義務を負う。朝鮮・琉球・ベトナム、一五世紀はじめから一六世紀半ばにかけての日本などがこれに入る。会盟体制は、もともと建国途上で結ばれる同盟関係が華夷的関係に接合されたもので、父子・兄弟・舅甥などの血縁関係に擬して設定される盟約関係だった。例えば、唐と突厥が父子、ウイグルとは兄弟というように。修貢体制は、外交関係が成立しているが、「不臣の賓客」（臣属しない客分）としてあつかわれ、不定期に朝貢するだけだった。日本と唐などの関係がこれにあたる。体制外通交関係は、外交関係がなく、通商だけが認められる、いわゆる、互市あるいは通商の関係だ。日本と宋・元、清との関係、さらには、清とイギリスなどのヨーロッパ諸国、ロシアとの関係などがこれにふくまれる。
(13) 浜下武志『近代中国の国際的契機―朝貢貿易システムと近代アジア―』（東京大学出版会、一九九〇年）。
(14) 遠山茂樹「近代史から見た東アジア」（『歴史学研究』二七六号、一九六三年）。
(15) 朝尾直弘『鎖国』（日本の歴史一七、小学館、一九七五年）。
(16) 酒寄雅志「華夷秩序の諸相」（荒野泰典他編『アジアのなかの日本史Ⅴ　自意識と相互理解』東京大学出版会、一九九三年）。
(17) 田中健夫「中世東アジアにおける国際認識の形成」（『歴史と地理』三〇一号、一九八〇年。のち、同『対外関係と文化交流』思文閣出版、一九八二年に収録）。
(18) 荒野泰典『近世日本と東アジア』（東京大学出版会、一九八八年）。
(19) 宮地正人「朝幕関係からみた幕藩制国家の特質―明治維新史研究の一前提として―」（『人民の歴史学』四二号、一九七五年。のち、同『天皇制の政治史的研究』校倉書房、一九八一年に収録）。
(20) 田中前掲註17論文。
(21) 孫承喆「朝鮮の実学と西学」（荒野泰典他編『アジアのなかの日本史Ⅵ　文化と技術』東京大学出版会、一九九三年）。
(22) 坪井善明『近代ヴェトナム政治社会史』（東京大学出版会、一九九一年）。

(23) 高良倉吉「琉球・沖縄の歴史と日本社会」(朝尾直弘他編『日本の社会史1』岩波書店、一九八七年。のち、同『琉球王国史の課題』ひるぎ社、一九八九年に収録)。
(24) 荒野泰典「一八世紀の東アジアと日本」(『講座日本歴史六』東京大学出版会、一九八五年。のち、前掲註18書に「近世の東アジアと日本」と改題して収録)。
(25) 荒野泰典「国際認識と他民族観―「海禁」「華夷秩序」論覚書―」(『現代を生きる歴史科学二　過去への照射』二、大月書店、一九八七年)。
(26) 荒野他前掲註2論文。
(27) 同前。
(28) 北島万次「壬辰倭乱期の朝鮮と明」(荒野泰典他編『アジアのなかの日本史Ⅱ　外交と戦争』東京大学出版会、一九九二年)。
(29) 田中健夫「倭寇と東アジア通交圏」(朝尾他編前掲註23書所収)。
(30) 村井章介『中世倭人伝』(岩波書店、一九九三年)。
(31) 朝尾前掲註15書。
(32) 荒野前掲註18書。
(33) 荒野他前掲註2論文。
(34) 荒野前掲註24論文。
(35) 高良倉吉『琉球王国』(岩波書店、一九九三年)。
(36) 荒野泰典「海禁と鎖国の間で」(『あたらしい歴史教育二　日本史研究に学ぶ』大月書店、一九九三年。本書第Ⅱ部第二章)。

(初出)「東アジアの華夷秩序と通商関係」(歴史学研究会編『講座世界史一　世界史とは何か』東京大学出版会、一九九五年)。

第二章　日本型華夷秩序の構築

第1節　倭寇的状況と東アジアの変動

1　意図と方法

私は近世日本の国際関係を、日本型華夷秩序と海禁という二つの概念で再構築できると考えている(1)。本章での目的は、この二つの構成要素が構築される過程を、近代以来永く使用されてきたいわゆる対外関係史の問題としてではなく、近世日本の国家と「国民」形成の問題としてとらえ、その特徴を東アジアのなかにおいて考えてみることにある。そのために、以下の四つの方法を用いた。

まず第一に、一六世紀半ばから一七世紀の後半の間に、東アジアから東南アジアにかけて展開する通交網に生じた諸現象を、倭寇的状況として把握し、一連の歴史的過程とみなすこと。第二に、倭寇的状況と日本との関係を、たんに権力側の対応からのみ見るのではなく、社会との関わりにおいてもとらえ、それによって、幕藩権力の行動様式の意味を、相対化しながら考えること。第三に、当時の日本人を近代的な意味での日本民族形成途上の存在と考え、そのことが前記の歴史過程にどのように反映するかを測定すること。第四に、できるかぎり中国・朝鮮との比較史の視点を導入し、近世日本の国家と「国民」の形成過程の特徴を浮き彫りにすべく努めること。ただしこの点については、中国・朝鮮の華夷秩序や海禁との比較・検討が不可欠であるが、本章では果たせなかった。

その点を割り引いてみても、倭寇的状況という概念では、北方のアイヌとの関係までは含みこめず、別の観点が必要であることなど、方法論としても検討の余地を残している。また、前記の方法を承認するにしても、幕藩権力が倭寇的状況のどのような成果を、どういう形で組みこみつつ国家形成を行ったかということは、いまだ十分には明らかにできていないことなど、本章の意図そのものも十分に達成できているとは言い難い。それらはすべて今後の課題として残さざるをえなかった。

2　倭寇的状況の形成

一六三〇年代までの日本列島には多種類の外国人が渡来し、多様な活動をくりひろげ、そのある部分は日本に定着・同化していった。またこの時期までは、日本人も同様に自由に海外に流出、あるいは渡航して、諸民族間に雑居し、様々な活動を展開した。そのある部分が東南アジア各地に集住して、いわゆる南洋日本町を形成したことはよく知られている。この状態をある地域に限定してみれば、その地域の先住民のほかに、多種類の民族が雑居して、多様な交流をくりひろげている状態をみることができよう。例えば、当時カンボジアのプノンペンには、トンレ・サプ河に沿って、日本人・ポルトガル人・中国人・コーチシナ（ベトナム）人、カンボジア人等の町が、それぞれ隣接しながら展開していた。(2) このような状態を本章では諸民族雑居の状態と呼ぶが、これは当時、東南アジアから東アジアにかけて展開する通交網の拠点には、ほぼ共通して認められた現象であり、日本はそのネット・ワークの北端に位置していた。

その背景をなしたのが、一六世紀半ば以降に前述の通交網に生じた異変である。本章ではその異変を倭寇的状況と呼ぶ。いわゆる倭寇は、朝鮮から中国にかけての沿岸地帯を荒らしまわり、暴虐と略奪をほしいままにして、その地域の人々から恐れられ憎まれた。しかし一六世紀の倭寇の場合、その本領は、海禁下の中国沿岸部における出会貿易（密貿易）にあった。明の海禁と彼らの密貿易、およびそれを支えた東アジアから東南アジアにかけての通交網の存在が、倭寇的状況の第一の構成要素である。よく知られているように、明は周辺諸国との貿易を、冊封関係に基づく朝貢貿易に限り、朝貢船団の受け入れのために広州（広東）・泉州（福建）・寧波（浙江）に開港場を設定したが、同時に、国内の不穏分子と倭寇などの海外勢力が結びつくのを防ぐために、中国人が海上で外国人と通交することを禁じた（下海通蕃之禁＝海禁）。しかし、それ以前にシナ海沿岸部の海商たちの貿易活動は活発化しており、彼らの活動を軸に、東アジアから東南アジアにかけて通交貿易のネット・ワークが形成され、特にそれは東南アジアにおいて著しかった。

明の海禁政策は彼らを本国から閉め出す結果となったが、彼らは華僑として通商活動を続け、一五世紀初めには東南アジアの各地に数千人規模の華僑社会がみられ、その後も、以前ほどの勢いは無くなったとは言え、徐々に発展して、現在の華僑社会形成の端緒となった。それは、海禁下でも海外との貿易をもとめて密出国する者たちが絶えず、人口の供給をみたこと、さらに、彼らが何らかの方法で本国と通商する方法を獲得したことによる。

その方法は二つあった。一つは、シナ海沿岸部の海上（島嶼）での密貿易、もう一つは、居住地の王権と結んで、その国の明への朝貢使となることである。和田久徳によれば、ジャワのマジャパヒト朝やタイのアユタヤ朝の貢明使節に、正使・副使・通事として彼らが参加する例がみられ、朝鮮や日本への使節にも同様の事例がみられる。彼らはそれぞれの国内においても要職を占めていた(3)。また、真栄平房昭は、琉球の対外関係を管掌した久米村の中国人社会（閩人《ビンジン》三十六姓）も、明から派遣されたとする従来の通説と違い、実際は、華僑の渡来によって自然発生的に形成され、琉球王府の対明関係に初発から関わり、次第に王府との結びつきを強めたものと推定している。(4) 一六世紀半ばまでの琉球は、東アジアと東南アジアの通交網を結ぶ中継貿易に活躍したことはよく知られているが、その実務を主に担ったのは華僑だったことになる。日本においても、遣明船の通事その他に華僑の深い関与が認められ、一五世紀の対馬で朝鮮関係の実務を担った秦氏も中国人であった。このように、一五世紀以来の東アジア・東南アジアの通交網は、華僑が主要な担い手であるか、もしくは彼らの深い関与が認められる。この地域の、明への朝貢貿易をふくむ通交貿易は華僑のネット・ワークによって運営され、彼らの存立の基盤もそこにあったといってよい。

そのネット・ワークの要になるのは、やはり中国本土との貿易であった。当初は著名な鄭和の東南アジアからアフリカにおよぶ七回の大航海（一四〇五～三三年）等を契機に、多数の貢明使節が往来したが、一五世紀の半ばになると朝貢国は減少しはじめる。もともと通交回数や船数、参加者（政府と少数の特権者）に制限のある朝貢貿易のみで、華僑と彼らの出身地であるシナ海沿岸地域の住民、およびその背後にある周辺諸国の対明貿易の欲求が満たされたとは考えられず、そこにシナ海沿岸部での密貿易発生の原因があり、朝貢貿易の衰退によって、この密貿易が上述の通交網を主要に担うことになる。一六世紀の初めには、地方官憲の黙認のもとで、島嶼を拠点とする密貿易者（華僑）と本土商人の出会貿易が盛んに行われていたという。(5)

この状態に二つの異変が加わり、倭寇的状況が形成される。一つは、一五三〇年代以降の日本における銀生産の急増で、これによって日本は前述の通交網において、新たに重要な位置を占めることになる。銀を国内の主要な貨幣とする明では、前世紀以来銀産が衰え、他に銀を求めていた。また日本では、一五世紀末には唐糸（中国産生糸）が支配階級の需要に応じる高級絹織物の原料として、元値の一〇倍の値段で取り引きされ、最も利益のあがる輸入品となっていた。こうして日本の銀と中国の生糸の交換を軸とする貿易の原形が形成され、一五四〇年代には中国の海商＝

密貿易者が銀を求めて日本に渡来するようになった。彼らは九州各地を拠点とし、日本人も誘って大規模な集団を成し、中国沿岸に赴いて本土商人との出会貿易を行った。倭寇＝密貿易集団の頭領として有名な王直（?～一五五九）や徐海（?～一五五六）・陳東（?～一五五六）・葉明（?～一五五六）などは、いずれも九州各地に拠点をもち、所伝では日本人とされている陳東・葉明も、中国人であった可能性が高いとされている。

日本人が倭寇（＝密貿易集団）に参加する背景には、日本内部での商品流通の活発化と、それにともなう各地域間の人の交流や情報の伝播速度の増大と、範囲の拡大がある。それは、例えば、王直は五島と平戸に拠点を置いたが、その頃の平戸には中国船がしきりに来航するとともに、京都・堺をはじめ諸国から商人が来訪して、殷賑をきわめたということにみられる。同様の現象は、種子島に伝来した鉄砲がほどなく堺で製造され、戦国大名の戦術に採り入れられたことや、長崎がポルトガル船の来航地となり、町建てされてほどなく諸国から商人をはじめとする様々な人々が集まり、繁華な都市となったこと、どこかで金・銀の鉱脈が発見されると、瞬く間にそこに鉱山町が形成されるといったことにもみられる。日本の銀生産の増大もそのような国内の動向の反映であり、そこに日本内部の動向が倭寇的状況に連結される契機もある。また、密貿易集団が九州各地に拠点を置くにあたっては、その地域の大名や領主の招致・承認があったことは言うまでもなく、王直ら密貿易集団の頭領が戦国大名や豪商と密接な関係を持っていたのは、そのことのあらわれであり、それによって日本の領主層も上述の密貿易に深く関与していたと推定される。その関係は、頭領たちが中国本土の地方官憲や有力者（郷紳層）との連携・黙認のもとに密貿易を行ったことに通じる。こうして密貿易集団によって担われた貿易は、単なる密貿易というよりも、恒常的な貿易ルートとなり、従来の公的な貿易に代替するものとなるのである。

もう一つは、ポルトガル人をはじめとするヨーロッパ人の登場である。一五一一年にマラッカを占領したポルトガル人は、一五一七（正徳一二）年には中国通商に失敗したものの、一五五四（嘉靖三三）年に広州での通商許可を得、一五五七（嘉靖三六）年にはマカオに拠る海賊を撃退した功により同地の居住を許され、中国本土との通商の地歩を築いた。彼らがマカオ経由マラッカ・長崎間の定期貿易ルートを開くのは、一五七〇（元亀元）年である。ポルトガル人の後ほどなくスペイン人が現われ、一七世紀になると、オランダ人・イギリス人があいついで登場する。ただし、ポルトガル人は独自にルートを開拓して東アジアに現われたのではなく、前述の華僑＝密貿易集団に誘われ、彼らの通交網をたどって北上した。よく知られているように、種子島に漂着し、初めて日本に鉄砲を伝えたポルトガル人の大船（中国ジャンク船か）に同乗して、通訳を務めたのは前述の王直であり、最初にキリスト教を日本に伝えたフランシスコ・ザヴィエルを鹿児島に運んだのも、中国ジャンク船であった。いずれも一五四〇年代、密貿易集団が銀を求めて日本に渡来し始めた時期に一致する。明の通商許可を得るまでのポルトガル人の行動には、上述の華僑＝密貿易集団に類似するものが多く、実際しばしば行動を共にした。明政府は彼らを新種の倭寇と考え、仏郎機《フランキ》賊と呼んだ。

一六世紀半ばを極盛期とする大倭寇（嘉靖大倭寇）の条件は、こうして準備された。中国・朝鮮沿岸部に対する侵攻と略奪を内容とする、いわゆる倭寇的活動そのものは、明政府の徹底した弾圧と一五六七（隆慶元）年の海禁緩和によって、中国人の東南アジア渡航が許可されたことにより鎮静化し、日本の統一政権の海賊停止令（後述）によってほぼ終息する。しかし、それは前述の通交網の衰退を意味しない。明の海禁緩和の処置そのものが、倭寇の背景として、国内外の貿易に対する強い欲求の存在を認めたことに基づいており、また明は海禁を緩和したものの、依然として中国人の日本渡航は禁止しており、その他の倭寇的状況の構成要素そのものも、基本的には変わっていないからである。事実、密貿易集団は出会貿易の拠点を台湾やフィリピンに移し、そこで活発な貿易活動を行った。スペインは一五六五年フィリピンのセブ島、一五七一年にはルソン島を占拠してマニラを創建するが、そのころ同地域では、それ以前から商権を張っていたイスラム商人と渡来する中国人・日本人の間で、活発に貿易が行われていた(6)。これ以後、前述の通交網の要となる出会貿易の拠点＝マカオ・台湾・フィリピンが、中国人・日本人・ポルトガル人・スペイン人の間で争奪の対象となり、一七世紀になるとさらにオランダ人・イギリス人がこれに加わる。このような状況は一七世紀の後半まで持続する。その様相を台湾についてみれば、以下のようである。オランダ人は、一六二四年台湾西岸の安平地方に要塞（ゼーランディア城）を築いて、そこを出会貿易の拠点とした。しかし、台湾はオランダ人が要塞を築く以前から出会貿易の拠点となっており、その貿易をめぐって日本人とオランダ人が競合し、双方の紛争から日蘭両国の断交（一六二八〜三二年）にまで発展したのが、ノイツ事件（台湾事件、一六二八年）である。この事件の解決にあたって、東インド会社はひたすら幕府の意をむかえて貿易再開にこぎつけ、その間にオランダ人の幕府に対する奉仕者としての地位、いわゆる歴代――あるいは三代（家康・秀忠・家光）の「御被官」（家来）――という位置づけが確定する。それと同時に幕府は台湾への渡航朱印状の発給を停止し、その結果、オランダ人は台湾の出会貿易から日本人を排除することに成功する。また、一六二〇年代の後半にはスペイン人も台湾北部の鶏籠（基隆）・淡水を占拠して要塞を築いており、オランダ人が彼らを駆逐して全島を支配下に置くのは、一六四二年のことである。そのオランダ人も一六六一年には、鄭成功（一六二四〜六二）によって台湾を逐われることになる。鄭氏は台湾に拠って抗清行動を続けるが、それを支えたのは、台湾を起点とする中継貿易（出会貿易の変形）であった。前述の通交網はそれだけ膨大な富をはらみ、それゆえに多様な民族をこの海域に呼び寄せ、倭寇的状況を形成したのである。台湾は鄭氏降伏後の一六八三年に清の属領とされるが、それは一つの時代の終わりを示してもいる。

3 倭寇的状況の変容

既述のように、倭寇的状況は、基本的には一七世紀後半まで持続すると考えられる。ただし、それは以下の二つの変化とそれにともなう変動を含みながらの持続であり、そこから一八世紀以後の東アジアの安定も生まれてくる。

その一つは、日本で統一政権（豊臣・徳川政権）が成立したことである。そのことは、先述の通交網に、次の二点の変化をもたらした。第一点は、同政権が一五八八（天正一六）年以降展開した海賊停止令によって、倭寇的活動や海賊行為とともに、密貿易集団＝倭寇と日本の領主層の結びつきが体制的に否定され、かつ、海上での紛争解決のための武力行使が、当事者の国籍を問わず、日本の領海内では禁止されたことである[7]。明・朝鮮は伝統的に倭寇禁圧を日本政府（室町幕府等）に求めており、それに応じることは、日本政府が東アジアで国際的信用を得るための前提であった。また、統一政権の海賊停止令は、同政権の全国的な領海権の設定に基づく、日本来航の外国船の安全と自由な貿易の保障、およびそれら貿易船の積み荷に対する先買い特権の行使と軌を一にしており[8]、その後の対外関係展開の基礎となった。

紛争解決のための武力行使の禁止は、統一政権が紛争調停者となることを前提としており、同政権はこれによって日本を中心とする平和な通交貿易の保護者・組織者たろうとした。一七世紀初頭の平戸には、シナ・カピタンと呼ばれる李旦《リータン》（?〜一六二五）という中国人がおり、平戸・長崎の中国人社会の中心的な存在であると同時に、日本人・オランダ人・イギリス人などとも密接な関係をもち、平戸松浦氏はもちろん、長崎奉行・幕閣にも強い人脈を持っていた。特にイギリス人は、当初平戸の商館として李旦の家を借りていたのをはじめ、日本での貿易活動や中国本土との通商交渉にいたるまで、李旦に深く依存していた(9)。李旦は、王直ら倭寇＝密貿易集団の頭領の系譜をひく人物であるが、王直らと違うのは、少なくとも日本においては、平和な通交者としてふるまい、オランダ人などとの紛争は長崎奉行を通じて幕府に訴え、裁判に持ちこんでいることである。日本人はもとよりオランダ人・ポルトガル人も同様の行動をとっており、東南アジアでの紛争が持ちこまれることも珍しくなかった。統一政権が領海内で果たすこのような権能のもとで、多様な外国人が日本に来航し、それが日本型華夷秩序の現実の基礎の一つとなる（後述）。

第二点は、同政権が前述の通交網に直接・間接に参加し、その成果を摘み取るために様々な行動をとったことである。その行動は、具体的には第3節で検討するが、それが、例えば豊臣秀吉の朝鮮侵略に代表されるように、東アジア変動の要因ともなっていく。

もう一つは、ヨーロッパ人が徐々に本来の行動様式を明らかにしてきたことである。しかし、ポルトガル・スペインとオランダ・イギリスとでは行動様式もかなり違う。ポルトガル・スペインの特徴は、世界への進出が、ローマ教皇庁の教線拡大運動との密接な連携のもとに、国家の植民事業として遂行され、貿易もキリスト教布教もその一環であったことである。両国は世界への進出に際して、大西洋上の境界線で世界を二分割し、東についてはポルトガル、西についてはスペインの、発見地の領有と航海権の独占を互いに認めることをとりきめ（デマルカシオン）、また、それぞれに帰属する地域（航海領域）については、国王がキリスト教布教を援助するかわりに教会聖職者の人事などに介入しうる権限（布教保護権）を与えられており、そのためポルトガルの航海領域（東インド）の布教はその後援をうけるイエズス会、スペインの航海領域（西インド）についてはフランシスコ会・ドミニコ会などの独占とされた。しかし、デマルカシオンには地球の反対側の東半球については規定がなく、両国があいついで同地域に到達するにおよんで各地が争奪の対象となり、その混乱はキリスト教の布教にもそのまま持ち込まれた。この状態は、一七世紀にはいってデマルカシオンが両国の国力低下によって現実性を失い、ローマ教皇庁がそれまでの布教のあり方の一定の反省の上に立って、独自の布教活動を展開するようになるまで続く。ただし、日本は両国のいずれにも征服された事実はなく、現実には貿易と布教の独占をめぐって争われたが、日本にいち早く到達したのはポルトガル＝イエズス会であり、ローマ教皇庁も当面は既成事実を追認する態度をとったので、日本貿易と布教はその独占に帰したかの観を呈した。しかし、布教にあたっては国王の援助もはるか東方の日本には行き届かず、イエズス会は資金獲得のために貿易に深く関与し、かつ、布教の保護・援助を日本の世俗権力に期待せざるをえず、布教に好意的な勢力の護持のために戦国の抗争に直接・間接に介入しようとした。そのことが、一方ではイエズス会内部に腐敗をもたらし、他方で日本の世俗権力との摩擦を引き起こすことになった[10]。長崎のイエズス会領（一五八〇〜八八年）はそういう歴史的文脈から生じ、一五八七（天正一五）年九州制圧のため現地に赴いた豊臣秀吉を、布教の実態や宣教師の言動とともに、強く刺激し、最初の禁教令の原因となる。秀吉の禁教令の後、イエズス会は日本の権力闘争から一定の距離を置く方針に転ずるが、一六〇〇年にローマ教皇が日本布教をすべての修道会に開放し、折から徳川家康がスペイン勢力を積極的に招致したことと相まって、それ以前から始まっていたスペイン系修道会による日本布教が本格化し、布教と貿易をめぐってポルトガル・スペインとそれぞれの修道会の対立はさらに激化する。そのもとでキリスト教は関東以北にも浸透し、信徒は増大するが、徳川政権の対外政策と国内支配の進展とともに、布教と貿易をめぐる両国との矛盾が露呈し、一六一二（慶長一七）年の岡本大八事件をきっかけに本格的なキリスト教弾圧が開始され、キリスト教そのものが国家主権を犯すものと位置づけられることになる[11]。もっとも、前近代の東アジアでキリスト教が排斥されたのは日本にかぎらず、中国・朝鮮や東南アジアのかなりの国でも共通して認められる現象であった。日本の場合に特徴的なのは、キリスト教問題が近世国家形成の過程に密接に絡む点であり、そこに近世日本国家の特徴とキリスト教弾ある。

庄の質の問題があると思われるが、これについては次章に検討しているので、そちらを参照していただければ幸いである。

これに対し、オランダ・イギリスは、ヨーロッパにおける前記二国との対抗を背景に、その航海領域を蚕食しながら東アジアに登場してきた。両国の前記二国との違いは、何よりも、遠隔地間商業の利潤追求を第一義とし、それに適合的な組織＝東インド会社を持ったことである。東インド会社は、イギリスでは一六〇〇年、オランダでは一六〇二年にそれぞれ設立されたが、いずれも東インドにおける植民地経営のために広範な権限を付与された特許会社である。これらの会社は喜望峰以東においては国家に等しい権能を持ったが、その権能が、同地域におけるポルトガル・スペイン勢力の打破と商業利潤追求のために行使された点に特徴がある(12)。このために両国は、同地域の現地政権との矛盾に、より柔軟に対応でき、さらに、前記二国との抗争とヨーロッパ内部での遠隔地間商業で培われた優勢な海軍力・海運力を持っていた。なかでもオランダは、一六世紀後半から一七世紀にかけては、ヨーロッパ内部での中継貿易を通じて経済的覇権を握っており、その力量をもって、東南アジアおよび東アジアにおいて前記二国を圧倒したのみでなく、イギリスとの競争にも打ち勝つことになる。オランダ船が最初にモルッカ諸島に現われたのは一五九九年だが、その後ほどなく同地域のポルトガル勢力を駆逐し、一六一九年にはジャワ島のジャカトラ（バタヴィア）に拠点を築く。その一方で、一六〇九（慶長一四）年には徳川政権の招致に応じて平戸に商館建設を決め、日本貿易を開始した。さらにポルトガルの中国貿易の拠点であるマカオ攻略を企てたものの成功せず、澎湖島に拠ったが明政府に逐われて、前述のように台湾に拠点を築き、そこでの出会貿易を支配下に置いた。一方徳川幕府は、キリスト教布教をめぐってマニラのスペイン人と対立し、一六二四（寛永元）年には日本人のマニラ渡航を禁じて、スペインと事実上断交し、次いで、一六三五（寛永一二）年には日本人の海外渡航を禁じ、一六三九（寛永一六）年にはポルトガル人の日本来航を禁じた。さらに、オランダ人のもう一つの有力な競争者であったイギリス人も、一六二三年のアンボイナ島の虐殺事件を契機に、東南アジア・東アジアからインドへ後退し、そこでの勢力扶植に専念することになる。こうして、ヨーロッパ勢のなかでオランダ人のみが日本との関係を維持することに成功したが、それは、東アジアから東南アジアにかけての海域における、オランダ人の制海権掌握と軌を一にしており[13]、台湾の制圧やマラッカの占領（一六四一年）はその総仕上げの意味を持った。

しかしオランダ人は、同地域に展開していた通交網のすべてを支配したのではなく、通交網の性格を変えたのでもなかった。ポルトガル人がマラッカを占拠して以来、それ以前の東南アジアの通交網の担い手たちが、拠点を移動させて同地域の物流に若干の変化を来したように、オランダ人による制海権掌握は、その拠点バタヴィアの繁栄をもたらした。しかし、東南アジアから東アジアにかけて展開する通交網は、局地的な交易と遠隔地間貿易によって構成されており、オランダ人はその一部に、他のヨーロッパ人を排除しつつくい込んだにすぎない。日本貿易についても、オランダ人が掌握しえたのは、長崎での貿易に限ってみても、全体の三分の一であり（残りの三分の二は中国人）、その割合は近世を通じてほとんど変わらなかった。しかし、前述の倭寇的状況との関連でみれば、オランダ人によるヨーロッパ人内部での制海権掌握は、日本の海禁施行とともに、倭寇的状況の秩序化に道を開くものであった。さらにこのことをヨーロッパとの関連でみれば、ポルトガルが香料貿易においてケープ・ルートを開拓しながら、それまでの伝統的な香料路、すなわち、インド洋から内陸キャラバンによって地中海に達する貿易路を打倒することができなかったのに対し、オランダ東インド会社による香料貿易は、はるかに効率的な貿易運営によって、前記貿易路の息の根を止めたように[14]、より直接にヨーロッパ市場とアジアの市場を結びつけ、約一世紀後のヨーロッパの産業革命に道を開くことになる。

4　東アジアの変動と倭寇的状況

倭寇的状況は、単独に発生・存続したのではなく、一六世紀の半ばから一七世紀にかけての東アジアの大変動の一環であった。中国の民乱の続発と明の衰退、北方遊牧民の活発化、特に女真の台頭、日本での戦国の動乱と統一政権の形成・確立、北方のアイヌの活動の活性化など。他方で、シナ海域の中継貿易に活躍した琉球や朝鮮の党争激化による国内の乱れなども目立つ。これらの現象を要約すれば、旧勢力の衰退と新勢力の台頭といえる。その代表的な事件が明清交代（一六四四年）である。そこにみられるのは、各地域の住民の活動が活性化し、従来の政治体制や国際関係の枠組に納まり切れなくなった結果である。その一環として、前述の通交網にもすでにみたような異変が生じ、倭寇的状況が形成されたのである。

第2節　諸民族雑居の日本

1　日本のなかの中国人

本節では、倭寇的状況のなかで一六三〇年代までの日本に生じた諸民族雑居の状態を、中国人・朝鮮人・ヨーロッパ人について検討し、日本社会との関わりについて考える。

まず、中国人の事例から。前述のように、明政府は一貫して中国人の日本渡航を禁じていたにもかかわらず、倭寇的状況のなかで数多の中国人が渡来し、いわゆる唐人町を形成した。小葉田淳・中村質によれば、唐人町や唐人小路の名称は、九州の豊後臼杵・府内、日向都城、薩摩・大隅の各地、肥後熊本・伊倉、博多、豊前小倉、平戸、五島、島原の口ノ津などの他、山口、松山、小田原、川越にまで分布するという(15)。また、長崎は、唐人町の名称こそないが、一五六二（永禄五）年以降、中国人が来航しはじめ、一五七一（元亀二）年の町建て以来その数も増加した。長崎においては、中国人も他の民族（あるいは人種）と雑居の形態をとったが、前述の唐人町も早くから日本人と雑居形態をとったと推定されており、規模は違うものの、長崎が日本の唐人町の特徴をよく示しているといわれる。唐人町の分布が九州に厚いのは、その地理的条件もさることながら、前節で検討した倭寇的状況のなかで、密貿易集団が九州各地に拠点を置いたこととの反映であり、さらに、所在地に城下町が多いことも、戦国大名と密貿易集団との関係に基づく拠点の設定と、その後の恒常的な中国貿易船の来航、そのことによる多数の中国人の来日と定住といった経緯が想定される。前記の地域の戦国大名が領内に貿易船を呼び寄せるために、彼らを招致したことはもちろんのこと、次にみるように、渡来した中国人には、実に多様な技能をもった人々がおり、彼らを領内に置くことは、領国支配にとっても意義の多いものであったろう。

その点について、当時来日した中国人の事例を『西州投化記』（小宮山昌秀、一七九四年）や前記小葉田・中村の仕事などによって、来日の契機と事跡について整理しつつ考えてみる。来日の契機については、前述したように、明政府は中国人の日本渡航を禁止していたから、ほとんどが密出国者であると思われるが、そのうちの例外は、倭寇の被虜人、漂流民、豊臣秀吉の朝鮮侵略の際に明軍として従軍し、日本軍の捕虜となった者たちである。密出国者が、多くは前節でみた出会貿易に様々な形で参加し、なかには王直のように著名な存在を生み出したのに対し、倭寇の被虜は、彼らの活動の直接の被害者である。倭寇は米穀その他の物品とともに人身を略奪し（被虜）、彼らを配下に組み入れて駆使するか、あるいは売却した。当時は人身売買は貿易の主要な柱の一つであり、倭寇の人身略奪の背景として国際的な奴隷市場の存在を考えざるをえない。被虜のなかには、幸運にも外交ルートを通じて送還される事例もあるが、それとても、送還に名を借りた貿易の性格を持っていたと言われている。(16)『西州投化記』に挙げられる中国人のなかにも、被虜として日本に渡来した事例がみられる。しかし、このような記録に残された数少ない事例の蔭には、数多くの被虜の悲惨な生活があった。例えば、一六世紀半ばの薩摩の高須には、二、三百人の被虜が、日本風に髪を結い、裸足でぼろをまとい、食事もろくに与えられずに、農耕に使役され、逃亡すれば直ちに殺されたという。密出国者には、安徽・浙江・福建・広東のシナ海沿岸の人たちが多く、また、倭寇が跳梁したのもおもにこの地域であったから、倭寇の被虜も多くはこの地域の出身であったろう。ここには、同じ中国人が同国人を略奪し、奴隷市場に投じるという不幸な事例もみられ、同様な事例は日本においても、日本人が同国人をポルトガル人に売り払うというような形でみられる。

渡来中国人の事跡は多様であるが、おおむね、貿易関係に携わった者と、漢学の素養をはじめとする様々な技能によってその名を残した者とに分けられよう。もちろん両者は截然と分けられない場合もあり、医者として大名に仕えながら、同時に貿易関係にも深く関わるというような事例もある。貿易関係者の事例は、一応、前述した倭寇＝密貿易集団に参加した中国人たち、およびその系譜をひく人々と、日本の権力に吸着しつつ貿易や対外関係に携わった人々に分けられる。前者には、王直らの倭寇の頭領や、李旦やその弟といわれる華宇《ハウ》（?〜一六二〇）、そのほか徳川幕府から異国渡海の朱印状をうけた中国人、および鄭芝竜（一六〇四〜六一）・鄭成功などがその代表的な例としてあげられる。後者としては、既述の閩人三十六姓の華僑や、長崎や薩摩藩の唐通事などがあげられる。しかし、このように彼らの機能が分化するのは、長崎の唐通事の起源が、一六〇三（慶長八）年に長崎在住の中国人馮六が任じられてからのことであることからも知られるように、[17]倭寇的状況のなかに日本の統一政権が深く関与するようになってからのことである。

渡来中国人で名を残した者のなかには、大名に家臣として召し抱えられ、領主階級にとりこまれた事例も散見する。例えば、張忠は、船二隻、乗組員数一〇〇人、馬五匹を率いて平戸に漂着し、松浦氏に拘留され、ついで大内義隆に召しだされ、珍貨を献上して山口に居宅を賜り、医をもって仕えた。同様に毛利元就にも医をもって仕えた。彼は軍事にも明るく、しばしば明の兵法を説いたという。その子六左衛門は一五九五（文禄四）年に二八〇〇石を賜った。六左衛門は後に罪を得て自殺したが、二子があっていずれも禄二〇〇石を食み、張姓をつたえた。張忠は、平戸漂着当時の様子からみて、倭寇＝密貿易集団の一派ではなかろうか。これらの事例は、イギリス人ウィリアム・アダムズが徳川家康に取り立てられたことと軌を一にし、一六三〇年代以前には、日本においても外国人が領主階級にとりこまれる事例が、特に珍しいことではなかったことを示している。

この他、漢学の素養に基づく事跡、医術・薬、鉱山技術・銀吹、瓦焼き・漆喰技術、花火・線香、饅頭・飴、シナの芝居・放下《ほうか》など、残された事跡はきわめて多様で、地域も広範である。より精緻な事例の探索は今後の課題とせざるをえないが、このような事例を深していくと、おそらく、枚挙にいとまがないのではあるまいか。

とりあえず、以上の概観からつぎの三点が指摘できる。まず第一に、一六三〇年代までの日本には、貿易関係のみでなく、きわめて多様な技能をもった中国人たちが渡来したということ。第二に、彼らは、その技能をもって日本の領主層に召し抱えられ、あるいは密接な関係を持ち、貿易に限らず、医術・漢学の素養のほか読み書く能力（当時は、それ自体が特殊技能であった）・鉱山技術・土木技術などによって、領主層自身の需要に応じると同時に、領内支配にも、特に技術的側面において貢献したと考えられる。第三に、彼らの事跡は単に領主層との関係のみでなく、広く生活文化の諸局面にまでおよんでおり、近世文化の基礎の、すくなくともかなりの部分にその影響が認められる。彼らを日本に運んだのは前述の倭寇的状況であり、彼らによって日本に運ばれた様々なレヴェルの文化は、倭寇的状況の重要な成果の一つであった。それらの成果が、幕藩制社会の形成を、それぞれの局面で支えたということは指摘できるし、同様のことは、来日した朝鮮人・ヨーロッパ人についても言える。

彼らの日本社会での活動の基盤になったのが、前述の唐人町であった。彼らは、唐人町に集住するとともに、そこを起点に日本全国を遊行して、各地に足跡を残した。これら唐人町の特徴が、日本社会と渡来中国人との関係のあり方をよく示している。小葉田によれば、日本の唐人町の特徴は、以下の六点に整理できる。第一に、唐人町は早くから日本人と雑居の形態をとり、居住中国人の移転も多かったため、華僑社会を形成するまでに至らなかったこと。第二に、来住中国人の多くは日本女性と通婚し、二世になるとほぼ例外なく日本名を名乗るようになることから、早くから日本社会に同化していったと推定されること。この点は、東南アジアの華僑社会と違う点である。第三に、来住中国人には、中国船との貿易を仲介する者が多かったと推定されるが、彼らは貿易のみに関わっていたのではなく、前述のように特殊技能者の集団でもあり、その点にも大名による唐人町設定の意味があったと考えられる。第四に、彼らは、東南アジアの華僑と違い、日本国内の商品流通において、枢要な地位を占めるまでに至らなかったこと。この点には、日本内部での商品流通が、戦国大名や統一政権と結びついた巨大な特権商人たち（初期豪商）を生み出すまでに発展していたという事情が関わる。[18]ここに、倭寇的状況のなかでその成果をとりこみながら、日本の統一政権が幕藩制国家を形成できた、主体性の根源を求めることができよう。第五に、唐人町や唐人小路の名称や通婚の事例などから、当時の日本人が中国人に対して排他的な感覚を持っていたわけではないと考えられること（後述）。第六に、一六三〇年代の幕府の海禁施行を境に、長崎以外の各地の唐人町は、中国船と中国人の後続を断たれ、華僑社会としての実質を最終的に失っていくこと。こうして一六世紀の半ば以後日本の各地で形成されつつあった唐人町＝華僑社会は、一六三〇年代以後は、わずかに長崎においてのみ、きわめて変則的な形ではあるが、存続させられることになる。

2　日本のなかの朝鮮人

次に、朝鮮人の事例。朝鮮人の場合は、中国人と違い、自ら望んで渡来した者はほとんどなく、漂流か倭寇の被虜、および豊臣秀吉の朝鮮侵略（文禄・慶長の役）の際の被虜であった。倭寇の被虜については中国人の場合と同様である。しかし、この時期の朝鮮人の日本渡来は文禄・慶長の役によるものが圧倒的に多く、かつ、彼らと日本社会との関係を特質づけてもいる。文禄・慶長の役は、朝鮮・中国においては、倭寇の延長として受け止められ[19]、実態としても、国際的な名分のない点、財貨（文化財もその一つ）や人身の略奪をともなった点で、未曽有の倭寇と呼びうるものであった。また、秀吉の朝鮮侵略そのものも、倭寇的状況に対する日本の統一政権の対応の一つであり、その際に発生した大量の被虜も、倭寇的状況の所産の一つとみることができる。もっとも、同時代の東アジアにおいて、戦争が大量の被虜を生じる事例が秀吉の朝鮮侵略に限らなかったことは、一六二七年と一六三六年の二回にわたる後金（清）の侵攻で多くの被虜が連行され、その後の重要な外交問題となっていることからも知られ、それ自体が独自の検討素材となりうるが、ここでは日朝関係に問題を限定する。

内藤雋輔によれば、文禄・慶長の役で日本に連行された被虜人の数は、およそ五、六万をくだらない。一四世紀半ばの倭寇発生以来、被虜の刷還は朝鮮政府の対日本政策の重要な柱の一つであり、文禄・慶長の役の後もそれは変わらなかった。被虜の刷還は戦後の講和条件の一つとして日本側に提示され、一六〇七（慶長一二、宣祖四〇）年から一六二四（寛永元、仁祖二）年までの三回の朝鮮国王使は、被虜人の刷還を名目の一つとして来日し、その後の二回（一六三六年、一六四三年）の通信使も刷還に努力した。その結果、刷還された人数は、判明するかぎりでは約七五〇〇人であり、被虜のかなりの部分は日本に残留したことになる。[20] 通信使たちは、被虜たちが、あるいは主人に制止され、あるいは長い被虜生活の間に日本人と通婚してできた係累（夫や妻子など）に心ひかれて、帰国を望みながらも果たせなかった数多くの事例を記録するとともに、被虜人の間に、釜山到着と同時に放り出され、衣食に窮するものが多いとか、軍隊に編入されるとか、奴隷にされる等の噂が広まっており、そのために帰国を渋るものが多かったことも伝えている。実際朝鮮政府は、日本政府に被虜送還を強く要求した割には、帰国被虜に冷淡で、迎え入れや保護・援助の対策は全くとられていなかったという。こうして被虜たちは本国に帰る契機を失い、日本にとどまり、日本社会に同化するか、さらに転売されるなどして東南アジア方面へ転出した。戦後ほぼ四〇年経った一六四三（寛永二〇）年の通信使による刷還人数は一四名であり、この段階で被虜刷還問題は一段落したといえよう。

被虜の分布は、朝鮮に出兵した武将の多かった九州・中国・四国地方、とくに薩摩・唐津・福岡・壱岐・対馬・小倉・長門・広島・岡山・姫路・兵庫・伊予・讃岐・阿波・土佐の各地と、紀州・大坂・京都・名古屋・静岡・江戸など、政治・交通上の要地に多かったとされている。これは、通信使の江戸までの往来の間の見聞をもとにしたものであり、これ以外にも被虜はいたことが想定され、たとえば、平戸・長崎にも被虜はいた。福岡・佐賀・唐津・平戸・人吉などのように、被虜を置くために設定された「唐人町」（あるいは「高麗町」）もあるが、[21] これらも、中国人の唐人町と同様に、時とともにその実態を失っていったと考えられるのに対し、薩摩苗代川の陶工たちは、藩の政策により、近世を通じて隔離・集住させられ、保護を受けながらも、朝鮮習俗を墨守させられ、陶芸に従事した。[22]

被虜と日本社会の関係について、記録に残されたいくつかの事例に基づいて、整理しておこう。藤原惺窩との親交を通じて近世日本の朱子学の勃興に大きな影響を与えた姜沆[23]、朱印船に乗り組んで安南（ベトナムの一部）に数度渡航した趙完璧[24]などの学者・文人は比較的優遇され、行動もそれなりに自由であり、帰国の便宜も与えられている。日本に残留した事例では、前述の苗代川の陶工のように、九州をはじめとする各地で陶磁生産を強制されて、近世日本の陶磁産業勃興の基礎を築いた人々のほかに、医者や売卜を業とする者、富商の養子となった者、茶坊主として大名等の側近に近仕した事例がある。婦女子の場合には、豊臣家・徳川家をはじめとする大名や旗本、藩士の妻・妾・侍女になった事例も多い。

このほか、一六世紀末から一七世紀にかけて約二〇年間、長崎を拠点として日本に帯在したアビラ・ヒロンも五人の朝鮮女性を下女として抱えていた。彼はまた、朝鮮人被虜は実に安い値段だったと述べており、被虜は日本国内で売買されただけでなく、ポルトガル人をはじめとするヨーロッパ人にも奴隷として買われ、東南アジア方面にも流出していった。同時に彼らは、日本人やその他の船主（主人）に従い、あるいは雇われて船に乗り組み、東南アジア方面に渡航した。こうして、被虜のなかには、東南アジア各地に定住する者や、日本において貿易関係に従事するようになった者もいた。イギリス商館の通訳にミゲルと呼ばれる朝鮮人がおり、一六三三年当時平戸オランダ商館への必需品の納入を一手に引き受けていたシエモン（バスティアン）も朝鮮人で、かつてはエロザエモン殿（未詳）の奴隷でスケンゲローと呼ばれ、東インド会社の掌帆長として航海した経験を持っていた。さらに、前述のヒロンは、一六一〇年代の江戸にはハチクワン（八官か）・ジョアキンと呼ばれる年老いた朝鮮人のキリシタンがおり、信仰の組の親を務め、弾圧が強化されたのちにも宣教師ルイス・ソテロらに宿を貸していたこと、彼が本多正信の庇護を受けていたこと等を記録している。また、一六四二（寛永一九）年の長崎平戸町には、町民一三三人のなかに八人（その子は除く）

の「高麗人」がおり、彼らは町内に居住するにあたって、確かな証人による請状を義務づけられていた。その理由を、中村質は、在住中国人にはそのような規定がないことから、被虜にキリシタンが多かったことに求めるが(25)、詳細は未詳である。

ところで、被虜が日本社会でどのように処遇されたかという点について、今までの概観ではかならずしも明らかではない。被虜がいわゆる奴隷として日本に連行され、日本人の主人の監視下に置かれたことはいうまでもない。しかし、彼らが主人に拘束されながらもしばしば通信使に面会に現われていることからもわかるように、比較的行動に自由があり、また前述の事例からも知られるように、比較的早期に奴隷の境遇から自立する例もみられ、かつ日本人と通婚する者も多く、それが彼らの帰国の意志を鈍らせる原因の一つとなっていたことは、既にみた通りである。この点に日本社会における奴隷概念の問題が関わる。

牧英正によれば、日本にはヨーロッパにみられるような法制的に規定された奴隷は存在せず、ポルトガル人が奴隷とみた日本人の身分は、譜代の下人、譜代の者、譜代相伝の者、下人、所従、奴などであり、ポルトガル人にとって奴隷売買はまさに所有権の移転であるのに対し、日本の人身売買は、その人身に対する支配権の終身あるいは有期的な譲渡も売買の形式により、むしろ、奉公関係の設定と考えるべきものである。したがって、ポルトガル人が奴隷をあたかも犬のように扱うのに対し、日本人は彼らを自分の子供のように考え、庶民の間では彼らを養子にしたり、自分の娘や身内と結婚させることもある。また、奴隷の獲得したすべての物は奴隷自身の所有となり、自由に処分しても構わない(26)。おそらく、被虜たちも当時の日本社会の慣習に則って、それぞれの主人の所従・下人と同等の身分に置かれたのであろう。そのなかで、被虜は日本人と通婚し、あるいは主人の養子となり、あるいは自立する契機をつかんだ。その関係は、領主階級に妻妾、あるいは侍女としてとりこまれた場合についても同じである。こうして被虜は、来住中国人がそうであったように、二世になるとほぼ例外なく日本名を名乗るようになり、日本社会にとりこまれていったと考えられる。しかし、その過程が平坦なものでなく、かつ、彼らの望郷の思いが一通りでなかったことは、通信使一行が、その行列を見守る群衆のなかに、号泣しながら見送る初老の女性を認めるというような事例を、多く書き留めていることからも知られる。

3　日本のなかのヨーロッパ人

次に、ヨーロッパ人の事例について。ヨーロッパ人の場合も、ポルトガル人が日本に渡来しはじめ、長崎に拠点を置いてからでも一六三〇年代までにほぼ六〇年経過しており、オランダ人が日本に現われてからでもほぼ三〇年が経過している。そのかなりの期間彼らは日本国内を自由に往来し、日本人をはじめとする諸民族と自由に交流しており、日本人と通婚することも、ごく普通のことであった。そのなかには、中国人・朝鮮人ほど数は多くはないが、日本に定住する者もおり、前述のアビラ・ヒロンをはじめ『イギリス商館長日記』[27]や『平戸オランダ商館の日記』[28]には、長崎在住のポルトガル人やスペイン人・オランダ人が散見する。例えば、リーフデ号に書記として乗り組み来日したオランダ人メルヒオール・ファン・サントフォールトは、その後長崎に住み着き、独自に貿易を営んだ。彼は日本人の妻イサベラとの間に二人の娘を儲け、そのうちの一人スザンナは、同じく日本に定住したウィルレム・フェルステーヘンと結婚した。また、ヴィンセント・ロメインは長崎に住む自由商人（東インド会社に属さない商人）のオランダ人で、彼も日本女性を妻としていた（『オランダ商館日記』第一輯、四六七頁）。彼らと当時の日本社会の関係を、次に引用するある日本女性の手紙を素材として、具体的に検討しよう（コックス『日記』訳文編附録上、一三三頁）。

なを〳〵申まいらせ候、さやうに候へは、御かえりのよしきゝ申侯、かわる〳〵御こゝろもとなく存まいらせ候、御かえりまことゝて候へは、御なこりをしく存まいらせ候、とかくあい申侯事なり申ましく候はんかと、あんしまいらせ候、御かえりなきうちにいまいちと御めにかゝり申たく候へとも、もはや〳〵御めにかゝり申候事なり申ましく候は、もはや〳〵けかふ候ては、いとまこいまて候はんと存まいらせ候、
細々と申たく候へとも、あら〳〵申候、

あまり〳〵御なつかしく御いり候は、わさと一ふて申まいらせ候、さて〳〵此中はひさ〳〵御めにかゝり、万々ゆかしく候、かしく

はや　より

ぎりんさま
まいる

一読して、相手との別離を惜しむ恋文である。宛名のぎりんは、イギリス商館のウィリアム・イートン、差出人のはやは、彼との間に女児ヘレナを儲けた大坂在住の女性。手紙が書かれたのはイートンの動静と文面からして、イギリス商館長リチャード・コックス一行が江戸参府の帰途大坂に立ち寄った、一六一六（元和二）年一〇月頃と推定されている。イートンはそれまで二回大坂を中心として上方に長期滞在しているから、はやとの関係はその間に生じたものであろう。

よく知られているように、幕府は、はやの手紙が書かれた年の八月に、中国人を除くヨーロッパ系の外国人（ポルトガル人・スペイン人・オランダ人・イギリス人など）が長崎・平戸以外で貿易することを禁止したので、イギリス商館も各地においていた出店を閉鎖し、駐在員も平戸に引きあげざるをえなくなった。はやがイートンに再会する可能性

はこうして閉ざされた。しかし、平戸に帰った後のイートンは、少なくとも二人の日本女性と関係を持ち、そのうちの一人かめそうとの間にも男児うりえもん（ウィリアム）を儲けており、もう一人の女性まんを、同僚のリチャード・ウィッカムに売っている。一六二三（元和九）年一一月にイギリス人は平戸商館を閉鎖して日本から撤退するが、その数日後にかめそうはコックス宛の手紙をオランダ船フーデ・ホープ号に託し、彼の安否を問い、滞在中の懇意を謝すとともに、イートンにともなわれて日本を離れる息子うりえもんの後見を繰り返し頼み、かつ、その父イートンに対する恩顧を願っている。はやの手紙が女の男に対する気持ちをよく表現しているとすれば、かめそうの手紙は母の真情を吐露している。そこには外国人に対する疎外感は見られない。

はややかめそうのように外国人男性との間に子供を儲けた日本女性がいたことはよく知られているが、彼女らの出自や、その関係がどのような社会環境のもとで結ばれたかということについては、あまり検討されていない。コックス『日記』によりながら、当時のオランダ人・イギリス人の男性と日本女性が関係をもったケースを整理してみると、イギリス人・オランダ人の宿主の娘、日本女性の奉公、カブキ女や娼婦の三つの場合に分けられる。

そのうち宿主の娘の事例はオランダ人に一つあるだけであり、カブキ女・娼婦との関係は一過性で、子供を儲けるような事例も見当らない。これに対し、日本に長期滞在したイギリス商館員や医者には、例外なく侍女、あるいは愛人と呼ばれる日本女性がついており、コックスの侍女はマティンガ（まちか）と呼ばれる平戸の女性である。彼女らとイギリス商館員の関係は当時の日本社会に一般的だった年季奉公によるものと考えられる。したがって、彼女らの階層はおもに町人や農民の中・下層であったろう。彼女らは武家や商家に奉公するのと同様に、イギリス商館に奉公した。コックスやオランダ人は日本の習慣や流儀を「日本気質《にほんかたぎ》」と呼ぶが、コックスらも「日本気質」に習って彼女らを雇い、性的関係も含めた身の回りの世話を任せ、子供を儲けたのである。

彼女らの奉公を支えた社会的条件は二つある。一つは、はやかめそうの手紙が示すような、外国人に対する疎外感のなさであり、もう一つは、イエズス会士などが日本女性についてしばしば貞操観念の薄さとして指摘する、(29)当時の日本社会のある種の開放された性のあり方である。後者については、彼女らが奉公して子供を儲けた場合でも、年季があければ奉公先を辞して、別の日本男性と結婚することになんの支障もなかったということを指摘すれば足る。ただし、姦通の場合には妻敵討の慣行があり、必ずしも性が乱脈であったわけではない。前者については、つぎの二点について若干の補足が必要である。

第一点は、平戸の町のあちこちでマティンガらイギリス人の侍女たちを揶揄する里謡がいくつもつくられ、歌われたということである。里謡の内容がわからないので断定はできないが、前後の文脈から、その生業ゆえの、ありもしない彼女らの性的な乱脈さを挙げつらったものと推定される。平戸の町にもイギリス商館員と彼女らの関係を快く思わない者たちがいたのである。それは日常コックスらと親しくしている日本人をふくむ「隣人」たちと、鋭い対比をなすようにもみえる。

第二点は、日本社会に古くからあったと思われる、外国人忌避の習俗とでも呼べるある態度、すなわち日本人が外国人の悪臭を恐れて、鼻や耳を塞いで通りすぎる等の態度――あるいは所作――の存在である。一六二七（寛永四）年オランダ東インド総督の特使として江戸へ参府したピーテル・ノイツの一行は、途中で京都所司代板倉重宗の一行に出会い、挨拶のために人を遣わしたが、板倉らは宿にいたにもかかわらず、「既にオランダ人に気付き、オランダ人の悪臭（中略）を恐れて、鼻も耳も塞いで村を通りすぎた」と答えさせて、ノイツらに会うのを拒否した。「これは昔も今も変らぬ、日本の礼儀正しい習慣で、これを彼らは日々、「日本気質」の名で賞讃しており、日本以外の何処でもこのようなことが語られる例を知らない」とノイツは彼の「参府日記」で憤慨しつつ述べている（『オランダ商館日記』第一輯、二五頁)。同様の事例は、一四四三(嘉吉三、世宗二五)年の朝鮮通信使卞孝文らの場合にもみられ、卞らはそのほかに彼らが使った器を日本人が投げ捨て踏み割るのを目撃している。[30]外国人忌避＝悪臭の理由としては、彼らの肉食や生活習慣の違いが挙げられるのが一般的である。しかし、肉食という食習慣自体も、豊臣政権が一五八七(天正一五)年のキリシタン禁令において禁止せざるをえなかったほどに、日本でも一般化しつつあったことにみられるように、不変のものではなく、根拠としては薄弱である。むしろ、外国人忌避が常に悪臭という生理的要素や生活習慣の違いに還元されながら温存されてきたところに特徴があり、それは現代においても克服されているとはいい難いし、かならずしも日本だけにみられるものでもない。

ともあれ、二〇〇年近くはなれて同様の事例がみられるところから、そのような態度は当時かなり一般的だったと考えられる。ノイツが憤慨したようにかなり失礼な態度だが、これも「日本気質」＝習慣の一つであり、それゆえに板倉らはノイツらに面とむかって言っても失礼と思わなかったのではあるまいか。このような態度と、前述の里謡をつくり歌う者たちの態度には共通するものがあり、その根は深いと考えられるが、詳しい検討は今後の課題とせざるをえない。

しかし以上のことから、当時の日本社会の外国人に接する態度に、少なくとも親近性と忌避性の二つの相反する要素がみられ、それぞれが一定の社会的広がりをもってせめぎあっていたことは確認できよう。忌避性が「日本の礼儀正しい習慣」に基づいて表明されたとすれば、親近性も同様に、「日本気質」＝日本の習慣に則って表現された。そのことは、コックスらもそれに則って行動することによって、日本社会に受け入れられたということと表裏の関係にある。したがって、二つの要素はともに当時の日本社会の状況に根ざしたものであって、一定の知的操作、たとえば、双方の民族性の違いを認識したうえで、互いの友好や親善を信条とするような、ある種の成熟した作法に支えられていたわけではない。このことは、それぞれの要素の担い手の状況が変われば、容易に他に移りうるということをも示していよう。だからこそ、外国人に対する親近性は、肉食その他の生活文化が広まるように、諸民族雑居の状況のもとでの日常の交流によって、その輪を広げていきつつあった。はややかめそうは、このような状況に支えられて通婚し、子供を儲け、そのことによって親近性の輪をさらに深め、押し広げていく社会的役割を担った存在であった。

日本女性と通婚したのがイギリス人だけでなかったことはいうまでもない。ポルトガル人・スペイン人・オランダ人・中国人・朝鮮人などの場合にも、それぞれ多数のはややかめそうがいた。それゆえに、国家権力が海禁政策をとって諸民族雑居の状態から日本社会を遮断しようとする一六三〇年代になると（後述）、日本女性の外国人との通婚が禁じられただけでなく、彼女らとその子供（混血児）はそれだけで危険な存在とみなされ、国家の領域から排除（追放）されるのである。よく知られているように、幕府は一六三六（寛永一三）年長崎から二八七人の男女と子供を追放したが、そのなかにはポルトガル人の混血児だけでなく、数年間ポルトガル人と同棲したのちに日本人と結婚して子供を儲けた女性や、混血児を養子にした日本人までも含まれていた（『オランダ商館日記』第三輯、四〇二頁）。さらに、一六三九（寛永一六）年に幕府は、オランダ人・イギリス人の子供とその母である日本女性をすべて追放し、長崎と平戸でオランダ人に日本女性を世話したり、同棲させることを禁止し、まもなく中国人についても同様の禁令を発した。同年末に平戸商館の用度係のオランダ人が、日本人の人妻と同衾しているところを発見され、死刑が適用された。日本では姦通は死刑に値し、そのうえ、皇帝（将軍）は混血を防ぐために日本女性が外国人と会話することさえ禁じており、この場合は二重の罪を犯したことになるというのがその理由であった（『オランダ商館日記』第四輯、一八一・三〇三・三一七・三一九～三二〇頁）。こうして一般の日本女性と外国人男性の通婚は死をもって禁止され、わずかに遊女＝娼婦との一過性の関係のみが容認されることになる。しかしその関係すらも、前述のカブキ女や娼婦との関係のように自由な関係ではなく、出島に隔離されたオランダ人のところへ丸山町・寄合町の遊女が定期的に通うという、国家に管理されたものであり、この方式はやがて唐人屋敷に隔離される中国人にも適用されることになる。

4 諸民族雑居と国家

以上の検討から、当時の日本社会と外国人との関係に三つの類型があったことがわかる。

第一は、短期的な渡航者。この場合は特に説明の必要もないが、一六三〇年代の海禁施行以後のヨーロッパ人（オランダ人に限定される）や、一六八八（元禄元）年の長崎の唐人屋敷設定以後の中国人や朝鮮通信使一行もこれに含まれる。海禁政策の特徴の一つは、それまでの多様な日本人と外国人の関係のあり方を、政策的に、この類型か、あるいは第三の類型に押し込めるところにある。

第二は、日本に長期滞在し、住居を構えたりもするが、日本だけが活動の拠点ではない場合。これには、中国人の場合は、密貿易集団＝倭寇の頭領をはじめ、日本に拠点を置きながらも、前述の通交網全般に活動の足場を持っている場合が含まれ、いわゆる華僑や一定期間日本に滞在した後に帰国した朝鮮人被虜などはこの類型である。また、ヨーロッパ人でいえば、イエズス会をはじめとするキリスト教の宣教師や、日本在住の貿易商たち、あるいは一六三〇年代までのオランダ・イギリスの商館員なども、これに含まれる。海禁によって日本から排除されたのはこの類型の人たちであり、この類型が、この時期の諸民族雑居の状態の特徴を最もよく体現している。

第三は、日本社会にとりこまれ、同化していく場合。この類型に属するのが、被虜朝鮮人の大部分や、相当数の中国人、さらにウィリアム・アダムズに代表されるごくわずかのヨーロッパ人である。この類型の特徴は、前記二つの類型がそれぞれ固有の風俗・習慣を保持したと考えられるのに対し、一世のあり方は様々であっても、二世になると例外なく日本名を持ち、言葉をはじめ生活習慣そのものも日本社会に同化していくことであり、ここに後世の日本人単一民族観の根拠の一つがある。

ところで、一六三〇年代までの日本に多数・多民族の外国人が様々な契機で渡来・定着したのと同様に、これまでしばしば触れたように、日本人も様々な契機で海外に流出し、あるいは渡航した。そして、海外における日本人の行動も上記の三つの類型に分類することができるが、一六三〇年代の海禁施行までは、ほとんどが第一の類型、すなわち、貿易その他の目的で短期的に渡航するか、第二の類型、つまり、海外への滞在が長期にわたり、いわゆる日本人町を形成するような場合でも、日本社会との関係を保ち続けているのが普通であった。南洋日本町の日本人が当時の日本での風俗・習慣を守っていたといわれるのも、そのことの反映であり、その点では、東南アジアの中国人（華僑）に存在形態はよく似ている。第三の類型は、海禁によって海外に滞在する日本人の帰国および彼らと日本社会との交流が死をもって禁止された後に、海外各地の日本人がとらざるをえなかった道である。しかし、それ以前に第三の類型がみられなかったわけではない。秀吉の朝鮮侵略で朝鮮側に投降してそのまま同地に住み着いた人々（投化倭、あるいは降化倭）がそれで、代表的な例が、もと日本武将金忠善（?～一六四三）である。彼は、所伝によれは、日本名を沙也可《サヤカ》といい、秀吉の動員をうけて朝鮮へ上陸してまもなく朝鮮側へ投降し、国王から金忠善の姓名と堂上官の職を授けられ、降倭部隊の領将になった。彼はその部隊を率いて女真に対する北方警備の任に当たり、内乱の鎮定にも功あり、また、二度にわたる後金（清）の侵攻に対しても力戦した。彼は自ら慕華堂と号し、達城（慶尚北道）の友鹿洞《ウロクドン》に住んだが、(31) その子孫は現在も同地を中心に健在である。文禄・慶長の役は、大量の朝鮮人被虜を生んだが、同時に、かなりの数の降化倭を生みだした。一六〇七（慶長一二）年の朝鮮使節には、彼らのうちから「数十人」が参加して来日し、日本人を驚かせている（『通航一覧』第二、三〇二頁）。朝鮮使節に降化倭の一団を加えた朝鮮政府の意図は未詳だが、朝鮮への降化倭の発生自体は、古く一四世紀の倭寇発生時にさかのぼる。それ以来、朝鮮に降化（帰順）を望むものは絶えなかったといってよい。金忠善をはじめとする降化倭たちはこの系譜に連なり、かならずしも日朝間の戦争という異常事態が生んだ突然変異ではないだろう。

さらに、彼らの行動を、自らの生計の場を日本＝本国以外の地に求めるというふうに一般化してみると、一六三〇年代までに海外に渡航し、現地で様々な活動をした日本人たち、すなわち前述の第二類型の人々も同様であり、よく知られているシャムの山田長政（?〜一六三〇）などにも共通している。また、そのような類型を日本人に限らなければ、前述の王直をはじめとする密出国の中国人たちと彼らの本国との関係も同様である。彼らは生活様式や風俗においては、紛れもなく日本人や中国人でありながら、行動によってそれぞれの所属していた国家を相対化していたといってよい。しかし、この段階では、国境は近代を経た我々が考えるほど越えにくい境界ではなかったのではないか。

日本国、あるいは中国、朝鮮国という大きな領域概念はまだ未成熟であって、その領域内の大部分の住民（後の「国民」）は、もっと身近なより狭い地域、例えば生まれ育った土地を基軸に生きていたのではないか。自分の生まれた土地と自分を育んだ風俗・習慣に対する自らの愛着があり、それが南洋日本町の日本人や華僑たちの生活態度にも現われてはいるが、その愛着はかならずしも国に対してではない。したがって、生まれ育った土地で住みにくく、他に生計を求める場合に、そこが日本国であるか否かは、現代の我々ほどには大きな差とは感じられなかったのではないか。逆にいえば、日本国内でも地域差は言葉をはじめとして、きわめて大きく、それを越えて日本民族を形成する動向は、むしろこの時期から始まるのではないか。そのような段階の日本をとらえたのが倭寇的状況であり、そのもとで多数の日本人が海外に流出し、同時に様々な外国人も日本に渡来して、諸民族雑居の状態が生じたのである。

日本人と日本社会がこのように多数・多様な外国人と日常的に接するようなことは、かつてないことであったろう。外国人たちは当然固有の生活習慣や思想をもっており、諸民族雑居の時代は、多様な文化・思想が雑居・交流する時代でもあった。それによって日本社会に植えつけられた異質な思想・宗教の代表的なものが朱子学とキリスト教であり、特にキリスト教は急速に日本社会にも浸透しようとしていた。幕藩制国家が、「国民」として自らの支配のもとに統合しなければならなかった領域内の住民の状態は、以上のようであった。この困難な課題を果たすためには、「国民」統合のための外的な契機＝「仮想敵」、および内的な契機＝統合の「象徴」と、「国民」であることを示す「標識」が必要であった。キリスト教はその行動様式から「仮想敵」として格好の存在であり、「象徴」としては、幕藩制国家は、次にみるように、自らの「武威」と天皇しか持たなかった。こうして「標識」として選ばれたのが、非キリスト教徒であることと日本の風俗習慣であった。

第3節　日本の華夷秩序と海禁

1　シンボルとしての「武威」

日本の統一政権は、次にあげる二つの契機から、自らを中心とする位階制的な国際関係（日本型華夷秩序）の形成に向かう。一つは国内の政治的な契機で、自らの政権の国内支配の正当性を国際関係を通じて検証してみせることである。統一政権の場合、支配の正当性の根拠は、とりあえず、国内統一の原動力となった「武威」であり、その有効性を国際的に検証すること、具体的には、統一政権の「武威」に周辺諸国が服属した形で国際関係を設定することであった。[32] しかし、統一政権の「武威」は、一定の実質＝生の武力を踏まえていると同時に、政治的虚構の性格も持っている。現実に、国内統一の過程においても、たとえば、統一政権に最も厳しく対立した本願寺勢力に対しては、生の武力＝「武威」では圧倒しきることができず、天皇の調停を必要としたように、武力と同時に既存の国家体制や権威に癒着・依存せざるをえなかった。それは、統一政権＝幕藩権力の国家意識（日本型華夷意識）においても天皇と「武威」が結びつくという形で反映し、統一政権の「武威」は神話の「三韓征伐」などにみられる天皇家の「武威」に結びつけられ、正当化される。しかし、それゆえなおさら統一政権は、自政権の正当性確保のために、「武威」に固執することになる。このような「武威」の虚構性は、国際関係において、さらに明瞭になる。豊臣秀吉が国内統一の完成のかなり以前から「唐入り」＝征明を表明していたことはよく知られている。事実、秀吉の征明の号令は朝鮮侵略に直結したかにみえる。しかし豊臣政権は、南蛮・明を交易の対象、朝鮮・琉球・呂宋（フィリピン）・高山国（台湾）を服属の対象とする、より現実的な対外姿勢をとっており、[33] 朝鮮侵略においても明に対する要求は一貫して勘合であり、服属ではなかった。[34] ただし、このような対外姿勢の重層性は、豊臣政権に固有のものではない。

李氏朝鮮は明に対する事大、日本に対する交隣の姿勢を固守して平和な外交関係の維持に努めた国家として知られる。しかし、その「平和国家」李氏朝鮮ですら、宗主国明・清の外征への従軍を除き、少なくとも、二種類の自発的な外征を行っている。一つは、一四一九（世宗元、応永二六）年の対馬への外征（己亥東征、応永の外寇）であり、もう一つは、一四二四（世宗六）年の申叔舟による二回の女真征伐をはじめとして、幾度か繰り返された北方民族女真に対する軍事行動である。両者の共通点は、ともに近接地域であって、国家領域外でありながら支配のおよぶ地域で、その住民が帰属している（自らの華夷秩序の範囲内）と朝鮮が考えていたこと、その地域の住民が侵攻などによって朝鮮を脅かすか、または朝鮮の意に従わないことなどをきっかけに実行されていることである。これらの地域は李氏朝鮮の華夷秩序を構成していると考えられ、その秩序が乱されたことが外征の動機である。李氏朝鮮の対外姿勢も重層的であった。相手国の性格などによって関係のあり方を重層的に設定するという点では明も同様であり、これは東アジアの封建国家に共通の性格といってよい。ただし、対外関係の設定が現実には武力を基礎にしている点で共通しているとはいっても、理念＝国家意識の面では、日本の統一政権と明・朝鮮とでは対照的である。後者が周辺諸国・諸民族に対する文化的優越の自覚に基づいて自らを「華」とし、他を「夷」とするのに対して、前者＝日本の場合は、武力そのものと天皇の存在を自らが「華」たる根拠としているからである。(35)

ともあれ、豊臣政権も現実に外国に対する場合は、前述の二つの態度を使い分けているのに対し、国内向けには一様に「武威」の対象であるかのように喧伝して、多数の日本人を征明、その実、勘合要求の前提としての朝鮮侵略に駆り立てた。さらに、「武威」を発揚したはずの朝鮮侵略も、終わってみれば何も得るところなく、惨めな失敗であり、従来の対朝鮮・明関係をより悪化させただけであった。この段階から、国内向けには、さらにもう一つの虚構が始まる。日本軍は朝鮮での戦闘に敗北したとはいっても、降伏したわけではなく、明軍との講和交渉の余地を残して撤退した。したがって、豊臣政権の後をうけた徳川政権の課題は、「武威」の政権としての威信をこの点にかけて、講和を、国内向けには、明・朝鮮側の「詫び言」という形でまとめることであった。徳川政権の意をうけた対馬宗氏の、国書の偽造や改作などを含むねばりづよい工作の末に実現した講和は、客観的には、従来の交隣関係を回復したにすぎなかったが、そのために来日した一六〇七（慶長一二）年の朝鮮国王使は、日本の国内向けには、前述の文脈から、朝鮮側の「詫び言」のための使節ととらえ直された。(36)こうして、朝鮮関係については、徳川政権の国内向けの威信は守られ、秀吉の朝鮮侵略はこの上ない「武威」の発揚の事例として喧伝されることになり、対外関係における統一政権の建前と実態との乖離＝「武威」の虚構性が定着する契機の一つとなった。

統一政権が「武威」の検証に執着した政治的理由は、以下の二つである。第一は、統一政権に服属しきっていない大名の存在である。一六二四（寛永元）年の朝鮮使節来日に際して、磐城平《たいら》藩主安藤重長は、朝鮮側の訳官に、この度の使節の来日を秀忠が喜んでいると語り、その理由として、未だ将軍（家光）に心服していない諸将＝大名がおり、もし朝鮮との和平が破れれば、再び出兵のことが起こり、その混乱に乗じて彼らが反乱を起こす恐れがあることを挙げている。(37)朝鮮との破談、すなわち出兵という図式は、講和交渉の段階から幕閣以下の領主階級一般にみられる発想であり、統一政権は、政権を安定させるために、そのような事態を未然に防いで朝鮮使節の来日を実現させなければならなかった。その関係、あるいは実情はこの時ばかりのことではない。将軍と大名の間の矛盾は近世を通じて伏在しており、それゆえに、将軍の「武威」は事あるごとに検証を迫られることになる。第二は、統一政権の動向を見守る「庶民」の存在である。前述のコックスは、一六一七（元和三）年の朝鮮使節来日について「庶民」が、「臣従の礼を表わし且つ貢物を献上するためで、もしそうしないと皇帝（将軍—筆者註）は再び彼らにたいして戦争をしかけたであろう」と噂し、また、将軍に、対馬人が朝鮮へ赴いて貿易することを禁止し、朝鮮人が対馬に来て貿易することを許してもらうべく「嘆願」に来たと考えている者もいたことを記録する（コックス『日記』訳文編之下、七七〜七八頁）。「庶民」も領主階級の建前のある部分を共有しており、統一政権を頂点とする領主階級は、彼らに対しても「武威」の程を検証してみせなければならなかったのである。このことは、逆に、統一政権＝幕藩権力は「武威」が傷つけられる機会をできるだけ避けなければならないことをも意味する。統一政権は、朝鮮侵略の失敗以後、特に「武威」の射程を計り、その虚構性の破綻を回避しながら行動するようになる。それでも、幕藩権力が体面を傷つけられたと判断し、対象が射程内である場合、すなわち、対象が上述の重層的な対外関係のうちの服属＝征伐の範疇に属し、「武威」が傷つけられる可能性の少ない場合にだけ、容赦なく生の武力を用いた。具体的には、一六〇九（慶長一四）

年の島津氏の琉球征服、一六六九（寛文九）年のアイヌの反乱（シャクシャインの乱）に対する征伐がそれである。そして、それ以外の場合は、あらかじめ紛争の拡大を避けるために、関係そのものを断つようになる。このような行動様式は、国内において、幕藩権力に敵対し、あるいは、その国家理念に背馳する存在を徹底的に抹殺・排除しようとする衝動と軌を一にしている。こうして一六三〇年代には、幕藩権力の権威を承認する対象のみによって構成される、日本型華夷秩序が形成されたのだった。

2　倭寇的状況と幕藩制国家

日本型華夷秩序形成のもう一つの契機は、外的なもので、所与の国際的環境である。そのもとで、統一政権は、第1節で述べた倭寇的状況の成果を摘みとり、我がものとするために、主に以下の三つの行動をとった。その行動が前述の政治的契機とのバランスを取りながら遂行されたことは改めて言うまでもなく、その結果、日本型華夷秩序の具体的な内容が形成されることになる。

第一は、明に勘合（外交関係に基づく公的な貿易）を要求することである。藤木久志は、豊臣政権の海賊停止令がそのための条件整備の意味を持ち、朝鮮侵略戦争（文禄・慶長の役）もそれを目的としていたことを指摘する。(38)徳川政権の対明国交回復運動も勘合回復をその主要な目的としており、侵略後の対朝鮮国交回復（一六〇五年）や島津氏の琉球征服（一六〇九年）も、その運動の延長上に位置づけられる一面をもつ。それをよく示すのが、一六一〇（慶長一五）年に、折から「海上賊船」のことを訴えに来航した福建の海商周性如に託して福建総督に送った外交文書である（『通航一覧』第五、三四一～三四二頁）。この文書の差出は、徳川家康の意を請けた本多正純で、起草には林道春（羅山）と長崎奉行長谷川左兵衛(藤広)があたった。いずれもこの時期家康の対外関係のブレーンであり、ここに盛られた内容は、この段階での徳川政権(いわゆる駿府政権)の対外姿勢を示している。大意を箇条書で示せば、以下のようである。

①文禄の役後の日明交渉が不調に終わり、日明関係が途絶したままになっているのを惜しみ、②家康の全国統一による国内の平和と、朝鮮から東南アジア諸国・ヨーロッパ人までがその「化」(徳)に服している状態を述べ、それ故にますます「中華」(明)との国交回復が望まれるとする。ここで、ことさら琉球に触れないのは、前年の島津氏の琉球征服をめぐって、対明情勢が微妙であったからであろう。③そこにたまたま周性如が来日したので、書状を託した。④来年の福建船の来航には長崎を寄港地とし、そこでの自由貿易を許す。⑤明皇帝の許可を得て勘合符が下賜されたならば、日本から遣使する。もし、「我印書」(朱印状)を持参しない船があれば倭寇同然だから、処罰して構わない。⑥また、日本商船で中国へ漂着したもの(ただし朱印状持参のもの)には、薪水給与などの保護を与えられたい。⑦断絶している国交回復のために、遣使・勘合を求めるものである。各文の冒頭に付した番号でいえば、①②が前提で、④⑤⑥が具体的な要求、⑦が総括である。

徳川政権は、この段階においては、まず、福建総督かぎりではあっても、とりあえず中国船の公的な来航を実現しようとしており、明政府による中国船の日本渡航の禁止が、日明貿易の振興のために依然として隘路となっていることを示している。その際にも、中国船(この場合は福建船)の来航地を長崎に限定しようとしていることは、この段階ですでに同港による中国船統制の意図があったことを示す(以上④)。もちろん、本来の目的は、明の勘合符賜給に基づく貿易船(遣明船)の復活にあったが、同時に遣明船に徳川政府の朱印状携帯を義務づけている点に新味がある。そこでは、明政府発給の勘合符のみではなく、徳川政府発給の渡航許可証(朱印状)が同様の役割を果たすものとして位置づけられており、勘合の意味そのものがそれによって相対化されている(以上⑤)。これを勘合復活の形をとった中国への朱印船貿易開始の試みと言い換えることもできよう。実際、東南アジア各地へ渡航する朱印船の保護を明政府に求めてもいる(⑥)。ここに、対明関係における徳川政権の、豊臣政権から引き継いだ(①)、しかしより現実的で成熟した主体性の表現をみることができよう。その基盤となったのが、②で述べている周辺諸国との盛んな交流であり、それは、次にみる統一政権の周辺諸国に対する積極的な働きかけの賜物でもあった。しかし、そのことは日明関係の重要性が薄れたことを意味しない。むしろ、上述の交流が盛んになればなるほど、「益慕二中華一」なのである。前述の交流は倭寇的状況の産物であるが、その状況の要の位置に中国市場がある以上、そこで主導権を握り、かつ、来航中国船を統制下に置くためには、明政府との国交樹立が、この段階での必須の条件であった。

統一政権は成立以来一六一〇年代末まで、一貫してこの政策を追求するが、結局失敗し、その影響は次の四点に現われた。第一は、明政府との直接の関係を欠如しながら、しかも、中国貿易を確保する道を探らざるをえなかったことである。その道は、次の二つである。一つは、中世以来の対明関係の二つのルートを温存しつつ、中国貿易のルートとすることである。こうして、琉球の中国(明・清)への朝貢貿易と、対馬藩の朝鮮に対し「臣下の礼」をとるに等しい貿易関係は、新たに中国貿易ルートとしての役割を持たされ、近世を通じて温存されるが、明治初期に深刻な外交問題をひきおこすことになる。二つは、密航者である中国人の日本来航をそのまま黙認し、そのかわり、幕府自身は中国人との直接の関係から手を引くことである。これは、明政府との破談、すなわち中国人の来航拒否という事態を回避しつつ、幕府の体面を保持するための苦肉の策であった。こうして、中国人の来航は、私的なレベルの問題として処理されることになる。

第二は、来航中国船を明政府との外交交渉を通じて統制する手段を失い、かつ、来航中国船を直接統制する名分をも失ったことである。その結果、徳川幕府は、来航中国人と諸大名の私的な関係を、国内の大名統制の体制が確立するまでは、当面放置せざるをえなかった。一六一六（元和二）年にヨーロッパ船の来航地を平戸・長崎に限定した際にも中国船は除外せざるをえず、その意図の実現には、大名統制が完成する一六三五（寛永一二）年を待たなければならなかったのである。第三は、明を欠いた形で対外関係を再編成せざるをえず、その枠内で、朝鮮・琉球との関係も固有の政治的意義を持たされることになり、将軍への国王使（琉球慶賀使・謝恩使、朝鮮通信使）が制度化されたことである。第四に、統一政権自身もいやおうなしに明からの自立を意識せざるをえなかったことである。それが日本型華夷秩序形成の柱をなすとともに、徳川将軍の国際的称号としての「大君」号の採用、外交文書への日本年号使用などに連動することになる。

第三は、日本へ来航する貿易船の安全と自由な貿易を保障するとともに、それらの貿易船の出航地の権力とも外交関係を樹立して、その貿易を確保しようとしたことである。この意図は、前述の対明関係においても共通している。その際の対外姿勢には、豊臣政権の威圧的と徳川政権の和親的との違いがあり、その間に国際認識の進化が見られ、かつ、対象となる国々が、ヨーロッパ勢では、ポルトガルにスペイン・オランダ・イギリスが、アジアでは朝鮮・琉球・呂宋（フィリピン）・台湾にアンナン・コーチ・チャンパ・シャム・カンボジアなどの東南アジア諸国がそれぞれ加わって、かなり拡大している。しかしそれは、新たなヨーロッパ勢力の登場と統一政権の上述の手段による通交網への参入が深まった結果である。ヨーロッパ勢のなかでは、激しい競争のすえに、オランダ人が同海域での制海権を握り、日本との関係においても徳川政権に柔軟に対応しつつ、その華夷秩序に服す姿勢を示すことによって、唯一日本貿易を許されるヨーロッパ人となったことは、すでに述べた。また、東南アジア諸国の日本派船は、ほとんどが華僑による代理貿易であり、それも、中国船や日本の朱印船に徐々にとって替わられ、さらに徳川政権の海禁によって日本から同地域への派船が禁じられると、オランダ人が代行するようになる。こうして、東南アジア方面に拡がった対外関係の網の目は、中国人・オランダ人による寡占の状態へと収束していく。それは同時に、幕藩制国家が、自らの華夷秩序に背馳しない相手を、厳しく選別していく過程でもあった。

第四は、前述の諸国との外交関係に基づいて、日本から渡航する船の安全と貿易の保障を得ようとしたことである。いわゆる朱印船の制度がそれであるが、岩生成一によると、一六〇四（慶長九）年から一六三五（寛永一二）年までの、確実に判明する朱印状の発給数だけでも三五六通にのぼり、渡航先も東南アジアの各地にあまねくおよんでいる。このことは、前述の通交網に日本市場が強く結びつけられていたこと、同制度のねらいが、日本人の貿易の保護というよりは、むしろその貿易ルートそのものの確保にあったことを示している。実際、幕府は日本を拠点とする船主ならば日本人であるか否かを問わず朱印状を発給しており、そのため、現在確実に判明する受給者一〇五名のなかには、日本の大名・商人に混じって、長崎・平戸・薩摩・ルソンなどに在住する中国人一一名、ヨーロッパ人一二名が含まれているのである。そのことは、逆に、朱印船貿易に支障が生じ、かつその「威信」にひびかない性格の代替者が見つかれば、いつでも同制度自体の廃止に踏み切れるということと表裏の関係にある。それにもかかわらず、受給者の多数が日本人で占められているのは、日本の国内市場がそれだけの貿易家を生み出すまでに発展していたということを示していよう。その力量は、日本の銀によって支えられ、東南アジア各地に渡航した朱印船は、中国人やオランダ人を圧倒したと言われる。(39)しかし、そうであればあるほど、渡航先での日本人とその他の中国人やヨーロッパ人の商人との摩擦が大きくなり、紛争の種が尽きないことになる。

3　海禁と日本「国民」の形成

こうして統一政権は、一六三〇年代には、対外関係において以下の二つの点で問題を突きつけられることになった。第一点は、外国との紛争の種が増え、そのことが幕府の威信を動揺させるということである。特に、幕府の朱印状を受けて日本から出航する貿易船が何らかの理由で侵犯を受けた場合に、それは朱印状を介して、幕府の威信が侵犯されたと意識――あるいは認識――せざるをえず、幕府はそれに対して何らかの報復処置を試さなければならない。報復処置は、侵犯者が日本に来航していれば、賠償や謝罪を要求し、それでも折り合いがつかない場合には、「征伐」かあるいは断交ということになるが、おおむね断交が選ばれた。しかし、侵犯者が日本との関係を持たない場合、例えば断交後のスペインの場合は、報復処置は出兵=「征伐」以外にないことになる。ところが、そのような侵犯者の拠点は近くてフィリピンであり、ほとんどが幕府の「武威」の射程外にある。こうして幕府は「武威」の虚構性を守るために、朱印船の廃止に向かう。(40)

第二点は、幕府の禁令にもかかわらず、キリスト教の流入が止まなかったことである。一六一二（慶長一七）年、岡本大八事件によって幕臣にもキリスト教徒がいることが判明するにおよんで、幕府は本格的なキリスト教の弾圧に乗り出す。幕府のとった弾圧策は、次の二つである。

一つは、日本国内からキリスト教徒を徹底的に排除・抹殺することである。そのために、信徒に対する棄教（転び）の強制や、それを承認しない者の抹殺、あるいは国家領域からの排除（追放）などの手段がとられたことは、よく知られている。

もう一つは、日本人がキリスト教に接触する機会を、あらかじめとり除くことである。そのために、まずキリスト教徒であることが明瞭なヨーロッパ人と日本人の接触する機会を最小限にとどめ、わずかに残された接触の機会も国家の監視のもとに置いた。その手始めが前述の、一六一六（元和二）年のヨーロッパ船の長崎・平戸への集中であった。これを機に、ヨーロッパ人の貿易活動も同地に限られることになり、そのような情勢の中で、先にみたはやとイギリス商館員ウイリアム・イートンとの今生の別れもあったのである。

その同じ法令で幕府はキリスト教徒弾圧の徹底を命じており、それを契機に幕藩権力の弾圧は全国化し、かつ社会の深部にもおよんで、ますます熾烈となる。その一方で、ヨーロッパ人の隔離政策がさらに推し進められて、ポルトガル人の日本人雇用の制限、長崎での出島建設（一六三四〜三六年）と同所へのポルトガル人の隔離（一六三六年）、さらにポルトガル人の来航そのものの禁止（一六三九年）へと展開し、オランダ人の長崎移転と出島への隔離（一六四一年）に帰着する。また一六二〇（元和六）年、イギリス船・オランダ船がたまたま拿捕した日本人平山常陳の朱印船に、アウグスティン会とドミニコ会の宣教師がそれぞれ一人ずつ乗りこんでいたことから、朱印船が宣教師の日本潜入ルートであることが明白となった。さらに海外、特に東南アジア地域でのキリスト教の布教状況が明らかになるにつれて、同地域での日本人の活動そのものが、彼らにキリスト教接触の機会を与えるものとして問題視されるようになる。同様の問題は、来航中国人についても意識されたことは、ポルトガル船の日本渡航禁止と同日付で、中国船についても宣教師やキリスト教徒を船載することを禁じたのをはじめ、中国船の長崎集中と同時に来航中国人に対する宗門改めを実施し、長崎唐通事の重要な役割の一つに中国人のキリスト教徒摘発があり、かつ、寛永初期に長崎にあいついで建立された唐寺（中国系の寺院）の機能の一つに、来航中国人のキリスト教徒でないことの証明があったことなどからも知られる。(41)ここで問題になっているのは、日本人の海外渡航自体もさることながら、日本社会が倭寇的状況のもとで生じた諸民族雑居の状態に組み込まれ、そのもとでキリスト教が深く浸透し始めているということであった。そのような情勢は、諸民族雑居の状態から日本社会を切り離すこと以外にとどめようがない。こうして、一六三五（寛永一二）年、日本人の海外渡航と海外在住の日本人の帰国が死をもって禁止されるとともに、日本在住の中国人の海外渡航もあわせて禁止されることになる。もっとも、在住中国人については一六三九（寛永一六）年に、帰国を望む者については、以後貿易のために来航はしても居住はしないという条件をつけて許しているが、これも、諸民族雑居のもとでの外国人居住の特徴＝それぞれの独自性を保持しながらの長期的滞在という要素（前述の第二類型）を否定している点で、幕府の政策意図は貫かれているとみられる。

こうして施行された海禁のもとで、日本人と外国人との交流は一過性のもの（前述の第一類型）に限定され、残されたわずかな交流も国家の管理のもとに置かれることになった。しかし、既述のように当時の日本には多数の外国人が定住していた（前述の第三類型）。これらの人々について、幕府はどのように対処したであろうか。この点については、以下のエピソードが参考になる。一六三五年、末次平蔵は、オランダ商館員フランソワ・カロンに、ポルトガル人の行動について次のように語った。長崎奉行はスパイを彼らのところに送り、奉行らが次のような企みを持っていると伝えて反応をみた。すなわち、「貴下達日本に来る人は今後すべてひげと髪の毛を落し、日本式にそり、日本の衣服、即ち夏は帷子、冬は裸の上に着物と帯を着用することしか許されず、頭は何もかぶらず、帽子、シャツ、靴下、靴、その他貴下達が身につけている様なものは、何一つつけてはならない」。それでも日本に来航するかと。彼らは子供を養うために、それに甘んじて日本に居たいと答えた。そこで、日本に来るためには、信仰を捨てなければならないとした場合、彼らはどうするか、というのが平蔵のカロンへの質問で、カロンが彼らはそれには決して甘んじることがないだろうと答えると、平蔵はそれに同意したという（『オランダ商館日記』第三輯、二八〇〜二八一頁）。このことは、幕藩権力が外国人を領域内に受け入れる際の選択肢が、キリスト教と風俗・習慣であったことを端的に示している。逆にいえば、非キリスト教徒であり、日本の風俗・習慣に同化していれば、その人種は問わないというのが幕藩権力の基本的態度であったと考えられる。この二つの標識によって選別され、色あげされて形成されたのが、近世日本の

「国民」であった。

日本人＝単一民族観がこうした歴史の上に形成された虚構に過ぎないことは、もはや明らかである。すでにみたように、日本社会に定着・同化していった多数の外国人たちが、通婚などを通じて日本風俗に同化していくのは、本来自然のなりゆきであった。しかし、それが、「国民」選別のための「標識」として国家権力に捉えかえされた時、外国人に対する過酷な圧迫の道具に転化する。その事例は、幕末以来のアイヌをはじめとして、近代日本の植民地とされた地域の民族に対する、日本語、日本の姓名・風俗の強制にみられる。近代日本の植民地政策の著しい特徴の一つとされる日本風俗の強制は、近世日本の国家形成の過程そのものが準備したのである(42)。

註

（1）荒野泰典「一八世紀の東アジアと日本」（『講座日本歴史六』東京大学出版会、一九八五年。のち「近世の東アジアと日本」と改題して荒野『近世日本と東アジア』東京大学出版会、一九八八年に収録）一〜四頁。
（2）岩生成一『南洋日本町の研究』（岩波書店、一九六六年）九〇〜一〇四頁。
（3）和田久徳「東南アジアの社会と国家の変貌」（『岩波講座世界歴史一三』岩波書店、一九六三年）。
（4）真栄平房昭「琉球＝東南アジア貿易の展開と華僑社会」（『九州史学』七六、一九八三年）。
（5）田中健夫『倭寇』（教育社、一九八二年）一一九頁。倭寇についての記述は、主として本書による。
（6）岩生前掲註2書、二一二〜二一三頁。
（7）藤木久志『豊臣平和令と戦国社会』（東京大学出版会、一九八五年）二一八〜二三九頁。
（8）加藤榮一「鎖国と幕藩制国家」（『講座日本近世史二　鎖国』有斐閣、一九八一年）四六〜四八頁。
（9）岩生成一「明末日本僑寓支那人甲比丹李旦考」（『東洋学報』二三―三、一九三六年）。
（10）高瀬弘一郎『キリシタン時代の研究』（岩波書店、一九七七年）三〜三八頁。

(11) 加藤前掲註8論文、五六〜六五頁。
(12) 永積昭『オランダ東インド会社』(近藤出版社、一九七一年) 二九〜五二頁。
(13) 岩生成一「鎖国」(『岩波講座日本歴史一〇　近世二』岩波書店、一九六三年)。
(14) 浅田実『商業革命と東インド会社』(法律文化社、一九八四年) 四六〜七八頁。
(15) 小葉田淳「近世初期中国人の渡来・帰化の問題」(『金銀貿易史の研究』法政大学出版会、一九七六年)。同「唐人町について」(同前)。中村質「近世の日本華僑」(『外来文化と九州・九州文化論集二』平凡社、一九七四年)。
(16) 田中健夫『中世対外関係史』(東京大学出版会、一九七五年) 九九頁。
(17) 宮田安『唐通事家系論攷』(長崎文献社、一九七九年) 一〜四頁。
(18) 山口徹「初期豪商の性格」(『日本経済史大系三　近世　上』東京大学出版会、一九六五年)。
(19) 石原道博「壬辰丁酉倭乱論」(『朝鮮学報』一四、一九五九年)。
(20) 内藤雋輔「壬辰・丁酉役における被虜朝鮮人の刷還問題について」上・中・下(『朝鮮学報』二九・三三・三四、一九六三・六四・六五年)。以下、特に註記しないかぎり、被虜朝鮮人の記述は同論文による。
(21) 小葉田・中村前掲註15論文。
(22) 北島万次『朝鮮日々記・高麗日記』(そしえて、一九八二年) 三五八〜三六八頁。
(23) 阿部善雄『日本朱子学と朝鮮』(東京大学出版会、一九六五年)。
(24) 岩生成一「安南国渡航朝鮮人趙完璧伝について」(『朝鮮学報』六、一九四九年)。
(25) 中村質「鎖国下の貿易」(前掲註8書『鎖国』) 二八三〜二八四頁。
(26) 牧英正『人身売買』(岩波新書、一九七一年) 七〇〜七一頁。
(27) 東京大学史料編纂所『日本関係海外史料・イギリス商館長日記』訳文編之上・下、訳文編附録上・下(東京大学、一九七九〜八二年)。以下、コックス『日記』と略称。なお、引用にあたっては、変体カナ、旧漢字を現用のものに直した。
(28) 『平戸オランダ商館の日記』第一〜四輯(永積洋子訳、岩波書店、一九六九〜七〇年)。以下、『オランダ商館日記』と略称。
(29) ルイス・フロイス『日欧文化比較』(大航海時代叢書XI、岡田章雄訳、岩波書店、一九六五年) 五一九頁。

(30) 三宅英利『近世日朝関係史の研究』(文献出版、一九八六年) 一〇一頁。
(31) 中村栄孝「朝鮮役の投降倭将金忠善—その文集と伝記の成立—」(『日鮮関係史の研究』中、吉川弘文館、一九六九年)。
(32) 朝尾直弘「鎖国制の成立」(『講座日本史四　幕藩制社会』東京大学出版会、一九七〇年) 八〇~八七頁。
(33) 北島万次「豊臣政権の対外認識」(『中世・近世の国家と社会』東京大学出版会、一九八六年) 二二三~二三九頁。藤木前掲註7書、二三九~二四八頁。
(34) 藤木前掲註7書、二四〇~二四四頁。
(35) 荒野前掲註1論文、二九~三七頁。
(36) 荒野泰典「大君外交体制の確立」(前掲註8書『講座日本近世史二　鎖国』。のち荒野『近世日本と東アジア』東京大学出版会、一九八八年に収録) 一三四~一三八頁。
(37) 三宅前掲註30書、二一六頁。
(38) 藤木前掲註7書、二四八~二六三頁。
(39) 岩生成一『新版朱印船貿易史の研究』(吉川弘文館、一九八五年)。
(40) 加藤榮一「「平戸時代」前半期のオランダ船・日本貿易の実態」(『たばこと塩の博物館研究紀要』二、一九八六年) 二五~二七頁。
(41) 中村前掲註15論文。
(42) 本文中には特に註記しなかったが、当該時期の対外関係を包括的に叙述したものに、岩生成一『鎖国』(日本の歴史一四、中央公論社、一九六六年)、朝尾直弘『鎖国』(日本の歴史一七、小学館、一九七五年) がある。あわせて参照していただければ幸いである。

(初出)「日本型華夷秩序の形成」(朝尾直弘他編『日本の社会史1』岩波書店、一九八七年)。

第三章　長崎口の構築

第1節　長崎口の境界性

一六八一（延宝九）年に刊行された『長崎土産』は、京都商人の息子の見聞という設定で書かれた丸山町・寄合町の遊女評判記である。その冒頭のあたりで、特権的な市法商法についての概略の後、長崎は次のように紹介されている(1)。

……予も又りちぎなるおやぢが代にハ、折々しもくだりもせし者にて、すきまをねらひてなげきしかば、下るべきにきハまりて、ことし延宝七の夏の末、彼長崎の津に下りつきぬ、思ひしよりハせまき所にて、古郷にたとえば、洛中を廿ばかりにわけたらんほとして、なりハ大津のやうになんありけるども、げにや三国一の湊なれば、沖より三里かほどなか《流》れ入て、両岸は峨々たる山也、唐土迄の春を見ると読しも断《ことわり》に侍る

大明ハ南京・北州（福州―筆者註、以下同）、東阿蘭陀を初め、東京《トンキン》・交趾《カウチ》《かうち》・暹羅《シャム》《しやむ》・じゃがたら《咬嚠吧》・大港（未詳）、舟に帆をあげて、をのがじしの荷物をつミつゝ、冷《(ママ)》しき石火矢と云物を打ならして、頓而家の前、とひのるばかりに舳つけせしハ、只今神鳴殿の巣おろしせられたるにやと、京者の臆病、まづむねつふれ侍る、日見峠一の瀬と云所を過るほと、都而えしれぬ香鼻に入て、胸心わろく、とへば是なん長崎のにほひと申、且又今のさハぎさへ打そひ侍れハ、さらに人心ちもなく、我《(ママ)》かの躰にて打臥ぬ、やゝ心しつまるほど、京にて知たる悪所の友達、

地下衆まじりに尋来つゝ、はや彼町の事共見る様にはなせば、なを気心もよく成まゝ……

みられるように、叙述は語り手である「予」の足取りに沿ってなされている。当時、陸路から長崎に入る道は、矢上・日見峠経由の日見口、時津・浦上経由の時津口、茂木経由の茂木口の三つがあり、「予」はそのうちの日見口から入った。日見峠に立つと長崎は眼下である。その第一印象が「思ひしよりハせまき所」であり、街のたたずまいは大津に似ている、という感想であった。しかし、「予」の視線はすぐに両岸に切り立った山が迫る、川のように深く入り込んだ湾に注がれ、さらに、その先の東シナ海の拡がりをとらえる。深い入江は風波から船を護り、かつ海からの外敵の侵入も防ぎやすく、狭く海以外の三方を山に囲まれた地形も、陸からの外敵に備えやすい条件となる。しかも、その入江はそのまま東シナ海に向けて開かれている。この地勢がポルトガル人が長崎を寄港地に選んだ理由であり、その後長崎が貿易港として発展する地理的な条件でもあったことを想わせる。

次に、「予」は、中国・オランダ・東南アジア各地からの貿易船が、それぞれ輸入品を満載して入港するのを見る。そのうちオランダ船は碇を下ろした後に、空砲を打って、航海の間石火矢（大砲）に籠めていた火薬を使い切った後に、船内の火薬（玉薬）を長崎奉行に預けることになっていた(2)。事実上の武装解除の表現――あるいは様式化――といってもよい。これが、外国船が長崎に停泊する、すなわち、奉行の直接の支配下に入る際の作法であり、この作法によって長崎の「平和」は保証されていたのであった。また、その作法とは別に、異形の船と、その船から発射される大砲の煙と雷鳴に匹敵する轟音は、長崎を訪問した日本人の耳目を強くとらえ、一種の観光名物になっていたらしいことが、その光景が長崎港をモチーフにした絵画や絵図に多く描かれていることからも識られる。

さて、大砲の音に肝を潰しながら、「予」はいよいよ長崎の町に向けて一歩を踏み出す。すると、言いようのない「臭い」が鼻を突き、人に訊けばこれが「長崎のにほひ」だという。彼はこの「臭い」に気分が悪くなり、その上大砲の音に肝を潰していたこともあって、突然に（我かの躰にて）突っ伏してしまう。「予」は、やがて迎えに来た京都時代からの悪友などに勇気づけられて気をとりなおすのだが、それはそれとして、ここでは、たとえようのない「臭い」が長崎のシンボルの一つとして使われていることに注目したい。「長崎のにほひ」は生理的な次元のものであるとともに観念的、あるいは心理的なものでもあるようだが、日見峠を越えた辺りからそれが立ち込めているということは、この峠が長崎と外の世界を分かつ境界であり、かつ、長崎が「予」のような京都人からは、気分が悪くなるような「臭い」に包まれた場所と観念されていたことを示している。名状しがたい、気分が悪くなるような「臭い」とは、非日常的な「悪臭」ということであろうか。中・近世の日本人には外国人の「悪臭」を恐れて、耳や鼻を押さえ、彼らとの接触を忌避する習俗があり、そうすることが「日本人の礼儀正しい習慣」と観念されていた。(3)「悪臭」は異国人のシンボルの一つとされており、「長崎のにほひ」も彼らの存在に関わっていると推定される。この書物は、軽妙洒脱をねらってかなり戯画化された調子で書かれ、「予」が呆然として突っ伏してみせるのも、彼が当時の「礼儀正しい」典型的な日本人（京都人）であることを示すための、ちょっとした作法――あるいは演出、色付け――にすぎないようにもみえる。

さらに、この書物ではこの箇所以外に「長崎のにほひ」に関する記述はみられないから、この作法が既に形骸化しているとみることもできよう。この点に一七世紀後半という、中世に比べればかなり世俗化された時代を感じることもできる。にもかかわらず長崎は、京都人のような他の地域の日本人にとっては、このような作法を踏まなければ立ち入りできないような場所、と観念されていたことは否定できないだろう。

以上のことから、長崎口には次の三つの性格があったとみることができる。

一つは、市法商法にみられるような、特権的な貿易都市としての長崎である。(4)

二つは、シナ海域、すなわち異域と日本内地を結ぶ境界としての長崎である。そこは異国船が輻湊する「三国一」の良港としての地理的条件を備えていると同時に、異国人と日本人が無事に貿易を営むための境界の秩序、「平和」が保たれており、その秩序には、日本人ばかりでなく来航する異国人も従っている。それを具体的に示すのが、武装解除のシンボルたる大砲の轟音なのであり、さらにいえば、この秩序＝「平和」があるからこそ丸山町・寄合町の繁栄もあるということ――つまり徳川の世への讃辞――なのであろう。

三つは、非日常的な轟音と「臭い」に象徴される、種々の異国人が輻湊する境界としての長崎のイメージである。この点については、二つのことが考えられる。

一つは、近世日本人にとっての地域イメージの階層性である。「予」に則していえば、轟音と「臭い」に突っ伏してしまわずにいられないところに、彼のエスノセントリズム（自文化中心主義）の発露をみることができる。この場合「予」が京都人であることは象徴的である。

もう一つは、このイメージが、ある種の恐れや蔑視と同時に、「予」が父親にうまくねだってわざわざ長崎に下ってきたように、この都市が、他地域の日本人の好奇心や憧れを喚起する力をも持っていたということでもある。

このように長崎口のイメージは、全国に流通する様々な輸入品や知識・情報などとともに、『長崎土産』のような媒体を通して、近世の他の地域の日本人の間に浸透し、人々の想像力を刺激し続けたと考えられる。

本章では長崎口の形成過程をたどりながら、これら三つの性格の関連についても考えてみたい。

第2節　貿易都市長崎

表1　初期長崎の人口の変遷

西暦	和年号	人口(人)	典　　拠
1569	永禄12	1,500	ガスパル・ヴィレラ書簡(『長崎県史史料編三』p. 44)
1571	元亀 2	1,500	〃　(〃　p. 58)
1590	天正18	5,000	ルイス・フロイス書簡(岡本『十六世紀日欧交通史の研究』p. 714)
1600	慶長 5	4〜5,000	フェルナン・ゲレイロ書簡(『長崎県史史料編三』p. 84)
1611	慶長16	15,000	岡本：前掲書 p. 714
1616	元和 2	24,693	長崎縁起略
1626	寛永 3	40,588	(ただし、キリシタン)カロン『日本大王国誌』(幸田訳)p. 242
1658	万治 1	40,797	(内元来 31,328、ころび 9,369)「寛宝日記」

註　中村質『近世長崎貿易史の研究』p. 280 所収の表に若干手を加えて作成した。

開港直前の長崎は、今の桜馬場あたりに、大村純忠の家臣であり、古代末以来この地の領主でもあったとされる、長崎氏の居館を中心に、中世城下町風の集落があるのみで、その他は人家もまばらな寒村にすぎなかった。しかし開港の数年前から、キリスト教の布教はこの地域にもおよび、一五六九（永禄一二）年には、後に春徳寺が建てられることになる場所に、トードス・オス・サントス教会が建てられ、長崎氏をはじめ当地の住民がことごとく信者になり、その数は記録によっては一五〇〇人にもなったという。

一五七一（元亀二）年、その前年の大村純忠とイエズス会宣教師ルイス・アルメイダとの協約に基づいて、純忠の名代の家老朝長対馬守と島原の有馬義純の立ち合いのもとに、長崎氏の居館からかなり離れた岬の突端部すなわち現在の県庁所在地を中心に、島原町・大村町・平戸町・横瀬浦町・外浦町・文（分）治町の六町が造成された。そこに諸国の商人や浪人たちが出身地ごとに集まって小屋掛けし、それぞれに出身地や開発者の名前にちなんだ町名をつけた。その年、すでにポルトガル船の他に中国の商船やジャンク船も入港したという。(5)

これ以後の長崎の、貿易都市としての発展を人口でみれば、表1のようである。みられるように、町建ての段階では一五〇〇人にすぎなかった人口が、ほどなく五〇〇〇人になり、海禁が施行される直前の一六二六（寛永三）年になると、四万人を超えるまでになる。この間に町数も、当初の六町から、豊臣秀吉が長崎を直轄化した一五八八（天正一六）年には二三町（内町）に増え、さらに一五九七（慶長二）年以後市街地化した部分に、出島町（一六三六年設定）、丸山町・寄合町（一六四二年設定）を加えた四三町を外町とし、内・外合わせて六六町となった。その後、一六七二（寛文一二）年に、戸数の多い大きな町（大町）を分割して、内町二六、外町五四、計八〇町とされ、以後近代まで町数は変わらなかった。人口についてみても、一七世紀末に六万人を超えるものの、一八世紀に入ると漸減し、一八世紀半ばからは三万人前後、一九世紀には三万人を割るようになる。以上に鑑みて、町建てから海禁施行までが長崎の成長期であったと考えられる。さらに、町建てから海禁までの時期について細かくみると、町建て後一六〇〇（慶長五）年頃までは、おおむね五〇〇〇人で停滞し、一七世紀の一〇年代から再び急増することがみてとれる。同世紀後半の人口増は、貿易の増大による自然増に加えて、中国船・朱印船・イスパニア・オランダ・イギリスなどの貿易船が長崎に集中したことによる(6)。

これは、言い換えれば、長崎が他の開港地の人口を吸収することによって生じた、すなわち、長崎の歴史的性格が変わることによって起きた人口増でもあった。この間の長崎の性格変化を、複数の開港地の一つである貿易都市長崎から、海禁の要としての「長崎口」への変化と捉え直すと、一六〇〇年代までは、長崎が他の貿易都市と併存する貿易都市であった時期、同一〇年代以後海禁までが、長崎が長崎口へ変貌していく過渡期とみることができる。その変貌が、統一政権の東シナ海域に対する政策に対応していたことはいうまでもないが、それについて述べる前に、本節では、まず、貿易都市長崎の特質を整理しておこう。

貿易都市長崎の特質は、次の三点に整理できる。

第一は、長崎の「港市」としての歴史的性格とその役割である。「港市」は、その地域の流通の結節点をなす沿岸部にあって、貿易を生業の基盤とする都市であり、かつ、内陸部の王朝・国家にとっての外国文物の輸入窓口でもあった。そこでは異国人が居留地を造り、彼らはシャバンダール（居留地の長）のもとで自治制をしき、一種の治外法権を有していた。[7] この性格は、日本では堺・博多から、中国沿岸部の各都市、東南アジア各地の貿易都市が共通して持っていた。長崎の場合は、異国人の「居留地」と町建て（都市建設）が同時になされ、その経緯をかなり具体的に知りうる点で貴重である。町建て当初の長崎は、イエズス会の拠点となった「岬の教会」地区（現在の県庁の所在地）と日本人の居住する六町地区とは、地域的にも行政的にも分けられていたと推定されている。[8]「岬の教会」地区は「港市」の異国人「居留地」に比定でき、かつ、「岬の教会」はこの時期、主として九州各地に形成された唐人町に形成の契機がよく似ている。

長崎とその他の地域の唐人町との共通点は、次の二つである。

一つは、ポルトガル人もその一つであった、倭寇的勢力の日本貿易の拠点として設営されたことであり、もう一つは、倭寇的勢力が拠点を置くにあたって、その地の領主・大名との合意、あるいは積極的な誘致があり、そこに西国大名・領主の東シナ海域の通交・貿易への、倭寇的勢力を介しての、積極的な関与や参加をみてとれる。[9]

倭寇の頭領の役割に、貿易仲介者・代理者や集団の統率者としての役割があったが、ポルトガル人の場合は、イエズス会宣教師が主にその役割を果たした。もっとも、ポルトガル人の場合には、カピタン・モールの制度があり、[10] ポルトガル人集団の直接の支配権はカピタンにあったが、宣教師は、少なくとも、ポルトガル人集団を精神的に指導する立場にはあった。このように、大村氏とイエズス会宣教師の協定にもとづく長崎の設定も、唐人町の形成という一般的な状況のなかでなされたのであった。

もちろん相違点もあり、それは、次の二つである。

一つは、誘致した大名大村氏が、弱体であったことである。大村氏は、周囲の龍造寺・松浦・有馬氏や、南の島津氏の圧力を受けて、長崎の保持すら危ぶまれる状態であり、直接の領主である長崎氏も保護するほどの力は持たず、かえって長崎氏と長崎の有力門閥層である「頭人」との交戦の記録すらある。そのなかで、長崎は自ら武装し、周囲に堀をめぐらし、自治都市的な性格を強めざるをえなかった。長崎領のイエズス会への寄進も、その状況において、大村氏が長崎とポルトガル貿易の維持をイエズス会に期待したことによるだろう。(11)

もう一つは、拠点を置いたのがポルトガル人であり、彼らの主体的条件が他の倭寇的勢力と異なっていたことである。違いは、二点ある。一つは彼らが、他の倭寇的勢力よりも日中間の中継貿易に有利な条件を持っていたことである。それは、一五五七（嘉靖三六）年に明政府からマカオ居住と中国本土との貿易を許され、日本への輸入品を安定的に確保できるようになったこと、さらに、大型船と強力な火器によって、東シナ海での、比較的大量かつ安全な輸送が可能であったことなどである。この条件が、他の唐人町がやがて大名の城下町に移転・吸収されていったのに対し、長崎という歴史の浅い一都市が、それだけで大名の城下町全体に匹敵するほどの人口を集め、さらには、イエズス会が長崎の住民全体を支配するにいたる契機となった。二つ目は、ポルトガル貿易がイエズス会の布教と一体であったことである。(12)当初、平戸に入港していたポルトガル船が、キリスト教を嫌う松浦氏との不和から、平戸を避け、結局長崎を拠点とするのも、そのためであり、教会領長崎の住民がキリスト教徒化するのも、このことによる。

長崎の特質の第二は、イエズス教会領になったことである。一五八〇（天正八）年、大村氏は、イエズス会に、長崎領の「検断」権とポルトガル船の停泊料（公事）、および茂木村を寄進した。(13)寄進の契機は前述の通りだが、当初長崎の住民すべてがキリスト教徒ではなく、イエズス会と長崎の自治の担い手である「頭人」層との支配関係も無かった。一五八一（天正九）年に、住民相互の仇討ちをきっかけにした「聖堂（岬の教会）狼籍事件」を契機に、次にみるように、イエズス会と「頭人」層との、一種の支配関係が生じ、それを挺子に住民に転宗が強制され、同時に、長崎領の「武装要塞化」が推し進められた。[14] いわば、長崎全体が異国人「居留地」化したということになる。長崎には、出島町や唐人屋敷（一六八九年）が設定される以前は、中国人やヨーロッパ人が集住して、日本人と棲み分けした形跡がないのは、長崎の町のこのような性格によるのではなかろうか。こうして貿易都市長崎は、キリスト教徒の町に変貌し、西日本の布教の中心となるとともに、ポルトガル国家の植民地政策を推進するための要塞・商館網の一環を占めることになって、外に対して「戦闘的」な都市となった。[15] 教会領没収・直轄化以後の長崎をめぐる統一政権の政策は、長崎のこの地位を東シナ海域に対する政策の要として編成しなおすことを中心にすることになる。

貿易都市長崎の特色の第三は、都市支配の二元性である。長崎には、「イエズス会―キリシタン門徒代表―キリシタン門徒中」という宗教上の組織と、「頭人中―惣中」という、自治的な、世俗の組織があった。長崎の「検断」を直接担うのは「頭人中」であるが、イエズス会は宗教上の組織による「頭人中」に対する影響力によって、彼らの「検断」を間接に支配し、その影響力を支えているのがポルトガル貿易であった。[16] 世俗の論理と宗教上の論理は一体化はしているものの、そこに矛盾がなかったわけではなく（転宗に強制をともなったことを想起）、ポルトガル貿易の比重が下がるか、長崎を取り巻く情勢が変われば、世俗の論理が顕在化する可能性は常にあった。徳川政権の長崎改宗事業はそのような長崎の矛盾を顕在化させ、そこに食い込みながら推進された。

第3節　貿易都市長崎から「長崎口」へ

本節では、貿易都市長崎が長崎口に変貌していく過程を概観する。その過程は、統一政権の東シナ海に関わる政策の中で進行する。本節では、まず、その点について長崎に関わる範囲で整理し、そのなかで長崎口の形成について考える。統一政権の政策は、第一に、日本を取り巻く「平和」領域の構築、第二に、「自由」の制限、第三に、長崎の改宗事業である。まず、「平和」領域の形成と論理について述べよう。

1 「平和」領域の構築とその論理

日本を取り巻く「平和」領域は、一五八八（天正一六）年以後の海賊停止令を中心とする通交の基盤づくりにともなって、形成された。同令の特徴は、国内船・外国船に対する国内の海賊行為のみならず、倭寇的な活動をも視野に入れた全国的な禁令であること、諸大名には海賊の追捕の責任と権限のみ与え、成敗権は豊臣政権が独占したこと、日本における自由な通交・貿易の基盤をつくるとともに、明との「勘合」復活をも射程に入れたものであったこと、この禁令が外国人には売買自由の保証と受け止められていたことなどである。(17) 売買自由の原則は統一政権が、当初からことあるごとに来航の異国人に保証していたことでもある。(18) ここで「平和」領域の「設定」でなく、「形成」というのは、統一政権のこの政策が、単に上からの押しつけでなく、倭寇的状況のもとでの、東シナ海域の通交・貿易にかかわる諸国家・人民の「平和」への希求を踏まえていたと考えられるからである。それが、統一政権が自らの正当性を自認する国際的な基盤であり、一方で統一政権の「華夷意識」の例証となり、ひいては、対明「勘合」要求、文禄・慶長の役、さらに日明国交回復交渉と続く外交史の過程を支えることが期待されたのだった。(19)

さて、同令によって海賊行為は禁止されたが、それとともに、異国人から海の紛争に関わる訴訟が統一政権に頻繁に持ち込まれることになった。例えば、一五九一（天正一九）年には「商売之唐船」から薩摩で「南蛮黒船」による海賊行為を受けたとの提訴があり、それについて、同年九月二三日、豊臣政権は、長崎代官鍋島直茂らに、「黒船中」

に対して、今後そのようなことがないように厳重に警告すべきこと、さきに長崎で起きた唐船に対する「礼銀又ハ彼船道具以下」没収などの海賊行為についても調査のうえ押収物を返還させること、本来ならば「成敗」すべきところ「異仁事候間」この度は免除することを指示している。(20) さらに、翌年、「黒船」カピタンが、代官鍋島直茂と毛利吉成の下代が、「印子」(金)を買い占めようとして、「印子」のみならずすべての貿易品を差し押さえたこと、下船を差し止められ「客衆」の飲食も差し止められたこと、これは昨年の「売買等可為自由」との朱印状の趣旨に背いた行為であり、これ以後は「商売之道」を承知している人物を派遣してほしいことなどを訴えた。これに対して、豊臣政権は、八月九日に下代を成敗すること、印子にかぎらずすべて自由に商売すべきこと、今後不届者があればいつでも申し出るべきことを通達し、(21) さらに同日、直茂・吉成に宛てた朱印状で、両人の監督不行届を譴責している。(22) この事件は秀吉が先買い特権を行使して金を買い占めようとして、失敗した事件としてよく知られている。事態が膠着したことに困惑した直茂・吉成は宣教師ヴァリニャーノに斡旋・援助を依頼した。秀吉の裁決は前記の通りだが、ヴァリニャーノはそれ以前、一五八八年に小西隆佐を派遣して行わせた金の買い占めに対し、翌年ポルトガル船が欠航したのをとらえて秀吉に書簡を送って抗議し、かつ、ポルトガル貿易と引き換えにイエズス会宣教師の滞在許可を要求していた。秀吉もこの事件を契機に、イエズス会に譲歩し、結局一〇人以内の宣教師の長崎滞在を許可せざるをえなかった。(23) 直茂は、この事件によって、改易は免れたものの、代官職を罷免されたといわれている。

以上のことから指摘できるのは、次の三点である。

第一に、中央政権にもちこまれる訴訟の増大。その傾向は、一六一七(元和三)年にシナ・キャプテン李旦がオランダ人を訴え、さらに翌年、イギリス商館長リチャード・コックスがオランダ人を訴えているように、(24) 徳川政権になっても続いた。オランダ人・イギリス人は、当初、ポルトガル人ほど日中継貿易に有利な地歩を占めることができず、ポルトガル船・イスパニア船・唐船などを拿捕・略奪することを、商品獲得の重要な手段としていた。それは、東シナ海に遅れて登場した彼らの、旧教勢力と競争し、競り勝って制海権を確立するための戦略であり、国家的な軍事行動の一環でもあった。一六〇九（慶長一四）年に平戸に置かれたオランダ商館は、彼らにとっては、貿易の拠点というよりも、第一義的には、軍事拠点であった。[25] したがって、彼らの行動は——彼ら自身の認識では——、通常の海賊行為とは截然と区別されるべきものであった。[26] しかし、行為そのものは海賊行為に他ならず、かつ、ポルトガル貿易に多大の投資をしていた幕閣の反感を招いた。こうして、オランダ人は公然と「海賊」と呼ばれ、かつその是非が、徳川政権を介しての、旧教国と新教国の確執の焦点の一つとなった。

一六二一年、徳川幕府は細川・松浦・大村などの西国大名に、日本人の売買禁止、刀・脇差等の武具の輸出禁止、「ばはん」（海賊行為）の禁止を命じ、同時に、オランダ人・イギリス人に対し、松浦氏を介して、これら三ヶ条他の禁令を出したが、これについて、コックスが、イスパニア人・ポルトガル人に味方する長崎奉行長谷川権六と、長崎・京都、江戸の商人の誣告によるものと述べているのは、その間の事情をよく表している。しかしこの後も、オランダ人の海賊行為は、後に述べるように、より慎重にはなったものの治まらず、結局、平戸商館が軍事拠点から貿易拠点への転換を終え、本格的に機能し始めるまで続いた。

第二に、長崎領に関するイエズス会の既得権の否定をともなっていたこと。一五九一年の事例の場合には、「黒船中」、つまりポルトガル人の唐船に対する、長崎での「礼銀」の徴収と「船道具」押収が、海賊行為として規制の対象にされていることが注目される。この「礼銀」が、イエズス会が大村氏から寄進されたもののうちの何であるかは特定できないが、一五八七（天正一五）年の深堀純賢の処罰が、「商売船」から「礼物」を取ったためになされたことなどを考えあわせると、長崎に入港する船は「黒船中」、すなわちイエズス会に何らかの「礼銀」を出すことになっており、豊臣政権の直轄領となった直後にはまだ、その慣行が続いていたのではないか。没収された「船道具」はそのための担保とも考えられる。その点では豊臣政権の措置は、イエズス会の、長崎に入港する船に対する既得権の否定、あるいは制限でもあった。イエズス会の既得権の否定ということについていえば、一五九一年に長崎に出された秀吉朱印の三ヶ条の「定」も同様である。同「定」は、喧嘩刀傷・商売物値段・天秤目について規定したものだが(27)、これらを規制する権限は、前節でみたように、イエズス会に属していた。秀吉朱印の「定」はこれらの権限をイエズス会からとりあげ、豊臣政権のみに帰属させたこと、あるいはそのような原則を示そうとしたものであった。

この方針は、イエズス会の既得権を否定、あるいは制限するという点では、鍋島直茂らの下代による強引な「印子」買い占め事件にも共通している。直茂らは、イエズス会宣教師を介さずにポルトガル人と直接取り引きをしようとして、このような措置に出たのであった(28)。このように、海賊停止令は長崎にも適用され、そこでの貿易を含む商行為や住民支配に関わるイエズス会の既得権、すなわち私権を制限するかわりに、豊臣政権の「平和」の論理が押しつけられた、あるいはそのような効果を生むことを担ったものと考えられる。

第三に、異国人に対する特別措置。一五九一年の事例にみられるように、ポルトガル人の唐船に対する海賊行為は「異仁《いじん》」であることを理由に、現状回復を命じたのみで処罰はなされていない。同様の方針は、同年に長崎に出された三ヶ条の秀吉朱印の「定」の内の「喧嘩刀傷」の箇条にもみられる。ここでも、日本人同士の「喧嘩刀傷」には喧嘩両成敗法を適用するが、「南蛮船・唐船」に関しては「理非遂二糺明一」、罪科が五分五分の場合で、片方が日本人の場合には、日本人を成敗することにされた(29)。この方針は徳川政権も受け継いでいる。一五九九(慶長四)年、フィリピン長官グスマンが倭寇の処罰と、日本商船のフィリピン来航数の制限を求めたのに対して、徳川家康は、一六〇二年の返書において、倭寇の「刑」すべき者は「刑」すべしとしながら、「明人」は「異域民」であるので「刑」すにおよばず、ただ「本国」に帰らせるのみ、と答えたのがそれである。[30] 例外は、キリスト教徒と、日本人女性との密通の場合である。この方針は、後年頻発する抜荷（密貿易）の処罰についても維持された。抜荷犯が日本人である場合には成敗が原則であったのに対し、異人（唐人・オランダ人）の場合は、抜荷物の没収・焼き捨てと、抜荷犯の本国送還・再度の渡航の禁止という措置にとどめている。[31] この措置の理由は、家康のいうように、対象が「異域民」（換言すれば外国人）であることによる。

以上の事例について、具体的な訴訟を素材に、もう少し検討しよう。素材は『イギリス商館長日記』（以下、コックス『日記』と略称）である。[32] コックス『日記』には、イギリス人をはじめとする様々な民族・内容の紛争が記録されている。コックスが日本に滞在した時期（一六一三～二四年）の後半の長崎奉行は長谷川藤正であった（表2）。もっとも、藤正は正式の奉行になる以前の一六一四（慶長一九）年から、叔父の藤広から長崎支配を預っていたから、ここでとりあげる訴訟には、すべて藤正が関与している。

まず、事例をあげよう。

a　ダミアン（Damian Marin）・フワン（Jn. de Lieuano）釈放のための訴訟。ダミアンはイタリア人航海士。フワンはスペイン人。ともに、ウィリアム・アダムズに雇われ、シー・アドヴェンチュア（Sea Adventure）号に乗

表2　初期の長崎奉行一覧

人　　名	在　任　期　間
小笠原一庵（為宗）	1603（慶長 8）～1606（慶長11）
長谷川重吉（波右衛門）	1605（慶長10）
長谷川藤広（左兵衛）	1606（慶長11）～1617（元和 3）
長谷川藤正（権六）	1618（元和 4）～1625（寛永 2）
水野守信（河内守）	1626（寛永 3）～1629（寛永 6）
竹中重義（采女正）	1629（寛永 6）～1633（寛永10）
今村正長（伝四郎）	1633（寛永10）
曽我古祐（又左衛門）	1633（寛永10）～1634（寛永11）
神尾元勝（内記）	1634（寛永11）
榊原職直（飛驒守）	1634（寛永11）～1638（寛永15）
仙石久隆（大和守）	1635（寛永12）
馬場利重（三郎左衛門）	1636（寛永13）～1652（承応 1）
大河内正勝（善兵衛）	1638（寛永15）～1640（寛永17）
柘植正時（平右衛門）	1640（寛永17）～1642（寛永19）
山崎正信（権八郎）	1642（寛永19）～1650（慶安 3）

註　(1)　典拠：清水紘一「長崎奉行一覧表の再検討」（『京都外国語大学研究論叢』XV号、1974年）。
(2)　在任期間が単年度のものは、年内に任期が終了したもの。

り組んでいたが、一六一五（元和元）年七月後半にポルトガル人に捕えられ、長崎の大型帆船に囚禁された。このポルトガル人たちが、「彼等がイギリス人のところで勤務したことに怨みを抱いていたためである」との説明あり。

b　故魏官のジャンク船の書記（事務長 the purser）数之助（京都出身、カサンケセ、ミゲル）との訴訟。一六一六年一〇月、ジャンク船船長魏官（長崎在住華僑）が、シャムから帰港中に死亡、船は薩摩に漂着した。船は同乗していた商館員エド・セイヤーによって救われたが、積み荷の処置、魏官の残した資産、書類の帰属をめぐって、ジャンク船の書記数之助と争論を起こした。

c　長崎の肉屋九右衛門との、板・材木代金をめぐる訴訟（編・訳者は、左官九右衛門とするが、本章ではこのように解釈）。一六二〇年一二月二二日、長崎の肉屋（our fleshman at Nangasaque）が平戸に来て、九右衛門の自署のある書付どおり、銀一貫目を、エド・セイヤーを通じて払うことを要求したことから起きた。

d　アンドレア（ウィリアム・アダムズの義弟）との、故アダムズの朱印状をめぐる訴訟。一六二〇年四月二四日、アダムズは平戸で死去したが、残された朱印状をめぐって、コックスとアンドレアらとの間に、同年末から翌年始めにかけて、争論が起きた(33)。

以上a〜dが、コックス『日記』にみえる紛争において、藤広と藤正が登場するすべてのケースである。これ以外には平山常陳事件があるが、性格が複雑なので、とりあえず検討の対象から外した。これら四つのケースについて、目につく特徴を以下にまとめよう。

（1）これらの事例は、「喧嘩刀傷」（刑事）ではなく、「民事」に類するものも含まれている（bcd）。コックスらが代理人を立てて決着をつけようとするのも（c）、藤正や松浦氏がそれぞれのレヴェルでことを納めるように動く、すなわち「内済」でことを納めようとするのは、事柄のそのような性格によるのであろう。しかし、これらの争論はいつでも実力行使に転化する可能性を秘めており（b）、むしろ、コックスら異国人も積極的に藤正や松浦氏に訴え、争論の過程に、藤正や松浦氏がこまかく関与させられていることが重要である。統一政権による「平和」は、一方で、様々な訴訟の頻発という現象を招き、権力はそれへの対応に追われることになる。この点については、すでに述べたので繰り返さない。

（2）事例にみられる当事者の性格について。当事者の一方が、コックスであることは当然として、もう一方の当事者は、ポルトガル人（a）、中国人ジャンク船の書記（日本人、b）、長崎の日本人肉屋（c）、ウィリアム・アダムズの義弟（日本人、d）と様々である。しかし、dのケースでは、当事者が、江戸と平戸の人物であることを理由に藤正が介入を拒否していることから、逆に、a〜cのケースは、いずれも、当事者が長崎に関係している人々であることに気づく。ポルトガル人は、いうまでもなく、長崎を寄港地としており、長崎奉行の「支配」下にある（a）。中国人魏官のジャンク船の書記自身は京都出身であるが、魏官は長崎在住の華僑である。この件について、京都所司代板倉勝重の名前が出されるのは、書記の出身地に関わる（b）。cは長崎の肉屋なので、特に説明は必要あるまい。ここには、紛争当事者の支配の「筋」が関わっていると考えられる。長崎奉行は、紛争処理について、自らの支配の「筋」に関わる場合のみ、介入したのである。dのケースで藤正が介入を拒否したのは、彼があらかじめ賄賂を受け取っていたためではなく、このような支配「筋」の原則があったためと考えられる。

（3）これをコックスの側からみれば、平戸の松浦氏に訴え、隆信か（a）、さもなくばその重臣（b・c）の関与によって懸案の解決をはかろうとすることになる。つまり、支配の「筋」が異なる者の間に紛争を生じ、当事者同志で解決にいたらなかった場合には、双方の支配責任者もその処理に介入する。長崎奉行と松浦氏の「首席法官」重忠る。

（b）や「王の弟」信辰（c）の「面前」、つまり立ち合いのもとで、対決するのがこの場合の原則であったと思われる。

（4）直接の支配者が介入しても、埒があかなかった場合や、その扱いに不満な場合には、さらに上級の裁定者に問題を持ち込むことができた。しかも、そうすること、つまり「裁判を求めて上の方へ行く」ことは、直接の支配者にとっても、傷にも不名誉にもならない（b）。もちろん、その際には直接の支配者の取次が必要となることは、国内の場合の越訴の禁と同様である。

（5）裁定の基準は、証拠主義であり、証言、文書、書付、記録などが重視されている。コックスが裁判にあたって証拠（文書・証言）を集めるのも、そのような裁判のあり方への対応と考えることができる。裁判も、証拠の示す「理非」に基づいて処理された。これは国内の争論の裁定に関しても同様であるが、単に「民事」ばかりとは言いきれないaの事例においても、「理非」に則して裁定が下されているところに、「異域民」に対する豊臣政権以来の方針が貫徹しているのをみる。

以上のうち、（2）（3）の原則は、一六一七（元和三）年のオランダ人のシナ・ジャンク船の拿捕に関して、シナ・カピタン李旦が起こした訴訟を、徳川秀忠が却下した経緯にもみられる。秀忠は、李旦の訴えに対して、まず、日本がすべての異国人にとって自由であり、もし異国人の間に「(何らかの) 私的な争論 (any private quarell)」があるならば、「彼ら自身の君公 (their owne princes)」に訴えるべきだと答える。それに対して、李旦がオランダ人の海賊行為についての訴えであると答えると、秀忠は、略奪の場所を尋ね、マニラ諸島であることを聞くと、マニラ諸島（の権力者）に訴えるべきであるとし、もしオランダ人が「私の領域 (my jurisdictions)」で海賊行為を働いたのなら、訴えをとりあげるとして却下した。このことから、三点が指摘できる。一つは、支配の「筋」の認識である。「異域民」の支配（争論の裁決・処罰等）はそれぞれの支配者に委ねるという原則がここにもみられる。これは、統一政権が倭寇の禁圧に際して、倭寇の拠点を領地内にもつ大名・領主に追捕禁圧の責任を負わせる「属地主義」を採ったことと軌を一にする。(34)二つは、海賊停止令のおよぶ領域についての認識である。この領域についての認識は、異国人も共有するようになる。前述の、一六二一年の、オランダ人の海賊行為禁止の直前に、バタヴィアの総督府はポルトガル船の拿捕を命じていたが、それに対してスペックスは、海賊停止令に触れ、バタヴィアの指令に従うためには日本の「君主の権利と裁判権が海上如何なる地点まで及ぶか、その正確なる限界」を明らかにすべきこと、日本近海での海賊行為は厳に慎むべきこと、と答えている。(35)「正確なる限界」が具体的にどの地点かということはこの史料では明らかにはならないのだが、少なくとも、統一政権の「平和」の領域は、政権自身と、日本に通航する異国人の双方に明確に意識されていたことはわかる。三つは、それにもかかわらず、領域外の海賊行為についても訴訟が持ち込まれており、そのことは、とりもなおさず、来日する外国人たちにも、統一政権に対するそのような権力に対する希求が強かったことを示していると推定されることである。

このような「平和」の論理は、異国人との接点、すなわち境界領域では常に適用された。諸民族雑居の状態においては無数にあった境界領域も、海禁施行後は、長崎口を含め四口に限定されるが、そこではこの論理が生き続けたのである。

2　「自由」の制限

ここでいう「自由」の制限とは、国家権力による先買い特権の行使や、貿易統制、さらには海禁にみられるような開港地の限定、あるいは自「国民」の海外渡航の禁止などの諸規制をいう。先にみたように、海賊停止令は、海の「平和」と、その場での「自由かつ安全」な貿易を保証するものであった。問題は、「平和」のもとでの「自由」の保証と、諸規制にみられる「自由」の制限とはどのような関係にあるかということである。ここでは「自由」が制限されていく過程を整理しながら、この問題を考えてみたい。

「自由」が制限されていく過程は、次の四つの段階に整理できる。

第一は、先買い特権行使の段階である。先にみた、一五九二年の、豊臣政権による「印子」買い占めの失敗は、その端的な事例であるが、先買い特権の行使は、徳川政権になっても、舶載生糸の優先的買いつけ（将軍糸）や、鉛・硝石等の優先的買いつけにもみられ、[36]海禁施行後も「御用物」の名目で残される。

第二は、糸割符制施行の段階である。糸割符制は、一六〇四（慶長九）年に、幕府権力を背景に、ポルトガル船舶載生糸の「一括荷受機関」として、糸割符仲間が組織されたのに始まる。この「一括荷受」制は、一六三一（寛永八）年、長崎来航の唐船にも適用され、一六三五年に唐船が長崎に集中されるのにともなって、全唐船に適用された。さらに、一六三三年には、平戸のオランダ船にも糸割符価格が準用され、一六四一年にオランダ人が長崎出島に移転させられた後は、「一括荷受」方式が適用された。生糸の「一括荷受」の際には、奉行・代官らの立ち合いのもとで、糸割符年寄らと異国人との価格の折衝・決定がなされ、異国人らにとっては、積み戻りの心配がなくなる反面、日本商人との相対による「自由」な貿易に較べて糸価が抑制される不利な貿易方式であり、忌避された。[37]

第三は、一六一六（元和二）年の長崎・平戸へのヨーロッパ船の寄港地限定の段階である。寄港地が制限されて以後の、イギリス商館長コックスの粘り強い嘆願にみられるように、家康以来の「自由」の保証に背反すると受けとめた、異国人からの強い反発を受けながら強行された。その際、故家康のキリスト教禁止の意志（先年　相国様被仰出）

を引き合いに出し、「黒舟・いきりす舟」がキリスト教徒（右之宗体）であるがゆえの措置である、と断わっていることが注目される。これ以前に、島津氏の抵抗にあって、唐船についてはこの規定から除外せざるをえなかったが、唐人がキリスト教徒ではないことが、この措置の目的の一貫性を保証している。[38]もちろん、唐人でキリスト教の洗礼名を持つ者は多かったが、幕府はそれを唐人統制の直接の名目とはしなかった。[39]

第四は、一六三五（寛永一二）年前後の「海禁」令施行の段階である。[40]「海禁」令が一六三三年の初令以後、徐々に強化され、日本人（日本在住の唐人も含む）の海外渡航の禁止、唐船の長崎集中、ポルトガル人の日本渡航禁止、オランダ人の長崎移転、糸割符適用を経て、東シナ海域の国際関係が長崎に集中されるとともに、日本の領域内に渡来した異国船（漂流船も含む）が、すべて長崎に回航され、チェックされる体制が形成された。

以上の政策は、ポルトガル貿易とイエズス会の緊密な繋りを切り離すこと、言い換えれば、貿易を確保しながら、キリスト教の布教を防止するという目的で採られたものと考えられてきた。統一政権の政策意図は確かにその通りであり、それは、豊臣政権の宣教師追放令以来変わっていないと、筆者も考えている。しかしこのような政策は、そのまま当時の人々、とりわけ来航する異国人に受け入れられたわけではない。一五九二年に長崎での「印子」買い占めが失敗した事例が端的に示すように、「自由」の保証を挺子に、根強い反発と、執拗な抵抗・嘆願がみられた。他方で、日本人の側にも反発がなかったはずはない。日本人が東シナ海域の貿易に参加する形態には、朱印船貿易に代表される直接海外に赴いて貿易に参加する形態と、日本の開港地に赴いて貿易に参加する形態、さらに、朱印船や異国船に、様々な形で投資する「投銀《なげがね》」の形態、の三つがあった。[41]それらは、徳川政権の政策が海禁へと傾斜していくなかで、徐々に奪われていく。それに対して、例えば、一六一六年の唐船の長崎集中に対する島津氏の抵抗にみられるような反発や、朱印船貿易家のみならず、広範な各種商人層の反発もあったのではないか。海賊停止令から海禁施行までは、異国人のみならず、日本人の各層から、「自由」の制限についての「合意」を取りつけるために要した期間であったと推定される。

「合意」をとりつけるための代償が、日本貿易の産み出す大きな利益であったことはいうまでもないだろう。それにもとづいて整備された「合意」調達のための条件としては、とりあえず次の三つが考えられる。

一つは、統一政権が「自由」を保証しうる権力であることを示すこと。具体的には、紛争調停者として「海の平和」を実現することだが、これについてはすでに述べたので繰り返さない。ただ、「平和」や「自由」の保証が、先買い特権など「自由」の制限と軌を一にして出されており、二つの要素は盾の両面であることには注目しておきたい。

二つは、異国人向けには、日本貿易をめぐって競合関係を創り出すことである。統一政権の積極的な外交・貿易政策の展開と、そのもとでの朱印船貿易の展開と、熱心な異国人勢力の誘致などがそれにあたる。その要となるのが、日中国交回復であったが、それは失敗に終わったものの、一七世紀になると、朱印船貿易の開始、イスパニア・オランダ・イギリスなどの参入、来航唐人の増加などの成果もあった。そのような状況のもとで、日本市場をめぐっての、各勢力間の激しい競争、追い落としがあり、そこに統一政権が積極的に介入するなかで、イギリスの撤退（一六二三年）、イスパニアとの断交（一六二四年）、ポルトガルとの貿易中断（一六二八〜三〇年）、オランダとの貿易中絶（一六二八〜三二年）などの事件が相次いで起きた。オランダ人は、努めて幕府の意を受け入れて貿易再開にこぎつけ、みずからを徳川将軍「歴代の御被官」と位置づける。[42] これは、幕府のオランダ人の位置づけや施策に対する「合意」の表明でもあった。オランダ人も唐人も、来航地を限定され、糸割符の適用を受けるという不利な立場に置かれながらも、日本市場にとどまることを望み、また、そのために必要な条件を備えた人々であった。

三つは、国内条件の整備である。これに関しては次の二点が注目される。一点は、「兵商分離」の貫徹である。これは、一六〇九（慶長一四）年の、西国大名からの五〇〇石以上の大船の没収に始まり、開港地の限定を経て、海禁下における武士の長崎での輸入品の買いつけの禁止で貫徹する。長崎貿易からの武士の排除に関しては、この段階では、周辺大名はもちろんのことだが、むしろ幕閣の貿易参加が取沙汰されていた。その点からいえば、幕府も含めた領主階級全体による長崎での直接貿易からの撤退であった。痛み分けである。もちろん、その前提には、領主間矛盾の一応の克服による「元和偃武」、つまり全国的な「平和」の実現と、その下での長崎貿易の位置づけ直し、すなわち、彼我「商人」間の私貿易という、徳川政権による捉え直しがあった。(43) もう一点は、糸割符制の展開による、輸入品流通機構の整備と、直轄都市の育成・振興であり、さらには、糸割符分国糸による、西国大名とそのもとで貿易に従事していた特権的商人に対する貿易利潤の分配である。糸割符仲間は、当初堺・京都・長崎の三ヶ所の都市上層富裕層の代表によって構成され、一括して買い取られた生糸は「題《だい》」（輸入生糸の配分比）によって三ヶ所に分けられ、それはさらに、それぞれの糸割符年寄の差配によって糸割符商人たちに払われたと推定される。それらの実務が行われたのが、一六一四（慶長一九）年にイエズス会の施設が破却された跡地に、奉行所と並んで置かれた糸割符会所であった。糸割符仲間は、一六三一（寛永八）年に江戸、翌年に大坂が追加されて、五ヶ所糸割符仲間が確定した。仲間以外では、三一年に幕府呉服所六軒への糸の配分が認められ、また、同年から三三年にかけて、筑前博多・筑後・肥前・対馬・豊前小倉の分国糸が追加された。糸割符商人たちは、朱印船貿易に従事した代官的豪商と違って、新興の都市富裕層であった。直轄都市をはじめとする都市を結節点とする流通と各都市の自治的な機能は、彼らによって担われており、糸割符制は彼らの掌握を目的としたものであった。(44)

国際紛争の火種になり、かつ、日本人がキリスト教に接触する機会でもあり、また、キリスト教宣教師の潜入ルートでもある朱印船貿易を切り捨てたのは、徳川政権の選択であったが、その選択を支えたのは、徳川政権に柔順な唐人とオランダ人による東シナ海の交易権の掌握という国際的環境と、糸割符商人たちにみられる新興都市富裕層の成長であった。糸割符商人たちの背後に、成長しつつある都市住民たちの「合意」をみるのは、容易ではなかろうか。

こうして、貿易都市長崎は、徳川政権の貿易・流通政策に遵じて、唐・オランダ貿易を独占的に担う特権的な「長崎口」として再編成された。これ以後、長崎口は、幕府の貿易政策に対する寄生化を強めるとともに、そのもとで、全市民の貿易利潤の「均霑」、すなわち、平等な分配要求が強まり、徳川政権の政策はその方向へ進むことになる。(45)

以上の経緯において、「自由」の制限を促進させるための挺子として作用したのがキリスト教禁令である。キリスト教禁令は統一政権の国家主権を犯す邪教として位置づけられ、それゆえに、異国人でも極刑の対象とされたが、私は、統一政権のキリスト教禁令に関しても、当時の日本人の「合意」が形成されていたと考えている。(46)その点について、次に、長崎口の非キリスト教化、すなわち、徳川政権の長崎に対する改宗事業について整理しながら、考えてみる。

3 「市」と「キリスト教界」——長崎の改宗事業——

ここでは、豊臣・徳川政権による長崎の改宗事業について検討する。改宗事業は次の三段階に整理できる。

第一段階は、豊臣政権による長崎領の、イエズス会からの没収である。一五八七（天正一五）年六月一九日、豊臣秀吉は宣教師追放令を出した後、藤堂高虎を派遣して長崎領を没収するとともに、教会堂を破却し、住民から「過料」を徴収した。翌年一月、長崎領は一旦は大村・有馬の両氏に返却されたが、四月には同政権の直轄領とし、二三町（後の内町）の地子を免除し、鍋島直茂を代官に任命した。長崎領没収の理由として、従来は、国家主権の侵犯、ポルトガル貿易の掌握、そのための長崎領の直轄化等があげられてきた。本章では、秀吉の「九州動座」の間にキリシタン諸大名の「一揆」が顕在化し、その「一揆」の形成を指導し、かつ、軍事指揮官的な役割を担おうとしたイエズス会宣教師ガスパル・コエリョ（当時日本準管区長）が、キリスト教と秀吉の「天下」とは相容れないものであると言明したことが、宣教師追放令の原因とみる最近の見解に従う。(47)追放令に続く長崎領の没収や、教会破却、住民からの「過料」徴収などは、その措置の懲罰的な性格を示し、かつ、没収から直轄領化まで時間差があるのは、没収がかならずしも、直轄領化を直接の目的としたものではなかったことを示している。直轄後、先にみたように、豊臣政権は、布教と貿易の分離、イエズス会の既得権の制限を試みたが、イエズス会とポルトガル人の抵抗にあって、とりあえず、その企図を断念せざるをえなかった。豊臣政権は、長崎の領主権は奪回したものの、教会組織にはほとんど手をつけることができず、貿易と市政は依然としてイエズス会の影響下にあった。この段階の長崎代官鍋島直茂の役割が、物成等の運上、秀吉御用物の購入、長崎・近隣諸地域の警備と貿易取り締りの三点に限られたのは、(48)そのためである。この傾向は、基本的には、次の第二段階直前まで続く。

第二段階は、一六一三（慶長一八）年末の「伴天連追放令」以後である。翌年早々幕府は、宣教師追放と、教会施設の破却を中心とした弾圧を開始し、諸大名もこれに倣った。その年の四月頃から、弾圧の情報を受けた長崎では、諸派の宣教師を中心とした教徒の熱狂的な聖行列や苦行・祈禱が、昼夜の別なくくり広げられた。五月初め、奉行長谷川藤広が長崎に到着し、宣教師たちの追放の準備をするとともに、町の乙名たちを集めて、宣教師たちをかくまったり、彼らが日本にとどまるための便宜を与えることを禁じて誓紙をとり、組（信仰会《コンフラリア》）の親にも同様の手続きをとった後、さらに、触役に、市内の全戸にこの旨を触れさせた。(49)七月、「きりしたん仕置」のためにくだってきた山口直友の指揮のもとに、鍋島・寺沢・松浦・有馬・大村の諸大名が、手勢を率いて集結し、それぞれ請けもった教会施設を取り囲み、取り壊し、焼き捨てた。この時破却された教会施設は一一ヶ寺におよび、わずかの施設（ミゼルコルジア）のみが残された。一〇月、それまでに長崎に集められた宣教師たちや高山右近・内藤如安らは、マカオとマニラに追放された。しかし、かなりの数の宣教師がとどまって潜伏し、布教活動を続けた(50)。

それが表沙汰になるのは、一六一九（元和五）年の、長崎代官村山等安と末次平蔵の争論をきっかけとしてである(51)。この争論は、等安と彼の息子の教区司祭が大坂の陣において豊臣方に荷担したことが露見して、等安方が敗北し、平蔵が代官となって決着するが、その際に、等安が、平蔵とイエズス会との密接な関係と、潜伏宣教師が大勢日本と長崎にいることを暴露した。奉行長谷川藤正は、長崎市中に対して、藤広の禁令（宣教師をかくまうことを禁止）を再令した他、組の集会を禁じ、墓地あるいは先年破却された教会跡での祈禱を禁じ、さらに、キリスト教の画像および標章を所持することも禁止した。また、宣教師と放火犯・盗人の発見・密告を賞金をもって奨励し、さらに、宣教師に宿を貸した者のみならず、その近所の重立った者一〇人を同罪とすることとした。翌二〇年には、再建されるのを放置していた教会堂や救済院・癩病院などを再び破却した(52)。

この段階における長崎の、キリスト教弾圧に関する特徴は次の四点である。

第一点は、弾圧が、宣教師や教会関係者、あるいは教会施設を中心とし、一般の信者にまではおよんでいないこと。これは、「説教者がいなければ、間もなくキリスト教会が消滅する」という一般的な見通しと(53)、次にみる長崎の特殊事情による。

第二点は、長崎においては、やや寛大な措置がとられたこと。理由は三つ考えられる。

一つは、ポルトガル貿易維持のためである。宣教師の日本・長崎への残留にしても、イエズス会と奉行藤広との合意の上であった。藤広は「われわれ（イエズス会宣教師―筆者註、以下同じ）がマカオに行くということは、当の左兵衛

（藤広）は意図しておらず、むしろ彼はわれわれが当地（長崎）にとどまって、われわれのお蔭で日本へのナウ船が継続することを狙っていた」。そのため、藤広は、長崎の教会に、「何人かのパードレとイルマンが滞在できるよう」できる限りのことをすると約束さえしていた[54]。藤広・藤正が、イエズス会士からはキリスト教徒の敵と罵られながら、たとえば、平山常陳事件に際し、藤正が宣教師ズーニガや彼らの日本潜入を助けた平山常陳、さらにはポルトガル人・イスパニア人らキリスト教徒の側に立った言動をとり、そのために藤正自身がキリスト教徒かと疑われたりするのは[55]、キリスト教の弾圧に従事しながらも、なお、長崎のポルトガル貿易そのものは維持しなければならない、という当時の奉行の立場の反映である。

二つは、長崎自体の維持のためである。ポルトガル貿易の維持に奉行が腐心するのは、一つには、幕府自身がポルトガル貿易の重要な出資者であったからであるが、もう一つは、貿易都市長崎自体の維持がそれに掛かっていたからである。一六一六年のキリスト教禁止の強化にあたっても、長崎については「何等の除外例を設けざりしが、基督教に関しては、同市の住民等に対し、黙認の態度に出づることを言外に示したり、是は内府（家康―筆者註）も亦なせし所にして、即ち日本唯一の市場たる都市を滅亡せしめざらん為めなり[56]」。

三つは、長崎市民の反抗・暴動を恐れたためである。一六一四年の長崎の教会施設破却に際して諸大名の兵を集結させたのは、そのためであったと、ヒロンやイエズス会士ルセナは述べている。前述の、キリスト教徒たちの行列にとどまらず、市民の間には、弾圧を防ぎ、対抗しようとする様々な動きがあった[57]。市民の反抗・鎮圧・長崎の「滅亡」という図式は、一六三七（寛永一四）年の島原・天草一揆を思い起こさせる。四万人に近いキリスト教徒の集住する長崎は、それ自体が、奉行・幕府に対する隠然とした圧力であった。次にみるように、三〇年代には長崎の改宗事業は終了していたが、それだけに島原・天草一揆の幕府に与えた衝撃は大きく、長崎市民も一揆鎮圧に動員されて

「忠誠」を尽くさせられる一方で、長崎は大村藩兵に監視され、さらに、一揆鎮圧後、益田四郎他の指導者と一揆勢三三〇〇余りの首が、わざわざ長崎市街に曝されたのである。(58)

こうしてこの段階の長崎においては、教会が再建され、全国の追放されたキリスト教徒の「避難地」となった。市民たちはこれらの「同胞」を援助するために金を出しあい、また、キリスト教の「祭儀」も、ほとんど公然とおこなわれていた。(59)全国のキリスト教徒たちは、追放され、あるいは、弾圧を逃れて、追い立てられる魚のように、長崎に集まった。

第三は、長崎の抱える矛盾が露呈してきたことである。矛盾の一つは、キリスト教内部の問題で、ポルトガル系のイエズス会とイスパニア系の托鉢修道会との日本布教の主導権をめぐる争いと、イエズス会内部の腐敗・権力闘争である。一六一四年、幕府のキリスト教弾圧が本格化したその年に、長崎は、内町・イエズス会、外町・托鉢修道会(イスパニア系)に教区が分裂した。村山等安と末次平蔵の争論も、托鉢修道会系の等安とイエズス会寄りの平蔵との権力闘争であり、長崎のキリスト教界のあり様が反映している。また、イエズス会自体も貿易その他の世俗に深く関与して腐敗し、宣教師たちの相互批判も絶えなかった。このようなキリスト教界内部の矛盾が、徳川政権の弾圧強化にともなって顕在化し、弾圧に対する対応の足並みを乱した。(60)矛盾の二つめは、世俗の論理と宗教の論理の矛盾である。一六一九年、長崎での潜伏宣教師の摘発がはかばかしく進まないのに業を煮やした奉行藤正は、「この市のキリスト教徒統治者《ゴヴエルナドール》たちである五人の乙名《オトナ》(町年寄—筆者註)を呼び、(中略)彼ら自身やその妻たちの死およびこの市の全面的破壊を免れるために、パードレ全員」を引き渡すよう説得し、威嚇した。それによって、「何人かの者は、パードレたちを迎え入れてかくまおうという気持がくじけてきたことを示した。彼らは、市とキリスト教界との破壊を防ぐには、パードレたちといえども引き渡されねばならない、と考えた。(中略)その後、これらの乙名たちはますますくじけ、堕落していった」(61)。そこから転宗まではほんの一歩である。事実、この頃、町年寄高木作右衛門（町年寄筆頭、一八世紀前半に長崎代官）は「一番に宗門を替り」「伴天連いるまん寺屋敷」を拝領し、平蔵と協力して「伴天連いるまんなどの有所を穿鑿《ママ》仕出し申上」げた他「長崎の者共段々邪宗門を替り候之様に仕なし」たと「忠節」の程を誇らしげに述べている(62)。彼ほど積極的ではなかったとしても、それは、乙名たちのみならず、富裕な町人たちに共通の現象でもあった。奉行の徹底した宣教師の捜索体制、厳しい締めつけ、重い刑罰のために、「大身たちや富者たちは、失うものをより多く持っているので」宣教師に宿を貸すことを恐れ、「貧者たちや小身たちのみが（中略）多大な危険を伴ないながら、大変な努力と慈悲をもって」宣教師に宿を貸し、かくまった(63)。こうして、「市とキリスト教界」を守るために「引き渡され」た宣教師や教会関係者、および彼らをかくまった者たちの「殉教」を無数のキリスト教徒たちが見守るという、奇妙な光景が展開することになった。弾圧は、世俗の論理と宗教の論理の対立を先鋭化させ、かつ、世俗社会の階層間の矛盾をも顕在化させた。

第四は、長崎の人口における、非キリスト教徒の割合の増加である。それは、次にみるような仏教寺院や神社の創建に端的に表われている。

長崎の非キリスト教化の第三段階は、奉行水野守信が就任した一六二六（寛永三）年以後である（表2）。これ以後、弾圧は直接市民におよび、転宗（ころび）を強制し、転ばぬ者は家を追い、山中に小屋掛けすれば、それを焼き払った。それで転んだ者には「切支丹仏」を足で踏ませ（踏み絵）、転び帳に判をつかせて許したが、転ばない者に対しては徹底したテロと拷問、凌辱が加えられた。奉行が竹中重義になると（表2）弾圧はいっそう徹底し、一六三〇（寛永七）年以後、転んだ者には一日二回の墓参と、往来の途中で旦那寺で説教を聞くことを義務づけた(64)。こうして、三〇年代には、「殉教」したわずかの者を除いて長崎の人口のほとんどが転宗し、キリスト教の最後の拠点は壊滅した。

以上の過程を、転宗者の受皿となった仏教寺院の創建（表3）について具体的に見る。表3から指摘できることは、次の三点である。一点は、一七一〇年代までに創建された長崎の寺院のほとんどが、一六四〇年代までに創建されていること。これは、長崎の非キリスト教化と神社仏閣の創建が密接な関係にあることを示している。二点は、なかでも一六二〇年代から四〇年代までに創建された神社仏閣が四〇（六三%）と、優に過半数を超えていること。これは、この時期に長崎市民の雪崩的な転宗が起こり、これらの寺院はそのための受皿として創建されたことを示している。三点は、それに対して、一六二〇年より前の一〇のうち、一六〇〇年代までに創建された寺院は、わずか三であることが注目される。前述のように、一六二〇年代までの長崎の住民は、ほとんどがキリスト教徒であり、仏教寺院の創建は困難であるばかりでなく、危険ですらあった。いうまでもなく、キリスト教市民の反発・攻撃があるためであり、たとえば長崎最古の悟真寺（浄土宗、一五九八年創建、以下同）の開基聖誉玄故が、市中からかなり離れた稲佐村に庵室を設けざるをえなかった。この段階の寺院の創建は、例えば、正覚寺（一向宗、一六〇四年）、大音寺（浄土宗、一六一七年）のように、開基の自発的な宗教的情熱と、それに帰依するわずかの信者によってなされ、それを奉行が保護するという形態をとり、さらに、幕府の意を受けて、長崎の

表3　長崎の神社仏閣の創建年代

年代	仏教諸派							神社	聖堂	小計
	旧仏教 a	浄土	一向	法華	禅 b	唐寺 c	修験 d			
～1599		1								1
1600～			1				1			2
1610～	1	1	3		1		1			7
1620～	3	4	1	1		3	1	2		15
1630～	1	1	2	1			1	1		7
1640～	7				5		4	1	1	18
1650～					1		2	1		4
1660～								1		1
1670～					2		1			3
1680～								1		1
1690～							1			1
1700～	1				1			1		3

註　(1)　典拠：田辺茂啓『長崎実録大成』（長崎文献社）。
(2)　アルファベットで示した分類の宗派の内訳は、以下の通り。a：天台・真言・法相　b：臨済（臨済・五山・関山）・曹洞　c：唐人創建の寺、臨済宗　d：当山派・本山派・その他。

改宗事業に出向くもの、例えば皓台寺（曹洞宗、一六一五年）が混じるようになる。しかし、いずれも、開基自身の布教を起点にしていることは、共通している。長崎の改宗事業も草の根の布教から始まり、裸の弾圧は、それがある程度浸透した後に、最後の仕上げとして断行されたのである。この点に付随して、もう一つつけ加えれば、まっさきに進出しているのが浄土宗、一向宗であることが注目される。このことは、文禄・慶長の役に積極的に本願寺が協力したこととともに、その「戦闘的」な性格を思わせる。

以上のように、徳川政権の長崎改宗事業は、信者たちを周囲から孤立させ、締めつけ、それとともに顕になった様々な矛盾につけいり、市民の「合意」を調達しながら進められた。「合意」は何よりも、長崎の「市とキリスト教界」を守るために与えられたが、結果としては、「市」は守ることはできたものの、「キリスト教界」は壊滅した。その見返りとして長崎市民に与えられたのが、海禁制下の長崎口という特権的な地位であった。

第4節　「臭い」と境界

境界としての長崎口には三つの性格があった。一つは、海禁制下の唯一の開港地という特権的な地位である。それは、長崎市民が徳川政権の政策に「合意」を与え、キリスト教を放棄することによって得られた地位であるが、それも、長崎が町建て以来蓄積してきた貿易都市としての機能があってこそであった。言い換えれば、貿易都市長崎は、徳川政権によって換骨奪胎され、海禁制下の長崎口として再生したのであった。そしてそこで営まれる、オランダ人・唐人との関係も、身分制的な枠組でいえば、「町人」「商人」同士の関係に押し込められた。それは、直接には、オランダ東インド会社が徳川政権によって「商人」と認定され、唐人の場合には、明・清との国交が開かれず、日中貿易を確保しつつ国家の対面を保つには、唐人との関係を「商人」間の「私的」な関係に押し込め、長崎でのオランダ人・唐人の統制も、長崎の町制機構を通じた間接的なものにせざるをえなかったことによる。また、そうすることによって、徳川政権は東シナ海域の国際紛争に一定の距離を置くことが可能になったのである。この姿勢は、海禁施行と軌を一にする。オランダ船が入港の際に大砲を発射して武装解除に甘んじたのは、そのような幕府・奉行の長崎での「支配」に服することの端的な表現でもあった。

こうして長崎口は、オランダ人・唐人との貿易業務をはじめ、長崎に関わる対外関係の諸業務を請負い、都市機能のなかに深く対外関係を抱え込むことになった。その結果、長崎は徳川政権に対する寄生的な性格を強め、その対外政策に依存することで近世を生き抜いたのである。近世を通じて長崎は、貿易都市として、また、新しい知識や技術、情報の受け入れ口として重要な位置を占め続けるが、長崎から商業資本は育たず、新しい知識・技術に関しても、長崎はおおむね受け入れ口であるにとどまり、それらを育み、成長させる内発的な力は持たなかったように見受けられるのは、この性格によるのではないか。

もう一つは、境界特有の原則、来日する異国人も従う「平和」の原則が支配していたことである。その原則には二つの面があった。一つは、私的な紛争解決が禁じられるとともに、紛争は「理非」に従って統一政権、すなわち中央政府によって処理されたことである。もう一つは、「異国民」の処罰は、キリスト教や、密通などの「国是」を犯さないかぎり、「異国民」は裁かれはするものの、処罰は「異国」の「君公」（主権者）に委ねられ、行われなかったことである。この原則は近世を通じて維持され、幕末「開港」時の、ヨーロッパ列強に対する治外法権の容認につながることになる。これらの原則は、いわば、全国に通じるものであるが、開港地、すなわち、異国人との接触が許される地域が長崎に限定されることによって、長崎特有の原理となった。

もう一つは、「臭い」である。この場合の「臭い」は、非日常的な「悪臭」のことだが、それは近世以前の日本人が異国人と接触する場合の、忌避の習俗と密接な関係にあった。諸民族雑居の状態においては、異国人と日本人が接触する機会は無数にあり、したがってそのような「臭い」は、点として、領域内に無数に存在しており、日本人自身もそれに染まろうとしていた。例えば、臭いの理由として肉食があげられることが多いが、諸民族雑居のもとで、肉食の習慣も日本人の間に拡がりつつあったのである。しかし、「臭い」は、開港地が長崎口に限定されるに従って、長崎、すなわち、境界特有の「臭い」とされた。

こうして長崎口は、「平和」領域日本のなかの境界として、特有の論理・秩序を持ち、特有の「臭い」に包まれた場所となったのである。

註

（1）「延宝版長崎土産」（『長崎文献叢書』第二集第四巻、長崎文献社、一九七六年、六～七頁）。なお、引用にあたっては、筆者の解釈によって句読点の打ち方などを一部変えている。

（2）例えば『鎖国時代対外応接関係史料』（片桐一男校訂、近藤出版社、一九七二年）には、オランダ船が入港して「石火矢」を放った後に、「人別改並石火矢玉薬卸」の検使二人以下の役人が乗り込み、必要な手続きを経た後に、「玉薬」は稲佐の塩硝蔵に入れ、封印することなどが述べられているが、事実上の武装解除の端的な表現である。オランダ船入港の際にこのような手続きがとられるようになったのは、オランダ人の長崎移転以後のことと思われるが、詳細については別に考察する機会を持ちたい。

（3）荒野泰典「日本型華夷秩序の形成」（朝尾直弘他編『日本の社会史1』岩波書店、一九八七年）二〇七～二〇八頁。本書第Ⅰ部第二章。

(4) 市法商法については、中村質『近世長崎貿易史の研究』(吉川弘文館、一九八八年)二九三～三〇七頁。なお、この分野の、特に長崎貿易史関係の研究を私は同氏に多く学ばせていただいてきた。

(5) 中村前掲註4書、四一五頁。

(6) 中村前掲註4書、二〇七頁。

(7) この時期の貿易都市の「港市」としての性格については、朝尾直弘『鎖国』(日本の歴史一七、小学館、一九七五年)五一～六四頁、三二六～三三一頁。同「国際都市～堺」・中村質「日本町と唐人町」(いずれも『週刊朝日百科日本の歴史』三一、朝日新聞社、一九八六年)。シャバンダール等については、岩生成一『南洋日本町の研究』(岩波書店、一九六六年)一〇四～一〇六頁。

(8) 安野真幸「中世都市長崎の研究」(『日本歴史』三一〇号、一九七四年)。

(9) 荒野前掲註3論文、一八五～一八八頁。本書第I部第二章。

(10) 岩生成一『鎖国』(日本の歴史一四、中央公論社、一九六六年)三六頁。

(11) 同右、四四～四八頁。

(12) ポルトガル人の貿易とイエズス会の布教の関係については、高瀬弘一郎『キリシタン時代の研究』(岩波書店、一九七七年)三～三八頁。

(13) 安野真幸「教会領寄進文書の研究」(『史学雑誌』八五—一、一九七六年)。

(14) 安野真幸『バテレン追放令』(日本エディタースクール出版部、一九八九年)一八頁。

(15) 高瀬弘一郎『イエズス会と日本』二(大航海時代叢書II—七、岩波書店、一九八八年)解説。

(16) 安野前掲註14書、四六～八三頁。

(17) 海賊停止令については、藤木久志『豊臣平和令と戦国社会』(東京大学出版会、一九八五年)二一八～二四八頁。

(18) 加藤榮一「鎖国と幕藩制国家」(『講座日本近世史二　鎖国』有斐閣、一九八一年)四六～四八頁。

(19) 荒野泰典「国際認識と他民族観—「海禁」と「華夷秩序論」覚書—」(歴史科学協議会編『現代を生きる歴史科学二　過去への照射』大月書店、一九八七年)。

(20)「鍋島家文書」二一号（『佐賀県史料集成　古文書編三』佐賀県立図書館、一九五八年、二八〇〜二八一頁）。なお、藤木前掲註17書、二三三〜二三四頁。
(21)前掲註20文書、二二・二三・二四号。岡本良知『一六世紀日欧交通史の研究』（弘文荘、一九三六年。なお、本章は一九七四年の原書房復刻版による）六四一〜六四五頁、六八五〜六八八頁。岡本氏は、この事件を一五九一年のこととし、「文書」は一五九二年のこととする。岡本氏の典拠はフロイスの書簡と、ポルトガル船の入港年、「文書」は「去年之任　御朱印」（二二号）という文言によると思われる。いずれとも決し難いが、とりあえず、ここでは岡本氏の比定に従う。
(22)武野要子「藩貿易の展開」（藤野保編『佐賀藩の総合的研究』吉川弘文館、一九八一年）三三七〜三三九頁。
(23)高瀬弘一郎「キリシタンと統一権力」（『岩波講座日本歴史九』岩波書店、一九七五年）二〇五〜二〇六頁。岡本前掲註21書、六四一〜六四五頁。
(24)東京大学史料編纂所『日本関係海外史料・イギリス商館長日記』訳文編之下（東京大学、一九八〇年）。
(25)加藤前掲註18論文、七三〜八三頁。
(26)平戸商館長ヤック・スペックスによれば、彼らの行為は、略奪、すなわち海賊行為ではなく、「敵船の劫略」であって、交戦国に対する正当な戦闘行為の一つであった。ファレンタイン『新旧東インド誌』（一七二四〜二六年）。『大日本史料』一二—二九。
(27)前掲註20文書、二〇号。藤木前掲註17書、二三二頁。
(28)岡本前掲註21書、六四一〜六四五頁。
(29)前掲註20文書、二〇号。藤木前掲註17書、二三三頁。
(30)加藤前掲註18論文、五二頁。
(31)抜荷刑については、荒野泰典『近世日本と東アジア』（東京大学出版会、一九八八年）八二頁。密通については、荒野前掲註3論文、二〇九頁。
(32)前掲註24史料、上・中・下・附録。
(33)この事件については、註32の他に、岡田章雄『三浦按針』（岡田章雄著作集Ⅴ、思文閣出版、一九八四年）二七二頁。

（34）藤木前掲註17書、二〇四頁。

（35）ファレンタイン前掲註26書。加藤前掲註18論文、七七～七九頁。

（36）先買い特権の行使については、先学の多くの言及があるが、とりあえず、加藤榮一「成立期の糸割符に関する一考察」（宝月圭吾先生還暦記念会編『日本社会経済史研究』近世編、吉川弘文館、一九六七年）参照。

（37）糸割符制については、戦後に限っても、林基「糸割符の展開―鎖国と商業資本―」（『歴史学研究』一二六、一九四七年。のち歴史科学協議会編『日本封建制の社会と国家』下、校倉書房、一九七五年に再録）の問題提起をきっかけに、実態の究明が進められてきた。さらに、高瀬弘一郎「教会史料を通してみた糸割符」（『社会経済史学』三七―五、一九七二年）による、日本側史料の信憑性否定に基づく問題提起以来、中田易直・山脇悌二郎・中村質らの各氏による論争が活発に行われている。筆者には、今のところ、これらの論争に立ち入る準備も能力もないが、行論の必要上、おおむね、中村質「初期糸割符をめぐる諸問題」（同『近世長崎貿易史の研究』吉川弘文館、一九八八年）の整理に従い、かつ、中田易直『近世対外関係史の研究』（吉川弘文館、一九八四年）の記述を参照しながら、まとめた。ただ、林氏の問題提起に糸割符仲間の役割の過大評価という疑問点はあるにしても、徳川政権の対外政策が、どのような状況において、誰によって立案され、それがどのような勢力に支えられ、どのような人々によって「合意」が与えられ、推進されたかという政治史的な問題と、これらの政策によって付与された日本の商業資本、さらには、近世都市の特質如何という二つの問題は、さらに実証的に追究される必要がある。この課題は、筆者自身の今後の課題の一つとしたい。

（38）『大日本史料』一二―二五。

（39）もちろん、一六二〇年代には、来航唐人のキリスト教徒でないことを証明するための「唐寺」が長崎に創建され、海禁施行後は来航唐人にも「踏絵」による宗門改めが強制され、かつ、一六四四（正保元）年、来航唐人にキリスト教徒がいることが発覚して、その探索のために「目明かし唐人」が置かれる（『通航一覧』巻四、国書刊行会、一九一三年、一七六～一七七頁）など、それなりの対応がみられる。

（40）筆者は、従来の「鎖国」という用語を「海禁」に置き換えることを提唱しているので、ここではやや機械的ながら、「鎖国令」を「海禁令」と置き換えることにする。

(41)「投銀」については中村前掲註4書、一七七〜一九七頁参照。ポルトガル船・日本船に対する投資は、海禁施行（日本人の海外渡航禁止、ポルトガルとの断交）によって終息するが、唐船への投資はその後も続き、一六六九（寛文九）年の、異国へ銀を遣わすことが禁止されるまで続いた。
(42) 加藤前掲註18論文、八二〜九四頁。
(43) 長崎貿易の位置づけについては、荒野前掲註31書、三三〜三四頁、四〇〜四三頁。
(44) 中田前掲註37書、三三〇〜三五八頁。
(45) 中村質「近世長崎における個別配当」（『九州文化史研究所紀要』一七、一九七三年）。
(46) 荒野前掲註19論文。
(47) 教会領没収の経緯については、武野前掲註22論文、三三五頁。没収の理由については、とりあえず、清水紘一「禁教政策の展開」（中田易直編『近世対外関係史論』有信堂高文社、一九七七年）八一頁。中村前掲註4書、六〜七頁、などを参照。宣教師追放令については、安野前掲註14書、一五四〜一八四頁。
(48) 武野前掲註22論文、三三六頁。
(49) アビラ・ヒロン『日本王国記』（大航海時代叢書Ⅺ、岩波書店、一九六五年）四四三〜四五一頁。
(50) この時の弾圧については、『大日本史料』一二―一三、一二―一四。岩生前掲註10書、一七九〜一八四頁。この時追放された宣教師は以下のとおり。マカオに、イエズス会司祭三三人、修士二九人、マニラに、イエズス会二三人（司祭八、修士一五人）、ドミニコ会司祭二人、フランシスコ会司祭二人、俗間司祭二人。日本に残り、潜伏した者は、以下の通り。イエズス会司祭一八人、修士九人、ドミニコ会司祭七人、フランシスコ会司祭七人、アウグスチノ会司祭一人、俗間司祭五人（レオン・パジェス『日本切支丹宗門史』上巻、岩波文庫、一九六〇年、三五五〜三五六頁）。
(51) この争論については、とりあえず『大日本史料』一二―三一参照。
(52) パジェス前掲註50書、中巻、八六〜八七頁、一三〇頁（『大日本史料』一二―三〇参照）、上巻、四〇二頁（『大日本史料』一二―二五参照）。
(53)「ヴィエイラの総会長宛て書簡」註15書、二三三頁。

(54)「ルセナの総会長宛て書簡」註15書、一四六頁。
(55)その指摘は、コックス『日記』の、平山常陳に関する記事の随所にみられる。例えば、前掲註24史料、八一八頁。八六八〜八六九頁など。藤正がキリスト教徒との疑いについては、八七七頁。
(56)「日本耶蘇会年報」(『大日本史料』一二―一七)。
(57)ヒロン前掲註49書、四四一頁。ルセナ前掲註54書簡、一四〇〜一四二頁。
(58)『通航一覧』巻五(国書刊行会、一九一三年)一八〇頁。
(59)パジェス前掲註52書。
(60)長崎のキリスト教界の分裂に関しては、前掲註15書、七・九・一〇文書など、および同書高瀬弘一郎解説を参照。イエズス会内部の問題については、高瀬前掲註23論文。
(61)前掲註53書簡、二三一〜二三六頁。
(62)前掲註58史料、一六二頁。
(63)前掲註53書簡、二三四頁。
(64)満井録郎・土井進一郎編『新長崎年表』上(長崎文献社、一九七四年)。踏絵開始の時期には、寛永三年説と寛永六年説とがある。なお、岡田章雄「踏絵について」(『岡田章雄著作集』Ⅱ、思文閣出版、一九八三年)参照。

(初出)「長崎口の形成」(加藤榮一他編『幕藩制国家と異域・異国』校倉書房、一九八九年)。

第四章　対馬口の形成と展開

はじめに

前提として、問題を次の三点について整理しておきたい。

(1)　歴研運営委員会の方針との関連について。本報告では対馬藩の朝鮮との通交業務を「役」と措定し、この「役」が軍役として特質づけられている点に注目して、幕藩関係のなかで外交・外交史の問題を考えようとしている。幕藩制国家の外交をまず権力編成の側面からとらえ、この点において運営委員会の問題提起にこたえようとしている。

(2)　次に、近世における外交史未確立の問題がある。幕藩制下における外交の問題は、まだ、一般的・概念的に言及・措定されている段階である。この報告は幕藩制下の外交史の方法論をさぐる過程での産物のひとつであるが、まず、具体的・実証的に問題を詰めてみる必要を痛感する。その場合、ほぼ前近代を通じて日本の外交を規定していた東アジア世界の存在を念頭におく。外交問題は、日本がこの世界の中に自らをどう位置づけるか、ということから生じる。幕藩制下では周知の「通信国」、「通商国」という範疇があるが、この範疇こそ、その問題に対する幕藩権力の解答にほかならない。この報告では、対馬藩を素材としながら、「通信国」のひとつである朝鮮との関係を検討することによって、東アジア世界の幕藩権力に対する規定性について考えてみたい。その点では一九七六年度の紙屋敦之報告の問題意識をも受けついでいる。

(3)　この報告では、幕藩制下で宗氏の果たしていた朝鮮との通交業務を「家役」と措定している。具体的には、王政復古ののち、対馬藩が維新政府に、それまでの「朝鮮国通交事務」を「家役」として申告したことを根拠としている。幕藩制下での対馬藩の通交事務を指す概念として適当と思われるので、以下、これを使用したい。

第1節　幕藩制的外交体制の確立過程

「幕藩制的外交体制」という場合、私は二つの側面があると考えている。一つは、将軍権力が朝鮮との外交を将軍（幕府）—宗氏（対馬藩）という、幕藩関係を通じて実現しているという側面である。外交権は将軍権力がにぎっており、宗氏はその下で朝鮮との通交業務を「家役」として担っている。もう一つは、前述の関係を通じて外交権を掌握した将軍権力が、国際的には「日本国大君」として自己を位置づけているという側面である。以下ではこの「体制」の確立過程を概観してみたい。

1　中世の日朝関係と宗氏

宗氏は中世以来、朝鮮の倭寇対策、その帰結としての対日貿易制限政策に沿いながら、朝鮮との通交貿易権を自らの手に集中してゆき、一六世紀中頃（天文末期）にはその過程をほぼ完了していた、とされている（中村栄孝・田中健夫の業績による）。この点についての研究史の整理は、時間の都合もあって省略させていただき、ただ次の点について触れるにとどめておきたい。

宗氏の朝鮮通交貿易権の集中の契機として、宗氏の「文引」（朝鮮への渡航証明書）の発給権がある。この点については従来の研究史は詳細に明らかにしてきたが、宗氏の「文引」の発給権が、宗氏の日本国内でのどういう立場に由来するのか、という点については全く空白である。私は、この点については、宗氏が鎌倉末期から対馬島の守護であったこと（長節子　一九六五、六六年）等から、「文引」発給権の日本における法制史的な根拠は、いわゆる「守護公権」によるものではないかと考えている。この点についての究明は多くを今後の検討にまたなければならないが、ともあれ、中世以来形成されてきた日朝外交上の諸関係を自己に適合的に再編することによって幕藩権力は外交権を掌握しえたのであった。その大きな画期をなすのが豊臣政権であり、とりわけ、そのもとでの朝鮮侵略であった。以下ではその点について検討してみたい。

2　豊臣政権の対明政策と宗氏

i　豊臣政権の対明政策

豊臣秀吉が国内統一を達成する以前から「唐入り」を標榜していたことはよく知られている。このことの歴史的意味は、研究史に従って、次の三点に整理できる。

①室町時代においては明の冊封体制を前提とした国内支配が行われており、豊臣政権は、それが崩れていくなかで新たな政権（「武威」の政権）として成長してきた。

②秀吉が自らを「天下」に君臨する者として位置づけるためには、日本を中心とし、周辺国家を日本に服属させるところの、新たな対外関係を設定する必要があった。

③当時の東アジアの国際社会は明を中心として成立しており、周辺の国家は明との関係においてのみ国家として存立する関係にあった。したがって、豊臣政権としては、明中心の国際秩序を改編することなしには、新たな対外関係の設定もありえなかった。

秀吉の朝鮮侵略は「体制変革戦争」（中村栄孝　一九六六〜六九年）であったという評価は、その限りでは正確であるといってよい。この企図が朝鮮人民と明軍の反撃にあって挫折したのち、秀吉は明に対する「勘合」要求に転換するが、この方針は徳川家康によって引き継がれるのである。

ii　宗氏の「家役」の形成

ここでは宗氏の朝鮮との通交貿易権が、豊臣政権のもとで、「家役」として再編成されていく過程を追ってみたい。以下では豊臣秀吉の朝鮮侵略にも触れることになるが、それも行論に必要な範囲に限ることにする。注目すべき点は以下の四点である。

①天正一五（一五八七）年六月、宗氏は豊臣秀吉の本領安堵を受け、同時に朝鮮に対する外交交渉を命じられる。このとき以後宗氏は、豊臣秀吉との軍役・知行の関係に組みこまれ、秀吉に対して「可抽忠節」の存在となるのである。その「忠節」の具体的な内容のひとつが朝鮮との外交交渉であったことは注目される。

②天正一八年、宗氏が朝鮮通信使を秀吉のもとに先導してきた際に、宗義智は「従四位下・侍従」に叙せられる。これより先、すでに、義智は「対馬守」に叙せられている。これによって宗氏の豊臣政権下での官位による位置づけは確定した。この官位は幕藩制下においても受け継がれる。

③「唐入り」にあたって、文禄元（一五九二）年の陣立書において、宗義智は小西行長らとともに第一陣に配置される。そして五〇〇〇人（＝一〇万石）の軍役人数を割り当てられる。幕藩制下における宗氏の「一〇万石以上」と

いう「格」付けはこのときに決まったと考えてよい。ただし、慶長段階での宗義智の軍役人数は一〇〇〇人（＝二万石）とされており、これが元禄期までの宗氏の表高の根拠となっていると思われる。

④実際の朝鮮・明との外交交渉は小西行長があたり、宗氏はその仲介者として位置づけられていた。すなわち、豊臣政権の意を体しているのは小西行長であり、宗氏はその下で具体的な折衝にあたる存在であった。このことに関連して、宗氏が朝鮮に出兵した大名たちに、それぞれ一～二名の通訳をつけていたことを指摘しておきたい。また、諸大名にはそれぞれ禅僧が、たとえば小西行長には天荊、宗義智には景轍玄蘇というように、付属させられていたことにも注目しておきたい。

このように、宗氏は豊臣政権の「唐入り」体制に組みこまれていくなかで、中世以来蓄積してきた朝鮮に対する通交技術や知識を根こそぎ動員され、朝鮮に対する先鋒として、軍事行動とそれに付随する外交折衝の実務を担わされることになった。そして、それにともなう豊臣政権のもとでの宗氏の位置づけ（「官位」や「格」等）は徳川政権下でもそのまま継承されるのである。これを豊臣政権の側からみれば、秀吉は「唐入り」を標榜することで、宗氏を動員し、自らの軍役体系に包摂して、彼の外交意図を実現することができたのであった。秀吉は対外戦争を通じて外交権を掌握したのである。宗氏はそのもとで負わされた固有の役割を果たすことによって、「家役」の基礎を固めた、ということができよう。

また、豊臣政権が宗氏や禅僧のもつ通交技術や知識を動員しなければならなかった点に、朝鮮侵略戦争とそれ以前の統一戦争との顕著な相違をみてとることができるのである。

3　徳川家康の対明政策と宗氏

豊臣秀吉の「唐入り」の意図が挫折したのちに「勘合」要求に変わったことはすでに述べた。秀吉の後に政権を受け継いだ徳川家康は、その点をも秀吉から受け継いでいる。家康は慶長期を通じて、琉球・対馬・長崎を窓口にしながら、明との国交回復政策をとりつづける。これが家康の駿府政権による対外政策の基調のひとつとなっている。この辺の事情は慶長一五（一六一〇）年に家康が明に送った外交文書に如実に示されている。その一部を引用すれば次のようである。

……其化之所及、朝鮮入貢、琉球称臣、安南・交趾・占城・暹邏・呂宋・西洋・柬埔寨等蛮夷之君長酋帥、各無不上書輸賓、由是、益慕中華、而求和平之意、無忘于懐、……（『大日本史料』一二―七）

これによって、家康の対外関係の構想は明を欠いては完結しなかったことが明らかになる。島津氏の琉球王国の征服が、徳川幕府の対明政策との関連で説明される必要があることは、すでに一九七六年度の紙屋敦之の報告で明らかにされたが、この観点はこの時期の朝鮮との関係を考えるうえでも有効である。以下、その点について述べていきたいが、具体的な事実については表4の年表を参照していただきたい。

日本軍の朝鮮からの撤兵完了後、翌慶長四年に、はやくも宗氏は朝鮮に国交回復のための使節を派遣している。これは従来宗氏の恣意によるものとされてきたが、私は家康の意図がすでに反映されていると考えたい。これ以後の宗氏の国交回復の努力についてはよく知られている。

慶長一〇年、日朝関係が回復した際に家康は宗義智に対して「汝既掌両国之通交、而為本国之藩屏」と述べた。豊

表4　年　表

紀年	年	記事
天正一五	一五八七	豊臣秀吉、宗氏を本領安堵す。ならびに朝鮮との「征明嚮導」交渉を命ず。
一八	一五九〇	秀吉、朝鮮通信使を引見。宗義智、従四位下侍従に任ぜられ、羽柴氏を受け、柳川調興、諸大夫に任ぜらる。
一九	一五九一	秀吉、朝鮮出兵を決定、宗義智に先鋒を命ず。
文禄元	一五九二	秀吉、征明の陣立書を出す。
慶長三	一五九八	秀吉没、日本軍朝鮮から撤兵す。
四	一五九九	宗義智、朝鮮へ講和の使者を派遣。以後、宗氏の日朝復交の努力続く。
五	一六〇〇	関ヶ原戦。
八	一六〇三	徳川家康、征夷大将軍に任ぜられる。
九	一六〇四	朝鮮、対馬人の釜山浦での貿易を許し、講和使を対馬に派遣。
一〇	一六〇五	朝鮮講和使、伏見城にて家康に会う。家康、義智に朝鮮通交のことを命じ、肥前に二八〇〇石を与う。 徳川秀忠、征夷大将軍に任ぜらる。 調信没、智永家督。この時本多正純、義智に命じて、上記二八〇〇石のうち一〇〇〇石を割いて、智永に与う。
一一	一六〇六	島津家久、家康に琉球出兵を請い、許さる。
一二	一六〇七	朝鮮国王使来日。 家康、駿府に移る。
一四	一六〇九	義智、景轍玄蘇・智永を朝鮮に派遣し、入京と明への貢路を求む。朝鮮、宗氏と歳遣船約条（己酉約条）を結ぶ。 島津氏、琉球国を征服。幕府、島津氏の琉球領有を許す。
一五	一六一〇	家康、本多正純・長谷川藤広（長崎奉行）に命じて、書を福建総督に送り勘合符を求む。総督答えず。
一八	一六一三	智永卒、調興家督。義智参府の際、調興は駿府に留め置かれる。 家久、家康の旨により、琉球王をして明に互市を請わしむ。
一九	一六一四	義智、朝鮮に入京。明への貢路を求む。 大坂冬の陣。
元和元	一六一五	義智卒、義成上洛し、家督および朝鮮通交のことを命ぜられ、対馬守に叙される。 大坂夏の陣。豊臣秀頼没。 琉球、明より一〇年一貢を許さる。
二	一六一六	家康没。

		義成、朝鮮通信使来聘のことを命ぜられ、従四位下・侍従に叙される。調興、諸大夫に叙される。 秀忠、キリスト教を禁じ、明商船以外の外国商船の長崎・平戸以外への寄港を禁ず。
三	一六一七	調興、義成と不和。 村山等安（長崎代官）、明に通商を求む。
四	一六一八	朝鮮国王使来日。
七	一六二一	義成、御所丸船（国王使船）を朝鮮へ派遣す。
九	一六二三	徳川家光、征夷大将軍に任ぜられる。
寛永元	一六二四	朝鮮国王使来日。
三	一六二六	調興、知行二〇〇〇石に将軍の朱印を受けんとす。義成許さず。
六	一六二九	後金、朝鮮に寇す。義成、使節を入京せしめ、援明を申し出る。朝鮮許さず。
八	一六三一	調興、義成より受けた知行および歳遣船の返還を申し出る。義成許さず。調興、次いで義成、土井利勝に訴える。（柳川一件）
九	一六三二	秀忠没。
一〇	一六三三	幕府、奉書船以外の海外渡航を禁止、長期海外滞在日本人の帰国を禁止。 老中による義成・調興の争論の取り調べ始まる。
一一	一六三四	家光上洛。 家光、二条城にて琉球使節に会う。 「柳川一件」の審議再開。「一件」解決まで、朝鮮往来の船を停止する。
一二	一六三五	家光の親裁により「一件」落着す。義成、本領を安堵され、明年の朝鮮通信使来聘を命ぜられる。 幕府、日本人の海外渡航・帰国を禁止。 家光、武家諸法度を全面改訂する。 義成、誓旨を出す。 徳川将軍の国際的称号を「大君」とする。 義成帰国。この時京都東福寺の隣西堂、対馬以酊庵に行き、書契（朝鮮との外交文書）を管掌す（以酊庵輪番制）。 義成、朝鮮へ「一件」落着を告げる。
一三	一六三六	幕府、ポルトガル人を出島に集住させる。 朝鮮通信使来日。国書の形式他を改める。
一四	一六三七	島原・天草一揆。
一六	一六三九	幕府、ポルトガル船の来航を禁止。

臣政権下での宗氏の位置づけが、国交回復を実現させた実績にもとづいて、改めて徳川政権においても承認されたのである。

慶長一四年、宗氏は家康の意を体して朝鮮に「仮道入明」交渉をしている。これ以後宗氏の朝鮮に対する「仮道入明」交渉は、寛永六（一六二九）年に至るまで「此事我か書契にあらハるゝもの、挙て数ふへからす」（『朝鮮通交大紀』）という様相を呈する。この企図は朝鮮側の強い拒絶にあって挫折する。この挫折は慶長末年に至ってほぼ明らかとなる。しかしながら、秀忠政権は家康の方針に替わる新たな方向を打ち出せないままに終わった。元和七（一六二一）年に明からの使節と称する一行が来日したが、これを追い返した際に与えた言葉は以下のようなものであった。

大明・日本之通信、近代自朝鮮告対島《(馬)》、々々奉上之、今猥無由執奏之、忽還邦而以朝鮮訳通、可述所求之叓者也、（「異国日記」）

これによって、明を「通信」の相手とし、対馬・朝鮮を仲介者とする位置づけが知られる。この状態に終止符を打つことを余儀なくさせたのが「柳川一件」であったといえよう。

4　「柳川一件」と幕藩制的外交体制の確立

i　「柳川一件」

「柳川一件」は対馬藩藩政の確立の途上で起こった宗氏と有力家臣柳川氏との争論である。その過程で宗氏（柳川氏を含む）の「国書」の改竄を含む日朝外交上の種々の「不正」が明らかにされた。このことがこの争論を幕藩制初期における外交史上の重大事件として有名にした。この事件は最終的には将軍家光の親裁という形式で、柳川調興以下の有罪が決定し、宗義成は無罪となって本領を安堵され、「朝鮮通用之儀」(「朝鮮信使記録」)を忠実に勤めるように命じられた。これをもって宗氏の「家役」が確立した、と私は考えている。事件の具体的な経過については表4の年表を参照していただくことにして、ここでは論点を柳川氏の歴史的性格にしぼって述べることにしたい。

柳川氏は朝鮮と日本の中央権力の双方に深い結びつきをもっており、この点は宗氏の家臣団のなかでも特異である。「一件」の一方の当事者である柳川調興の祖父の調信の段階から、その性格は一貫しており、これを足がかりにして宗氏の内部で圧倒的な勢力をもつようになったものと思われる。また、柳川氏は朝鮮に対して宗氏とは独自に使者を派遣する権利をもち、しかも流芳院という、宗氏の以酊庵にあたる機能をもつ禅院(調信の菩提寺)を抱えていた。まさに、この点においては柳川氏は小型の「宗氏」だったのであり、柳川氏が宗氏に成り替る可能性は十分にあった、と考えられる。

駿府政権は柳川氏のこの性格を、宗氏を統制し、自己の外交政策を貫徹させるために利用した。慶長一〇年の、宗氏への加増分(二八〇〇石)から一〇〇〇石を柳川氏に割き与え、あるいは、調興を家康の膝元の駿府に置いた等々のことはそれを示していよう。そのことから柳川氏は宗氏の朝鮮との通交業務から島内統治までも左右するようになったのである。

このような存在形態をもつ柳川氏は、家康が没し、駿府政権の機能が秀忠政権のもとに吸収されていく過程(朝尾直弘『将軍政治の権力構造』)で、存立の基盤を失ってゆく。柳川氏が幕臣となるか、あわよくば宗氏に成り替ろうとするのは、このことによっている。

争論の結果は先に述べたとおりである。その結果については細川忠利が次のように適確な評価を下している。

……其儘罪ニ可被仰付候へ共おもしろき次第御座候、古尊氏已来太閤様ゟ御代々右之分仕来候由候、其様子ニ付様々御せんさく御座候、わろく成行候ハヽ、両人御成敗ハ日本計之儀ニ候得共、高麗迄手切ニ罷成候ヘハ、日本より又御人数も参候様ニ成下候儀も可有御座ニよつて、大事之被仰出と思召候と聞へ申候事……（「細川家記」）

家光政権は、まず、朝鮮との外交関係を維持するために、宗氏を温存する方向を選んだのである。

しかし、これだけでは柳川氏ではなく宗氏が残された理由としては十分ではない。朝尾直弘や高木昭作によれば、家光政権は外交を将軍権力のもとに一元的に掌握する方向を打ち出していた。これを日朝関係についてみれば、外交ルートを将軍—老中—宗氏という系列に一本化することであり、将軍と宗氏の封建的主従制のなかに包摂することだった。この観点からすれば、将軍権力による外交権の掌握に封建的主従制の貫徹は不可欠だったのであり、したがって、家光政権は柳川氏を選択することはできなかった。そしてさらに付け加えるならば、家光政権は以前の柳川氏の存在に代わるものを制度として設定しようとしていた。「柳川一件」裁決の三ヶ月後に出された改訂武家諸法度による大名の参勤交代の制度化がそれである。

この一連の動向の歴史的意味を端的に示しているのが、寛永一二年八月に宗義成が幕府に提出した次のような誓旨である。

起請文前書事

一、今度拙子一件数度御穿鑿被　仰付殊更　殿中被召出達　上聞拙子無誤通被聞召分、如前々嶋をも致安堵候様ニ被　仰出万事御奉公之作法無相違儀、外聞実儀偏御当代之御高恩与忝奉存候、誠冥加至極家之面目不過之候、如此之上者拙子式雖申上候得共竭粉骨之忠節毛頭不奉存弐全不可奉忘其志候事。

一、至違　公儀輩者一切不可申談事。

一、被　仰出御法度以下相背申間敷事。

一、日本朝鮮通用之儀ニ付日本之御事を大切ニ奉存知　御為ニ悪様ニハ毛頭仕間敷候、何事ニよらす朝鮮に心ひかれ日本之御事を存知かへ申候て御うしろくらき儀いたすましき事、付日本又朝鮮江何も御隠密之儀若承候共親類縁者たりといふとも一言も其沙汰仕ましき事。

一、朝鮮之仕置以下如家業被仰付候、重畳御恩深罷蒙候段難有忝奉存候、何様之儀も被　仰出候之趣守其旨万端速御奉公油断仕間敷事。

右之御高恩共子々孫々聊忘却仕間敷候、一言片辞挾偽心候者云々（「朝鮮信使記録」）

ここに宗氏の「家役」の確立をみることができよう。この新しい外交方式（将軍―老中―宗氏の系列で外交を行う方式）の試金石として設定されたのが、寛永一三年の朝鮮通信使の来日であった。この外交行事の成功によって新しい外交方式は定着するのである。

ii　「日本国大君」

「柳川一件」がもった日朝外交上の問題は、日朝両国が「国書」を交換する間に介在した宗氏（柳川氏を含む）が、「国書」を両者に都合のいいように改竄していたことであった。その事件に関連した以酊庵の長老玄方以下が配流されたことにより、対馬で外交文書の作成等の実務にあずかれる者がいなくなった。そのため宗氏の要請に応じて京都五山から対馬の以酊庵に年番（のちに二年交代）で高僧が派遣されることになった。これが以酊庵輪番制である。このことにより宗氏と朝鮮との間の外交文書の往復に幕府の統制が加えられるようになった。

「国書」改竄の事実は、もうひとつ、より深刻な問題を家光政権に投げかけた。徳川将軍の国際的称号をどう設定するかという、いわゆる「王」号の問題であり、それは幕府権力が当時の国際社会に自己をどう位置づけるか、という問題であった。

足利将軍以来朝鮮国王にあてた「国書」の名儀は一貫して「日本国源某」と書いた。その理由は次の崇伝の言葉にみられるごとくである。

……王ノ字ハ自古高麗ヘノ書ニ不書也、高麗者日本ヨリハ戎国ニアテ申候、日本ノ王与高麗ノ王ト、書ノトリヤリハ無之候、……（「異国日記」）

ここには明らかに伝統的な朝鮮蔑視の観念がみてとれる。それにもかかわらず、朝鮮側から「日本国王」と呼ばれることは放置していた。ここには幕府の対外姿勢の曖昧さがあるように思われる。この曖昧さは朝鮮側から「さてハ日本国ヲ皆々ハ、御知行も無之哉」（「異国日記」）と疑われる理由となり、宗氏（柳川氏）が元和三（一六一七）年の朝鮮使節に渡した「国書」に「王」の字を入れる原因となった。この曖昧さは、秀忠政権が明との関係を収拾できず、かといってそれに代わる新たな方向も打ち出せなかったことによる。

秀忠政権以来の懸案を解決するために家光政権によって選ばれたのが「大君」号であった。その理由は次のようであった。

……公儀御名之事、于翰則可称奉之　大君、（中略）其不可称上之王也、将軍者又於漢唐為中下之官矣、所要只欲不奉称王者而御位亦不降也、……（「朝鮮信使記録」）

みられるように、将軍を「王」と呼ばせず、また「将軍」とも呼ばせずに、将軍の日本で占めている地位を表現するためであった。「王」号を拒けたのは、足利将軍＝「日本国王」という明の被冊封国のイメージを払拭する必要があったからであろう。そのためにあえて先例のない称号を選んだのだと思われる。

「大君」号を設定した家光政権は、家康以来の明との国交回復政策から訣別し、秀忠以来の宿題を解決した。そのことは、家光政権が明ぬきの新たな対外関係を設定する必要に迫られたことを意味する。朝鮮・琉球を新たに「通信国」と設定するのはこれ以後のことであろう。寛永一三年の朝鮮通信使の応接法が細かなことまできわめて厳密に取り決められ改訂されるのは、朝鮮との関係が新たな意味あいで重要性を増したからにほかなるまい。寛永一一年に琉球からの慶賀使が制度化され（紙屋敦之　一九七六年）、また、オランダ人の江戸参府がこの頃より始まるのも、このことによる。

以上、当初に設定した幕藩制的外交体制の二側面が、相ともなって確立する過程を概観した。この過程は将軍権力が日本全国を覆った封建的主従制の頂点に立ち、その関係を通じて外交権の掌握を実現していく過程であった。その際注目されるのは、寛永一三年の朝鮮通信使を江戸城に迎える際、城内での応接を「法度」あらしめようとして、通信使の位階を幕府が調査していることである。

前近代の東アジアにおいては国と国との関係は階層性をもって現われるのが特徴である。そのため双方が実際に出会う場での上下関係には彼我ともに神経を尖らさざるをえない。その際に設定されるのが「敵礼」の関係であった。その設定の根拠となるのが位階であった。すなわち、「敵礼」関係と位階制は当時の外交における不可欠の要素であったのである。前述の例の場合にも将軍権力が外交関係を結び、かつ、その関係を円滑に運ぶためには、伝統的な位階制に依拠せざるをえなかったことを示している。将軍権力は位階制の意匠をまとうことで、対外的にも「公的権力」たりえたのであった。

第2節　幕藩制的外交体制の特質

ここでは対馬藩を素材としながら、「家役」が対馬藩固有の軍役（「朝鮮押えの役」）のひとつの側面であることを指摘し、次に、そのことから出発して幕藩制的外交体制の特質にふれたい。

1　対馬藩の知行と軍役

i　対馬藩の知行と財政構造

周知のように、対馬藩は存立を朝鮮貿易に依存するところが大きく、朝鮮貿易の対馬藩の財政構造に対する規定性は決定的であった。対馬藩の朝鮮貿易については、最近では田代和生の詳細な研究があるので詳細はそれらに譲り、ここではさしあたって行論に必要な、次の二点を指摘するにとどめておきたい。

(イ)　対馬藩の家臣団は給米・扶持米を直接・間接に朝鮮からの輸入品・輸入米に多く依存していた。

(ロ)　朝鮮からの輸入品は京・大阪・長崎の問屋を通じて国内市場に放出され、その利益で藩主の参勤および江戸滞在の費用がまかなわれ、輸出品（主として銀、中期以降は銅）の調達もなされていた。

以上の二点から、朝鮮からの輸入品は、対馬藩にとって、他の大名における年貢米に等しい役割を果していたことが指摘できよう。のちにふれるように、対馬藩は幕府に対し、朝鮮貿易は「知行同然」と主張するが、その根拠のひとつはここにあった。これは中世以来宗氏とその家臣団が、朝鮮貿易に依存しながら特異な領主制形成の道をたどり、そのまま幕府制下に組みこまれたことからくる対馬藩の特殊な性格である。この点では「無高」大名松前氏と同様の性格を対馬藩ももっていた、といえる。対馬藩の場合も、領知判物に対馬島の石高の記載はなく、「無高」であった。

対馬藩の朝鮮貿易への依存度の大きさは、幕府の貿易政策の影響を受けやすい財政構造を対馬藩がもっていたことを示している。元禄期に始まる幕府の貨幣改鋳とそれによって決定的となる朝鮮貿易の低落傾向は、対馬藩の財政窮乏をも決定的なものにした。それ以後、幕府の対馬藩に対する財政援助が慢性化するのである。

ii 幕府の対馬藩に対する財政援助

ここでは幕府の対馬藩に対する財政援助について検討したい。表5をご覧いただきたい。これは幕藩制期の全般にわたる幕府の対馬藩に対する財政援助を一覧表にしたものである。一見しておびただしい数にのぼることがわかろう。時間の都合で、これを詳細に検討することができないが、とりあえず、次の点を指摘しておきたい。

対馬藩が幕府に援助を要請する際の論理に、一貫した注目すべき特徴がある。それは次のように整理できる。

(A) 朝鮮貿易は知行同然であり、したがって貿易の衰退は知行の削減に等しい。

(B) 対馬藩は固有の軍役（「異国押えの役」）を負っており、そのために分限（本願の知行高）に余る家臣団を抱えている。

(C) 「知行」が削減されれば「軍役」が勤められなくなる。

(D) そのことは対馬藩だけではなく、「公儀」の「威光」にもかかわる問題である。

すなわち、対馬藩は朝鮮貿易の衰退をもって幕府と対馬藩のあいだの軍役・知行の関係（封建的主従制）の破綻を主張し、そのことはすぐさま「公儀」の「威光」を傷つけることだとしているのである。幕府の対馬藩に対する援助

嘉永元　8. 12		金10,000両	海岸守衛のため	A
安政 2.　3. 19	金　2,000両		訳官渡来につき	C
4.　8. 23	金20,000両		信使来聘につき	C
文久 2.　4. 29		金15,000両	交易船破船、その上異国船渡来	A
3.　5. 26	米30,000石		攘夷決行のため	A

註　分類記号
A：軍事的な理由によるもの　B：朝鮮貿易の振興　C：外交業務に対する扶助　D：朝鮮貿易不振・断絶・領内凶作等による財政難。

幕府の対馬藩に対する扶助(2)——対馬府中の火災

年　月　日	火災の罹災規模	幕府の扶助
万治 2. 12. 27	1,078 軒	拝領米 10,000 石
寛文元. 12. 24	699	
延宝 5	大火	
元禄元. 12	290	
享保 8.　5. 16	319	
17.　3. 26	1,173	拝領米 10,000 石
19.　4. 11	1,181	〃　10,000 石
宝暦 9.　9.　1	1,014	〃　10,000 石
12.　2.　4	902	〃　10,000 石
文化 5.　1. 22	202	
10.　8	居城の櫓門・鉄砲等	拝借金　2,000 両
文政 6.　4. 24	1,023	〃　5,000 両
天保 2.　1.　8	1,031	〃　5,000 両

註　(1) 府中の惣家数は明治2年2532軒（『長崎県史　藩政編』1096～1097頁）。
(2) 罹災規模は焼失惣家数（侍屋敷＋町家）、ただし土蔵・社寺は除く。
(3) 年・月日は罹災日。

の多さは、対馬藩の主張を幕府が認めざるをえなかったことを示しているだろう。このことは、安永五（一七七六）年に「私貿易」の断絶を幕府が正式に認めると同時に、毎年一万二〇〇〇両の手当金の給付を開始した（表5参照）ことに端的に表われている。この手当金は文久期まで継続するのである。

iii　対馬藩の軍役

ここでは対馬藩固有の軍役である「異国押えの役」について述べたい。「異国押えの役」は対馬藩の場合は「朝鮮押えの役」であった。そして、それは「一〇万石以上」の「格」をもって勤めるべきものであったことが、表5にみられる数多くの援助を要請する場合に、対馬藩が必ず主張

表5　幕府の対馬藩に対する財政援助

幕府の対馬藩に対する扶助(1)

年　月　日	米・金高 拝　領	拝　借	扶助の理由	左による分類
天正19. 6	米10,000石 銀 1,000枚		朝鮮の役の軍資金	A
文禄 2. 5. 21	米10,000石		知行方物成として	A
慶長 4. 6. 1	米10,000石		朝鮮の役による疲弊のため	A
元禄13. 2		金30,000両	朝鮮貿易資金	B
正徳元 2. 27		金50,000両	信使来聘につき	C
享保 2. 12		金 5,000両	朝鮮貿易資金	B
3. 7		金50,000両	信使来聘につき	C
19. 12. 20		金10,000両	朝鮮人参貿易振興のため	B
延享 3. 7	金10,000両		交易利潤なく、勝手向難渋(5年間)	D
3. 9		金30,000両	信使来聘につき	C
宝暦 4. 4		金15,000両	座売人参の中絶、勝手向難渋	D
5. 7. 1	金10,000両		交易利潤なく、勝手向難渋(3年間)	D
8. 6		金10,000両	朝鮮貿易資金	B
11. 10		金30,000両	永続御手当として	D
11		金50,000両	信使来聘入料として	C
13. 4. 4	金97,000両		同上	C
13. 12	金 3,000両		同上	C
明和 4. 8. 17		金15,000両	交易3ヵ年中絶、勝手向難渋	D
7. 7. 8	銀 300貫		近年交易断絶につき(～安永4年)	D
安永 5. 3. 4	金12,000両		永続御手当として(～文久2年)	D
8. 11	金 3,000両		近年凶作、その上訳官渡来	D
天明 2. 11. 9		金 5,000両	訳官渡来につき	C
6. 12. 11	金 3,000両		同上	C
寛政 5. 2		米10,000石	来聘御用につき、輸入米滞り	D
8. 6. 7	金 2,000両		訳官渡来につき	C
文化 2. 7. 16	金10,000両		信使来聘につき	C
6. 11. 11		金30,000両	同上	C
9. 7. 4	金 2,500両		来聘による物入、交易減退(～文化14年)	D
12. 7. 17		米10,000石	朝鮮飢饉により、輸入米滞り	D
13. 9. 19		米10,000石	同上	D
14. 4. 3	金 2,000両		訳官渡来	C
文政11. 10. 3	金 2,000両		同上	C
12. 10. 25		金 2,000両	去年凶作、交易船破船	D
天保 5. 12. 27		金10,000両	朝鮮連年不作につき	D
11. 12. 29		金10,000両	朝鮮来聘につき	C
12		金20,000両	同上	C
14. 5. 28	金15,000両		同上	C
弘化 4. 8. 17	金15,000両		同上	C

図1　表高と士族・卒族戸数の相関関係

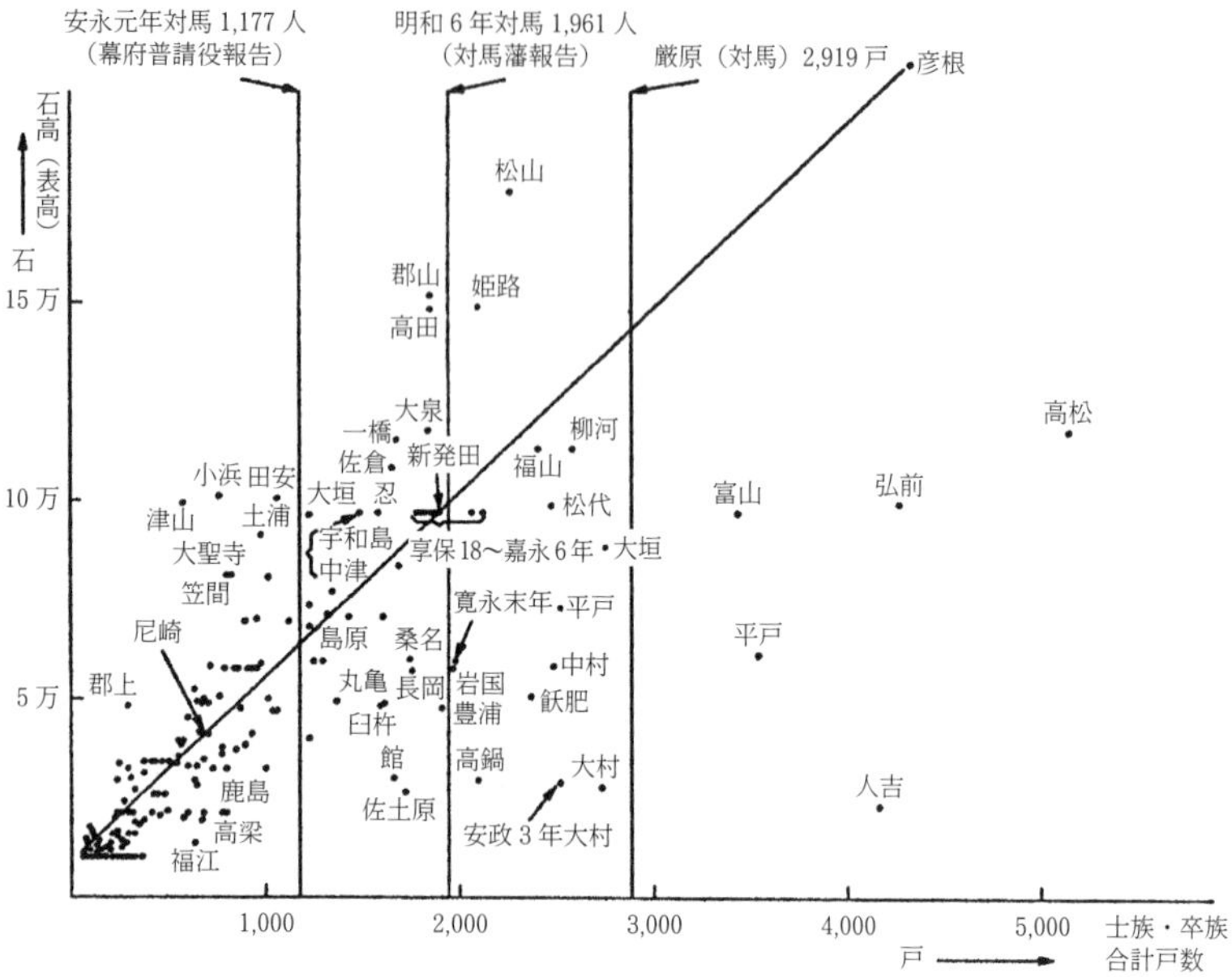

註　(1)『藩制一覧』上・下巻（日本史籍協会、1928〜29 年）より作成。
(2) 石高は表高を採用、『藩制一覧』に表高の記載がない場合は『角川日本史辞典』（角川書店）巻末の「近世大名配置表」を参照。
(3) 上記史料に記載された藩は、全部で 283、そのうち 20 万石以上のもの 21、士・卒族の戸数の記述のないもの 22、卒族の記載のないもの 2、藩名のみあって記述のないもの 1、石高の記述がなく上述の「配置表」で検出できなかったもの 2、この図に記載の不可能なもの 1 を引いた。234 の藩の、表高と士族・卒族の戸数の合計の相関関係を示したのがこの図である。
(4) この図上に表わせなかったのは米沢藩、表高 14 万 7000 石、士族・卒族の戸数合計は 6733 人。

することであった。それは、直接には、対馬藩が「二〇万石以上」の「格」の家臣団を抱えて、朝鮮に対する防備を固めることであった。この点を確認するために作成したのが図1である。対馬藩は本来「無高」であって、軍役高は不明である。したがって対馬藩の軍役高は家臣団数から逆に、それ相応の「格」を割り出すしかない。この図は、横軸に家臣団数、縦軸に表高をとり、二〇万石以下の二四三家の大名を点にして、その分布から平均的な軍役高と家臣団数の対応を示す水準線を求めたものである。この線が幕藩制下での水準を示していることは、いくつかの大名の家臣団数をあてはめてみることで確認できた。

図中の三本の垂線が対馬藩の家臣団数で、それが水準線と交わる点を左に伸ばせば、その家臣団数に相応する軍役高を知ることができる。三本の垂線のうち、真中の明和六（一七六九）年の垂線は、対馬藩の歎願書にみえる人数をもとにしたもので、ほぼ一〇万石相当の軍役高となっている。しかし、これは架空の数字で、実際の人数は、ほぼ同じ時期の幕府普請役の調査による数字（図中の左の垂線）に近いものであったことが予想され、それによると軍役高は六万五〇〇〇石相当である。これらのことから、次の二点が明らかになる。

(イ) 対馬藩は、「朝鮮押えの役」を勤めるということは「一〇万石以上」の「格」の家臣団数を抱えておくことだ、と考えていたこと。歎願書の家臣団数を操作して「一〇万石以上」の「格」に合わせたことは、それを示している。

(ロ) 安永元年の段階では六万五〇〇〇石の「格」の家臣団数であったこと。このことは、元禄段階では実際に「一〇万石以上」の「格」の家臣団数を抱えていたことが確認できること、それ以後数度にわたって厳しい借り上げ米が施行されていることなどを考え合わせると、対馬藩の「格」が朝鮮貿易の衰退とともに、対馬藩にとっての桎梏に転化したことを示している。対馬藩の「格」は朝鮮貿易が衰退するにつれて形骸化していたのである。

iv 対馬藩の表高とその変遷

ここでは以上に述べたことを踏まえて、対馬藩の表高、なかんずく「一〇万石」の歴史的意味について考えてみたい。

『武鑑』等によれば対馬藩の表高は元禄期までは二万石であった。それが元禄一三（一七〇〇）年に「一〇万石以上」の「格」になり、以後変わることがない。二万石の数字はつきつめていくと慶長二（一五九七）年の陣立書の軍役人数にいきつく。元禄一三年に「一〇万石以上」の「格」になったのは、直接には対馬藩が当時それに相応する家臣団数を抱えていたことにより、背景には綱吉政権の特質があったと思われる。しかしながら、対馬藩の家格はそれ以前から国持大名なみであり、献上品等は「一〇万石以上」の「格」で勤めていたことが確認できる。すなわち、対馬藩の「格」は元禄期より以前にさかのぼると考えざるをえず、結局のところ、この「格」の端緒は文禄の役段階の陣立書における宗氏の軍役人数に求めざるをえないのである。対馬藩の「格」は豊臣政権のもと、なかんずく朝鮮に対する侵略戦争の初発の段階で決定され、以後も基本的には変わることがなかった。

豊臣政権による宗氏の「格」付けは、推測の域を出ないが、朝鮮との外交にあたるためには一〇万石の「格」が必要である、という伝統的な観念に基づいていると考えられる。次の事実はこのことの傍証となろう。朝鮮通信使が来日する際に、通路沿いの大名たちがそれぞれ一行の饗応にあたることはよく知られている。その場合に単独で饗応にあたれるのは一〇万石以上の大名であり、それ以下の大名には幕府から賄代官がつけられる、という規定があることが注目される。この規定は平戸藩を唯一の例外として、厳密に守られるのである。この場合の一〇万石の意味について、史料は何も語らないが、宗氏の「一〇万石」と同一の根源をもつと考えるのが自然だと思われる。

対馬藩は対馬にあって朝鮮を「押え」ているかぎりは、原則として「一〇万石以上」の「格」の家臣団を抱えていなければならなかった。そして、それが「公儀」の「威光」を守ることでもあったのである。

2　幕藩制的外交体制の特質

ここでは対馬藩の「朝鮮押えの役」と「家役」との関係、および他の三「口」、すなわち、長崎・薩摩・松前における「押えの役」との関連について述べ、次いで、その特質について考えてみたい。

まず、対馬藩が幕藩制下の「異国押えの役」について述べた史料（明和六年）を引用しよう。

一、乍恐異国防禦之御手当、蝦夷者小国与申日本ニ従候国ニ御座候故、松前一手ニ而被押、琉球是亦嶋国ニ而同日本ニ従候国、殊ニ大身の島津を以被押候得者、御不足茂無之御備ニ而可有御座、唐・阿蘭陀等者……大国異域ニ而其変難被計故ニ茂候哉、於長崎黒田・鍋島両大家ニ而御防被仰付、唐津・嶋原・大村・五嶋を被差添、都合百万石余之御手当之上、猶亦細川家ゟ茂番船差置候様被仰付置候得者、弥以御不足茂無之御事哉与恐察仕候、朝鮮者日本之地ニ近ク……対州一国之外、渡口ニ間近ク助力ニ可被相加場所無之、対州領地之分ニ而御防之御手当御通交之御手長難相勤筈与被思召上候故ニ茂御座候哉、銀貨を差渡交易仕、余利を以異国を相押候様与之御事ニ茂可有御座哉、……（「御至願記録」）

この史料から次のことがわかる。幕府は「異国」と接する場所の防備体制を、それぞれに特質をもった大名をおき、それぞれ「異国押え」の軍役を課すことによって編成していた。すなわち、琉球に対する薩摩藩、長崎（に来航する中国人・オランダ人をはじめとする外国人）に対する鍋島藩・黒田藩、朝鮮に対する対馬藩、蝦夷に対する松前藩である。これらの「押えの役」の存在が『通航一覧』等によって明瞭に指摘できないのは松前藩の場合のみであるが、松前藩の場合も対馬藩が述べたとおりと考えてさしつかえない。以上の四ヶ所のうち、長崎の場合は少し性格が違うので、しばらく措いて、他の三ヶ所について述べてみたい。

長崎以外の三ヶ所に共通するのは次の三点である。

(イ)　それぞれ単独で「押えの役」を負い、そのひとつの側面として通交業務がある。例を対馬藩にとれば、「朝鮮押えの役」を負うと同時に、朝鮮との通交業務を「家役」として負っている。「押えの役」と「家役」は一体化している。もしくは同じ実体の二つの側面である。

(ロ)　それぞれ「押え」の対象との貿易独占を幕府から認められており、対馬藩や松前藩の場合は貿易は知行に準ずるか知行そのものであった。しかも、その貿易は幕府の貿易政策に従属していた。

(ハ)　幕府はそれぞれの「国」、もしくは民族体との関係を、それぞれを「押え」ている藩を媒介にしてしか維持できなかった。例えば対馬藩の場合は、相手は朝鮮国であり、幕府の意のままに関係を設定できる相手ではなかった。幕府は対馬藩を幕藩制にとりこむことによって、また、その範囲内でのみ朝鮮との関係を掌握できたのである。

以上のことから、幕府はこれら三つの「異国」に接する大名に、その場所の防備と通交業務を軍役として課し、そのことによって自らの手に掌握していたといえよう。

それに関して、これら三つの藩はそれぞれが「押え」ている「国」以外の「国」との関係からは疎外されていることが注目に値しよう。そのことを端的に表現しているのが、漂流民の取り扱いについての規定である。例を対馬藩にとろう。対馬藩が漂流民の送還にあずかれるのは朝鮮人の場合のみである。朝鮮人が対馬島内に漂着した場合は長崎を通さずに直接朝鮮へ送還することができる。対馬以外の日本領内に漂着した場合には、まず、漂着場所の領主が長崎（ごくまれには江戸か大坂のこともある）まで護送し、そこで長崎奉行による調査のうえ対馬藩に引き渡し、対馬藩が朝鮮へ送還する。いずれの場合にも対馬藩は老中に詳細な報告書を提出している。対馬藩が朝鮮人以外の異国人、たとえば中国人漂流民に対処する場合には、他の大名と同様に長崎へ護送することを義務づけられているのみで、それ以上の関係からは疎外されている。琉球に対する薩摩藩の場合も同様である。明らかに対外関係全般にわたって扱える権利は幕府にのみあって、対馬藩や薩摩藩はそれぞれ朝鮮、琉球との関係に幕府の監視のもとであずかれるだけであった。そのような幕府の対外関係における地位を端的に表現しているのが長崎であった。この関係ができあがるのは、ほぼ寛永末年頃と考えてよいであろう。

以上述べてきたことを次の四点にまとめておきたい。

①対馬藩は「朝鮮押えの役」という固有の軍役を負い、「家役」はそのひとつの側面であった。「異国」と接する場所（具体的には松前・対馬・薩摩）を領有する大名が、その場所の「押えの役」を負担すると同時に、そこでの通交業務（内容はそれぞれに異なる）をも独占的に担うということは、この三ヶ所での共通した特徴であった。

②幕府は長崎を直轄支配してそこでの対外関係を独占的に掌握すると同時に、これら三ヶ所での対外関係を、その場所を領有する大名を封建的主従制のもとに編成することによって、対外関係全般を掌握していた。

③これら三「口」を担当していた大名たちは、それぞれが「押え」ている「国」との通交にあずかれるのみで、他の異国人との関係からは一般大名なみに疎外されていた。対外関係全般にあずかれるのは幕府のみであり、このことは外交権がどこにあるかを端的に示している。

④この「異国押えの役」には編成のしかたにもうひとつの特徴がある。表高の問題がそれである。対馬藩の場合でいえば、「一〇万石以上」の「格」は対馬藩のもつ生産力から直接割り出されたのではなく、「朝鮮押えの役」を負ったことの必要により、他律的・形式的に決定されたものであった。ここに幕藩制国家における朝鮮の位置づけをみるのは無理がなく、松前藩や薩摩藩の表高にも基本的には対馬藩と同様の特徴をみることができると考える。幕藩制国家は対外関係をこのようなかたちで権力編成の原理のなかに組みこんで成立しており、これらの藩の表高はそのことを端的に示しているのである。

おわりに

以上述べてきたことを踏まえながら、幕藩制国家の外交、もしくは幕藩制的外交体制について考えることを整理し、展望に代えたい。

① 「日本国大君」号について

国と国との関係が階層性をもってあらわれるのは、たぶん前近代における国際関係の一般的なあり方だと思われる。東アジアにおける特質は、それが中国を中心としたいわゆる冊封体制として成立しているところにある。そのなかで日本が律令制以来、比較的独自な位置を占めてきたこと、もしくは占めようと意図してきたことはよく知られている。それは日本が他の冊封を受けた国（特に朝鮮）との関係において優位を保とうとしたからであった（石母田正　一九七一年）。この構造は足利義満が「日本国王」として明の冊封を受けたのちも、朝鮮との関係をみるかぎり基本的には維持されて、幕藩制下においても継承されていた。「大君」号が設定される経緯はそのことをよく示している。

② 幕藩制的外交体制について

幕藩制的な外交体制の特質は、将軍を頂点とする軍役体系として編成されているところにあった。それに関連して次の二点が指摘できる。

(イ) この体制は確立当時の国際情勢にもとづいて設定されたものであった。したがって新たな国際情勢が生じて従来の体制で対応できなくなると、その体制の手直しがなされる。幕末の松前藩の上知や対馬藩の「移封」が検討されるのがその例であり、幕府の内部に外国奉行という新たな機構がつくられるのもそのためである。

(ロ)　この体制は日本全土を覆った統一的な軍役体系の一環として編成されていた。そのことは朝鮮の危機が単に対馬藩のみの問題ではなく、幕藩制全体の、すなわち日本の危機としてとらえられることを意味していた。幕末維新期に対馬藩は、この論理をもって朝鮮の戦略面での重要性を強調して、「征韓論」の一潮流をつくっていく(「続通信全覧」)。幕藩制的外交体制はその解体の過程で、まさに負の遺産として「征韓論」を残したといえよう。

③　将軍権力の「威信・威光」の問題

いままでみてきたように、幕藩制国家の外交は、軍役体系の一環として編成された外交体制によって、将軍権力の対外的威信を表現するためのものとして展開された。この性格は幕藩制期を通じて変わらない。幕藩制的な外交体制は中期以後、対馬藩の場合でみると徐々に解体を始めるが、その過程を決定的にしたのは、ペリー来航にみられるような「外圧」の顕在化であった。対馬藩にとっては文久元年の露艦ポサドニック号の長期滞在(ポサドニック号事件)がその役割を果たした。図1の右端の垂線の示す家臣団数はこの事件前後の軍事的緊張がいかに大きな負担を対馬藩に強いたか、ということを如実に示している。この劇的に増大した軍役負担に対応しきれなくなった対馬藩は、初めて「移封願い」の内願書を幕府に提出するのである。

注記：本章は歴史学研究会大会での報告内容であり、先行研究・参考史料の詳細については、文中に注記していない。ここにまとめて掲載する。

参考文献

朝尾直弘「将軍政治の権力構造」(『岩波講座日本歴史』一〇、岩波書店、一九七五年。のちに同『将軍権力の創出』岩波書店、一九九四年に収録)

石母田正『日本の古代国家』（岩波書店、一九七一年）
長　節子「対馬宗氏世系の成立」（『日本歴史』二〇八、一九六五年）
長　節子「対馬島主の継承と系譜」（『史学雑誌』七五巻一号、一九六六年）
長　節子「対馬島宗氏領国支配の発展と朝鮮関係諸権益」（『朝鮮学報』三九／四〇合併号、一九六六年）
以上の三論稿は、のちに同『中世日朝関係と対馬』吉川弘文館、一九八七年に収録
長　節子『中世国境海域の倭と朝鮮』（吉川弘文館、二〇〇二年）
紙屋敦之「琉球支配と幕藩制」（『歴史学研究別冊』歴史学研究会、一九七六年）
紙屋敦之「幕藩制下における琉球の位置―幕・薩・琉三者の権力関係―」（北島正元編『幕藩制国家成立過程の研究』吉川弘文館、一九八七年。のちに紙屋『幕藩制国家の琉球支配』校倉書房、一九九〇年に収録）
田代和生『近世日朝通交貿易史の研究』（創文社、一九八一年）
田中健夫『中世海外交渉史の研究』（東京大学出版会、一九五九年）
田中健夫『中世対外関係史』（東京大学出版会、一九七五年）
中村栄孝『日鮮関係史の研究』上・中・下（吉川弘文館、一九六五～六九年）

参考史料

『大日本史料』一二―七・一二―三八、『通航一覧』、『続通信全覧』、『寛政重修諸家譜』、『羅山先生文集』、『異国日記』（東京美術、一九八九年）、藤定房『対州編年略』（鈴木棠三編、東京堂出版、一九七二年）、松浦允任撰『朝鮮通交大紀』（名著出版、一九七八年）
東京大学史料編纂所所蔵「朝鮮信使記録」、「細川家記　二八」（写本）、「御至願記録」、「宗家史料」四―一六九～一七三

（初出）「幕藩制国家と外交―対馬藩を素材として―」（『歴史学研究』別冊特集、一九七八年。のちに藤野保編『論集幕藩体制史　第一期第八巻　対外関係と鎖国』雄山閣出版、一九九五年所収）。

補論1 通訳論
――序説――

1 通訳論の地平――境界の人と言葉――

異民族間の接触・交流があれば、そこには言葉を手段として、その接触・交流を仲介することを生業とする人々が発生する。それがいわゆる通訳だが、この職掌についての私たちの一般的理解は、「当事者間において言語の相違その他の理由により、意志疎通に支障がある場合、両者の間に立って互いの意図を伝達する人。日常会話、商談、外交交渉、討論、講演などに多く用いられ、まず逐語的に正確に訳すことが求められる(1)」ということになろうか。ここで特に、「言語の相違その他の理由」、「意志疎通に支障」というように、より広い一般的な表現がとられているのは、聴力障害、言語障害などの場合の「手話通訳」などの事例まで、視野に入れられていることによると推察される。「通訳論」の地平の広さを改めて思い知らされるが、ここでは筆者の守備範囲に鑑みて、とりあえず、異民族、あるいは互いに言葉の通じない人々が接触・交流する場において、言葉による意志疎通を媒介する、通訳の場を限定したい。しかし、このように視野を限定してみても、上記の通訳の定義は一般的すぎて、通訳の歴史的な存在形態に迫るための手がかりとしては、十分ではないようにも思われる。上記の定義は、近代社会における通訳のあるべき姿は語っていても、通訳の歴史的・具体的な実態については語っていないからである。通訳が歴史上どのような存在形態を持ち、異民族相互の意志疎通の場においてどのような役割を果たしていたか、ということを実態に即して検討する場合には、そのための新たな視点が必要である。私は、まずそれを、通訳が境界領域の人たちであることに求めたい。

複数の異民族が接触・交流する場合、その境界上にはある特異な人間類型が生まれる。村井章介は、「かれらはどちらの中心にとってもエトランゼであって、しかも両者を媒介するといった複雑な性格をもつ」とし、「民族的な出自や国籍と、服装・言語が一致しないような、曖昧な人間類型と規定」し、民俗学の成果を援用して「マージナル・マン」と呼んだ。(2) その「曖昧さ」は、その人の行動様式、意識形態にも及ぶだろう。もちろんマージナル・マンは、通訳だけではなく、もっと多様な人々を含んでいる。まさしく、いわゆる通訳はこのような一群の人々のなかから生まれ、また通訳になることによって、このような人々の範疇に入る、あるいは、その種の人々の属性を持つようにもなる。例えば、応永の外寇（己亥東征）後の一四二〇年に、日本回礼使として来日した朝鮮官人宋希璟が、京都で出会った通事魏天も、倭寇の被虜の中国人で、この類型の人物だった。(3) このような一群の人々のうち、どのような人物が通訳となり、どのような存在形態を持ち、どのような役割を果たしていたのか、さらにはどのような行動様式・意識形態を持っていたのかということが、それぞれのケースについて検討されなければならないだろう。

それとともに、異なる民族の間を媒介する言葉それ自体も、検討の対象となる。村井の抽出した、一五・六世紀の北九州から朝鮮半島南部にかけての境界地域に存在したマージナル・マンは、「倭語」を話していたといわれるが、それは日本の中央地域で話されている日本語とも違っていた。ここで「倭語」と呼ばれている言葉は、その地域の日本語（現在でいう、いわゆる「方言」）をベースに、朝鮮語・中国語の語彙が混じったものだったのではないか。だとすれば、幕末の、いわゆる居留地でも、似たような言葉が話されていた。

幕末に来日して、イギリスの通訳兼書記官として活動したアーネスト・サトウ Ernest Mason Satow は、英語を話

せる日本人も、日本語を理解できる外国人も、ほとんどいない横浜の居留地での会話は次のようだったと記している。(4)

商用のための一種の私生児的な言葉が案出されていたのだ。中でも、マレー語の駄目《ペケ》 peggi、破毀《サランパン》は大きな役をつとめ、それに「アナタ」と「アリマス」とを付け加えて、自分は複雑な取引きをやる資格を持っていると、銘々がそう思いこんでいた。この新造語の著しい特徴は、対話者相互の社会的地位を示す日本語のはなはだしい多様性と動詞の複雑な変化がないことである。それはもちろん、居留地以外には通用しなかったが、ヨーロッパ人がそれを用いたことは、日本人の外国人に対する態度の特徴である「夷狄《いてき》」軽侮の感情に少なからず役立ったにちがいないと思われる。

このような言葉が発達し、かなりの人口を持つようになればピジン語、それを母語とする次の世代が生まれてくればクレオール語と呼ばれることになる。それは、一見「つぎはぎだらけの間に合わせ言語」だが、パプア・ニューギニアのトク・ピジンのように近代文化語として発達し、「国語」の地位についた言語（ニュー・マレネシア語）もあるとのことである。(5)

これらの言葉は、サトウがいみじくも「私生児的な言葉」と形容したように、正統とは意識、あるいは認識されない、あえて言えば「雑種」の言葉だが、異民族間の自然発生的な「共通語」でもある。

そしてこのような「共通語」はピジンにかぎらない。むしろ歴史的には、様々な民族語が様々な形で「共通語」として機能してきたというのが、現実の姿だろう。かつてのヨーロッパのラテン語、一五、六世紀のスペイン語、その後のフランス語、第二次世界大戦後の英語、イスラム圏のアラビア語、前近代東アジアの漢語など、さらに複数の民族語をかかえる植民地、および旧植民地国における宗主国、および旧宗主国の言語、一国内における各種「方言」に対する「国語」（日本の「標準語」・中国の「普通話」など）がそれであり、それらの言葉が「共通語」として機能する背景には、それらの言葉が背景にもつ、政治・経済・文化などの面におけるそれなりの力量の裏づけがあった。これらの「共通語」の機能をさらに推進すべく、意図的に作られたのがエスペラント語ということになるのだろう。

すなわち、複数の異民族が相互に接触・交流する際には、それを媒介する場＝境界ができ、媒介する人々＝通訳が生まれ、さらに媒介する言葉＝「共通語」が生まれる、もしくはそういう言葉が選ばれることがある。歴史的存在としての通訳を検討するにあたっては、このような、場・人・言葉の三点からの接近が必要である。本章では、その場として、諸民族の雑居していた一七世紀はじめの平戸を選び、その場での、言葉、人（通訳）を検討し、さらに通訳と国家（近世日本国家）との関係についても考えてみたい。なお、具体的分析にあたっては、「通訳」に替えて「通事（通詞）」という言葉を使うことにする。「通事（通詞）」は通訳の歴史的形態の一つではあるが、かならずしも通訳の一般的理解には解消されない属性をもっており、それもまた通訳の一類型にほかならないからである。

2　交流する人と言葉

一六世紀前半に倭寇の頭領王直が平戸に居宅を設けてから、一六四一年にオランダ商館が長崎出島に移転されるまでのほぼ一世紀の間、平戸は、中国人・朝鮮人・ポルトガル人・スペイン人・オランダ人・イギリス人などの諸民族が雑居する場だった(6)。その場ではどのような言葉が、相互の意志疎通のために使われていたのだろうか。

加藤榮一は「平戸時代にオランダ商館の通詞が日蘭双方の交渉に当たって利用した言葉はポルトガル語であり、特例としてイスパニア語が用いられたことがあった」と、具体的な事例を示しながら述べる(7)。たしかに、ポルトガル語やイスパニア（スペイン）語が日本人とオランダ人との交渉の際には、ほとんど「共通語」として使われていたようである。例えば、ある時商館員ピーテル・ムイゼル Pieter Muiser は、長崎代官末次平蔵の手代浜田弥兵衛とスペイン語でかなり親密に話したが、それは「日本語通詞」とも呼ばれたフランソワ・カロン Francois Caron が病気のためだった。(8)

台湾事件（浜田弥兵衛事件。一六二八～三二年）に関して平蔵がオランダ商館に突きつけた一一ヶ条の要求書（寛永七年一月一日付）は、商館員ウイルレム・ヤンセン Willem Janssen らに次のようにして伝えられた。

平蔵の執事末次三蔵に同行して来た通詞アントニオ・ナーレット Antonio Naret によって、まず、日本文が読み上げられ、ついで、そのナーレットによってスペイン語に翻訳された。その翌日三蔵は、日本文原本とポルトガル語の訳文を持ったナーレットをヤンセンらのもとに寄越し、ナーレットは、今度はそのポルトガル語の訳文を読み聞かせた。ヤンセンは、それが前日の文書（すなわちスペイン語訳）と一致することを確認した後、ポルトガル語の訳文と、三蔵の署名のある日本文の写しを要求し、それは後日渡された。(9) このような経緯から、オランダ商館に「通詞」として勤務する者は、ポルトガル語を理解し、その読み・書き・会話に習熟していることが「必須の条件」だったこともわかる。

イギリス人の場合も事情はほぼ同じだが、ポルトガル語よりもスペイン語がより重要な役割を果たしていたらしい点が異なる。一六二一年のある日、イギリス商館長リチャード・コックス Richard Cocks は、平戸の「王」松浦隆信に呼ばれて出向いたが、隆信の前に出てみると、その傍にはスペイン語を話す通詞ニコラス・マルティン Nicolas Martin が控えていた。マルティンは、隆信付の通詞で、コックスの『日記』にも時折登場する人物だが、この時彼が隆信の傍に控えていたのは、隆信のイギリス人・オランダ人に対する指示が正確に伝わっているかどうかを確認すること、さらに、その指示をコックスがオランダ人たちにどのように伝え、それに対してオランダ人たちがどのように答えるかを確認させるためであった。[10]この時のコックスと隆信、さらにコックスとオランダ人たちとのやりとりがスペイン語で行われたことは、想像に難くない。このことは、次節でみるように、イギリス商館付の通詞がほとんどスペイン語通詞であることにも関係する。英語で書かれているコックス『日記』にも、スペイン語の借用がままみられる。

しかし、イギリス人と日本人のコミュニケーションを媒介した言葉は、それだけではない。例えば、一六一三年、イギリス東インド会社の貿易船隊司令官のジョン・セーリス John Saris が初めて平戸を訪問したとき、松浦鎮信とセーリスの会話を媒介したのは、セーリスがバンタムから連れてきた日本人通詞だったが、彼はマレー語が上手で、鎮信の言葉をマレー語でセーリスに伝えている。[11]東南アジアを経由して日本に到達したイギリス人にとって、当該地域の有力な言葉であるマレー語もまた意志を媒介する言葉となりえた。コックス『日記』にもマレー語源の言葉がよくみられる。コックスが「通詞」をさす場合に使う jurebasso はマレー語 jurubahasa に由来するという。オランダ人にとっても、事情は同じだっただろう。[12]オランダ語・英語は、この時期のこの地域ではまだ新来の言葉で、「共通語」になるまでにはいたっていなかった。

平戸は、また、王直以来華僑が住む町でもあった。オランダ人・イギリス人が商館を置いていたかなりの期間、その華僑社会を支配していたのは、「シナカピタン」アンドレア・ディッティス Andrea Ditis、すなわち李旦であった。[13]李旦没後頭角をあらわしてシナ海域の支配者となるのが、平戸一官鄭芝竜である。鄭芝竜は、一時オランダ商館の通詞をしていたことでも知られる。李旦はオランダ人・イギリス人とも深く関わり、コックス『日記』にも頻出するが、彼はどのような言葉を使ってヨーロッパ人と意志を通じあったのだろうか。平戸に拠点を置く以前の彼は、フィリピンのマニラですでに中国人たちの「巨頭」として頭角をあらわしており、おそらくスペイン語は堪能だったのではないか。コックス『日記』でみるかぎり、李旦に関しては「通詞」を介して話した形跡が見当たらないのは、彼自身がコックスらとの意志疎通に不自由しない程度の、ヨーロッパ語（スペイン語かポルトガル語）の能力を身につけていたためだろう。

ただし、これらの言葉は、ヨーロッパ人相互、あるいは、ヨーロッパ人と日本人・中国人の間を媒介する言葉のいくつかにすぎない。漢文（かならずしも、中国語ではない）は依然として、この地域の書き言葉の世界では「共通語」の位置を占めていた。日本側が発給する外交文書の証文は漢文で書かれることが多く、それに対応して、オランダ商館は「二十年以上上方で学び、シナ語の他三種類の日本語を話したり書いたり出来る老練の書記」を雇ってもいた(14)。しかし、コックス『日記』でみるかぎり、華僑たちの登場する頻度の割に、手紙・証文などで「シナ語」（中国語）が登場する事例は、あまり多くはない(15)。イギリス商館の使用人のなかに中国語が堪能な者も見当たらないようである。もちろん、イギリス商館に関しては、前述の李旦が通詞の役割を果たしていたために、特に「シナ語通詞」の必要もなかったとも考えられる。西日本から東南アジアにかけて、膨大な人口をもつ華僑社会が展開していた。しかし、コックスら平戸在住のイギリス人は日本市場に取り付いただけで、華僑社会については、李旦を媒介にその一端に接触したにすぎず、中国語で手紙・証文を作成するようなレヴェルの関係には、十分踏みこめないままに終わった(16)。

しかしそのことは、コックスらと華僑たちとの間に、日常的な関係が無かったことを意味しない。イギリス商館は平戸のなかの華僑居住地区にあり、コックスらの「隣人」には李旦の他に「シナ人通詞」がおり、お互いに近所づきあいをする一方、商館改築の際には、角材一五本を借りたりもしている(17)。しかし、その際の意志疎通は、むしろ日本語を媒介になされたのではなかったろうか。例えば、長崎華僑で、イギリス商館傭船の船長魏官の親族の一人が、訴訟に関してコックスを訪れた際には、日本語のできる通詞（中国人か）を連れてきており、彼は魏官の証文二通に関して、彼の通詞に「それらの証文は然るべき形で作成されていない」というように求め、イギリス人は「誰ひとりシナ語を知らないからそれで通せばよいのだ」と言った。(18) この事例では、日本語のできる通詞が両者を媒介していることに注目しておこう。

華僑たちとヨーロッパ人たちを媒介する言葉には、ヨーロッパ語（ポルトガル語・スペイン語）、中国語の他に、日本語も入っていた。それは、東南アジア地域でマレー語が果たす役割に似ているように思える。さらに、この時期日本列島に居住したヨーロッパ人も華僑も、滞在が長期にわたり、多くは日本人女性を妻、あるいは妾とし、日本人使用人も抱えていたことを想起すれば、彼らが、「日本語通詞」と呼ばれたフランソワ・カロンほどの域に達するのは稀であるにしても、日常生活にさしつかえないほどには日本語ができるようになっていたのではないだろうか。もしかしたら、それは、「倭語」のような、いわゆるピジン日本語に近いものであったのではないかと私は想像している。

ともあれ、諸民族雑居の地域は、雑多な言葉のいりまじる地域であった。それを踏まえて、当時のシナ海域の言葉世界の構造について、敷衍しながら考えてみると、次のようになる。まず、言葉の世界は、大きく話し言葉と書き言葉の二つに分けられる。書き言葉の世界も多様に広がっているが、差出と宛先が明確な文書に限ってみれば、外交文書類と手紙・証文の類に二分される。外交文書類では、この世界が漢字文化圏であることを反映して、中国語、あるいは漢字が、依然として正統の「共通語」の地位を保っていた。日本の支配層と東アジア・東南アジア地域の支配層との意志疎通が、さらには、日本の支配層とヨーロッパの支配層との意志疎通も、形式的にはこれを媒介にすることが多かった。しかし、日欧関係の場合には、より実質的な「共通語」としてポルトガル語・スペイン語が主要な役割を果たしており、さらに、手紙・証文の類では、もはや中国語は、華僑相手以外では使われていなかった。そのレヴェルでは、漢字文化圏の伝統・形式を離れた、より実用的な言語世界が展開していた。中国語は華僑を中心とした世界のもので、当時の「共通語」の地位にはなかったのではないか。

話し言葉の世界でも同様の現象が起きていた。すなわち、ヨーロッパ人が会話に参加する場合には、ポルトガル語・スペイン語が「共通語」の位置を占めていた。それ以外の言葉、すなわち、日本語・中国語・オランダ語・英語などは、それを母語とする人たちを中心に話されていた。さらに、ピジンの存在も否定できない。人々は、それぞれの場や相手に応じて、これらの言葉や通詞をつかいわけていたが、時にはマレー語や日本語が「共通語」の役割をすることもあった。

3　通詞の発生

一七世紀初頭の日本において、通詞がどのようにして発生し、どのような役割・存在形態を持っていたのか、平戸イギリス商館の場合を例にとって、検討する。

まず、コックス『日記』（一六一五〜二一年）を中心に、通詞として、どのような人物がいたかを、仕事の内容とともに、列挙する。

a　ウィリアム・アダムズ（三浦按針）William Adams[19]　省略。

b　トメ・バウティスタ Tome Bautista　伊達政宗のイスパニア語通詞。コックスに将軍の前での通訳を頼まれ、病気を理由に断わる[20]。

c　李旦　在日華僑集団の頭領。省略。

d　日本人通詞ジョン・ジャパン[21] John Japon　商館・コックス関係の諸費用の支払い、年季証文作成の立会い、平戸・長崎での使いなど。

e　朝鮮人通詞ミゲル Migell, Mignel　元アダムズ付通詞(22)。不行跡のためいったん解雇、のち再び雇われたのはアダムズとの関係か。あまり使われず。

f　五郎左衛門 John Gorezan　元長崎奉行長谷川藤継付通詞(23)。一六一六年のコックスの江戸参府に随行、身勝手なふるまい多く解雇。商館の見世を預けられ、後商館の代理業者となるが、解雇後商館への負債をめぐってコックスに訴えられる。

g　大トメ great Tome　何語通詞か不明。商館員ウィリアム・イートン William Eaton に随行して大坂に滞在。カブキに入れ揚げて商館から追いだされたが、二一年末まで勤める。あまり使われず。

h　コ・ジョン Co John　イスパニア語通詞、あるいは彼がジュアンか。コックスの一六年・一八年・二一年の江戸参府、一七年の上洛にすべて随行、コックスの代理として幕閣への挨拶・江戸城への登城、京都・長崎への使者、種々の手紙の運搬、逃亡者の追跡など。

i　ドミンゴ Domingo　臨時の通詞。

j　小トメ littell Tome　事績不詳。

k　ヘンリー・シャンクス Henry Shankes　薩摩で遭難したイスパニア船の砲手で、同地に置き去りにされたスコットランド人、臨時の通詞。

l　シモン Symon　かつてイギリス商館の通詞、解雇後オランダ商館の通詞。

m　マンショ Mancho　セーリス時代の通詞。

n　レオン Leon　臨時の通詞、飛脚か。

o　高比良善兵衛、あるいはメルチャー Melchar　アダムズのジャンク船でコーチに渡航した商館員エドモンド・セイヤー Edmund Sayer に随行、非常勤の通詞、長崎人。

p　商館員ウィリアム・ニールソン William Nealson 付通詞　姓名不詳。コ・ジョンと同じほど巧みな語学力を持つ。

以上を一見して、多くの通詞がいたことがわかるが、彼らの存在形態についてまとめると、次のようになる。

まず（一）、通詞の境界性、あるいは脱国籍性、民族横断性。a～pの通詞のうち、ほとんどの日本人や華僑はヨーロッパ系の名前を同時に持っていた。通詞にかぎらず、商館の使用人になった日本人たちも、ヨーロッパ系の名前で呼ばれることが多く、単に名前からだけでは出身民族がわからないことも多い。名前が個人のアイデンティティのありようを端的に示すものであるとすれば、複数の系統の名前をもつことはアイデンティティもまた複数である、あるいは一見曖昧であることを示す。それはとりもなおさず、複数の民族が出会う地域に生じた境界領域の人々の特徴の一つと言ってよいだろう。(24)この人々はまた、おおむね、複数の言葉をあやつることができ、それは通詞の基本的な要件の一つでもある。その観点からすると、朝鮮人通詞ミゲル（e）の存在は印象的である。朝鮮人通詞は、この他にも、オランダ人から「我々の通詞」と呼ばれているアントニオ・ナーレット(25)、通詞バスティアン Bastian(26)、オランダ人がトンキン貿易のためにコーチに赴いた際に通訳を勤めた女性ウールスラ Oursra などがいる。(27)彼らは、ほぼまちがいなく豊臣秀吉の朝鮮侵略の際に日本に連行されてきた被虜たちで、その境遇のなかで日本語・ヨーロッパ語（ポルトガル語・スペイン語）をも身につけたのだろう。後の、長崎の唐通事のなかにも朝鮮族の出身者がいる。(28)

次に（二）、通詞という職能の輪郭が曖昧なこと。まず、商館付通詞とその他の使用人や商館に属していない人々との境界が曖昧である。通詞と呼ばれている人々に、大別して二つの類型がある。すなわち、おおむね通詞と呼ばれている人々と、臨時の通詞である。[29] a～pのうちほとんどは通詞と呼ばれるが、ドミンゴ（i）、ヘンリー・シャンクス（k）、レオン（n）は臨時の通詞である。その他、ポルトガル語が上手で、日本語は五郎左衛門より上手といわれいる玄関番ピーター Peter[30] など、商館の日本人使用人も通詞予備軍とみることができる。さらに、アダムズ（a）や伊達政宗の通詞（b）、李旦（c）も、言わば非常勤の通詞として現われる。また、専業化した通詞にも、商館付と、商館員個人についている者があり、後者で判明する者は高比良善兵衛（o）と、名前のわからないニールソンの通詞（p）だけだが、他にもいたのではないか。商館付の通詞でも、コックス個人の所用をも弁じており、その区別は、その費用をどちらの勘定にするかのみであるようにみえる。むしろ、商館付通詞はコックスの個人雇いに近く、彼らが商館の仕事をする、つまり商館付であるのは、コックスの職掌による。これは、イギリス商館の機構そのものが未分化であることの他に、通詞という職能がいまだ確立していないことを示しているのではないか。そのことは、五郎左衛門が商館の見世を預けられ、次いでその代理業者になったように、通詞個人についてみれば、商人でもあり、その他の仕事も兼ねているという状態だった。[31] 通詞という職能は、その点からも、まだ未確立であったと言えるだろう。

(二) に、商館の通詞の流動性の高さ。右にみたように、臨時に通詞になる人々がいると同時に、専業化した通詞もなかなか商館に定着しない。一一年の末で、セーリス以来の通詞は、ジョン・ジャパン（d）とミゲル（e）の二人はまだ残っているが、五郎左衛門は解雇されてすでにいない。当初の三人のうち二人も残っていると言うこともできるが、その後雇用され、解雇される通詞はそれ以上にいる。ジョン・ジャパンもミゲルも、不行跡を理由にいったんは解雇されているが、二人はふたたび雇用され、シモン（l）がコックスに解雇されて間もなくオランダ商館に雇われ、五郎左衛門も以前は長谷川藤継の通詞であった。彼らは雇用主の間を渡り歩いているようにみえる。それは、通詞の雇用形態が年季奉公の形であったことに関わる。商館や商館員の使用人、さらには商館員付の日本人女性がそうであったように、彼らは年季をかぎった証文を雇用主に入れて雇われる。[32] したがって、雇用主との関係はもともと時限的であり、不安定である。それは雇用関係が当事者同士の自発的な意志による、自由で開かれたものであることの反面でもある。それが、雇用機会に関する情報交換を含む、通詞同士の横のつながりを強めることになる。ミゲルが玄関番ピーターと語らって、イエズス会士の使用人を商館に雇わせようとして、コックスに断わられたのにもかかわらず、商館に無断で泊め、それを五郎左衛門がコックスに告げたことから喧嘩となり、コックスがこの二人を追いだすというようなことがあった。[33] ミゲルらにとっては、仲間との関係が奉公先との関係と同じほど重要だったと思われる。しかし、仲間とは言っても、ミゲルらの行為をコックスに密告したのが、同じ通詞の五郎左衛門だったように、それぞれの個人的な感情をも含めた仲間内部の対立があったことも否めない。このような流動性を留めるものは、当事者同士の意志以外何もない。そのような流動性のなかから、コ・ジョン（h）のような、有能で信頼性の高い人物が、商館付として残っていく。

では、これらを含めて、通詞の職能をどう考えるか、それが四つめの問題である。[34] コックス『日記』・永積『日記』・史料『日記』に登場する通詞たちの役割は、（イ）通訳・翻訳、（ロ）必需品の調達などの所用（そのなかには、カブキを呼ぶというようなことも含まれる）、（ハ）代理人、取次人としての様々な意志伝達・交渉、（ニ）情報収集や雇用主への助言、に大別できる。イギリス商館の通詞のなかでも、それぞれの能力に応じておのずから役割分担ができていたのは、先にみた通りである。そのうち、（イ）が通詞の前提条件とすると、（ロ）（ハ）（ニ）がその上で果たすべき役割、特に、（ハ）（ニ）には、それ相応の修練と経験、情報源となる人的ネットワークが必要とされる。コックスたちは、通詞たちの翻訳する言葉、文書・手紙などとともに、彼らの提供する情報や判断、助言などによって情勢を判断し、行動した。つまり、通詞はたんなる翻訳機やメッセンジャーボーイにとどまることはできず、雇用主の代理人として、場合によっては、雇用主以上の見通しと判断をもって行動しなければならない。とりわけ、この時期のヨーロッパ人が「日本カタギ」と呼ぶ、彼らにはなじみのない、贈答をふくむ込みいったシステムを持った社会において、[35]幕府との困難な交渉事をかかえたような場合には、通詞たちのこの面での働きが重要な意味を持つことになる。[36]

イギリス商館をめぐるさまざまな通詞たちは、通詞という職能の輪郭もまだ曖昧で、通詞としての定着率も低く、言わば通詞という職能が析出されてくる途上の姿を示している。しかし同時にこの段階においても、通詞が果たすべき、単に言葉の専門家にとどまらない、双方の意志の媒介者としての役割はみてとることができる。これが、加藤榮一によって詳細に検討された、一六二〇～三〇年代のオランダ商館の通詞の段階になると、商館付の通詞の輪郭はよほど明確になってくる。彼らが長崎のオランダ通詞の母体の一部になっていくのだが、その変遷は、同時に、彼ら通詞の地位の大きな転換をともなっていた。

4　通詞と国家

一六四一年に、オランダ商館は平戸から長崎へ移転を余儀なくされた。その際に商館の日本人使用人たちの大部分は解雇されたが、通詞たちのほとんどは商館とともに長崎に移り、そのうちの数人が、それ以前から長崎奉行のもとで働いていた南蛮（ポルトガル）通詞とともに、後のオランダ通詞の母体となる。[37]しかし、それは単なる移動ではなく、次のような質的転換をともなっていた。

一、通詞は商館を離れ、長崎奉行管轄下の通詞とされたこと。その手始めは、日本人使用人の雇用禁止だったが、少なくとも貿易期間中は「ポルトガル語には充分の、しかもオランダ語にかなりの経験をもつ」二人の通詞を使いたいという願いも拒否され、彼らには「全く役に立たない」二人の通詞が、ひきつづき彼らのもとにとどまることが許されたが、「しかし彼等は今後皇帝（将軍）の俸給を受け、そして、会社からはもはや給与を受けてはならないこととなった」[38]。これはオランダ人隔離策の一環だが、そのなかでかつて、通詞をはじめとする日本人使用人たちが担っていた商館の貿易、渉外、維持管理などのすべての役割は、長崎奉行の管轄下で長崎町人が担うことになる。しかも、あまり「役に立たない」通詞二人が商館付とされたように、権力による選別が行われている。当事者相互の自由意志による関係は断たれ、常に権力が介在することになった。

二、通詞はオランダ人の代理人・代弁者である以上に、彼らの監視、監督を主な役割とすることになった。商館の長崎移転とともに、奉行に「誓約」した南蛮通詞たちも、商館の所用を弁じるようになったが、彼らがポルトガル人に関して果たしていた役割、すなわち、監視、キリスト教の摘発など[39]は、そのままオランダ人に対しても適用された。オランダ人が通詞を時折スパイと呼ぶようになるのも故ないことではない。長崎移転以後、オランダ人に対する禁制、彼らの処遇などは、通詞とともに、出島乙名[40]によって通達されている。長崎奉行の管轄下で、出島乙名と通詞のペアがオランダ人の支配にあたる体制がとられることになる。

三、通詞業務への専念義務。平戸時代までは、通詞自身も貿易に関わり、あるいは貿易を仲介していた。それが、おそらくこれ以後禁止された。通詞という職能が権力によってある特定の個人に固定され、やがて世襲されて、家がその器となる時代にさしかかろうとしていた。

こうして、通詞は、幕府＝国家によって捉え返され、オランダ人支配のための一装置として、設定し直された。その一方で、オランダ人が日本語を学ぶことは禁止されたから、彼らは通詞の能力その他で、ことあるごとに不自由をかこつことになった[41]。意志疎通の面ではオランダ人は、きわめて不利な、ほとんど無権利に等しい状態に置かれたことになる。このような体制は著しく片務的で、例えば、当時の日朝関係で、双方が相手の言葉ができる通詞を擁していたのと対蹠的である。[42]これは、オランダ関係が「通商」のカテゴリーに位置づけられていたこととともに、キリスト教問題という、「長崎口」に関わる特殊性によるところが大きいだろう。[43]

しかし、こうして幕府が直接掌握した通詞は、当時存在した通詞のほんの一部にすぎなかった。通詞はもともと自然発生的な存在で、例えば、オランダ商館が長崎に移転した頃、約八〇人の通詞たちが、ポルトガル人の時と同じ資格でオランダ人たちにも「仕える」ことを長崎奉行に訴えたが、「彼等は、それ以上の数が残っていて、ポルトガル人の時代にその役目で使用されていた人々の一部」だったからである。[44]多事多端な「長崎口」での仲介業務を奉行付の通詞のみでまかなうことは、現実に不可能だったろう。彼らはいわゆる「内通詞」[45]として、引き続き日本人とオランダ人のあいだを媒介する役割を果たしつづけ、一六七〇年には彼らの中から小頭が設定され、出島乙名とオランダ通詞の管轄下に入るが、一七〇五年に小頭を除いて廃止されるまで、実務レヴェルでは重要な役割を果たし、また、優秀な通詞の供給源でもあった。廃止の理由は、抜荷など、幕府の統制しきれない「無作法」が跡を絶たなかったためで、廃止後、オランダ人と日本人との接触する場はますます狭まることになった。問題は、それで日本人とオランダ人、あるいは「長崎口」での日本人と外国人との接触を幕府が統制しきれるようになったか、ということだが、結論からいえば、かならずしもそうではなかった。商館日記を読むと、内密の情報はじつによくオランダ人に伝わっているし、不審な船の来航が、通詞やオランダ人、さらには奉行を巻き込んでの独自な裁量によって、不問に付されたことも、ままあった。ここには、国家と境界の関係という興味ぶかい問題がはらまれているが、この点については、通詞もまた境界的な人＝マージナル・マンとして、独自の行動様式と帰属意識を保持し続けていたということを指摘するのみにして、後は別の機会に譲ることにしたい。

註

（1）『平凡社大百科事典』（一九八五年版）「通訳」の項（宇野重昭執筆）による。

（2）村井章介「十五、十六世紀の地域間交流と三浦の乱」（『歴史科学』一二一、一九九〇年）。

（3）宋希璟（村井章介校註）『老松堂日本行録』（岩波文庫、一九八七年）四月二一日条。

（4）アーネスト・サトウ（坂田精一訳）『一外交官の見た明治維新』上（岩波文庫、一九六〇年）二一〜二三頁。

（5）田中克彦『ことばと国家』（岩波新書、一九八一年）一九八〜一九九頁。林正寛「ピジンとクレオール—社会の表現として・生きる知恵として—」（『シリーズ世界史への問い3　移動と交流』岩波書店、一九九〇年）。なお、一七九九年から一八一七年にかけて出島に滞在した、オランダ商館長ヘンドリック・ドゥーフ Hendrik Doeff は、長崎のオランダ通詞も、ピジンとまではいかないが、日本語の発音と発想を根強く残したオランダ語を話し、書いており、そのため「新来者には甚だ難解なりき」と述べている。それが、彼の蘭日辞典『ドゥーフ・ハルマ』編訳事業の動機であった（斉藤阿具訳註「ヅーフ日本回想録」『異国叢書』雄松堂書店、一九二八年、五〜六頁）。

（6）「諸民族雑居」ついては、荒野泰典「日本型華夷意識の形成」（朝尾直弘他編『日本の社会史1』岩波書店、一九八七年。本書第Ⅰ部第二章）参照。

（7）加藤榮一「平戸オランダ商館日本人通詞貞方利右衛門考」（箭内健次編『鎖国日本と国際交流』上、吉川弘文館、一九八八年）。

（8）『平戸オランダ商館の日記』（永積洋子訳、岩波書店、一九六九〜七〇年、以下永積『日記』と略称）第一輯、ピーテル・ムイゼル Pieter Jansz. Muijzer の日記、一六二八年九月一六日条。なお、この時弥兵衛に通詞がついていたかどうかは不明。おそらく、通詞はついておらず、弥兵衛はスペイン語ができたのではないか。

（9）永積『日記』クーンラート・クラーメル Coenraedt Cramer の日記、一六三〇年二月二五日・二六日条。なお、この通詞アントニオ・ナーレットについては、日記の同じ箇所で、「朝鮮出身の宣誓済みの長崎の通詞で、ローマ式の教育、訓練を受けているため、ポルトガル語、ラテン語の読み書きに堪能である」、さらには「全くの悪漢」あるいは「異端のキリスト教徒で、ポルトガル人に好意を寄せているので、あまり信用出来ない」等と、述べられている。加藤は、彼は「長崎奉行所に出仕する南蛮通詞の一員」と推定している（前掲註7論文、三一九頁）。なお、本文から、彼はスペイン語も堪能であったと思われ、さらに、朝鮮人であることにも注目される。なお、この時ヤンセン一行にクラーメル（この時の「日記」の記述者）が書記として加わったのは、彼がスペイン語ができるからであった。

（10）東京大学史料編纂所『日本関係海外史料・イギリス商館長日記』訳文編之上・下、訳文編附録上・下（東京大学、一九七九～八二年、以下、コックス『日記』と略称）一六二一年九月九日条。

（11）村川堅固訳・岩生成一校訂「セーリス日本渡航記」（『新異国叢書六』雄松堂、一九七〇年）一六一三年六月一二日条。なお、日本での役目を果たして、バンタムに帰港したセーリスは、平戸の「王」がイギリス国王に宛てた漢文の書簡を、「シナ商人」にマレー語に翻訳してもらい、それを英訳して記載している（同、一六一四年一月二〇日条）。

（12）コックス『日記』一六一五年六月一四日条、「通詞ジョン・ジャポン」についての割注による。なお、後年のことになるが、一八〇一年に五島に漂着した船籍不明の二本マストのヨーロッパ船は、表向きはアンボン難民として処理された。しかし、漂民の内、マレー語を話すアンボン生まれのマリアの尋問は、オランダ商館長ウィレム・ワルデナール Willem Wardenaar と荷蔵役ドゥーフによってマレー語で成され、真相はマカオ仕立てのポルトガル船であり、漂民はポルトガル領民であることが判明した。それを江戸に報告すれば漂民は処刑されるため、奉行・通詞たちは、真相を秘したまま、便船を得て、彼らをそれぞれの本籍地に送還した（日蘭学会編『長崎オランダ商館日記四』雄松堂出版、一九九二年、序説八～九頁他参照）。この場合でも、上記二人のオランダ人、特にワルデナールはマレー語がよくできたことがわかる。またこれらの事例から、幕末の居留地で話されたピジン日本語に、マレー語からの借用がみられることも想起される。

（13）李旦については、岩生成一「明末日本僑寓支那人甲必丹李旦考」（『東洋学報』二三―三、一九三六年）に負う所が大きい。なお、永積洋子『近世初期の外交』（創文社、一九九〇年）一三一～一三六頁参照。

（14）永積『日記』一六二九年五月二三日付、平戸商館長コーネリス・ファン・ナイエンローデ Cornelis van Neijenroode から大村のピーテル・ムイゼル宛の手紙。

(15) コックス『日記』で中国語の証文が登場するのは、長崎在住の華僑で、イギリス商館傭船のジャンク船船長魏官が発給した二通（一六一七年三月二一日条他）、長崎奉行長谷川権六の従者がもたらしてコックスに署名を強要した「御用鉛引渡証」（一六一七年八月一四日）、その他、証文ではないが、「シナ」宛てイギリス国王書簡の漢訳（一六一八年三月六日条）のみである。なお、一六一四年一月一〇日付イギリス国王書簡の漢訳は、コックスの他に、ウィリアム・アダムズ、李旦、李旦弟華宇の四人で行い、写三通を作成している。なお、魏官のジャンク船に書記として乗り組み、コックスの訴訟相手にもなった日本人ミゲル（数之助か）は、中国語と日本語が両方できた（一六一七年七月二九日条）。このことは、華僑社会に入るには中国語が「必要条件」だったことを意味するようである。

(16) イギリス商館が、李旦を仲介として、中国との貿易関係を開こうと試み、結局失敗したことについては、岩生・水積前掲註13論著を参照。

(17) コックス『日記』一六一六年三月二九日条他。ただし、この「シナ人通詞」が何語の通詞かはわからない。

(18) コックス『日記』一六一七年七月二日条。この時コックスには日本人通詞がついていたはずだから、中国語⇔日本語⇔イスパニア語というやり取りだったのだろう。もっとも、中国語を知らないはずのコックスが、どのようにして彼らの会話を聞き取り、「日記」に書きつけることができたのかは、記載が無くてわからないのだが。

(19) アダムズの伝記は、岡田章雄『三浦按針』（岡田章雄著作集V、思文閣出版、一九八四年）参照。

(20) コックス『日記』一六一七年三月二八日、九月一六日条。

(21) 「セーリス日本渡航記」（前掲註11書）一六一三年六月一四日条。セーリスによってバンタンから連れて来られ、平戸藩主松浦隆信との間をマレー語で通訳したのは、この人物。なお、コックス『日記』訳文編の註で、彼を「一六一三年八月イギリス商館が雇った日本人スペイン語通詞」とする（一六一五年六月九日条）のは誤りで、この年六月には、彼はすでに通詞として雇われており、八月七日から一一月六日の間、セーリスの江戸参府に随行していた。同年八月に雇われたのは、ジュアン Juan という日本人青年である（なお註23参照）。

(22) 「セーリス日本渡航記」のうちコックスの記事、一六一三年八月九日条。コックス『日記』一六一八年七月三日条。

(23) 一六一三年八月九日にコックスによって雇われた、スペイン語をよく話す、ジュアン（Juan）と名乗る日本人青年が、この人物だと思われる。彼は、ジョン・ジャパンがセーリスとともに江戸に行き、ミゲルが勝手に外出して、コックスのもとには一人も通詞がいないという状態の時にやって来たので、コックスにとっては渡りに舟だっただろう。その時、ジュアンは、手当てはコックスが決める額でよく、九年か十年奉公したい、いずれコックスと一緒にイギリスに行きたい、などと語った（前掲註11書に同じ）。ただし、五郎左衛門の行状とこの青年ジュアンのイメージにはそぐわないところがあり、その点からするとコ・ジョンがふさわしいが、コ・ジョンが商館当初からの通詞であった確証がない。

(24)　名前の問題も単純ではない。名前にも、自称と他称がある。他称については、次のような問題がある。人は、ヨーロッパ人や日本人にかぎらず、新しく訪れた土地には、犬が匂いつけをして歩くように、自分たちの名前をつけるが、使用人たちに対しても、彼らの言葉で名前をつけることが多かった。それは逆に、日本人女性が、ヨーロッパ人男性との間にできて、その男性からヨーロッパ風の名前をつけられた子供、例えばウィリアムを「うりえもん」と呼ぶように、現地住民に再び捉え返されることもある。その捉え返しは、現代でも、旧植民地からの独立国家が、急に耳慣れない名前に改称されて、私たちを戸惑わせたりすることにも関わる問題でもあるだろう。そのような捉え返しの行為と自称には重なる部分があり、例えば、キリスト教徒が洗礼名を、世俗の名前に代えて、本来の自分の名前と意識する場合などにもあてはまるだろう。

(25)　永積『日記』一六三〇年二月二五日・二六日、三月一〇日条。

(26)　永積『日記』一六三三年一月一七日付、平戸のピーテル・ファン・サンテン Pieter van Santen の東インド総督宛書簡。なお、東京大学史料編纂所『日本関係海外史料・オランダ商館長日記』訳文編之上（東京大学、一九七六年、以下史料『日記』と略称）にも、同一史料の翻訳がある。

(27)　史料『日記』訳文編之二下、一六三七年四月三日条他。もっとも、この女性は日本人とも言われており、ここでは、女性の通詞が珍しいこともあって、紹介しておく。ウールスラについては、岩生成一「安南国渡航朝鮮人趙完璧伝について」（『朝鮮学報』六輯、一九五四年、八頁）が言及し、「日本語やオランダ語や土語を巧に操り」と述べているが、彼女のヨーロッパ語は、おそらくポルトガル語かイスパニア語だったのではなかろうか。同じ航海でオランダ人たちは、トンキン国王の「代表委員」Gecomitteerde の通詞として彼らの船上に来た「トンキン語とポルトガル語に習熟した一日本人」に逢っており（史料『日記』一六三七年四月一七日条）、トンキンにおいても彼らの「共通語」はポルトガル語、あるいはイスパニア語だったと思われるからである。わざわざ女性のウールスラが通詞となっているのは、「皇帝の御前では婦人を通訳として使用」する必要があるが、それは「国王の寵愛する王妃等には、男子を介しては対談することが出来ないから」であり（一六三七年一月三一日付オランダ商館員カールレル・ハルティンク Karel Hartsinck のヴィンセント・ロメイン Vincent Romein、メルヒオール・ファン・サントフォールト Melchior van Santvoort 宛指令書、岩生上掲論文の引用による）、実際宮廷との折衝はほとんど彼女が中心になって行っている。

（28）穎川君平編「訳司統譜」一八九七年（『長崎県史史料編』第四、一九六五年所収）は、三浦氏が「本姓文氏、其先、朝鮮人也」とし、後乙名役に転身したとしている。

（29）オランダ商館にも「臨時の通詞」や「非常勤の通詞」がいた（加藤前掲註7論文参照）。

（30）コックス『日記』一六一六年五月五日条の註記による。

（31）オランダ商館の筆頭通詞貞方利右衛門は、独自の販売網を持つ、商館の重要な取引相手であった（加藤前掲註7論文参照）。

（32）イスパニア語の上手なジュアン（五郎左衛門）がコックスに雇われる時に語ったこと（前掲註23参照）は奉公の条件、大トメ（g）についてコックスが「彼が私に仕えることになっている四年半の期間を彼の自由にさせてやろうと思っていた人物」と述べているのは奉公の年季、彼が追いだされた時に返された証文は、年季奉公の証文（コックス『日記』一六一六年二月三一日条）、彼が二一年三月に解雇された（同二一年一二月一二日条）のは、年季明けだったのではないか。

（33）コックス『日記』註30条。

（34）これはコックスの使うマレー語源の通詞 jurebasso という言葉の内容に関わるようである。jurebasso は、通常、言葉の専門家と説明されるが、コックスの使い方にはもう一つ、誰かの意をうけて行動する、あるいは代理人、取次人として相手方へ赴くというような意味があるのではないか。アダムズがイギリス人の立場を代弁した時にのみ、コックスから「我々の通詞 our jurebasso」と呼ばれたこと（コックス『日記』一六一七年九月一五日条）は、そのニュアンスをよく伝えているのではないだろうか。ただし、オランダ人は通詞について、アジア語源ではない tolck, tolk を使っており、コックスが何故この言葉を使ったのか、正確なことは筆者にもわからない。御教示いただければ幸いである。

(35)「日本カタギ」については、田中健夫、荒野泰典、ロナルド・トビ、加藤榮一による座談会「西洋人の見た初期日本像」(『季刊悠久』五一、鶴岡八幡宮悠久事務局、一九九二年)における荒野・加藤の発言を参照されたい。

(36)この点について、加藤榮一は、次のように述べる、ピーテル・ノイツ Pieter Nuijts の江戸参府から、「台湾事件」の処理をめぐる交渉の過程を通じて、商館の日本人通詞の役割に、日常的な通弁的業務の他に、「公的な使者としての役目と、それに伴って、オランダ人の立場から口上を陳べ、時には自身の判断でオランダ人の立場を代弁し弁護する、という役目が加わり」それが「より重要な任務となっていった」、「日本人通詞を連合会社と日本人社会との仲介者として起用する」方針は、その後「日本人通詞起用法の定石となった観がある」と(前掲註7論文、四八七頁)。

(37)加藤榮一「平戸オランダ商館の日本人雇用者について」(尾藤正英先生還暦記念会編『日本近世史論叢』上、吉川弘文館、一九八四年)。なお、従来の所伝(「長崎志」)では、商館の移転に随行して一〇名の者が長崎に移ったとされているが、加藤によれば、平戸商館の「商館給与簿」によって平戸時代に商館の通詞であったことが判明するのは四名にすぎず、残る六名も商館の通詞であったことを証明する状況証拠はない、とする。

(38)史料『日記』一六四一年八月一三日、一八日条。なおこの点は、加藤前掲註7・37論文が力説するところである。

(39)史料『日記』一六四一年七月二〇日条。なお「誓約」については、当時の起請文は知られないが、『通航一覧』は、一六七一年九月の「起請文前書」を収録している。これは①オランダ語の稽古、②「異国人」への上意下達、下意上達を円滑にすること、③守秘義務、④ありのままの翻訳、⑤キリスト教の監視・摘発、⑥貿易品の値段決定に依怙贔屓をしないこと(規定外の礼物はとらないこと)、つまり中立義務、⑦貿易への参加の禁止、からなっている(国書刊行会本、第四、一八一頁)。なお、この時の署名者は八名である。

(40)出島は、二五人の長崎町人が出資して築かれた。彼らが名目上の出島町人で、オランダ人は彼らに賃貸料を支払って住みこむ借家人の立場だった。出島乙名は、この出島町人のうちから選ばれ、オランダ人の支配にあたった。

(41)例えば、一六七五年に商館が幕府に提出した貿易の不調を訴えた訴状のなかで次のように、日本語学習の許可を願い出ている(『通航一覧』第四、二九八〜二九九頁)。

一、われ〱おらんだ内へ、すこしのくちをもぞんじたるものをは、ぎよいのよしにてゐらびのけられ候、とうじこれあるつうじ共、おらんだのくちをしかとぞんぜず候へは、なにことを申あけたく候へともまかりならず、めいわくにぞんじたてまつり候、ねがわくはおらんだ人に御しやめんをかうぶり候はゝ、日本のくちをすこしづゝしらせ、しぜんのときのために、しかるべきかとぞんじたてまつり候、

(42) 日朝間の通詞については、田代和生「対馬藩の朝鮮語通詞」(『史学』六〇—四、一九九一年)、米谷均「対馬藩の朝鮮通詞と雨森芳洲」(『海事史研究』四八、一九九一年)を参照されたい。

(43) この点については、別に考察する機会をもちたい。

(44) 史料『日記』一六四一年八月七日条。

(45) 内通詞については次の説明を参照されたい。「昔年は内通詞とて、極て無之、口を存候者は、おらんだ商売の節銘々働を以、おらんだ人共に附添、売物買物の口銭を取渡世を送候、就夫、於出島毎年附侯儀先後を争不作法に有之、依之、寛文十戌年河野権右衛門支配の節、おらんだ口存たる者百六人、方々より訴訟を致すに付、おらんだ内通詞と名つけ相究、此内より十二人撰出し小頭と定、出島乙名通詞差図を以、おらんだ人に附、右の内入替の事も通詞乙名伺之極る」(『通航一覧』第四、一八〇頁)。なお、唐通事にも一六〇人余の内通事がおり、オランダ内通詞と同様の経緯をたどった。

(初出)「通訳論・序説—境界の人と言葉—」(荒野泰典他編『アジアのなかの日本史Ⅴ　自意識と相互理解』東京大学出版会、一九九三年)。

第五章　小左衛門と金右衛門
――せめぎあう人的ネットワークと海禁――

第1節　朝鮮人になった日本人

『通航一覧』巻六二一（国書刊行会本、第二、二九四〜二九五頁）は、朝鮮人になった日本人に関する次の逸話を収録している。少し長くなるが引用しよう。

寛延元年四月、朝鮮人来朝の内、騎馬の者壱人、大坂久太郎町、按するに、着坂ありしは四月廿日なり、△薫物屋四郎兵衛と申者方罷越度旨相願、御聞届の上被遣候由、右朝鮮人馬に乗、通詞壱人役人差添、四郎兵衛方へ無案内罷越、家名相尋る故、隣町迄見物群集いたし候、様子相尋候処、朝鮮人申候は、自注、日本詞にて、薫物屋四郎兵衛殿と申はこなたにて候哉と問ふ、成程薫物屋四郎兵衛にて候といふ、朝鮮人申す、扨は先四郎兵衛殿は死去被致候哉と問ふ、成程死去いたし候と答ふ、左候へは其元は長吉殿と申方にては無之哉と問ふ、其通りと答ふ、扨紛も無之候、私儀先年此御家に相勤申候紀州有田郡瀬名村の者、御親父様御代奉公致し候節、鳥目四貫文取逃いたし、夫より京都へ出かせき候得共、不当りにて長崎へ下る人有之時、一所に罷下り候得共、是亦不当りにて難儀いたし候間、対馬江下候得は、勝手よく暮し方の義も在之よしを申者有之、罷帰《ママ》り六年暮し候処、少々仕当て、朝鮮への通り切手を貰候て、彼地へ渡り相応之儀有之、朝鮮人聟に成り申候、先方小役人の跡故、今度日本へ渡海の人数に被差添候に付、何卒古主へ立寄、右之趣をも咄度、且紀州の様子風聞も承度存る也、私日本に居候時分、朝鮮人参直段一両目に付三百目程もいたし候様に覚へ申候、今以左様に候哉と、懐中より人参三本、外に小皿十枚出し、是ははる〳〵心掛持参のよしにてあたへ申候、四郎兵衛断申候得とも、達てと申故受納いたし候、四郎兵衛問、只今は知行とられ候哉、暮し方はいかゝと申候得は、答て曰、六間間口奥行七間の住居にて、相応に暮し候由申候、四郎兵衛鳥目弐貫文与へ候得は、堅断申候、此銭朝鮮にて持候へは、十五・六年は安々と暮し申候、左候はゝ百文可申請と申ゆへ、むりに五百文遣し候所、忝候へとも此銭持帰り候得は、殊の外改強六ケ敷候得は、中々いか様に隠し候ても、持返る事は難致候間、右之内百文は申受帰り妻へも咄し、日本にて金銀沢山の咄もいたし可申と言て、暇乞いたし帰り候よし、右の人参薬種屋へ遣し候処、壱貫七百目に成候由、右之趣堺奉行稲生安房守より被申越候よし也、落穂雑談一言集○按するに、この事因にこゝに附す、

寛延元（延享五、一七四八）年の朝鮮通信使が大坂に到着した際の逸話である。一八世紀半ばに、朝鮮人になった日本人がいたことに、まず驚かされる。これについて、三宅英利は「極めて異例の事実」との感想を述べられ、氏は「事実」と見做されている。(1) 直接、通信使一行の迎接にあたっていない堺奉行が、なぜこのような事柄を知りえ、江戸にまで通報したかということは、直接の担当者以外の者が知りえたことを独自の経路で幕府に知らせることは、通信使の時にかぎらず、通常ある（義務でもある）ことなので、特に異とするには及ばないだろう。なによりも、この男の四郎兵衛訪問は、当局の許可を得たうえで、通事と役人の立合のもと、多くの見物人が見守るなかでなされたのである。

この男は持参した「人参・小皿」を与え、四郎兵衛はお返しに「銭」を与えようとした。通信使一行は「交易」のために物品を持参すること、および、旅程の間に「交易」することは禁じられていたが、この出会いは当局の監視の

もとで行われており（役人・通詞の付添い）、物品の授受も密輸行為とは見做されなかったのであろう。この男が受けとる「銭」の額を手土産程度におさえたのも、彼の持参した人参の市価が知られるのも、そう考えれば納得できないではない。いずれにしろ、「極めて異例の事実」と、とりあえずは認めることができる。

そして、もし、これが「事実」であるとすると、近世社会の、もうひとつの側面が見えてくることになる。と言うのは、次のようなことである。

近世日本＝「鎖国」というイメージは、長く常識として通用してきた。しかし、この間三〇年程の研究の進展で、従来の単純な「鎖国」観＝外に対して閉じられた近世日本というイメージは、払拭されつつある。周知のように、近世日本は、長崎口以外に、薩摩—琉球口、対馬—朝鮮口、松前—蝦夷地口という、外に対して開いた窓口（四つの口）を持っており、盛んな交易を行っていたことが学界の常識となってきたからである。しかし、だからと言って、近世日本は単純に外に向けて開かれていた訳ではない。四つの口を通じた恒常的な関係と、厳しい統制（厳重な沿岸警備体制や「国民」の海外渡航の禁止など）とが併存していた所に、その特徴がある。筆者が「鎖国」という言葉に代えて「海禁」・「華夷秩序」という対概念で近世日本の対外関係を捉え直すべきことを提唱しているのは、このような実態を踏まえてのことだが、それだけではない。

「海禁」は、明で典型的に成立した、国家が国際関係を統制するための政策の一環だが、本来は「人臣」（あるいは「国民」）が私的に海外に出て異国民・異民族と通交することを禁じたものであり（下海通蕃之禁）、外交権は国家権力のみにある（人臣に外交なし）というイデオロギーに基づいている。筆者が「鎖国」を排して「海禁」を採るのは、国際関係をめぐって、国家と人民（「人臣」はかならずしも「人民」ではないが）の対抗関係が常に伏在していると考えており、「海禁」はその緊張関係のなかから生まれた政策であって、それ故に元来その対抗関係を内包した概念だからである。近世の東アジア（とりわけ一八世紀）は、日・琉・朝・清の諸国家が、それぞれに海禁体制をとって、「人臣」間の私的な国際関係を封じ込みながら、国家権力相互が恒常的な関係を取り結んで国際的な安定状態（平和）を創り出した時期でもあった。(2)

したがってその次の問題は、近世東アジアの国家群の海禁体制の貫徹の度合い、言い換えれば、海禁体制と「人臣」レヴェルの相互の交流との関係やいかに、ということになる。国家権力相互の関係が安定する以前に、この地域の「人臣」間の交流を主に担ったのは、国籍や民族から相対的に自由な倭寇的勢力と、彼らの活動を様々に支えた各地域の「人臣」たちに他ならなかったからである。(3)

その観点からすると、この男が、大坂を皮切りに、京都・長崎・対馬・釜山（倭館）との諸都市を結んで活動する姿は、きわめて示唆的である。大坂の通常の商家の奉公人が得られる情報は、民間に流布しているものにすぎないであろう。彼は、一旗揚げたいばかりに、その情報を頼りに釜山まで行き、そこで親しくなった朝鮮人下役人の婿になる。中世末までさかのぼれば、豊臣秀吉の朝鮮侵略に反対して、手勢二千人を率いて朝鮮側に投降したと伝えられる「沙也可《さやか》」（金忠善）をはじめとして、「投化倭」（投降した日本人）と呼ばれる「日本人」の事例は、数多くある。(4) この男の事例も、系譜的には、これらに連なるだろう。しかしここでは、とりあえず次の二点に注目したい。

一つは、当然のことながら、一八世紀半ばという時期にも、外にむけて開かれた「口」に関する情報が、民間レヴェルでも脈々と語り継がれていた、ということである。貿易品の流通ルートは、同時に、人と情報の交流ルートでもあった。

もう一つは、日本人・朝鮮人という「国籍」あるいは民族の違いが、この人物には、ほとんど意味を持っていないようにみえることである。それは、この人物を「婿」として受け入れた朝鮮側の下役人についてもいえることであり、彼の妻になった女性についても同様であろう。彼が持ち帰ったわずかな「銭」を土産に、故郷「日本」の様子を妻に語って聞かせるさまがみえるようである（彼は妻に自分の「出自」を隠していない）。このようなこだわりのなさ、あるいは、相互の共感や私的な利害関係によって、「国籍」や「民族」、「国家利害」の違いなどというハードルを軽々と超えてしまう人々のありかたを、とりあえず、異民族相互の「親近性」と呼ぶとすると、この性質もまた、民間では脈々と息づいていたということができる。それが、決して跡を絶たない、釜山倭館での「潜商」（密貿易）や「交奸」（日本男性と朝鮮女性の性的関係）等の、根源的な理由の一つだろう。(5)

「海禁」は、このような「地域」とそこに息づく人々の存在を前提にして、はじめて、政策としてリアリティを持ちうる。ここでは、後者を媒介に、根強く息づいていた「地域」の相貌を、いくつかの事例、特に特徴ある人物を中心に採り上げながら、照射してみたい。

第2節　伊藤小左衛門の世界

1　「抜船一件」の発覚

一六六七（寛文七）年、対馬・長崎・大坂を拠点とするおおがかりな武器密輸組織が摘発された。この組織の「張本」とみなされたのが、「筑前之町人」であって長崎五島町に居住する「無隠商人《かくれなき》」（著名な商人）の伊藤小左衛門であった。(6)この事件は、船を直接朝鮮に渡して行ったことから、当時の抜荷の分類では「抜船《ぬけぶね》」と呼ばれる。(7)以下、この事件を「抜船一件」と呼ぶことにしたい。この事件に関連するとして取調べられた者九四名、そのうち、有罪として何らかの処分を受けた者が八七名（連座を除く）であり、かなり大規模な組織であり、事件であった。

まず、摘発された組織の概要をみておこう。典拠は『犯科帳』である。(8) 事件は、主犯の一人、柳川の江口伊右衛門の「下人」正行村平左衛門という者が、柳川で「訴人」に出たことから発覚した。訴えを受けた藩留守居役によって、柳川沖端町の喜左衛門他九名が捕えられた（三月二四・二六日）。喜左衛門は対馬の小茂田勘左衛門等と申しあわせ、船頭として朝鮮に渡り、その際、上記九名の者を水主《かこ》として雇ったことが判明した。留守居役は、すぐさま長崎に通報、伊右衛門は長崎の柳川藩蔵屋敷で捕えられた（同二四日）。

これが発端で、組織摘発は長崎・博多・対馬その他諸藩、さらに大坂にまで及んだ。翌二五日、長崎浜之町「乙名」浅見七左衛門が捕えられ、四月一五日に築町借家六右衛門が捕えられた。六右衛門は主犯格の一人油屋彦右衛門（新大工町家持）の弟で、彦右衛門の名代として朝鮮へ渡ったが、「同類共数多致白状」したため一命を助けられ、追放に処せられた。彼の「白状」によって、五月朔日以降長崎の「同類」が芋づる式に逮捕された。伊藤小左衛門も、六月二五日に長崎水之浦で福岡藩によって捕えられ、五島町へ預けられている。

一方、長崎からの通報で、福岡藩関係では、篠崎伝右衛門が五月二日に尾張で逮捕されたのを手始めに、同月から九月にかけて「同類」が逮捕され、長崎に送られた。対馬藩関係では、五月二八日に主犯の一人小茂田勘左衛門が、大津で京都所司代牧野佐渡守（親成）の手で逮捕され、大坂に送られた。勘左衛門は、組織摘発の情報をキャッチして、江戸に下る途中、彼の「僕《しもべ》」の訴によって捕えられた。これを手始めに、対馬（藩主宗対馬守義真）でも、六月・九月に集中的に「同類」が逮捕され、長崎に送られた。その他、八代（細川肥後守）・島原（高力左近太夫）・宮崎（松平丹後守）・唐津（大久保加賀守）・久留米（有馬玄蕃頭）で、長崎奉行の通報を受けた大名によって、「同類」たちが逮捕され、罪状により、長崎に送られた。大坂でも、長崎からの通報を受けた町奉行彦坂壱岐守（重治）によって、関係者の逮捕・詮議が行われ、その結果が長崎奉行に報告された。長崎での詮議によって、この事件の全貌がほぼ明らかにされた。

幕府は、すでに七月二五日には関係者の処罰方針を決定して、老中連署で長崎奉行に通達している(9)。長崎以外に居所を持つ者はそれぞれの藩に引き渡され、幕府の指示通りに処刑された。長崎関係者は、一一月晦日に刑場の西坂で処刑されたが「見物人数夥敷事とも」であったという。なお、長崎で処刑された者の妻・子供は、斬罪にあった者以外は、町年寄・オランダ通詞・唐通事に「奴《やつこ》」として配分された(10)。

彼らが密輸した武具はどのようなものであったのか。『柳営日次記』は「当年異国え渡す武具」として「鎧五十領、鎗百本、長刀並刀、脇差十箱、鉄砲薬二百斤」（長刀・刀・脇差十箱ヵ）としている。なお、同史料は、小茂田勘左衛門が捕えられた時の所持品に、「珊瑚珠、人参、南蛮薬、黄金等」があったという(11)。

以上の関係を、主犯以外の者も含めてまとめたのが、表6である。これによって、この事件の特徴を整理しよう。

一、この事件は未遂も含めると、七回起きているが、主要メンバーの動きでみると、五つのグループに分けられる。すなわち、扇・新宮（Ⅰ）、伊藤・小茂田（Ⅱ）、中里・油屋（Ⅲ）、小茂田・中里・油屋・新宮（Ⅳ）、原野・江口次（Ⅴ）である（傍点は対馬の者）。これによると、まずⅠ、つぎにⅡ、Ⅲとそれぞれにグループが形成され、Ⅳでそれまでのグループが統合され、その傍らで新たなグループⅤができるというように、固まった組織というよりも、アメーバ状の活動形態を備えている。しかもその「組織」は「成長」しつつあった。

二、そのグループのどれにも主犯として対馬の者が加わっているように、核になるのは対馬の者である。彼らはすべて姓を持ち、朝鮮側に何らかの「つて」を持つか、藩内に協力者（肝煎・通事）を持っていることから、もともと藩の朝鮮貿易に関係の深い士分の者か、新・古六十人（特権商人）に属する者と思われる。しかし、彼らの

表6 「抜船一件」の実行年次と密輸グループ

年次＼役割		主犯	肝煎	通事	船頭	水主	その他	備考
寛文2年 (1662)		扇(T) 新宮(T) 長島(T)						未遂
寛文3年 (1663)		伊藤(H) 小茂田(T) 扇(T) 高木(H)	1(T)	1(T)		8(H)	1(H)	遂行
寛文4年 (1664)	A	伊藤 高木 小茂田 扇 篠崎(H)	1(T)	1(T)	1(H)	2(N) 2(H) 3(O)	1(H) 1(T)	遂行
	B	中里(T) 油屋(N)			1(T)	2(N) 5(H) 1(S)		悪天候で未遂
寛文5年 (1665)		小茂田 中里 油屋 前野(H) 村田(H) とうつき(H) 木原(T) 亀岡(T)	1(T)	1(T)	1(H)	1(H) 8(O)	1(H)	遂行
寛文6年 (1666)	A	小茂田 中里 油屋 新宮 浅見(N) 江口伊(Y) 惣右衛門(H) 深見(N) 時田(N) 柳屋(N) 塩屋(N) 五郎右衛門(M)			1(Y)	9(Y) 1(Km) 1(H)	1(N) 1(Kt)	遂行
	B	原野(T) 江口次(N) 野口(N) 青柳(H) 八兵衛(N) 千早(N) 中尾(N)				3 (S) 2 (Yr)	1 (T)	悪天候で未遂

註 (1) 典拠：森永種夫編『長崎奉行所判決記録　犯科帳』(犯科帳刊行会)。

(2) 居所は人名の後に(略号)で示した。略号の意味は次の通り。T：対馬　N：長崎　H：博多・福岡　Y：柳川　S：島原　O：大坂　M：宮崎　Yr：八代　Km：久留米　Kt：唐津。なお、人名のうち、姓名のある者は姓を、名のみの者は名を記した。再出の者は居所を省略した。

(3) 「主犯」のうち、下線のある者は「金元」(出資者)。

(4) 表中の数字は人数。

(5) この件で取り調べをうけた者は94名、処罰をうけた者は87名(連座を除く)。

(6) 主犯格のおもな者の姓名、身分(判明する者のみ)、年齢、処罰は以下の通り。

〔対馬藩〕扇角右衛門(35歳、磔、天草にいた男子は領主戸田伊賀守によって斬罪)・新宮惣兵衛(小茂田に大坂で殺害される)・小茂田勘左衛門(34歳、磔)・中里弥次右衛門(28歳、刎首獄門)・木原市右衛門(37歳、刎首獄門)・亀岡平右衛門(30歳、刎首獄門)・原野与市左衛門(39歳、斬罪)

〔長崎〕伊藤小左衛門(49歳、筑前町人、長崎五島町居住家持、磔、男子2人は、長崎・博多でそれぞれ斬罪)・油屋彦右衛門(38歳、新大工町家持、刎首獄門)・江口伊右衛門(35歳、柳川の者で長崎居住、刎首獄門)・浅見七左衛門(39歳、浜之町家持、磔、男子1人斬罪)・深見吉右衛門(41歳、浜之町家持、刎首獄門)・時田市郎兵衛(28歳、油屋町家持、刎首獄門)・柳屋又兵衛(32歳、材木町借家、刎首獄門)・塩屋太兵衛(37歳、築町家持、刎首獄門)・江口次郎助(48歳、築町借家、斬罪)・野口久左衛門(築町借家、斬罪)・八兵衛(38歳、本紺屋町、堺具足屋吉兵衛手代、斬罪)・千早伝兵衛(34歳、大村町帯屋作兵衛屋代、斬罪)・中尾弥次兵衛(35歳、ろかす町家持、斬罪)

〔福岡藩〕高木惣十郎(39歳、磔、男子2人斬罪)・篠崎伝右衛門(31歳、刎首獄門)・村田市右衛門(27歳、刎首獄門)・とうつき六郎右衛門(38歳、斬罪)・青柳八郎右衛門(34歳、斬罪)・惣右衛門(41歳、博多洲崎町、斬罪)

なお、下線を施した伊藤小左衛門・江口伊右衛門は、長崎居住を基準として長崎にいれた。

活動範囲は、対馬・朝鮮（釜山倭館）のみでなく、長崎・博多・大坂と広域にわたっている。そのために主犯格の扇・新宮・小茂田は、すでに対馬を立ち退いて、行方知れずになっていた。[12]

三、これらのグループが結成されたのは長崎においてであり、出資者も、ほぼ長崎に集中している（長崎以外では、博多に一人）。長崎は、次の二つの点で、このようなグループが形成される条件を備えていた。

(1)、貿易品の買付と情報収集、および長崎奉行との業務連絡のために、西国大名が蔵屋敷と「聞き役」を置いていたこと。対馬藩もその例外ではなく、特に、朝鮮貿易に必要な東南アジア産の物資（長崎除き物）調達と、朝鮮漂流民の受け取りのために、長崎に蔵屋敷を置いていた。伊藤と小茂田、中里と油屋が出会ったのも長崎である。主犯格の者たちは、ほとんど長崎を媒介に結びついていた。

(2)、長崎の資金力。長崎はこの地域では傑出した資金力をもち、周辺大名に貸付も行っていた。伊藤小左衛門が、実質的に密輸に関わったのは二回に過ぎないのに、「金元」（出資者）とされ、この事件の「張本」と目されたのは、彼の出資によってこの企てが実現したからであろう。

四、彼らの活動範囲に大坂が加わるのは、輸出品の調達と輸入品の販路として、大坂を必要としたからである。この場合は輸出品が武具であり、その生産は上方が圧倒的なシェアを占めていた。主犯の一人小茂田が大坂に居住していたのも、そのためである。

五、主犯格に、士分か、町人でも上層と思われる者が多いのは、もともと、朝鮮貿易や長崎に関わる特権的な者たちの中からこの「組織」が生まれたことを思わせる。[13]

以上のことから、この密輸「組織」は、対馬を起点に、長崎に関係を持つ周辺地域の人々の日常的な交流（対馬・長崎・大坂を結ぶ交易ルート）を媒介にして生まれたもので、突発的に発生した特異な事件というよりは、いつでも起こる可能性を秘めた事件であったといってよい。そして、この日常的な交流は、いうまでもなく、対馬を介して朝鮮（釜山倭館）に通じていた。密輸は相手側に応じる者がなければ成立しない。次に、この事件をめぐる幕府・対馬藩と朝鮮の交渉過程を概観しながら、当時の日朝の関係の在りよう、もしくは実態をみることにしよう。

2 「抜船一件」をめぐる幕府・対馬藩と朝鮮政府

幕府は、同年八月、対馬藩に対して、この事件について朝鮮政府に「詰問」するように命じた。「偽船（抜船のこと—筆者註）の賊、本邦の商たりといえども、朝鮮の儻の内通する者なくば、則ち、渠輩この如く心に任せて海を超えるか」という疑いを持ったためである。(14)

対馬藩の外交文書集『朝鮮通交大紀』（一七二五年）は、もっと明確に、「筑前の商伊藤小左衛門といふ者諸商と議り、偽船を朝鮮に通し、鳥銃・刀剣・硝黄等の物を載せ去り、連に潜商したりしに、彼国亦密に是に文引を給し接待を許して意を恣にして往来せしむ」（傍線筆者）と述べている。(15)

「文引」とは渡航許可証のこと、「接待」とは朝鮮側が行う使者迎接の儀礼のことであり、日本から朝鮮へ渡航する貿易船はすべて使節船の形態をとり、「文引」を持参してはじめて寄港が許され、「接待」を受けてようやく、外交交渉や貿易が許可された。「文引」を持たない船はすべて「賊船」とみなして討伐するというのが、「三浦の乱」（一五一〇年）以後の朝鮮政府の方針であり、漂着船がしかるべく処遇されるようになったのは、一六二七年以降のことであった。(16)朝鮮の体制、および、日朝通交の制度からみて、朝鮮側、それも倭館関係、あるいは、倭館の支配にあたる釜山鎮・東萊府のなかに内通する者がなければ、「抜船」はできないことは明らかであった。

実際、一六六四（寛文四）年七月には、先年訳官が対馬に来た時に約束したとして、「倭人」が「硫黄一万一千二百斤・黒角二十桶・鳥銃四柄・長剣五柄・赤狐皮十束」を船載して加徳島に来船したのに対し、銀「六千九百九十五両」を給して、「鳥銃二柄・短剣四柄・長槍一柄・硫黄二百斤」を買い取った。さらに翌八月には、「倭人」がひそかに「硫黄四万三千三百六十四斤・長剣五十柄・中剣一百柄・鳥銃七柄」を船載して「知世浦」に来泊し、「小通事金検忠」とこれらの物の「売買」の約束をしたと申し立てたのに対し、朝鮮側は「極めて驚駭たり」としながら、金検忠を捕える一方で、硫黄は代価を払って買いとって京へ送り、長剣以下も「勅需」として別に買いとり、「倭人」の要求する「石帯星」以下の物を与えている(17)。これらの「倭人」が、伊藤小左衛門らのグループであることはほぼ間違いあるまい。「抜船」には朝鮮政府、少なくとも、東萊府・釜山鎮レヴェルの地方役人が関わっていたのである。

朝鮮側に「詰問」するための、礼曹参判への「書簡」（外交文書）の文面は、弘文院（林鵞峯、一六一八〜八〇）と相談するようにと、老中から江戸の対馬藩邸に指示があり、藩邸で鵞峯が認めた。鵞峯は、『寛永諸家系図伝』・『朝鮮往来』・『本朝通鑑』などの編纂をはじめ、将軍宣下、日光山中制法などに関わった他、鄭成功の援兵要請（一六四七年）、朝鮮通信使（一六五五年）、シャム国書（一六五六年）等の外交案件に外交文書を中心に関わった。彼が朝鮮宛の外交文書作成に関わっていることから、幕府がこの事件を重視したことがわかる(18)。鵞峯の草案を以酊庵の全長老が清書して、仕上げた。同様の「書簡」は礼曹参議へも送られ、現実の交渉は、常のごとく使者の平田所左衛門等の「演説」に任された。所左衛門らは一二月二九日に対馬を出船している(19)。

その「書簡」において幕府は、「抜船一件」の露見と処罰の概要を述べ、「想うにこれ内通者あるべし、事微小において防がざれば、即ち堅氷の戒め懼れざるべき哉、もしその事に預るありて、匿して言わざる者は即ちこれを禁断し、後来を懲らすべし」として、内通者の摘発と厳戒を強く要求した。これに対する礼曹参判の返簡は、「往は辺徼の事にして、未だ相報即らず、来教の先及を致すを以て、曲の推恕を為す、既往を追咎することを欲せず、喩えるに霜氷を以てす、慮は将来に杜漸するにあり」というものであり、積極的に朝鮮側の内通者を糾明する姿勢はみられなかった。そこで、翌六八年六月、藩は「同類之輩」の詮議を要求するために、ふたたび所左衛門らを釜山に派遣した。所左衛門らは七月一四日に釜山着、東萊府は中央政府へ「注進」して後、八月一九日に「茶礼」(「接待」の儀礼の一つ)をすませ「書簡」を受け取った。同年九月付の礼曹参判の「返簡」は、つぎのように、「抜船」を許したことを謝する文面であった。[20]

耑使また至る、示す所の事前書いまた是を詳に尽すことあたはさる、益愧嘆に堪さる而已、往歳船有、来りて我境に泊し、硫黄を売むことを求む、是我国の産せさる所にして、かつて貿ることを求めるもの、是貴州のしる所なり、其船至るの時に当りて、其印契の験むへきことをおもはす、禁断を加へさるもの誠に疎漏たり、今来教を承て悔といへとも、及ふことなし、此事本末かくのことし、罪を帰するに所なし、但此後厳に是を防くの事、敢て少しくも忽にすることあらむや、よりて辺界に令し、専ら謹て是を守らしむ、其誠義相与するの道に在て、宜く前非を護して自ら疎くすへからす、敢て尽くに此意を布く、願くは執事の察することを賜む事を、

つまり、先の「返簡」では十分に意を尽くしていなかったことを詫び、「抜船」を取り締まらなかった理由として、「抜船」が朝鮮では産しない硫黄をもたらしたためと説明し、かつて日本に硫黄を求めたことがあるのは、対馬藩もよく知っているはずだとする。たしかに、ほぼ一〇年前の一六五七(明暦三)年に幕府は、朝鮮側の要求により硫黄一万斤を贈っている。[21]

朝鮮政府がこうまでして硫黄を求める背景には、鉄砲が朝鮮の軍事力において重要な位置を占めるようになった、という事情があったと思われる。豊臣秀吉の朝鮮侵略前後から朝鮮政府も鉄砲に興味を示し、戦時中の「降倭」(朝

鮮側に投降した日本人）を通じて鉄砲と火薬製造の技術を獲得した。「降倭」として知られる日本人武将「沙也可」（金忠善、?～一六四三）の墓誌（一六六九年）には、彼によってその技術が伝えられ、それより以後朝鮮の一兵卒にいたるまで皆鳥銃に精通し、鳥銃が国家の利器になったという記事があるという。金忠善の本来の事跡は武将としてのそれであって、鉄砲に関する事跡はこの墓誌の段階でつけ加えられた潤色であり、鉄砲に関する記事は、「降倭」による鉄砲伝来の経緯を忠善に仮託したものと推定されている。(22) 秀吉の侵略、後金・清の二度にわたる侵略（一六二七・三六年）を経て、荒廃した国土の復興と軍事力整備がなされるが、そのなかでの鉄砲の役割の重要さがよくわかる事例である。

とは言え、朝鮮側が「抜船」を容認、あるいは黙認してしまったことに間違いはなく、朝鮮礼曹としては、とりあえず反省の色を示して幕府の追及をかわし（罪を帰するに所なし）、今後の厳戒を約束する以外に、体面を保つ手段はなかったのであろう。

この「返簡」は、まず写が対馬に送られ、藩主と西山寺・長寿庵等の検討によって、「結構」と判断された後に受け取られ、一一月に江戸に送られた。それに対して幕府は、既往は咎めず、今後を戒めるようにとの趣旨の「書簡」を朝鮮側に交付することを藩に命じた。(23) それを受けて藩は、翌年八月に使者井手弥六左衛門を派遣したが、彼は藩当局から、その間の経緯や藩の立場について、朝鮮側の交渉の当事者（判事金同知）に対して、内々に、次のように説得するよう指示されていた。(24)

まず、江戸での藩主と「東武之御執権衆」（幕府老中）とのやりとりを、次のように説明する。老中は藩主義真に対して、次のように問いただした、すなわち、朝鮮側が硫黄の国産がないために、「欠出し之船」（抜船）が硫黄を船載したので買い取ったというのは、「両国誠信之道」を忘却したものといわざるをえない、というのは、幕府は、かつて、武具輸出の禁にもかかわらず、朝鮮側の所望通りに硫黄を贈ったことがあるからである、もし以前のような「分別」が朝鮮側に残っていたならば、対馬藩に断ってからにしたはずであるが、両国の「契約」に背いて、そうしなかったのはどのようなつもりであるか、と。それに対して、藩主義真は次のように答えた、すなわち、老中の「御不審」は至極もっともである、朝鮮国は家康以来の幕府の懇意に対する感謝の念を忘れてはいないが、武具輸出の禁令についてもよく承知しており、硫黄をかさねて請求するのも「自由」がましく、遠慮したものと推量される。「抜船」が硫黄を船載したのをこれ幸いと買いとったもので、別に計画的な仕業とも思えない、と。この説明で老中はいちおう納得して、事は済んだ。

さらに、藩の立場について義真は、次のように説明する。以上のような藩主の説明は朝鮮側の「心底」とは違っているが、「代々手長」（取次）をうけたまわっている立場から、朝鮮国のためを思い、「出入」（紛争）をさらに紛糾させないためにしたことであろう。このようなことを私（弥六左衛門）が言ったことが藩主に知れると、また問題になるかも知れないが、私も由緒あって「裁判役」（特別の外交案件がある場合に、釜山に渡って交渉にあたる役）を命じられている以上、「両国の恰好」がうまくつくようにと考えて「内談」するのであって、藩主の心づかいも朝鮮国のことをおろそかに思ってのことではない、「抜船」の件を藩主がありのままに幕府に告げたならば、どれだけことが紛糾したかわからない、「両国通用」のルールを忘れたのは第一朝鮮国の「越度《おちど》」であるし、ことが紛糾すれば類はかならず金同知ら「掛」の役人にも及んだはずであるが、ともかく、無事に済んであなたがたもほっとしていることであろう、と。

弥六左衛門の滞在が翌年六月末まで延引しているのは、朝鮮側から、藩—幕府が望むような「返簡」をひきだすた[25]めの交渉が長引いたためと思われるが、『朝鮮通交大紀』が同年二月付の、次のような、礼曹参判の藩主宛の書契を収録していることからみて、その後ほどなく「返簡」（上述の書契がその返簡であろう）を受け取ったものと思われる。

貴价重り至る、教る所辺界の事、厳しく沿海の官吏に令して、此後船舶の印契なくして来船するものあらは、専ら是を察し、厳に禁断を加ふる而已ならす、皆是を執へ以て送りいたさしむ、希くは奸人の路を絶ちて、辺境の防を失ハさらむことを、今来書喩すに貴大君（徳川将軍―筆者）の好意を以てせらる、是皆左右周旋の力に非すといふことなし、隣を善するの意、誠に以て感嘆せり、……

朝鮮側との交渉を通じて、日本側は事件の糾明は果たせなかったが、以後朝鮮側は「抜船」の禁圧のみならず、「抜船」の犯人等を日本側へひきわたすことを約束し、事が穏便に済んだことについて、「大君」の「好意」を謝し、さらに、藩の「周旋」の宜しきを褒めた。こうして互いの体面を保持しつつ、かつ、相互の関係の破綻を回避しながら、とりあえず事件は一応の解決をみたのであった。

しかし、この経緯を評して、『朝鮮通交大紀』の編者松浦允任は次のように言う。[26] すなわち、朝鮮がひそかに「文引」を給して、「偽船」をして意のままに往来させたのは、「誠信」の道に反するものであったが、幕府―藩が、「誠信の道」のみをもって朝鮮側を責め、事件を糾明させようとしたのは、かえって「事の情に遠かりしに似たり」であり、事件がついに落着をみなかったのも無理はない、とする。と言うのは、「潜商」（密貿易）は、両国が等しく禁じるところではあるけれども、「其情に至りて各同しからさるもの」（それぞれ事情がちがう）からである。すなわち、朝鮮が「潜商」を禁じるのは、それによって「倭人」に親しみ、「国事」を漏らすことを慮るためであり、日本（幕府）がこれを禁じるのは「銀貨・武器」が「外国」に流出するのを患い、対馬藩が禁じるのは「開市」（貿易）に障るからである。この事情の違いを踏まえず、いたずらに両国が等しく禁じていることのみ（互いにそのことを尊重する、すなわち「誠信の道」）を頼みにするのは、堯・舜・禹の三代はいざ知らず、当代においては「あやまり」というべきである、と。

対馬藩が「開市」に障るとするのは、「潜商」によって貿易の市況が乱されることを警戒したものである。おそらく、允任は、「国事」漏洩の可能性等を指摘しながら、より強く事件の糾明を朝鮮側に迫るべきであったと考えているのであろう。事件が落着したとはいっても、いかにも中途半端な結末であり、允任の評にも一理ある。

しかし、允任が指摘しているように、「潜商」禁止について、朝鮮政府・幕府・対馬藩の三者の目的、立場が違うからこそ、このような結末にならざるをえなかったのではなかろうか。裁判弥六左衛門の「内談」に明瞭に露呈しているように、対馬藩の本音は、朝鮮側にさらに事件の糾明を要求して事態を紛糾させ、貿易そのものに支障をきたすよりも、幕府と朝鮮政府の顔をたてて、双方まるく収めるというところにあった。幕府も、朝鮮側も、結局は藩の説得に応じた。三者は、同床異夢でありながら、「潜商」の禁圧という点では、理念（誠信の道）においても、現実の利害に関しても一致することができ、その点において成立した三者の妥協が、この結末であった。

その妥協を成立させたのが、「抜船」にかぎらず、倭館において頻繁におきる「潜商」（密貿易）であった。「潜商」の原因が、結局のところ、常時五〇〇人以上の日本人が居留して、様々な規制のもとにありながらも、朝鮮人と日常的に交流しているという、倭館のありようそのものにあることはいうまでもないだろう。

3　倭館の移転と統制強化

対馬藩が双方をまるく収めて、朝鮮側の心証を良くしようと努めた理由は、もう一つある。いわゆる、倭館の移転問題である。

倭館は一六〇七（慶長一二）年以来釜山城近くの豆毛浦《ツモポ》に置かれていたが、南風を直接受けるために、船の停泊にはきわめて不便であり、また、館舎も狭く、館の東には大川があって、川口から海水が出入りし、墻垣を掘りとるなど、立地条件も悪かった。そのため対馬藩は、一六四〇（寛永一七）年に、はじめて朝鮮側に移転要求を出し、藩主義成の死去（一六五七年）を期に、その翌年（万治元）から、積極的な移転要求運動を展開した。(27) 移転要求のための使者は、一六五八（万治元）年・六〇（寛文元）年・六八年・六九年・七一年・七二年の六度におよんだが、「抜船一件」以後使者の派遣が頻繁になっていることに注目しておこう。(28)

対馬側の希望する移転先は、かって倭館の置かれていた熊川（薺浦）、あるいは多大浦、釜山城と異動があるが、田代和生は、対馬側の移転要求の後朝鮮側が倭館の船滄の修築・改築を行っていることから、対馬側の移転理由はもっぱらそこにあったと推測している。(29) 朝鮮政府は、一六七三（延宝元）年になってようやく、洛東江以西の地はだめだが、以東ならば藩側の望みの地に移館を許可するとの姿勢を示し、藩では、多大浦・草梁項・牧場（絶影島）の三ヶ所の候補地のうち、草梁項を選び、政府の許可を得て、決定した。

新倭館の建設は、一六七五（延宝三）年から約三年間をかけて、七八年に成就した。(30) 新倭館は、面積にして、旧豆毛浦倭館のほぼ一〇倍、長崎の「唐人屋敷」（一六八九年完成）の約一〇倍、出島の約二五倍にあたるという。この比較によってその規模の大きさがわかるが、しかしその周囲には、高さ六尺の石垣がめぐらされ、出入口は守門と宴席門（北門）の二ヶ所のみ、外には六ヶ所の伏兵所（番所）が置かれ、館外への出入りはここですべてチェックされ、遠方への旅行も、旧倭館への墓参以外はいっさい禁止された。朝鮮側の役人、商人等の出入りも所定の通行札によって一々チェックされた。(31) 朝鮮政府は、対馬側の希望を容れながら、同時に、倭館に対する統制強化という自らの目的を十分に果たしたというべきである。倭館における「潜商」の禁圧、そのための統制強化は、己酉約条（一六〇九年）

以来、朝鮮政府の懸案でもあったからである。

松浦允任は、移館のことは、「其実彼かいのり求める所」であったが、対馬側の長年にわたる運動に応じる形で移館したのは、一つは、対馬側が安易にふたたび移館を望むことを抑えるためであり、もう一つは、対馬側を疲れさせて過大な要求をさせないようにするためであり、これは朝鮮側が対馬側をあしらう常套手段であったとし、そのやり方は「巧なりとすへし」と穿った観方をしている。[32] 藩は朝鮮側にうまく乗せられたのだという允任の考察は、おそらくあたっていよう。

しかし、倭館を含む朝鮮貿易の統制に関しては、幕府―対馬藩も、それぞれの立場で強化を望んでいた。[33] 対馬藩からの移館要求の使者派遣が、上述のように、「抜船一件」の発覚以後頻繁になるのは偶然ではあるまい。

「一件」が発覚して間もない、一六六七（寛文七）年六月に、このような事件が起きるのは倭館の「所柄」（場所柄）が悪いためで、南の方へ所替えすべきであるとの「御沙汰」があり、内々に尋ねたいことがあるとして、その頃倭館にいた井手弥六左衛門が、江戸家老から、帰国、江戸出府を命じられている。[34]「御沙汰」の主は、この時参勤交代で江戸にいた藩主義真であろうが、幕閣の「内談」も同時に受けていたはずである。弥六左衛門が、翌年、「抜船一件」の交渉のために、釜山へ渡ったことは、前述の通りである。彼は、「一件」について朝鮮側の金同知との「内談」のなかで、移館についても触れて、「両国通用」のためであるとしており、ここでも移館と「抜船」をはじめとする「潜商」防止との関連が意識されているようである。

また、一六六八年の使者は、釜山への対馬側の渡口である鰐浦は狭く、また、水深が浅くなって使用に堪えなくなったので移転の必要があり、それにともなって倭館の移転が必要であると朝鮮側に訴えている。「両国通用」のための航路整備に協力するのも、朝鮮側の務めであり、それも「誠信の道」であるというのが藩側の立場であった。この要求も、朝鮮側の容れるところとはならなかったが、移館要求は、対馬領内における朝鮮通航路の整備と統制強化に連動していた。釜山への渡口は、一六七一年一〇月、幕府の許可を得て、佐須奈に移すことが決定されたが（翌年移す）、この時、大船越の開鑿工事も願い出て許可されている（翌年二月着工）。

大船越瀬戸の開鑿は、一六九貫余の費用と三万五〇〇〇人余の労働力を投下した大工事であったが、それによって開かれた長さ二町一三間、広さ一二〜二七間の瀬戸は、玄界灘と浅茅湾を直結する大動脈となって、本土―朝鮮間の通航距離を飛躍的に短縮した。ここに口留番所が置かれたことは改めていうまでもない。また、新たに渡口に設定された佐須奈には、番所が置かれ、浦奉行が配置された（後、佐須奈横目も設置）。冬期の停泊地として残された鰐浦、鰐浦に停泊できない時の避難港に指定された網浦にも、それぞれ番所が置かれた。さらに、東西に一六ヶ所の遠見番所が置かれ、北端の豊と大船越、南端の豆酘には「押船」（追船）の停泊地として、常時追船方目付らが配置された。(35)移館先として草梁項が選定されたのは、佐須奈からの「渡筋」が良かったからでもあった。(36)

こうして、一六六〇年代の末には対馬藩側で、朝鮮への通航路の整備と統制強化がなされ、ほどなく、釜山倭館の草梁項への移転が実現した。そして、移転後の一六八〇（延宝八）年、倭館には、「一、日本武具の類、異国へ相渡候儀、従公儀御法度之旨制札にも令書載之間、弥堅可相守事」以下、二七ヶ条の「壁書」が制定された。そのうち五ヶ条が「法度物」（禁制品）の密輸に関する規定になっていることは、上述の、対馬では「開市」に障るので「潜商」を禁じるという允任の言葉を裏書きしているといってよい。その四年前に「朝鮮人壁書」（六ヶ条）が制定されているが、朝鮮人の倭館への出入りの統制に関するものが半分（三ヶ条）を占めており（そのなかに、女性が倭館の門の近所を往来することを禁じる規定もある）、朝鮮側が日本人との接触に、きわめて神経質であったことを示している。(37)

この後、一六八二（天和二）年の通信使の時に、交渉がまとまり、翌年「癸亥制札」七ヶ条が倭館内に建てられた。(38)

一七一一（正徳元）年の通信使の時にも、「潜商」と「交奸」に関する定約が作成された[39]。このことは朝鮮側が、通信使の機会を、対馬藩との交渉で埒があかない案件を、幕府との直接交渉で解決する場として利用したことを示しているが、倭館における日本人と朝鮮人の交流の統制をめぐっては、朝鮮政府―対馬藩、朝鮮政府―幕府の連携が成立していた。「潜商」禁圧も「両国通用」のためであり、「誠信の道」であるとされていた。

一七二五（享保一〇）年、対馬領内の石橋七郎右衛門（三〇歳）と、佐賀藩領皿山の嬉野次郎左衛門（四〇歳）、平戸の今津屋長右衛門（四一歳）が、「申合、度々朝鮮国え罷渡り、人参買取」という事件が発覚した。このほか佐賀藩領伊万里町の前田忠右衛門（三九歳）、松浦藩領大島浦船頭徳左衛門（三二歳）ほか水主八名が捕えられた[40]。依然として伊藤小左衛門の「世界」は健在だったわけだが、一方、この事件が先の「抜船一件」以来ひさびさの「抜船」であることを考えると、日朝政府間の連携は、このような動向をよく抑えこんだともいえるだろう。

第3節　蔭山九大夫と先生金右衛門

1　蔭山九大夫の世界

『長崎根元記』（一六九七年頃）は「長崎代官末次平蔵流罪之事」と題して、次の記事を載せている（現代語訳して示す[41]）。

延宝四（一六七六）辰年、末次平蔵の家頼蔭山九太夫と弥留（富）九郎右衛門、それに唐人通事下田弥三右衛門が密談をして、泉州から来た唐人卓順官・王熹官という者と、「異国渡之商売」を企てた。平蔵の銀子をとりだして、右の唐人たちが自分の船に積み、前の年に福州まで渡った所、難風に遭って泉州厦門で破損した。その頃厦門は錦舎（鄭経）の城下であった。まさに海賊たちが荷物を奪いとろうとした時に、二人の唐人たちは、これは日本の末次平蔵の船だから勘弁してほしい、といった。錦舎は日本のことを尊重して、船が破損した唐人たちを歓待し、急いで船を拵えて流れた荷物をとりあげ、商売をさせ、買物をして日本へ遣した。ところが、先に厦門から出船した唐船が一艘（長崎に）入津し、右の様子を「風説」に申しでた。翌年正月に卓順官・王憙官が入湊した。奉行牛込忠左衛門が、右の二人の唐人、その外船中を吟味したところ、唐人が白状し、また（事件に関する）書付などもあった。松平主殿頭（島原藩主）に立合が命じられ、二月に長崎にやって来て、忠左右衛門と立合で、さらに穿鑿したところ、平蔵にも「越度」（非）があり、同十八日に平蔵は松平右衛門佐（黒田藩主）蔵屋敷へとりあえず預けられた。倅の北之助は大村因幡守へ預けられ、平蔵母長福院と平蔵の娘は大久保出羽守（唐津藩主）蔵屋敷へ預けられ、家財はことごとく「闕所」（没収）にされた。同年三月に平蔵・北之助は隠岐に流人（と決まり）、松平出羽守（松江藩主）へ渡し、長福院は壱岐に流人（と決まり）、松浦肥前守へ渡した。婿末次平右衛門は追放。四月二五日、蔭山九太夫・下田弥三右衛門は磔、弥留九郎右衛門と九太夫倅は「刎頭」（斬首）、卓順官・王憙官は「日本渡海停止」を命じられた。

年代は間違っているが、事件（以下「蔭山一件」と呼ぶ）が発覚し、処罰された経緯は、ほぼこの記述の通りだったのではないか。『寛宝日記』は、次のような出来事を記録している。

延宝三年一二月二二日に入港した泉州船が、銀高一四貫目余という少ない積荷で入港し、途中で大風にあい荷物は皆海中に捨てたと申告した（積荷が少ないということは、事故でなければ、入港以前にどこかで荷を降したとみなされる、つまり、抜荷の疑いをかけられることを意味した―筆者註）。それについて検使を派遣して調査させてみると、帆柱が吹き折れたと言うのだが、明らかに斧で切り落としたものであった。そのことを奉行（牛込忠左衛門）に報告すると、まず、船の「役人」だけ六人上陸させて尋問したところ、船中の「人別」に間違いがあり、「不審」なことを申したてたので、四人は「手鎖」をして本船に監禁し、残る二人は年番通事に預け、厳しく番をした。これに続けて『日記』は、「右之様子斗ニては御座有間敷候え共、世間之評判ニは如此申候ニ付、書付置申候」（それだけではないだろうが、世評ではこのように言っているので、記録しておく）と書いている。

「右之様子斗ニては御座有間敷」（それだけではないだろう）というのは、意味がつかみにくいが、おそらく、この動きにはもっとこみいった事情が隠されているということに、書き手は感づいていたのではないか。あるいは「一件」の噂が彼の耳にはすでに入っていたのかもしれない。というのは、確かに泉州はこの時期鄭経の支配下にあり、[42]この年彼は長崎に貿易船を九隻派遣しており、[43]本史料（『長崎根元記』）の著者の言うように、それらの船から「一件」の船のことが「風説」として伝えられた可能性は十分考えられるからである。ともあれ、翌年正月九日には、唐通事下田弥三右衛門・蔭山九太夫ら七名が「船仕出し」の廉で捕えられ、次いで類縁の者が捕えられている。平蔵の一族は、二月一四日になって、松平主殿頭が配下四〇〇人余とともに長崎に到着してから、捕えられた。

ここで「一件」の関係者を概観しておこう。表7は、「一件」の関係者について、身分・罪状・処罰をまとめたものである。みられるように、三一名のうち、直接事件に関係した者は、蔭山・下田弥三右衛門・弥富九郎右衛門・長福院・井上市郎右衛門・末次平蔵・吉野藤兵衛の七人である。それ以外は、家族・兄弟・家来など、連座の制によって罪に問われた者たちである。平蔵は、「抛《なげ》（投）銀《がね》」のみで、この計画のことは知らず、また、地方支配に関しても不正はなかったということで、死罪を免れ隠岐に流罪となった。しかし、この事件によって平蔵一族はほぼ根絶やしにされた。これで長崎代官末次平蔵が改易となったのはいうまでもないが、この時同時に長崎代官という役職その

表7 「蔭山一件」関係者の名前・身分・罪状・処罰

名　前(年齢)	役職・身分	罪　　状	処　　罰
蔭山九太夫 (44)	末次平蔵召使	唐人の船買取り、カンボジアへ貿易に出す、平蔵投銀肝煎	磔
下田弥三右衛門(39)	唐人小通事	九太夫と同罪	磔
弥富九郎右衛門(44)	磨屋町町人	投銀才覚・船の修復肝煎(有体に白状)	斬罪・獄門
虎之助 (9)	九太夫子	父に連座	斬罪・獄門
長福院 (63)	平蔵母	女の身で唐人と付合う、異国へ投銀	壱岐へ流罪
三十郎 (3)	平蔵末子	連座	壱岐へ遠島
井上市郎右衛門(?)	平蔵召使	未詳	自殺
同女房 (43)		連座	壱岐へ遠島
市十郎 (18)	市郎右衛門子	連座	壱岐へ遠島
次郎吉 (10)	弥三右衛門養子	連座	壱岐へ遠島
ゑいりん (22)	長福院召使		(本人願いにより壱岐へ供する)
三十郎うは (23)			(年季明けまで壱岐へ供を命ず)
末次平蔵 (43)	長崎代官	異国へ投銀	隠岐へ流罪・屋敷家財欠所
末次平兵衛 (20)	平蔵子	連座	隠岐へ流罪
黒川角弥 (18)	平蔵召使		(本人願いにより隠岐へ供する)
九太夫女房 (25)		連座	高木彦右衛門へ奴
同娘 (2)		連座	(同上)
ひさ (13)	九太夫娘	連座	高嶋四郎兵衛へ奴
かる (4)	九太夫実子、大村町中村久左衛門養子	連座	養母とも親類預り
九太夫姑 (70)			高齢により赦免
市十郎 (8)	九郎右衛門子	連座(ただし九郎右衛門有体に白状により)	死罪赦免、家財欠所・町内預り
九郎右衛門女房(30)		連座(同上)	奴赦免・町内預り
ひさ (13)	九郎右衛門娘	連座(同上)	(同上)
いわ (10)	九郎右衛門娘	連座(同上)	(同上)
ひゃく (5)	九郎右衛門娘	連座(同上)	(同上)
弥富庄左衛門 (37)	九郎右衛門弟	連座	町内預り
下田太衛門 (44)	外浦町町人、弥三右衛門兄	連座	町内預り
弥三右衛門母 (69)	禅尼	連座	禅尼のため赦免
同姉 (40)	禅尼	連座	(同上)
吉野藤兵衛 (22)	桶屋町町人	平蔵投銀の使(有体に白状)	死罪赦免、長崎10里四方追放
末次平左衛門 (25)	本興善町町人	平蔵名代諸事用を勤める、連座	家屋敷召上げ、江戸・京・大坂・堺・奈良・伏見・長崎近辺追放

ものが廃止され、代官の職掌は町年寄のそれに吸収された。これを契機に、長崎の町方支配が奉行に一本化されて行き、ふたたび長崎代官が置かれるのは、一七三九（元文四）年のことである。

彼らの罪状について、『長崎根元記』では、「異国渡之商売」と記すのみだが、『犯科帳』では、「主犯」の蔭山九太夫について、より詳しく次のように述べている（『犯科帳』一巻、二八頁）。

右九太夫儀、下田弥惣（三）右衛門と申合、王元官と申唐人之払船を買取、王仁尚・王辰官と申唐人船頭ニやとい、柬埔塞え商売船仕出し、剰主人平蔵抛（投）銀肝煎遣之、

下田弥三右衛門は、九太夫と同罪だが、弥富九郎右衛門については、「異国え船仕出し相談」のことは知らず、「唐人共え抛銀之才覚いたし、其上両人仕出し船之修復致肝煎」という。つまり、九太夫は弥三右衛門と相談のうえ、王元官という中国人から船を払い受け、九郎右衛門の肝煎でその船を修理し、「王仁尚・王辰官」（『長崎根元記』では卓順官・王熹官）という中国人を船頭にして、貿易のためにカンボジアに派遣したのだった。九太夫も弥三右衛門も、自らでかけていったわけではなく、唐船による「代理貿易」を企てたことになる。貿易品については『犯科帳』では明らかにならないが、次のように、武具を輸出したとする史料がある。(44)

肥前国長崎の末次平蔵事、年来密々に唐え日本の武道具を相渡申候義、令露顕に付、彼者所帯を御欠所被仰付之、……右平蔵か科の儀は、今度於泉州二重底の船を造り、其船に刀脇差を五十からけ、長刀を二振、并日本国の絵図を銀子二千貫目に売申候事、

興味ぶかい記事だが、平蔵が首謀者として描かれている点など、不正確である。おそらく当時の伝聞に尾ひれがつき、伊藤小左衛門の「抜船一件」などが紛れこんだのではなかろうか。それに、禁制品の「武具」輸出がからんでいたならば、平蔵の処罰も流罪程度では済まなかったはずである。「蔭山一件」の容疑は、「代理貿易」、特に、その際

る。

の「抛（投）銀」にあったと考えておきたい。『長崎根元記』にいう平蔵の「越度」とは「投銀」であったと思われ

「投銀」というのは、「近世初期における彼我貿易商人に対する内地商人の貸付銀」のことである。「投銀」については、中村質の仕事があり、それによると、次のようなことが指摘されている。(45)「投銀」の始期は、一六一〇（慶長一五）年以前にさかのぼり、日本人の海外渡航が禁止され（一六三五年）、ポルトガル船の来航が禁止された（一六三九年）後も、「唐船」を対象に継続し、制度的な終期は、一応一六六九（寛文九）年である。「投銀」には、金利のみを目的とした貸渡銀＝「海上銀」bodemerij のほかに、前渡金による貨物購入委託金＝「言伝銀」deposito も含まれていた。特に、一六三〇年代以後長崎における「船宿」（外国商人や船員の宿泊の他、商品の保管、取引斡旋、輸出品や資金の調達などにあたり、宿口銭を取った）の権限が規制されるなかで、「言伝銀」形態の「投銀」は、宿主の抵抗手段ともなった。一六六六年以後、船宿は原則としてすべて各町の乙名組頭が管掌する「宿町付町」の経営となるが、中国人と特に入魂な者については「小宿」の名目で、従来の権限が削減されながらも認められた（荷物の三分の一は「宿町付町」へ渡す）。「投銀」も、一六六八年の銀輸出停止令を受けて、翌年「異国へ銀子遣」わすことが禁止されて、制度的には終わりを迎えた。しかし奉行は、一六七一年の「酒造制限令」においては、制限に応じた酒屋一六〇軒への助成として、町年寄の管轄のもとでの「借遣金」を小判で認めており、「過剰資本の対外投資という方法」がとられている。これは、多年の実績から対外投資（投銀）は当時の長崎におけるもっとも有利な利殖法とみられていたことを示している。したがって、「投銀」の事実上の根絶は期しがたかったと推定される。

中村が、一六六九年を「投銀」の一応の終期という理由は、それが容易に根絶を期しがたかったろうという推定に基づいている。その推定の理由の一つに、この「蔭山一件」があげられている。言い換えれば、この「一件」の背後

には、「投銀」という長年にわたる長崎の貿易慣行が横たわっていたのである。それに関連して、平蔵の長崎「地下中」への貸付銀が「凡銀二千貫目余」という膨大な額に達していたことが、思い起こされる。(46) 膨大な資本の投下先を求めていたのは、平蔵だけではなく、伊藤小左衛門らも同じだったはずである。

「投銀」に関連して思い起こされるのは、釜山倭館における「路浮税《ロフ》」のことである。長正統によれば、「路浮税」とは、倭館の日本人が出入りの朝鮮人に、輸出禁制品の納入を依頼して与える前貸し、すなわち密貿易のための融資であり、語源は日本語の「登銀」であるという。(47) 倭館貿易の取引の実態は、決められた「開市」の日にすべて決済するというものではなく、相当な規模の信用取引が行われており、「開市」に出入りする朝鮮商人と倭館の対馬人との相互の貸借関係は、むしろ日常的なことであった。そこで、朝鮮商人が対馬人から交易品を受け取って、その対価をまだ渡していない「未棒」や、その逆の「被執」が累積して、取引が円滑に進まないということが起こっている。「路浮税」はこのような商慣行に付随した密貿易だった。「路浮税」は一六八三年の「癸亥約条」に明記され、禁止されることになるが、根絶は難しかったであろう。

「投銀」も、「路浮税」同様に、投資主、あるいは、投資を仲介する「船宿」と、長崎に来航する中国人との私的な結びつきによって、保たれていた。それは、長崎の中国貿易が、まだ、「船宿」という、おおむね大きな経営規模を持つ個人(貿易商人)によって主に担われている段階の貿易慣行でもあった。このような個人的な貿易経営は「宿町付町制」にみられるように町ぐるみの貿易経営に代替されていく。そこに、中国商人と「船宿」との個人的結びつきから排除されている長崎市民の、貿易利潤の均霑化要求が働いていることを中村は指摘する。ただ、「宿町付町制」になったとはいっても、来航する中国商人と長崎市民との私的な結びつきの機会が、かならずしもなくなったわけではなかった。従来の権限が削減されたとはいえ「小宿」は残されており、この段階の「宿町付町制」ではそれ以前の、特定の「船宿」に中国人が宿泊するのに代わって、一般の町方に宿泊したにすぎないからである。この点からいえば、市民と中国人が親しく「付合」機会は、むしろ拡がったようにもみえる。中国人の町方居住と「小宿」が否定されるのは、一六八九（元禄二）年以後のことである。

それに関連して、平蔵の母長福院が、「女之身として唐人ニ付合」ったことも「不届」とされていることも注目される。一六三九年に、オランダ人と同様に、中国人についても「妻子を世話すること」が禁止されて以来(48)、一般の日本人女性と中国人の「付合」も規制の対象とされたと考えられる。中国船の入港後、唐通事から「船頭」と「宿町付町」へ触れる三ヶ条のなかで、博打・喧嘩口論とともに「町屋之女に無作法之事」が禁令としてあげられているのは(49)、同一の趣旨からであろう。「海禁」施行以来、外国人男性と日本人女性の「付合」は、原則として、遊女のみにかぎられた。しかし、来航中国人の町方居住が認められている間は、男女にかぎらず、「付合」の機会は日常的にあったにちがいない。その「付合」は、いうまでもなく、「国境」をこえていた。厦門で遭難した「一件」の唐船が平蔵のものと聞いた鄭経が、「日本のことを尊重して」（日本之儀大切に存）、救助したうえに丁寧にもてなし、貿易をさせて長崎に送りかえした、という『長崎根元記』の記事が思い起こされる。

それにもかかわらず、「蔭山一件」のような事件は、再び起こらなかった。これ以後長崎周辺の抜荷の主流となるのは、貿易に直接関わる地役人等の特権をもつ者たちによる「抜買」と、一般市民による「沖買」である(50)。貿易の担い手が、大規模な経営を持つ個人から町単位に転換していったように、抜荷の質も変化していくのである。それは、何よりも、単独で中国船を買い、貿易品を準備して海外に送りだすだけの資本力を持った平蔵のような個人が、長崎から姿を消しつつあったことを物語っているようである。「蔭山一件」を契機に、幕府の命で平蔵が建造し（一六七〇年）、無人島探険などに活躍した、中国式ジャンクの船体構造や帆装をもつ「唐船」が、腐朽を理由に解体された

（一六八一年）のは、[51]象徴的でもある。

2　先生金右衛門の世界

一六八四年に清が「遷界令」を撤回し、海関を設ける一方で中国船の自由貿易を認めたので、翌年から長崎には、中国本土から大挙して中国船が押し寄せるようになった。その後の長崎をめぐる、抜荷と幕府の諸政策との関連について、私はすでに検討したことがある。[52]その結果を簡略に示すと、次のようである。

およそ抜荷罪の構成要因は、人々の貿易への欲求と権力側の統制との矛盾である。一六八五年以後の場合は、時には二〇〇隻を超えた、多数の中国船の来航にみられる旺盛な貿易に対する欲求と、銀流出を抑えるための幕府の貿易制限令との矛盾が引金となった。また、抜荷には、上述のように、地役人や「小宿」がからむ「抜買」と、そのような特権をもたない一般の市民が主体で、沖合に出かけていって行う「沖買」とがあったが、「抜買」が、通常の貿易業務の周辺で日常的に発生する類型であったのに対し、「沖買」は、この時期の長崎に特有の形態であった。さらに、この年以後一七二〇年代までに長崎周辺で発生した抜荷には、発生件数や担い手の特徴から前期（一六八五〜一七〇三年）と後期（一七〇四〜二一年）にわけることができる。担い手の特徴からみれば、前期は長崎に定住している一般市民、後期は、長崎を欠落した「無宿」（長崎無宿）が主体である。担い手の特徴と、長崎の町の状況、幕府の政策からみて、前期は、長崎が多くの貿易商人を抱えている状態から、貿易業務を町ぐるみで請負う、特権的な都市に転換していく過程で切り捨てられた一般の貿易商人たちの犯罪であったと推定される。それに対して、後期は、極度の貿易不振から長崎の都市構造が激変していくなかで析出された無宿たちの犯罪であった。新井白石の正徳新例（一七一五年）は、停滞した貿易を常態に戻すと同時に、貿易を維持するために長崎の都市構造を組み替えることを意図したものであった。それ以外に、頻発する抜荷（沖買）を抑える術がなかったからである。正徳新例の中国船統制の手段に、有名な「信牌」（唐通事と中国人船頭との盟約の形をとった、渡航・貿易許可証）の発給があるが、「信牌」を受けられなかった中国商人が、「信牌」の文言は清の「国典」を犯し、それを受けた者は日本に帰順するものであると訴えた。これを重くみた清政府はその調査のために「信牌」を没収し、そのために、一七一六・一七年の二年間は、中国船の長崎来航数は極端に少なかった。その一方で、「信牌」獲得競争に敗れた中国商人たちは、福岡・小倉・毛利三藩の領域が交錯する藍島あたりの沖合（三領沖）に集結して、漕ぎ寄せる日本船と盛んに「沖買」を行っていた。結局、この件は、自らの政策（正徳新例）の正当性を主張して譲らない白石の強硬な姿勢と、康熙帝の現実的な対応によって、中国船は、長崎では日本の仕法にしたがって貿易することに決まり、日中貿易は常態に復した。日中貿易について日清両政府の間に、暗黙の了解が成立したのである。その際の、白石の「天下の悪は一《ひとつ》に候」（抜荷は日中両国共通の悪であり、これを取締るためにしかるべき措置をとるのは、主権のしからしむるところである）という主張は、印象的である。

「三領沖」の中国船打払いは、一七一七年以来各藩によって始められていたが、「信牌」問題が片づくと、翌一八年、幕府は目付を派遣し、三藩合同で、大々的に打払わせた。さらに、一七二〇年にはかつての沖買人を囮として中国船を捕らえ、結局この囮作戦がもっとも効果があって、さしもの沖買も急速に下火になっていった。

この「沖買」で、もっとも重要な役割を果たしていたのが、先生金右衛門《シャンスイ》であった。彼と、吉宗の抜荷対策について、室鳩巣は、次のように述べている（現代語訳して示す）[53]。

御前代（将軍家継）以来、長崎で「抜け売」ということは堅く禁止だが、どうしても止まない。「公義」で決められた以外は売買できないはずなのだが、「唐人」・日本人ともに「利」に目がくらんで、ひそかに船上で夜中などに「交易」するのが通常のことだ。御当代（吉宗）になって「ぬけ買」の張本人たちを大勢捕えられたので、少し治まった。「ぬけ買」の者は御法度に背いたのでかならず死罪に処せられるところを、御代（吉宗）はどのようなお考えがあってか、耳鼻をそいで命はお助けになった。昨年冬は張本中の張本人三人を、耳鼻も構わずそのまま助けられた。「これは事の外の御慈悲とありがたく思え。この御奉公にどうにかして先生金右衛門をそなたち三人が申しあわせて捕えて差しだせば、ひとかどの御奉公になるにちがいない。この度の御慈悲をありがたく思って、このことをよく心がけるように」と申し渡して追放した。そうしたところ、右三人が（協力して）金右衛門を捕えて江戸へ連れてきた。この金右衛門という者は第一の首魁で、「唐人」の服を着用し、「唐人」と一緒になり、「唐人」の船に乗って「唐人」になりすまし、日本の案内をし、日本人を呼び集め、この者を捕えないうちは、「ぬけ買」は治まらないだろうというほどで、この金右衛門という者は、「唐」へも渡り、「唐人」と申合せて、海上を自由に乗りまわっているので、なかなか捕えるのが難しい。「唐人」たちは首魁を先生と呼び、福州音でシャンスイという。ところがこの金右衛門をこの度右の三人が捕えて差しだしたので、人々は驚いた。この三人は金右衛門と一味の者で、この三人より外には金右衛門を捕えることはできないだろうということを、お上（吉宗）はよく御存知だったので、右の三人は死罪と老中たちは決めていたのに、特命で許され、そのうえで右のように命じられたところ、果たして捕えられたこと、御知恵のほど、老中はじめ諸役人も感服したことであった。

吉宗は、抜荷犯の死罪を免じて、自首と自白・密告をしやすくさせた。吉宗のこの措置は、その後無残なほどの効果をあげて、抜荷犯の逮捕件数は激増し、沖買は急速に収束していった。囮作戦といい、抜荷刑の軽減といい、その本質は、抜荷犯相互の信頼関係に楔を打ちこむことにあった。金右衛門もそうして捕えられ、その金右衛門が、前述の囮作戦を幕府に提案したのであった。金右衛門を捕えた「三人」は、なまず久左衛門（長崎欠落者馬込四郎左衛門）・岡本清左衛門（長崎欠落者惣市）・たばこ屋勘左衛門（大坂出口町渡海屋又右衛門借家、長崎欠落者焼餅源七）の三人と思われる。この三人は一七一八（享保三）年八月、「早速白状致シ、此者共指口にて同類段々召捕、詮議之手懸りにも罷成もの」なので、とりあげた唐物は欠所とし、「出牢、住居無構」とされている。この三人によって捕えられた金右衛門は、翌一九年三月、「同類共多く差口」し、かつ、同類を召捕えた時彼にひきあわせて「吟味」するために西国筋に派遣された。[54] 金右衛門は、後に大坂の牢にいれられたが、やがて放免され、十人扶持をうけ、家財も与えられたという。[55]「沖買」禁圧に協力した褒美であろう。放免された時、つぎのような感謝の詩を詠んだという。

釣命岳降就茅時　慈恩相似□□児
馬牛争酬生前事　不覚襟裾感汗垂

金右衛門については、前述の経歴のほかは、長門出身で、「博学多才能書」の者としかわからないが、抜荷の頭取をしている時は兀良島（未詳）に住み、その際に次のような詩を故郷に贈ったという。

抱懐誰与語　脈々水天長
費杖無由索　伯琴徒愧粧
雁伝南国信　菜発日本芳
屢在趨陪夢　覚来月在梁

楽々と「国境」を越え、中国人に立ちまじり、あるいは、中国人に成りすまし、シナ海を自由に走りまわった金右衛門にも、ふと故郷を思って、我を忘れる時があったのかもしれない。ややできすぎの感がないではないが、中国語を話すだけでなく、漢詩をつくれるだけの素養を持っていることが、配下の中国人たちをして、彼を「先生」と呼ばしめた理由であろう。漢詩は東アジアの教養人社会における、共通語だったからである。

金右衛門がこのような素養をどこで身につけたかは、今は知る由もない。彼の末路はやや惨めだが、自らの命を惜しんでかつての「同類」を裏切った彼を昂然と非難できる人は、そう多くはないだろう。それよりも、彼が選んだ活動の舞台が広大なシナ海域であり、当時においては、彼のような行動様式を持った者だけにその世界は開かれていたということを、ここでは重視しておきたい。

第4節　地域と海禁をめぐる断章

伊藤小左衛門や蔭山九太夫、先生金右衛門らの事件を追って、思わぬ枚数をとってしまった。とりあえず、このあたりで、地域と海禁についてまとめておきたい。

彼らの行動は、一言でいえば、幕府、あるいは朝鮮政府の海禁政策の対極に位置するものであった。海禁政策は、冒頭に述べたように、「人臣」の私的な海外渡航や、外国人との交流を禁じるものであったからである。その活動を支えたのは、一つには、外国人や国内の様々な地方の人々との日常的な交流を通じて形成されたネットワークであり、それは「国境」や「民族」からもおおむね自由である。このようなネットワークこそが地域を構成するのではないか。そして、国家の海禁は、常に、このような形で存在する地域を分断しようとし、かつ、分断するために国家権力は相互に連携しようともする。小左衛門の「抜船一件」をめぐる日朝関係に典型的にみられたように、相互の「誠信の道」は、国家権力相互が誼《よしみ》を通じる関係（交隣関係）であると同時に、互いに「人臣」の私的な交流を規制し合う関係でもあった。言い換えれば、「人臣」の私的な交流の存在との緊張関係、すなわち、豊かに息づいている地域との緊張関係は、国家権力相互の交隣関係——いわゆる国際関係——を構成する重要な要素の一つでもあったのである。ただ、そのことを考える際にも、地域はのっぺらぼうにあるのではないということは、考慮に入れておかなければならないだろう。

ここでとりあげた小左衛門から金右衛門までは、ほぼ半世紀の開きがある。その間に、彼らの活躍した舞台であるシナ海域も、大きく変貌していき、彼らの舞台をせばめていったように思われる。そうなった理由は、二つ考えられる。一つは、シナ海域全体の転換であり、もう一つは、日本列島の経済構造の変化である。一六世紀の前半以来、日本列島（特に西部）を含むシナ海域は、未曽有の活況に包まれた。その原因は、日本列島の産銀の盛況と、中南米の銀の流入である。その活況のなかで、日本に統一政権が生まれ、秀吉は朝鮮を侵略し、明清交代が起きた。それは、シナ海域に位置する諸国家相互の関係の再編であると同時に、ヨーロッパ勢力を含めた諸勢力の、シナ海域の富をめぐるヘゲモニー争いでもあった。その争いの主導権を握ったのは、それぞれの地域の国家権力であり、国際秩序の再編も、一七世紀末には、中原に清の覇権が確立（三藩の乱の平定、台湾の鄭氏の降伏）して、ほぼ決着がつき、シナ海域の国際秩序は、安定に向かった。そのなかで国家体制も徐々に整備されていき、不要になった存在は切り捨てられていく。

その一方、訪れた平和において貿易もいっそう盛んになるはずであった。しかし、その頃日本列島は産業構造の変化を迎えようとしていた。まず、日本の銀産が衰退しはじめた。他方で、平和の到来による耕地の増大、生産高の増加、それにともなう人口の増大、すなわち国内経済の高度成長があった。しかし、それによって、貿易そのものは却って衰退し始める。日本の貿易は、金・銀・銅の貴金属を主な輸出品としていたが、銀産の低下と国内経済の高度成長は、貨幣の需要を高め、貨幣素材でもある金・銀・銅を、それまでのペースで輸出することを不可能にしたからである。一八世紀を通じて、日本のシナ海貿易は衰退していくようにみえる。しかし、中国を中心とした貿易は、依然として盛んであり、流入し続ける銀によって、中国経済も繁栄を続け、この世紀の間に人口は倍増したと言われる。この中国貿易に次第に重きを成すようになるのが、イギリスを中心とするヨーロッパ勢力である。他方、日本列島の経済は、琉球・奄美や蝦夷地を自らの経済圏に巻き込みつつ、独自な展開を示すようになる。一八世紀に入ると、中国を中心にした経済圏と、日本を中心とする経済圏は、相互に関連しつつも、それぞれ独自な展開を示すようになるのである。

つまり、地域はのっぺらぼうにあるのではなく、それ自体変化し、盛衰もある。人々のネットワークのありようは経済や国家権力の動向によって変化する。と同時に、経済や国家権力も、人々のネットワークのありようによって影響を受けずにはいない。言い換えれば、地域と経済や国家権力とは相互規定的な関係にある。九太夫や金右衛門の活動を支えた地域は大きく変貌しつつあり、彼らの行動を規定したのもその地域の、衰退傾向であった。しかし、やがてまた彼らの後継者たちが、新たに形成される地域を舞台に、活躍を始めることだろう。

註

（1） 三宅英利『近世日朝関係史の研究』（文献出版、一九八六年）五〇〇頁。出典としてあげられている「落穂雑談一言集」は、著者松平忠明、文化三〜八年成立（写本、内閣三〇巻・追加一〇巻、四〇冊、筆者未見）。忠明は、次の人物と思われる。忠常養子（中川久貞四男）、天明五（一七八五）年八月家督を継ぐ（二一歳、五〇〇〇石）、寛政四（一七九二）年六月より寄合肝煎（二八歳）、六年七月小姓組番頭、同年一二月従五位下信濃守、九年九月西丸書院番頭（三三歳）、一〇年九月書院番頭、同年一二月二七日蝦夷地御用で蝦夷地へ（相役渡辺久蔵胤・大河内善兵衛政寿・三橋藤右衛門成方）、享和二（一八〇二）年二月右御用出精に付金一〇枚・時服四（三八歳）、同年五月駿府城代、文化三（一八〇六）年二月一四日卒

（四二歳）。だとすると、右の事件は、忠明の生まれる以前に起きており、この記事は伝聞に基づいて書かれたことになり、文章もそのようになっている。これを注進した（大坂あるいは堺から江戸の幕府へ）稲生安房守正甫は、記事のとおり、延享四年二月一一日から堺奉行を勤めており、この時期たしかに安房守でもあった。この人物は、宝暦六（一七五六）年八月に没している（『大日本近世史料　柳営補任』巻五、東京大学史料編纂所、八二頁、および「寛政重修諸家譜」）。

（2）荒野泰典『近世日本と東アジア』（東京大学出版会、一九八八年）参照。

（3）荒野泰典「日本型華夷秩序の形成」（朝尾直弘他編『日本の社会史1』岩波書店、一九八七年。本書第Ⅰ部第二章）、荒野・石井正敏・村井章介共同執筆「Ⅰ　時期区分論」（『アジアのなかの日本史Ⅰ　アジアと日本』東京大学出版会、一九九二年）参照。

（4）荒野前掲註3論文「日本型華夷秩序の形成」（本書第Ⅰ部第二章）。

（5）一つというのは、「交奸」の場合、かならずしも、「共感」のみでなりたっているとはかぎらず、両者の関係を媒介する朝鮮人男性が介在したり、いわゆる「強姦」の場合もあるからである。「交奸」が跡を絶たなかったことは、一七一一（正徳元）年の通信使の時に、次の約定が定められたことからも知られる（松浦允任編、田中健夫・田代和生校訂『朝鮮通交大紀』名著出版、一九七八年、二九六〜二九七頁。なおここでは「和文」で示す）。

新定約条

一、馬州人（対馬人―筆者註）、草梁館の外へ出て往き、強て女人を奸するものハ、律文に依第一等の罪を以て論断する事、

一、女人を誘引して和奸し、および強奸して其事いまた成らさるものハ、永く流罪の事、

一、女人潜に館中へ入来りて、是を執へ送らす、因りて交奸するものは又其次律を用ゆる事、

これによっても、「交奸」にも色々なケースがあることがわかる。なお、「律」による「第一等の罪」とは死罪のことである。この「約条」が新たに取り決められなければならなかったのは、その対象になるような事例が跡を絶たなかったからだが、具体的には、朝鮮側が「交奸」を一貫して厳しく取り締まり、対馬藩に対しても同様の措置を強く要求したにもかかわらず、藩側は、この種の事柄に対する統制に熱心でなかったからである。

(6)「長崎根元記」『海表叢書』巻四（新村出編、更生閣、一九二八年）。成文堂の復刻版（一九八五年）による。

(7) 抜荷の分類については、荒野泰典「近世中期の長崎貿易体制と抜荷」（尾藤正英先生還暦記念会編『日本近世史論叢』上、吉川弘文館、一九八四年。のち、荒野前掲註2書に収録）参照。

(8) 森永種夫編『長崎奉行所判決記録　犯科帳』第一巻（犯科帳刊行会、一九五八年）。この事件を伝える記録は、『通航一覧』（国書刊行会本、第三、五一四〜五一九頁）をはじめ種々あるが、いずれも、人名に異同があるなど不正確で断片的であり、全貌をとらえるには心もとない。したがって、直接の判決記録である『犯科帳』を軸に、他の記録類を援用することにする。なお、長崎県立図書館には「抜荷筋ニ付御触書御下知書」があり、対馬の宗家文庫（対馬歴史民俗資料館寄託）にも関連史料があるが、今回は時間の都合で参照できなかった。後日を期したい。また、この事件に関しては、森克己「近世に於ける対鮮密貿易と対馬藩」（『史淵』四五号、一九五〇年）が詳しく紹介し、森山恒雄「対馬藩」（『長崎県史藩政編』吉川弘文館、一九七三年、九三五〜九三六頁）が、その概略に触れている。特に、森論文は宗家文庫の関連史料に基づいた記述であり、参考になる点が多い。

(9)『通航一覧』第三、五一五頁。

(10)「自寛永十年五月至宝永五年十二月日記」。通常『寛宝日記』と略称する。長崎万屋町の乙名の日記と推定されているが、日記そのままではなく、ある時期にまとめられたものと思われる。現在、長崎県立図書館と、東京大学史料編纂所に写本がある。引用は、史料編纂所本による（表題は「長崎日記」）。

(11)『通航一覧』第三、五一五〜五一六頁。

(12) 対馬藩の「寛文七年二月十七日江戸への御状控」は、次のように述べている。

　一、御国之大久保甚左衛門・扇角左衛門・神宮惣兵衛、此三人之内、先年国本を立退、尓今帰国不仕候、然所ニ彼之者共企を以　公義御法度武具密々ニ従近国朝鮮国へ差渡之由、被聞召上候、然共彼者共居所聢不相知候……

このうち扇角左衛門は、天草に、田村清六と名を変えて住んでおり、長崎に来た所を藩士の手で捕えられた。しかし、残る二人の行方は知れなかった。その頃すでに、神宮惣兵衛は小茂田勘左衛門の手にかかって殺害されていた。大久保甚左衛門は、犯科帳にも現れないが、「於江州被召捕」と六月七日の藩士宛書状にあるので、ここでは小茂田のことと考えておき

たい（以上「分類記事大綱」巻三〇所収「偽船一件」国立国会図書館所蔵宗家文書）。

(13) この点は、一六八五年以降長崎周辺で起きる「沖買」が、それまで特権をもたない普通の「市民」たちの犯行であることと、対照的である。「沖買」については、荒野前掲註7論文参照。

(14) 「韓録」『通航一覧』第三、五一四頁。

(15) 霞沼松浦允任（一六七六～一七二八）篇、ここでは田中健夫・田代和生校訂前掲註5本による。二六二頁。

(16) 荒野泰典「近世日本の漂流民送還体制と東アジア」（前掲註2書所収）。

(17) 『辺例集要』巻十二「求貿」（国史編纂委員会篇、韓国史料叢書十六、探求堂、一九七一年）。

(18) 以酊庵十六世相国寺富春庵春葩宗全東堂、寛文七年五月から同九年五月まで、以酊庵輪番を勤める（『通航一覧』第一、三六八頁）。

(19) 「寛文七年十二月廿九日日帳」（前掲註12史料所収）。

(20) 『朝鮮通交大紀』前掲註5本、二六三頁。ただし、ここでは漢文ではなく、「大紀」の「和文」（翻訳）を引用し、句点は適宜補った。

(21) 「厳有院殿御実紀」明暦三年二月二五日条。

(22) 宇田川武久『鉄砲伝来―兵器が語る近世の誕生―』（中公新書、一九九〇年）九八～一一六頁。

(23) 『朝鮮通交大紀』前掲註5本。

(24) 「偽船一件」前掲註12史料。

(25) 前掲註5本（二六三～二六四頁）は、「同（寛文）十三康戌」としているが、書契の年紀はいうまでもなく、「康戌」のみであり、「康戌」は寛文一〇年である。寛文一〇年だと「偽船一件」の年次に一致し、「返簡」が遅れすぎる不自然さも解消する。

(26) 前掲註5本、二六四～二六五頁。

(27) 倭館の移転に関しては、田代和生『近世日朝通交貿易史の研究』（創文社、一九八一年）一六七～一七六頁、および本書第I部補論1参照。

(28) 前掲註14史料、『通航一覧』第三、四五一頁。
(29) 田代前掲註27本。
(30) 前掲註12史料。なお、『通航一覧』第三、四四八～四五八頁も参照。
(31) 田代前掲註27本。なお、森山前掲註8論文、九三六～九三八頁も参照。
(32) 前掲註5本、二六一～二六二頁。
(33) 森山恒雄は、「潜商」の防止と貿易の発展のために、倭館の移転が計画されたと述べている。森山前掲註8論文参照。
(34) 「移館一件」前掲註12史料所収。
(35) 森山前掲註8論文、九三八～九三九頁。
(36) 前掲註12史料。
(37) 『通航一覧』第三、四六五～四六七頁。
(38) 前掲註37史料。なお、中村栄孝『日鮮関係史の研究』下（吉川弘文館、一九六九年）三三〇頁。三宅前掲註1書、三五〇頁参照。
(39) 『通航一覧』第三、四七〇～四七一頁。中村前掲註38書。三宅前掲註1書、三八六～三八七頁。
(40) 『犯科帳』前掲註8史料。なお、『通航一覧』第三、五一九～五二〇頁も参照。『犯科帳』では触れないが、『通航一覧』では、彼らが輸出したのは「武具」だという。
(41) 前掲註6史料、一〇二～一〇三頁。原文には「延宝三辰」としてあるが、辰年は延宝四年であり、かつ、『寛宝日記』・『犯科帳』によれば、この事件が延宝四年に発覚したことはあきらかなので、訳文では訂正してある。なお、句点は適宜変えて現代語訳した部分もある。
(42) 『華夷変態』上「延宝三年弐拾八番福州船之唐人共申口」東洋文庫叢刊第十五上、一九五六年。
(43) 山脇悌次郎『長崎の唐人貿易』（吉川弘文館、一九六四年）四七頁。
(44) 『通航一覧』第四、四三七～四三九頁。典拠として、『玉滴隠見』・『談海集』・『近代聞書』・『武林珍談集』を一緒にあげていることからみて、ほとんど同じ記事が、この四つの史料にはあげられているものと思われ、情報源は一つであろう（筆者未確認）。なお、これには欠所になった平蔵の「財宝の覚」と称する、次のようなリストがある。

一現銀八千七百貫目余　一金小判三千両入三十箱　一黄金千枚入十箱　一銀子一万貫目余、（但、是は方々え借し銀なり、）一正宗の刀脇差

一土蔵一つ、此土蔵の内に有之物には、

一刀脇差　一伽羅、（長サ一丈四尺余、末口六寸二分の木一本、）一同、（長サ九尺、末口五寸の木七本、）一同、（長サ四尺五寸宛の悪木六十本、（編者註略））一同小木共の入たる長持十八棹、伽羅にて造たる下駄五足、赤栴檀の入たる長持五棹、珊瑚珠の入たる箱三箇、（但、珠の大小あり、）枝珊瑚珠の入たる箱三箇有之、水晶の玉の内に色々有之物二つ、銚子の芙蓉三かざり、セイコウの茶壺十七、真壺五つ、尤も古し、新渡の茶碗七十五、同茶碗五百余、チンダ酒五樽、（但、コクタンの樽なり、）唐絵の掛物七百幅、色々唐物の入たる諸道具の絹、（一千五百箱、（編者註略））染付の皿鉢、其外入たる箱六百箱、碼碯の硯一面、同屛風大小、十七双、古き切共、五長持、（但、カントウ金襴銀棚、）刀脇差二百腰、（但、何れにも折紙札有之、）以上、

右之外、宝蔵に詰たる諸色の道具とも、凡中積りにして金小判六十万両と見えたり、

これがすべて事実とも思えないが、『寛宝日記』に、平蔵の銀子を吟味したところ「地下中ニ凡二千貫目余貸シ銀」があったといい（延宝四年四月晦日条）、右記のリストの貸銀一万貫目は、「地下中」のみとはかぎらないとすると、あながち絵空事とも思えない。もちろん、かなりの誇張があることはいうまでもないだろうが、その誇張自体が、平蔵の富の大きさがどのように見積もられ、いい伝えられたかという目安にはなる。そして、この富が密貿易によるものとの予断、さらには「天誅遁るへからす」（『近代聞書』・『武林珍談集』）という「教訓」もそこには含まれているだろう。

（45）　中村質「投銀証文に関する一考察―漢文証文によせて―」（『日本歴史』二一六号、一九六六年。のち「対外投資の変化―唐船投銀を中心に―」と改題、同『近世長崎貿易史の研究』吉川弘文館、一九八八年、第四章「鎖国の形成」の第二節として収録）。

（46）　『寛宝日記』延宝四年四月晦日条。

（47）　長正統「路浮税考―粛宗朝癸亥条約の一考察―」（『朝鮮学報』五八、一九七一年）。

（48）　『平戸オランダ商館の日記』四輯（永積洋子訳、岩波書店、一九七〇年）一六三九年一〇月二四日条。なお、この点につ

いては、荒野前掲註3論文「日本型華夷秩序の形成」参照（本書第Ⅰ部第二章）。
（49）『通航一覧』第五、三〇〇頁。
（50）荒野前掲註7論文。
（51）石井謙治「鎖国時代の航洋船建造―寛文の唐船と天明の三国丸―」（宮本常一・川添昇編『日本の海洋民』未来社、一九七四年）。
（52）荒野前掲註7論文。
（53）「兼山秘策」『日本経済叢書』巻二（日本経済叢書刊行会、一九一四年）三九三〜三九四頁。
（54）「従寛文七未年至享保四亥年抜荷筋ニ付御触書並御仕置御下知書　写」長崎県立図書館所蔵。
（55）『通航一覧』第五、二九一頁。

（初出）「小左衛門と金右衛門―地域と海禁をめぐる断章―」（網野善彦他編『海と列島文化一〇　海から見た日本文化』小学館、一九九二年）。

補論2　釜山倭館の草梁移転

——倭館移転を朝鮮側から考える——

1　草梁移転の概要と問題点

一五九二年に始まる豊臣秀吉の朝鮮侵略（文禄・慶長の役）で釜山城（子城台《チャソンデ》の倭城）が築かれると、それに吸収されて、釜山浦の倭館はいったん消滅した。戦後の一六〇一年に、朝鮮側が対馬人の貿易を認めたことにともなって、絶影島（影島、牧場）に仮の倭館が置かれ、一六〇七年の日朝講和の成立と相前後して、豆毛浦《ツモポ》に倭館が設置された。

しかし豆毛浦倭館は、立地条件、規模などの面で不自由な点が多く、対馬藩はより条件の良い場所への移転を希望していた。それ故に、一六四〇年に対馬藩は、釜山城（子城台）内への移転希望を表明し、さらに一六五七年藩主義成の死後、彼の「遺命」と称して、同藩の朝鮮政府に対する倭館移転交渉を本格化させた。同藩は、一六五八年に初めて移転交渉のための使者を派遣して以来、朝鮮側の強い拒否にあいながらも、六一年、六八年、六九年、七一年と粘りづよく使者を送り続け、七二年に派遣した使者が釜山倭館で越年して踏みとどまるうち、七三年の四月になって、候補地を多大浦・草梁《チャリョン》・影島（牧ノ島）の三ヶ所に限り、それらのうち一ヶ所を藩側が選ぶ、という条件で許可の方針が示された。同年一〇月、その場所は藩側の検分によって草梁に決定、許可された。新倭館は一六七五年から三年を費やし、一六七八年に完成した。以後、一八七三年に（日本の）外務省に接収されるまで、草梁倭館は対馬藩の朝鮮外交と貿易の拠点として機能し続けることになる。(1) 倭館の草梁移転については、小田省吾の「蓋し此の移館事件は、三十余年に渉る朝鮮・対州間の一大交渉事件で、その間種々なる曲折を含み、又従来の移館がすべて朝鮮側の都合で行はれたに拘らず、今回の移館は対州側の要望に出で、非常なる忍耐と熱心の結果、遂に其の実現を見るに至ったものである」という評価が定着し、現在に至っていると見てよいだろう。

私は先に第五章において、倭館の豆毛浦から草梁の移転に関して、次の見通しを示した。(2)

①対馬藩の移転交渉が、一六六八年以後急に積極的になるのは、長崎・対馬・朝鮮間のおおがかりな密輸事件である伊藤小左衛門事件（「抜船《ぬけぶね》一件」、あるいは「偽船一件」）以後、倭館貿易に対する幕府・対馬藩の危機感が昂まった結果であった。

②倭館の草梁移転以後、倭館貿易に対する藩・朝鮮側の双方で、統制が一段と強化された。それは倭館貿易への統制強化という点での、両者（藩・朝鮮側双方）の連係プレイの賜物であった、とみるべきではないだろうか。

③したがって、この移転については、従来説かれてきたような、対馬藩側の都合、あるいは熱意を強調するだけでは十分ではなく、草梁移転についての朝鮮側の都合、あるいは主体的意図をも、想定しなければならないだろう。

①については、やや不十分な点は残すものの、一応検討することができた。しかし、②③については不十分で、特に、③についての検討が不足気味であり、そのために②は、単なる見通しで終わっている。そこで、本章では、③について考えるための第一段階の作業として、『朝鮮王朝実録』から関連事項を抜きだして、検討することにした。

2　移転に関する朝鮮側の意図

私が草梁移転に関する朝鮮倒の意図に注目するきっかけになったのは、『朝鮮通交大紀』の編者松浦霞沼允任（一六七六〜一七二八）の、移転に関する次のような評価を目にしたことだった。允任は次のように述べている。

又按、移館の事其実彼かいのり求る所たりといへとも、かく数年の久しきを経て、勉て我か請ニ応するかことくせしものハ、彼おもへらく、これ実に我いのり求る所たりといへとも、もし速に其請に応しなハ、恐らくハ、其成り易きなりとして、またこゝろニ任せて其形便の地を揀ひ、逼り請ふに至らむことを、こゝにおゐてことさらに成りかたきがことくして、数年の久しきを過し、我力の倦《うみ》て極るを待て、また諭ニ洛江以西の決して許すへからさるをもつてし、然ふしてやうやくに勉て従ふかことくして、我をして其請ニ応するをもつて幸なりとして、またいふことあたハさらしめ、とかくあつかひなし、我を賺《すか》して草梁館へ移せしなり、巧みなりとすへし、但此事のミならす、凡そ毎にかくのことくしてもつて其力を疲し、我をしてミつから引きさらしめたり、大抵いハゆる、故緩之、故久之、以疲其力、以屈其智、の計を用ひしものなり、(3)

中世から近世中期にかけての、対馬・朝鮮間の外交文書集（『朝鮮通交大紀』）を編纂して、両者の外交の裏表を知りつくしていた感のある允任らしい、うがった見方ということもできる。しかし、ほかならぬ允任の言葉だけに、見逃すことはできないともいえる。特に、この部分は、幕府献呈本には伏せられているだけに、ことの機微に触れるところがあったと考えるのが妥当だろう。

允任の論点は、二つである。

一は、移館は、実は朝鮮側こそ「いのり求むる所」であったということ。

二は、交渉を長びかせた、朝鮮側の強い移館拒否の姿勢は、実は、対馬側をうまくあしらうための、計算された、いつもながらの術策であったということ。

移転成功以来、その困難な交渉過程とあいまって大きな達成感が対馬藩を支配しており、そのように幕府に対しても宣伝されていたはずである（だから幕府献呈本には、この部分は伏せられていた）。上述の小田も、そのような評価をされているし、筆者にしても、同様の文脈でこの移転問題を考えてきた。それに付して允任は、もっと冷静に、客観的に事態を見極めよ、と早くから警鐘を鳴らしていたかのようだ。

以下、允任の二つの論点について、『朝鮮王朝実録』の記事によりながら検証してみよう。まず、後掲の史料①〜㉟を一読して明らかな、二の論点についてみる。

藩側の要求を「防塞」（抑制）しながら、じっくり対応しようとする点では、朝鮮側の姿勢は一貫しているといってよい。しかしそれは、必ずしも要求をすべて拒否するという頑なものではない。前例があり、その要求が妥当と判断されれば、それには速やかに応じ、あるいは、それ相応の処置をしている（⑫⑬㉑㉒㉙）。

ただ移館の件は、ことが大きいだけに、藩側の真意がどこにあり、その真剣さ、あるいは深刻さの度合いはどの程度か、ということを朝鮮側は測っているように見受けられる。藩の使者派遣もようやく後半になった頃から、移館の是非が王の前で議論されるようになり、五度目の使者平成太（津江兵庫）が、朝鮮の禁を破って東萊に押しかけて、その客館で死亡するまでの数十日間、そこに踏みとどまるなど、強硬な態度をとるようになってから、ようやく真剣になる（⑭⑯⑰⑱⑲㉒㉓㉕㉖㉗㉘㉛㉜㉞㉟）。

しかし、対馬側の強硬姿勢に困惑しながらも、朝鮮側の応対にはある種の余裕が認められる。例えば、交渉も最終段階にさしかかった一六七三年一〇月、またまた朝鮮側の移館拒否の回答に接して、藩の使者たちが怒り、今や常套文句になった「直接上京」を言い募っても、朝鮮側はなすに任せ、結局使者側が根負けして、それ以前の熊川等の要求に代えて、多大・草梁という妥協案を提示する経緯などにもみてとれる（㉞）。

このような経緯をみるかぎり、允任の指摘は当たっていると言わざるをえない。ただ、交渉が長びいた理由には、当時の国内事情もあったと考えるべきである。

一つは、この時期の連年の飢饉。これは一六六一年の対馬大火で藩側が救恤を依頼したのに、飢饉を理由に断っていることにもうかがえる（③）が、それは、ほんの序の口にすぎない。交渉の後半期になると、月に全国で数千から万を超える餓死者を出すほどになる。

もう一つは、顕宗期から本格的になる「党争」。『顕宗実録』に対して、後にあらためて『顕宗修正実録』が編纂されていることに鑑みても、その「党争」の厳しさが推測でき、実際、この二つの『実録』の記事にはそれに関するものが非常に多い。この二つの国内問題に比べれば、対日関係はようやく安定期にさしかかったこともあり、一七世紀前半までほどの切迫感は、少なくとも、宮廷内にはなかった。言い換えれば、対馬藩側の交渉姿勢が放置できないほどに激しくなるまで、朝鮮政府にはその問題に本腰をいれるいとまがなかったということである。

では、允任の第一の論点については、どうか。これに関しては、『実録』の記事からは、明確な回答は引き出せず、ただ状況証拠から、朝鮮政府も、豆毛浦倭館の実態に対して根本的な改革が必要と感じていたということはできる（⑦⑩㉓）。特に領議政鄭太和の発言等に、そのような問題意識を感じるが、同時に、彼の発言も、果てしない「党争」に埋没しがちであったような印象もある。豆毛浦倭館の実態とは、一言でいえば、倭館から東萊にいたるまでの地域の住民と対馬人との間に親密な関係があり、それは東萊府の官属にまで及んでいて、政府の統制もままならなかった、ということである（⑦㉓）。移館の許可決定後、宮廷の倭訳（日本語通訳）韓時説等に対する憤りが噴出するのも（㉟）、そのような根強い不信感が宮廷内にあったためであろう。そのような倭館の実態に対して、朝鮮政府は、対馬藩側の移館要求を奇貨として利用しながら、草梁移館とともに、倭館に村する厳しい統制を実現させたと、とりあえずは、言うことができるだろう[4]。

3　今後の課題

しかし、上述の允任の論点のうち第一点については、次の二つの方面から、今後さらに検討を進めなければならない。

一つは、朝鮮側の史料のさらなる検討。『朝鮮王朝実録』の検討は、ほんの手始めにすぎない。

もう一つは、釜山倭館の歴史地理的な検討。当時、倭館はどのような立地条件にあり、現地住民の住居はどのように展開していたかなど、倭館とそれをとりまく環境を具体的に復元してみること。一九九二年九月二五日から一〇月二日の現地調査においては、そのことを念頭に置いたが、申叔舟『海東諸国紀』所載の絵図が思いの外に正確で、十分利用に耐えることがわかったほかは、わずかに、倭館の所在地を確定することと、数点の絵図（釜山市立博物館所蔵）を検討するにとどまった。ただ、縮尺の大きい正確な地図に、地籍図などを利用すれば、かなりのところまで課題に迫ることができる見通しがついたこと、現地の研究者と交流しながら色々と教えを受けられたこと、また、実際に現地を歩いて土地勘を養うことができて、史料類をいきいきと読むことができるようになったことは、直接の形にはあらわれないが、大きな収穫だった。これを励みに、今後とも彼我の交流の実態に迫る作業を続けたい。

史料　『朝鮮王朝実録』

凡例

（1）これは『朝鮮王朝実録』顕宗・巻四〜二二から釜山倭館関係資料を抜粋したものである。

（2）漢文はすべて読み下しとし、旧字体で通用の略字体のあるものは、それを使用した。本文中の（　）は、筆者の註記を意味し、年・月・日は省略して表示した。なお、上（王）字の前の闕字はそのまま生かした。

（3）顕宗期には、別に「顕宗修正実録」があり、なかには『実録』では書かれなかったり、より説明の詳しい部分もあるが、項目の立て方は、おおむね『実録』を踏襲しており、今回は、紙幅の関係もあって、収録しなかった。今後を期したい。

①顕宗二（辛丑一六六一）・五・丙子○東萊の朴善同、倭の賂物を受け、女人を誘い、雇工入館して陰かに奸す。事発し、両人を倭館の門外に梟示す。其余の女人の倭と会飲せし者、漢（男）の交通往来を常とせし者は、亦遠地に分配す。

②顕宗二・一〇・乙亥○東萊府使李元禎、馳啓して曰く、倭差出来し、接慰官の下送を請うと。朝廷、兵曹佐郎尹晳を差送す。

③顕宗二・一二・己巳○対馬島失火し、寺刹閭家の延焼せしもの二千余戸、火焔は三昼夜衰えず。倭人我に通報して、仍て贈遺を索む。東萊府使李元禎、我が国の饑の甚だしくて、他を恤するの遑あらざるを以て之を辞す。

④顕宗三（壬寅一六六二）・一・己卯○接慰官尹晳、倭差の留連して去らざるを以て、必ずや移館せんと欲せしことを馳啓す。朝廷、之を諭すに、終始防塞の意を以てす。

⑤顕宗七（丙午一六六六）・三・戊子○日本遣差倭藤成倫来りて、漂倭の入送を謝す。本道都事を以て接慰官と為し、以て之を待す。書を修し以て之に答う。

⑥顕宗七・一〇・庚午○東萊府使安〔糸真〕馳啓して言く、倭差橘成陳等密かに訳官等に言て曰く、十余年前阿蘭陀郡人三十六名、三十余万両の物貨を載せ、耽羅に漂到す、耽羅人尽く其の貨を奪い、其の人を全羅道内に散置す……

⑦顕宗七・一二・辛酉○大臣及び東萊府使李之翼を引見す。左相洪命夏曰く、聞くならく、館倭閭家に出入すること、尋常と視

なし、留宿の時有るに至ると。この弊宜く一切痛禁すべし、新府使到任の後、常に審察を加え、現に随い梟示して可なり。承旨李元禎曰く、其の地の風習美ならず、館倭若し其の家に来れば、則ち極て以て幸いとなすと。領相鄭太和曰く、この類現に随いて痛治せざれば、以て其の習を革むべからざる也と。上、之翼に謂て曰く、接倭の道は、急がば則ち事を生じ、緩なれば則ち漸く解す、必ず須らく寛猛相済し、剛柔得中せば、乃ち為るべき也と。太和曰く、府使たる者は、必ず、先ず己を律し、而して後彼の敬う所となるべしと。上曰く、卿の言や是也と。

⑧顕宗八（丁未一六六七）・閏四・戊子○東萊府倭館、失火焼尽し、諸倭身を脱して死を免る。府使事状を馳聞し、仍て辛酉失火の時の例に依りて、東西館及び左右の行廊を造給せんことを請う。

⑨顕宗一〇（己酉一六六九）・二・癸巳○対馬島主平義真復た差倭を遣して、移館を請う。朝廷、礼曹参判姜栢年をして、其の書許さずと答えしむ。

⑩顕宗一〇・六・辛巳○上、慶尚監司閔蓍重・広州府尹沈之を引見す。上、蓍重に問う、本道の事、何ぞ言うべきこと有りやと。蓍重曰く、臣未だ開く所有らず、到任の後、如し為すべきの事有らば、当に状を以て条陳すべしと。積曰く、嶺南は倭国に接隣す、東萊の事、府使有りと雖も、方伯亦義を同くせずして以て処すべからざる也と。上曰く、鉛丸常に不足を患う、常時の操錬、亦継ぎ難きを憂う、況や且に急に臨んで、何を以て措弁せん、当に朝家より措備すべし、本道は亦備うべきの力有るかと。蓍重曰く、下去の後、広く聞見を加え、若し採銀の処有らば、則ち以て措備すべし、鉛丸の不足は固より是の如し、而るに火薬も亦多く備えざるべからずと。上曰く、丸有りて薬無かるべからず、必ず須く倶に備えて然る後可也と。蓍重曰く、換米は乃ち嶺南の大弊、東萊捧米の時、府使親捧する能わず、軍官をして監捧せしむ、故に多く奸細の弊有り、若し使員を定差して監捧せしむれば則ち好しと。上、之を可とす。積曰く、我が国の人、倭人を軽視すること、李万雄の勦滅の請に至る、誠に極めて笑うべし、蓍重は今方に下去せんとす、宜く以て事に従いて善処し、釁を生ぜしむること勿れ、申飭するなりと。蓍重曰く、我恃むべきの事無し、何ぞ軽々しく生梗を易えんやと。上曰く、剛に当れば則ち剛、柔なれば則ち柔にすべし、凡て事は時に随いて善処し、大事は則ち稟啓して以て行うべしと。

⑪顕宗一〇・一一・辛亥○対馬島遣差倭橘成陳、東萊へ来り、其の所幹の事を言ずして曰く、接慰官の相見えるを待ちて、以て言べしと。東萊府使以て聞す、鄭華齊を以て接慰官となす。

⑫顕宗一〇・一二・丁亥○接慰官・東萊府使の状啓に因りて、権現堂を移館せしめ、前の峻塞に依る。公木作米の事、三年を限り之を許す。

⑬顕宗一一（庚戌一六七〇）・二・丁亥○慶尚監司馳啓して、倭館の船倉の修築を請うに、倭人の移館を希望するの意を絶つを以てす。

⑭顕宗一一・三・庚申○　上養心閣に御し、大臣・備局・諸宰を引見す。上差倭の事情を聞く。領議政鄭太和曰く、移館の挙、渠に於て切迫せり、蓋し泊船の処、前に異なり、船路不順なり、故に此を以て悶と為し、請を得ざれば則ち此の輩継で来り、接待の際、物力臣を費すと。上曰く、彼の欲する所は何処に有りやと。対て曰く、熊浦と云うと。上曰く、若し熊浦に移さば、則ち接待の事は何れの官が之を主るかと。対て曰く、移館せば則ち熊川が当に府使たるべしと。上因りて問う、倭人の騎射は能きか否かと、又問う、対馬島近処の生理の艱は、一に馬島の如きやと。鼎重曰く、生理は皆艱にして、土芋を以てし、馬褁（裹）むに葛の葉を以てして、これを呑む、故に庚戌講和の時、馬島人は両間に居りて和を主ると云えりと。太和曰く、馬島は我国の非れば、聊も生る能わずと。又曰く、倭国の奢侈は最も甚し、南京より貿来の白糸は、尽く倭に帰す、但に織錦のみならず、船纜の如きも、皆白糸を用ゆ、万斤を累ぬと雖も、皆能く之を售り、必ずや用所窮り無らんと。

⑮顕宗一一・三・丙寅○対馬主平義真、差倭平成尚等を送る。書契を持ちて来り、京の接慰官を請う。移館の為也。其の書略曰く、日本対馬州太守平義真、書を朝鮮国礼曹参判大人閣下に奉ず、槎伻帰来し、報翰を領し奉る、辞意鄭重にして、粗々傾望を慰む、蔽邑鰐浦、渡頭狭小にして、風濤便無く、艱険前に在り、事已むを獲ず、再び耑价を差す、修睦の道は、誠に存する而已、乞らくは速やかに晋議し、以て事状を報じられんことをと。朝廷申晸を以て接慰官に差し、之を送る。

⑯顕宗一一・四・乙未○　上莚中に於て、話は倭人移館の事に及ぶ。左右皆熊浦は許すべからざるの状を言う。領議政鄭太和曰く、熊浦は許すべからざると雖も、他処は則ち其の勢許さざるべからずと。時に大将李浣等いえらく、決して許すべからずと。鄭太和いえらく、許さざるべからざる也と。

⑰顕宗一二（辛亥一六七一）・六・壬午○副校理申厚載を以て接慰官と為す。村馬島主平義真、正官平成太等をして、礼曹に奉書し、又移館を求めしむ。上以て大臣に問う。領相許積曰く、聞くならく、其の放船の処は、今已に変遷すと、移館の請は、是実情に似り、而に熊浦に至りては、決して許すべからざる也と。上曰く、若し巽辞を以て来請せば、即ち猶或は可也、而

るに多く恐喝の言有り、是痛むべき也と。厚載既に東萊へ往く。平成太所幹の事、時に未だ講定せざるを以て、礼単を受けず、且未だ楽を聞くの遑あらざるを以て、妓工を退けんことを請う。又曰く、此接慰官の擅断すべき所に非ず、俺等直に自ら上京し、朝廷に告達せん、朝廷終に許さざれば、則ち即に以て江戸に報知せん、此の如きは則ち、豈其の通和旧好を保んべけんやと。厚載以て聞す。備局いえらく、差倭の声楽を作さず、礼単を受けざるは、以て異常の挙を示さんとするに過ぎず、其の云々する所は、又皆恐喝探試の意也、唯当に責るに義理を以てし、其の奸計を絶つべし、若し回聴せざれば、終に欄出するに至らん、則ち約条に違越し、曲は彼に在り渠是の如く跳踉すと雖も、決して聴許の理無し、宜しく更に啓稟勿らしめ、以て其の希冀の望を絶れんことをと。上之を可とす。

⑱顕宗一二・八・乙巳○差倭平成太館門を欄出し、東萊府に来到す。初め礼曹は対馬島主の書契に答えて、移館の事を許さず。成太既に書契を見るやいえらく、俺等請を得ざれば、則ち決して只書契を受けて帰るべからず、将に陳達する所有り、両大人は須らく便服を以て来り見ゆべし、来ざれば則ち俺当に自ら往かんと云う。申厚載・鄭晳端無きを以て相見ゆ。已に是は法外たり、約条に違越し、任意に欄出すべからざるの意を以て、訳官をして開諭せしむ。成太大いに怒りて曰く、此の地頭に到りて、何すれぞ約条の違越を論ぜんか、両国の和好、自ら此に絶ゆ、両大人拒みて見えざれば、則ち転じて巡営に往き、監司又見えざれば、則ち当に京中に至りて後已み、声言の上京申請を遂ぐべし、因りて下倭をして行具を准備せしめ、以て欄出の状を示し、或は若し請を得ざれば則ち当に直ちに江戸へ往くと称し、或は乗船出海し、島嶼を遊覧せんと称すと云う。是月二十三日、正副官都船倭、皆小轎に乗り、其の従倭二百余人を帯し、館門を突出す。釜山僉司李延禎、両鎮士兵を率いて、前路を遮截す。倭人挺刀を以て乱打し、路を開き直ちに萊府に到る。厚載等已むを得ず別館に留置し、馳啓し以て聞す。事備局に下す。備局回啓して曰く、差倭約条に違越し、此の作梗の挙有り、其の情態たるや、殊に甚だ痛駭たり、渠若し必ず転じて監営に往き、或は直ちに京中に至らんと欲さば、則ち既到の後、惟当に理に拠りて峻斥する而已、今姑く其の行止に任せ、只訳官をして随来し、以て其の為す所を観せ、連続報知せしめ、以て朝廷より処置の地となす、接慰官は則ち之をして東萊に仍留し、勢の進退宜当を観せしめよと。上之に従う。成太既に東萊に到るの後、厚載等其の違約欄出の状を責む。成太答えて云う、俺等豈出来の不可なるを知らざるや、誠に已むを得ざるに迫られてなり、今此の移館は、既に已に江戸へ稟定す、朝廷或は未だ其の形勢に燭せずして、難を持して此に至るや、若し請を得ざれば、則ち島主は勢任を保ち難し、貴国亦安くんぞ晏然たる

を得んかと。厚載等馳啓す。備局回答して曰く、島主其の任を保たず等の語は、脅迫恐喝の計に非ざる無し、渠等必ず上京せんと欲して、開喩挽止する能わざれば、則ち只当に其の為す所を観て之を処し、乗る所の馬を給するを許すべからず、且書契は已に下送す、当に追改すべからず、宜しく此の意を以て、措辞開喩し、一辺に峻斥し、之をして速やかに還館せしむるを可とする所也と。上之に従う。書契の措語は、後に差倭争執して已まざるに因りて、遂に之を改送す。

⑲顕宗十二・九・癸酉○差倭自ら東莱に到り、館倭往来絡繹し、復た忌みを顧みること無し。或は門卒の呵禁に怒り、或は餼物の略少に怒り、若し手搏せざれば、輒ち抜剣に至る。是月十七日、館倭一人、漁価米の精ならざるに怒りを発し、庫子を材前より左に追及して、抜剣して其の頭を撃つ。釜山僉司李延禎は、即ち軍官を遣し、剣を奪い結縛して、館中に送る。府使鄭晢、重処懲砺の意を以て、言を館倭に送れば、則ち答えて云う、若し自己の事に因りて、抜剣に至らば、其の罪は固より重し、而に今は雑物の即ち入給せざるに因りて、争詰する所有り、庫子未だ死せざるの前に、実に重治の事無しと。鄭晢馳啓して以て聞す。備局いえらく、庫子死せずと雖も、抜剣撃傷の罪は、当に治すべき所在り、而に治を肯ぜず。情甚だ悪むべし、亦後弊に関わる。差訳の行きて、島主に言い、以て重処の地をなさんことを請うと。上之に従う。

⑳顕宗一二・一〇・丁酉○対馬島は又差倭平成之を遣し、礼曹に奉書し、移館の一節を申稟す。朝廷は又参判の書を以て之に答えて曰く、恵札続いて至り、慰荷は則ち探し、但移館の請は、前書に覆する所、啻に詳悉せしのみならず、初价未だ還らず、又此に勤示す。脅迫者の然るが若き有り。竊かに恐る貴州、或は未だ之を深く思わざらん也と。多少の想は、来差備伝に在り、一一は復さず。

㉑顕宗一二・一一・壬申○倭館火あり。是月十六日夜、倭館失火す。釜山僉司李延禎は、土兵を率いて往きて救う。而に風勢不順にして、館宇は又皆草蓋なり。宴享大庁の外、一に併びに延焼す。倭船七隻及び衣服・器具は、蕩然して余無く、倭人は赤身脱出す。上は本道に命じて、米二百石・木綿十同を以て之に給す。館倭賜を受け、大喜過望、称するに即ち当に島主に報知し、朝廷に申謝すべきを以てすと云う。

㉒顕宗一二・一二・乙酉○倭差平成太死す。成太出来するや、必ずや請を得んと謂い、期するに成らざれば則ち死を誓って還らずを以てす。前後の作梗、皆成太より出ず。朝廷牢拒して許さず。成太憤恚発病して、莱府に死す。訳官の輩或は言う、薬を仰いで自ら死すと云う。倭人櫃を以て其の屍を盛り、塩を取りて其の中に実め、将に以て屍を島中に返さんとす也。東莱府使

鄭皙馳啓し以て聞す。上礼曹判書鄭知和に謂て曰く、首悪の倭、今已に自斃す。庶わくば鎮定の望有らん耶と。知和曰く、事機前に異なる。副官の輩は何ぞ久しく東萊に留るべけんや。此の館倭の死の前は、顧恤の挙無しと雖も、此の倭は差を以て名を為す。将に喪祭の需を給して、以て遠人を待すの道を示すべし、大臣の意も亦此の如しと。上遂に本道に命じて、米十石・紬五匹・木綿十匹・油芚三部・蠟燭十双・果実三種を以て之に給し、且内局の芙蓉香十炷を送る、（割註）倭人素より此の香を貴ぶ。

㉓顕宗一三（壬子一六七二）・一二・戊子〇　上東萊府使李夏を引見す。領相許積も亦入侍す。上夏に謂て曰く、爾赴任の後、倭に言いて曰く、汝家千間を造り、十年留滞すと雖も、汝輩の所望は、必ずしも此に因りて成るべきの理無し、汝の請う所にして、許すべき所在らば、則ち釜山に在りと雖も許すべし、許すべからざるものは、則ち東萊に在りと雖も許すべからざる也、況や朝廷若し汝輩の此に到るに因りて之を許さば、則ち是汝輩の迫る所と為り、寧んにか此の理有らん哉。速やかに退きて、以て朝廷の処置を待つに如かず、此等の語を以て明白に開諭せよ、但訳舌の詳伝する能わざるを慮るのみと。夏曰く、萊府官属の、倭の腹心に非ざる無し、凡そ動静を干むれば、輒即に漏通す、人心此の如し、甚だ細慮に非ざる也と。積曰く、開通は一言を以て、金四百を償す、故に商買の輩、国情を漏泄す。惟うに恐れは及ばずと云えり、良に痛むべき也と。

㉔顕宗一三・四・己卯〇東萊の一氓、布を館倭に貸（借）りて、久しく之を償わず。一日倭潜に来たり、急に其人を索め之を殺す。事覚して梟示す。国綱漸く壊れ、防禁日に弛み、辺氓は倭と交通するに、視るに以て常と為す。守辺は人非ざれば、厳禁する能わず、侮られ辱めを貽す。其の端一ならず、誠に痛むべき也。

㉕顕宗一三・四・甲辰〇釜山の倭差・従倭等、称するに久しく小室に処して、欝結に堪えざるを以てし、時々闌出し、東萊郷校・温井及び川辺の野外に至るまで、到らざる処無し。小通事の輩、衣を牽きて之を止めれば、則ち或は結縛し或は環刀を以て打ち、遮遏するを得ざらしむ。一日館倭十四人、往きて温井に浴し、仍りて前峴に登り、下りて甘同倉を視る。通事随往して之を禁ずれば、則ち杖を持ちて之を逐い、江辺を徘徊し、周覧して帰る。謂う所の甘同倉は、即ち梁山の地也。此の前は未だ有ざるの事也。

㉖顕宗一三・六・庚寅〇　上大臣・備局・諸臣及び台臣を引見す。領相鄭太和曰く、館倭は開市の時、頗る濫雑多し、此の弊を慮るために、開市を許さざれば、則ち我国の人、必ずや館底に於て潜商し、燕京に転売する者有らん、国綱漸く弛み、人心漸

く悪く、利の在る所は、防禁行われず、是慮るべき也と。右議政金寿恒曰く、弊此に至ると雖も、置て不問にすべからず。宜しく東莱・義州をして、厳明申飭し、痛く防禁を加えしむべしと。上之を然りとす。

㉗顕宗一三・六・癸巳○是より先対馬州大守平義真は、江戸に入り、是に至りて島に帰り、橘成陳を遣して之を報ず。朝廷訳官に命じて問慰す。礼曹は義真に書を致して之を責めて曰く、惟に我が両国の相歓は、今将に百年にならんとす、使价の両間に交するは、苟も或は礼敬を蔑み科禁を犯す者有らば、則ち尤も宜しく胥告警責して、来を砺して以て許すべき也、正官平成太等の来使たるや、朝廷の処分已に定まれるに、事理の如何を顧みず、惟強聒を事とし、亦已むべからず、館門を突出し、防護軍を殴打し、直ちに莱府に抵く、此豈大いに駭くべきものに非ざるか、朝廷は平日の和好を念い、寛大の徳意を推し、辺臣をして従容として開諭せしむ、而に成太等は終に悛改せず、成太の死に至るに及んで、副官等は、猶復た一向に延托し、還館に意無く、已に閲歳の久しきに至る、其の他種々の作横は、一二で計り難し、朝命を受け賓接に任ずるの官の若きに至りては、体面は自ら別なり、而に敢えて辱めを逼るに及び、忌みを顧みる所無し、且縦に其の従人は、他邑の境を攙越す、此尤も其の放肆の甚だしきもの也、夫れ蔑礼犯禁は、国の同じく悪む所有り、我国人をして貴国に差往せしめ、此の若きを為さば、則ち朝廷は必ずや将に之を縄するに三尺を以てし、或は貴国に仮貸すること罔かるべし、亦豈来使を曲護する所有りて其の横恣に任すべけんや、茲に象官に憑りて以て布す、惟だ冀わくば一に法を以て之を治めんことを、約誓益々堅くして誠信は替ること無らしめよと。

㉘顕宗一三・六・癸卯○慶尚都事鄭道成朝を辞す。是より先差倭平成太等、移館の事を以て出来す。而に朝廷は移館を許さず、差倭の留滞は年を経る。郷接慰官該道都事閔弘道は、将に莱府に在り、是年の夏三朔殿最の勘を以て、将に巡営に帰らんとするも、差倭其の去るを聴きず、故に事う。都事は殿最に不参せば、法は罷に当る。故に監司は例に依りて之を罷す。弘道は既に罷し、即ち装を俶えて京に向かう。莱府訳官をして、弘道は罷帰するの由を言わしむ。差倭等怒りを発し、通事倭及び卒倭をして訳官を拘執せしめ、剣を梃して囲立し、刀を其の項に擬し、成喝の至るに備う。莱府別の差訳をして之を責めしめて曰く、接慰の罷帰するは、実に爾等の其の帰るを許さざるに由る、自らを反するを知らずして、乃ち咎を訳官に帰す、訳は卑微たりと雖も、乃ち之王人たり、何ぞ敢えて此の如く詬辱するかと。差倭等いえらく、俺等此の訳と共に巡営に往きて、詳しく事由を知り、転じて王京に向かわんと欲すと云う。莱府又人を送りて之を責め、反覆暁諭するも、終に聴くを肯ぜず。適々翌

日に、豆毛浦万戸金元祥来り、差倭懇ろに相見んことを要む。蓋し元祥は曽て済州に入り、漂風して日本に至り、歳を経て始めて還る。頗る日本の事情を知る。故に朝廷は豆毛鎮へ差送せし者也。元祥は差倭に見え、辞を費して責諭し、倭の意始めて回る。乃ち訳官を出送し、且撤帰の意有り、但し必ず接慰の来るを待ちて、其の去就を定めんと欲す。萊府は速やかに都事を差して以て送らんことを請う、且訳官は被執辱国を以て、仍ねて接倭せしむるべからず、他訳を改送せんことを請う。之に従う。

㉙顕宗一三・七・乙巳○医官咸一得を遣し、対馬島へ如く。是より先島主該国以酊庵の病を以て、萊府に良医を得て以て之を治さんことを請うに因り、府使上聞す。故に是　命有り。我国を尊奉せし者、号して以酊庵を称する也。得一の萊に到るや、以酊庵已に死す。島主も又適々疾有り。故に仍て入送し、島主の病を治し、秋に始めて帰る。

㉚顕宗一三・一二・己未○神馬島太守平義真、書を礼曹に致す。其の措辞、皆懇ろに移館を請うの意也。

㉛顕宗一三・一二・辛未○　上大臣・備局・諸臣を引見す。……上曰く、然り、移館の許否、亦各々見る所を陳じて可也と。(左相金)寿恒・(右相李)慶億曰く、許すと許さざるとは、大段無く決し難き事なり、今の書契を以て之を見れば、則ち顕かに哀乞の状有り、其の更に他の憂有るを知らざる也、臣且領相鄭太和・判中枢鄭知和の言を聞くに、我国と日本とは水路通信す、而に彼は水路の不便を憂う。既に已に浦を掘らば、則ち交隣の道在り、終に之を許さざれば、未だ其の可なるを知らずと云う。礼判鄭知和曰く、近ごろ移館の許否を以て、論議斉しからず、臣蚤夜以て思うに、未だ善策を得ず、而に第だ近日は騒屑太だ甚し、人心大いに変ず、此に因りて釁を生ずるは、亦何ぞ難からんか、是慮るべき也と。知中枢柳赫然曰く、彼請う所の移館の地は、順天・熊川・巨済の三所より出でず、順天を許さば、則ち湖南漕運の道絶ゆ、熊川・巨済を許さば、則ち統営の手足を措くを得ず、其之を許すを如何せん、況や浦を掘るの説をや、本々信ずべからざるものかと。上曰く、接慰官をして姑く其の請を塞がしめ、渡海訳官の帰りを待ちて、更に議して可也、且近日開市の外は、釜山僉使をして倭館の近処往来の人を厳禁せしめ、其の禁を犯す者は、即梟示せしめ、如し僉使が厳禁する能わざれば、則ち東萊府使をして糾察論罪せしめんことを命ずと。

㉜顕宗一四(癸丑一六七三)・一・己卯○　上大臣及び備局・諸宰を引見す。接慰官趙師錫・忠清兵使朴振翰陛を辞す。上皆を召見す。師錫倭との問答の辞を講定せんことを請う。上曰く、然りと。仍て諸臣に問う。皆曰く、移館の請、姑く宜しく防

塞すべしと。師錫曰く、倭の書契中に、備北図南の語有り、未だ其の指意の如何を知らずして、其の請を許さざれば、則ち彼必ずや激怒して曰く、是は□と均き也、北に厚くして曲げて其の言に徇い、南に薄くして哀訴を許さざるは、何ぞやと云わん、爾は、則ち宜しく如何之に答うべきやと。左相金寿恒曰く、我国の事、倭知らざるの理無し、之諱むべきの言に非ざる也、何ぞ是に答えること有らんと。兵判金万基曰く、汝等長く館中に留り、我国の事、洞知せざる無し、何のために此の言を発するや、と云わば則ち好しと。訓練大将柳赫然曰く、我国は小国なり、中国は則ち之に事え、隣国は則ち之と交わる、爾此の言を発するや、亦誤らざらんか、と云わば則ち可也と。上曰く、然り、其は此を以て之に答よと。

㉝顕宗一四・二・癸丑○　上大臣及び備局・諸宰を引見す。上倭館移設の事を以て、諸臣に言及し、反覆論難して、卒に帰宿すること無し。

㉞顕宗一四・一〇・乙卯○対馬州差倭、尚釜山館に留る。固より移館を請う。朝廷許さず。差倭等回答書契の、請う所を牢塞せるを見て、怒りを発して跳踉し、上京を声言し、懇ろに其の行具を治めんことを請いて、発せんと欲するの色有り。朝廷亦禁止すること勿く、其の為す所に任す。差倭等計の奈何ともする無く、一日接慰官趙師錫と見えんことを求めて曰く、多大・草梁等の浦と雖も、亦許移を願うと。師錫以て聞す。廷議いえらく、熊川は決して許さず、而に草梁は之を許すに妨げ無しと。上始めて之を許すを命じ、差倭をして自ら多大・牧場・草梁中の一処を択ばしめ、後言無からしむ。差倭草梁項に移らんことを願う。之を許す。

㉟顕宗一四・一二・癸丑○　上興政堂に御す。……維重曰く、倭訳韓時説は方に拿囚すべし、宜しく重律に置きて、以て其余を懲すべしと。上曰く、首訳は斬に処して、則ち必ずや向日の事無らしめ、宜しく是を以て定律と為すべき也と。寿恒曰く、時説の問目中に、正に交通の一款を入れるべしと。金万基曰く、交通の一款は、情疑うべきと雖も、跡の著する所無く、問目と為し難きに似たり、且斬に処すを以て律と為し、日後倭人の従い難きの請、若し或は陸続として来たらば、則ちこと毎に首訳を斬するべからず、既に定律して斬らざれば、則ち亦国体を損傷せんと。寿恒曰く、罪犯に軽重有りと雖も、倭訳金勤行は、亦之を置くべからず、一体に拿問して宜しと。上之に従う。時に議するに倭虜移館の請は、訳輩の陰嘱より出ずるを以て、慣惋せざる無し。而に時説輩は竟に死を免がる。

註

（1）この経緯については、早くは、小田省吾「李氏朝鮮時代に於ける倭館の変遷―就中絶影島倭館に就て―」（『朝鮮支那文化の研究』一九二九年）が朝鮮側の史料によって検討し、最近では、田代和生『近世日朝通交貿易史の研究』（創文社、一九八一年、一六七～一七六頁）が、要領の良い整理を行っている。なお、金義煥「季朝時代に於ける釜山の倭館の起源と変遷」（『日本文化史研究』二号、帝塚山大学、一九七七年）があるというが、筆者未見。倭館移転に関する史料には、日本側では『通航一覧』（林韑編、国書刊行会、第三、四四八～四七三頁）、『朝鮮通交大紀』（松浦允任編、田中健夫・田代和生校訂、名著出版、一九七八年）、宗家記録『分類紀事大綱』「移館一件」（国立国会図書館所蔵）などがあり、朝鮮側では、今回検討する『朝鮮王朝実録』（大韓民国国史編纂委員会編、探求堂）の他、『備辺司謄録』（同国史編纂委員会編、民族文化社）・『辺例集要』（同国史編纂委員会編、『韓国史料叢書』第一六、探求堂）がまず参照されるべきものである。さらに、『倭館移建謄録』（ソウル大学奎章閣所蔵）があるが、今回は参照できなかった。奎章閣所蔵の日朝関係資料は、現在影印刊行が進められており、すでに『通信使謄録』（総目次・索引とも全六巻）が刊行されている。

（2）荒野泰典「小左衛門と金右衛門―地域と海禁をめぐる断章―」（網野善彦他編『海と列島文化一〇　海から見た日本文化』（小学館、一九九二年。本書第Ⅰ部第五章）。

（3）前掲註1『朝鮮通交大紀』二六一～二六二頁。

（4）荒野前掲註2論文参照。

（初出）「釜山倭館の草梁移転―倭館移転を朝鮮側から考える―」（『青丘学術論集三』韓国文化研究振興財団、一九九三年）。

補論3　近世東アジアの国際関係論と漂流民送還体制

1　近世の漂流民送還体制の視点

私が漂流民に関して「近世日本の漂流民送還体制と東アジア」という論文を書いたのは、一九八三年のことだった(1)。その論文で私は、海外情報の窓口としての漂流民の体験という、従来からの観点ではなく、漂流民が東アジア諸国の間で互いに送還される体制そのものに関心を向けた。すなわち、近世の漂流民がどのような手続きを経て送還され、その背後にはどのような体制が国内的・国際的に成立していたかという視点から、日朝・日琉・日中の三国の関係について検討したのだった。この論文の日本における評価としては、次の藪田貫の文章が最も率直で好意的なものだろう。藪田は、大阪や畿内をフィールドにして近世の地域史や女性史などの研究で意欲的な仕事を発表していることでよく知られているが、勤務先の関西大学の東西学術研究所のメンバーとして、漂着唐船の資料集の刊行にも携わっている。藪田が江戸時代の漂着船に関心を抱くようになった最初のきっかけが、私のこの論文だったという(2)。この論文は、彼にとっては一種のカルチャーショックだった。というのは、彼は、漂流というのはジョン万次郎や大黒屋光太夫のように、例外的なできごとだと思い込んでいたからだ。ところが実際には、漂流というのは日常茶飯事のできごとであり、日本と国際関係を結んでいた国々との間には、恒常的に漂流民を送還する体制ができていた。多くの日本や朝鮮・中国・琉球の漂流民たちがそのシステムを通じて、互いに送還されていたのだった。万次郎や光太夫が帰国するために嘗めた辛酸は、当時の日本が外交関係を持たず、安定した送還体制が形成されていなかった国や地域に漂着したためだった。このような史実から氏は、近世の日本を「鎖国」とする従来からの通念は再検討されなければならない、という私の提言に賛成されている。言うまでもないことだが、近世の漂流民送還については、日常的に送還された場合とそうでない場合の二つの面を、当時の国際関係のあり方に即して総合的に考える必要がある。(3)

一九六〇年代の末に朝尾直弘が、近世日本の構造的特質は兵農分離・石高制・鎖国の三つの要素から成っている、という理論的な整理を行い、それが近世史研究者の間に広く受けいれられてきた。藪田の言葉を借りれば、「農村をやっていようが、都市をやっていようが、対外関係をやっていようが、全体として近世という社会と国家を考えるには、この三つを押さえたらわかるのだなと思いました」、ということになる。私自身も、「鎖国」が近世史研究のなかでそのような位置づけを与えられていることに勇気づけられて、対外関係の研究を続けていた。しかし、近世の対外関係の実態を知れば知るほど、従来の「鎖国」という言葉にはおさまりきらない事柄が多いのではないかと考えるようになった。漂流民送還体制もそのような史実の一つだった。言うまでもないことだが、時代が移れば歴史研究者の問題意識も変わり、歴史もそれまでとは違う視点で見られるようになる。新しい問題にも気づかされる。それらの問題は、当然のことながら、従来の枠組みではどうにも解けない。だから私たちは従来のとは違う近世史の枠組み作りをしているのだ、というのが藪田の論旨である。言い換えれば、私の「鎖国」見直し論も、八〇年代から九〇年代の交に大きく変わろうとしている近世史の研究動向の一環だったということだ。

しかし、このように好意的な意見の一方で、漂流民送還も「鎖国」概念には折りこみ済みだとして、「鎖国」概念の有効性をかたくなに主張する人々もいる。例えば、佐々木潤之介は、「鎖国制」のもとで、長崎の他に、対馬・松前・薩摩での対外関係があり、漂流民送還や難破船援助などによる交流があったことなどは、「古くから明らかにされてきていることであり、その意味では鎖国とは江戸時代の、我が国固有の世界史的位置づけ方を総称している用語」なので、何の問題もないという。(4) 佐々木は、確かに存在した対外関係や交流を含めて「鎖国」と呼ぶのだと言う。しかし、これは黒を白と言い含めるようなものではなかろうか。私は、「鎖国」という言葉にそのような実態を詰めこむのは無理があると判断して、「華夷秩序」と「海禁」という対概念で近世日本の対外関係を再構成することを提言したのであり、(5) とうていこのような主張に与することはできない。言葉には、その言葉本来の意味内容や語感が備わっており、それは一介の研究者の恣意的な定義を越えて一人歩きする。まだまだ「鎖国」は文字通り国を閉ざすことだと思いこんでいる日本人は多い（おそらく韓国でも事情は同じではないか）。実態が言葉通りでないことを知っているのは、近世史の専門家とその周辺のごくわずかの人たちにすぎないのではないか。実態を踏まえ、それをより正確に伝えることができる用語を準備するのが、研究者の社会的責任というものだろう。

「鎖国」概念の問題点についてはこれ以上立ち入らないが、とりあえずここでは、漂流民の送還体制について考えることは、それを通して、近世東アジアの国際関係の日常のあり方を観ることであり、それは、藪田によって明確に位置づけられたように、新しい近世史像を再構築する試みの一環でもあるということを確認するにとどめたい。

2　「海禁・華夷秩序」論と近世東アジアの国際関係論

「鎖国」概念に代えて「海禁・華夷秩序」の対概念を使用することを提案し始めた頃の私は、「鎖国」概念の問題点に気をとられがちで、「海禁・華夷秩序」論の可能性を十分に自覚していなかった。その点を明確にしなかったことが、「海禁」は「鎖国」の単なる言い換えにすぎない、という誤解を生む原因ともなった。(6) ここではまず、「海禁・華夷秩序」論の意図するところを明らかにすることから始めたい。

第一に、「海禁・華夷秩序」論は、従来「鎖国」という呼び名のもとでなされてきた議論を、より精緻に展開するための作業仮説である。したがってこれは近世日本が開かれていたか、閉じられていたかというような、単純な議論ではない。もし、「開・鎖」という観点にこだわるのであれば、この体制によって、何が開かれ、何が閉ざされていたのか、また、それはどのような論理に基づくものなのか、というような事情について、より具体的、論理的に探るための仮説ということになる。朝尾の理論的な整理以来「鎖国」という用語は、徳川幕府による対外関係の編成と制限という、二つの相反する要素を持たされることになった。朝尾の「鎖国」論の新味は、従来の、対外関係の制限という見方に、対外関係の編成という要素を加味した点にある。それは確かに近世の対外関係の研究に新しい可能性を開いた。私もその恩恵を蒙った一人であることは先に述べた通りだが、それは同時に新たな混乱を「鎖国」という言葉に盛りこむことになった。本来は関係を閉ざすという意味の言葉に、まったく反対の、関係を持つ、あるいは編成するという内容を盛りこんだのだから当然である。用語の意味の恣意的な拡張という田中健夫の批判も、的外れではない(7)。しかし、この「鎖国」という体制の特徴の一つは、一見相反する二つの要素が組み合わされて構成されているところにある。二つの要素のうちの制限に「海禁」、編成に「華夷秩序」という名前を与え、それぞれの要素それ自体や、それらの組み合わされ方について議論を深めようというのが、私の立場である。

第二に、それぞれの要素に名前を与える際に、東アジアという「場」の規定性を考える、あるいは東アジア諸国との比較において考えること。「鎖国」論のもう一つの特徴は、それが近世日本の構造的特質を構成しているという点にあった。つまり、それは他のどこにもない日本独自のものであるという見方に基づいている。しかし、本当にそうだろうか。対外関係の制限の仕方については、早い時期から田中健夫が主張しているように、徳川幕府独自のものはほとんどなく、東アジアの国際社会の伝統に則ったものだった。(8)そのことについては私も具体的に検討したことがある。(9)いわゆる「鎖国」政策の特徴として挙げられるものは、ほぼ例外なく中国・朝鮮でもみられる。例えば、山本博文は、厳重な沿岸警備体制を近世日本の「鎖国」の特徴の一つとするが、(10)その体制が形成された動機、厳重さの度合い、担い手などにそれぞれの特徴はあるものの、沿岸警備体制そのものは東アジアの国々に普遍的に見られるものだ。

対外関係の編成についても、同様のことがいえる。対外関係を自己を中心に位階制的に編成することを、私は「華夷秩序」と呼ぶ。ただし、「華夷秩序」にも二つの側面がある。

一つは、文字通りの、「華夷主義」による国際関係の位階制的な編成の側面。それは中国の王朝、例えば明王朝に典型的なものだが、その志向は日本・朝鮮などにも共通して見られる。それを、自分の文化などが他者のそれよりも優れているという思いこみ（エスノセントリズム）に基づくものと考えれば、それは、国家を形成するまでにいたらない少数民族までもが等しく持つ意識ということもできる。エスノセントリズムを母体にして成長した国家意識が、華夷意識、あるいは華夷主義であり、それに基づいて対外関係を編成してできあがった体制が、華夷秩序である。それはどのような形をとろうと、尊大な自尊意識に基づくという点では共通している。したがって、たとえ大民族の優越性の前に平伏しているかに見える小民族にも、自らの尊厳を頼む意識がある。そのことを前提にして初めて、見えてくる歴史の局面があるはずだ、と私は考えている。(11)

もう一つは、プラグマティックな、説明原理としての側面。国家や民族はそれぞれに「華夷意識」を持っているが、それに基づいて「華夷秩序」を自由に設定できるわけではない。それぞれの国家が置かれた国際的な条件と自らの華夷意識を摺り合わせながら、各々に矛盾しないような関係を設定することになる。それができない場合には戦争などの国際紛争となるか、国交断絶となる。より現実的には、第三者を媒介に間接的に関係を維持する、あるいは、国家権力はあずかり知らない、民間レヴェルの関係とされることもある。いずれの場合にも、それに対応した説明がつけられるところに、「華夷秩序」のもう一つの性格を読みとることもできる。「華夷秩序」は、一元的な統治原理というよりも、現実には間接的、朝貢的、さらには対等的な統治原理等をも含んだ、複合的で抽象的な統治原理であり、「中華主義」は、政策の目的というよりはむしろ結果を正当化する論理として機能したからである。[12] 私の想定している日本型華夷秩序が、これら二つの要素を備えていることは言うまでもない。

このように「鎖国」と呼ばれ、日本近世の特質の一つと見なされたものを腑分けして、それぞれを東アジアの国際社会のなかに置いてみると、近世の日本国家の場合も「海禁・華夷秩序」という国家の振舞いの点では共通していることが了解される。しかし、それはそれぞれの国の「海禁」と「華夷秩序」が細部において異なっていることと矛盾しない。例えば、同じ海禁でも細部を見れば各々に違いがある。それは、比喩的にいえば、兄弟が同じ血統でありながら、それぞれに個性的であるのとよく似ている。私は、それぞれの「海禁」と「華夷秩序」の比較研究が必要だと考えているが、このような作業を通じて、ヨーロッパやイスラム世界などとの共通性や違いも見え、さらには、国家や民族そのものの正体も、人類史の地平において見えてくるのではなかろうか。

第三に、近世日本（のみならず、日本史全体なのだが）の歴史を、一国史的な観方から解放し、東アジアという地域に媒介されながら、地球規模の世界との関係性において展開してきたものとして描くこと。かつて「鎖国」と呼ばれてきた近世においても、海外に向けた「四つの口」が開かれており、その「口」を通じて物や情報は日常的に出入りし、折に触れて人も往き来していた。海禁によって、それらの関係は国家の監視・統制下に置かれていたが、それらの物や情報の流通によって日本の社会も変化し、それによって海外との関係や流通のあり方も変わっていった。もちろんその変化は近代ほどに急激でも大きくもなかったが、しかし確実に変わっており、その意味で近世においても日本列島は確かに東アジアと、それを取り巻く世界との関係性のなかで生きていた。そのようなあり方が近世だけでないことは、改めて言うまでもないだろう。前近代の日本列島の歴史はアジア、とりわけ東アジアという地域に媒介されながら、世界の歴史と相互規定的に展開してきたのだった。私はシリーズ『アジアのなかの日本史』（Ⅰ〜Ⅵ）を編集した折に、同じ編集委員の石井正敏・村井章介の両氏と共に、その様相を通史的に概観したことがある。(13)その作業を通じて改めて確認されたことは、日本列島と世界との日常的な関係性を掘り起こすことの必要性と、それを方法論の軸とする国際関係論の必要性である。近代以降について国際関係論があるように、近世には近世の国際関係論が必要なのだ。

近世東アジアの国際関係論の基本的な視点は、次の二つである。

一つは、東アジアの国際体系である。これは、近代ヨーロッパに生まれ、現代の国際社会においても支配的な、いわゆる西洋的な国際体系とはかなり様相を異にしていた。西洋の国際体系は、通常、国家主権・国際法・勢力均衡の三点を基礎としていると言われる。(14)それに対して、東アジアのそれは、中国と周辺諸国で形成する「華夷秩序」（メイン・システム）と周辺諸国相互の関係（サブシステム）の複合から成っている。この周辺諸国がさらに独自に「華夷秩序」を設定している場合もある。その構成員はかならずしも国家に限らないが、国家と国家を形成していない存在、例えば、少数民族との間の待遇の違いは歴然としてある。また地域や国家によっては、複数の「華夷秩序」に包摂されていることもある、例えば、日中間の琉球や日朝間の対馬等のように。これらの関係においては、条約に類するものや慣習法的なものはあるが、国際法にまで成熟したものではない。しかし、この問題を考える際には「一定の歴史的条件のもとでは、洋の東西を問わず、ある地域の国際関係は、きわめて類似した構成をもってきた」という浜下武志の指摘[15]は、肝に銘じる必要がある。これが、もう一つの論点である。

また、これらの複合的なシステムが、全体としてこの地域の秩序や平和を維持するための、集団的な安全保障のシステムとして機能することを構成員から期待されていたことは、ほぼ間違いのないところだろう[16]。その求心性を支えていたのは中国の圧倒的な政治・経済・文化の各分野における優位だったが、周辺諸国の経済的・政治的な成長と自立化にともなって、その求心性が弱まっていくのが、近世東アジアの国際関係の主要な潮流の一つとみることもできる[17]。

第四に、一般の地域の人々や国家を形成するまでにいたっていない人々（少数民族）などによって構成される、国家に媒介されないネットワークの存在。これは地域間交流と言い換えることもできるだろう。国家の成立以前から地域間の交流は存在していた。しかし国家が成立すると、それ以前から存在していた地域間の交流を分断し、あるいはそれらを取り込んで、領域外との関係（対外関係）を独占するようになる。この時、対外関係をめぐる国家と地域（の人々）との関係は逆転する。そして、この逆転を正当化するために、国家は「人臣に外交なし」、つまり、外交権は国王のみに属すると宣言する。しかしこの逆転は、かならずしも暴力的になされるのではなく、おそらく何らかの形で、「人臣」（地域の人々）の合意をとりつけながら成されたのではなかろうか。そこには「人臣」が国家に委託するものがあったに違いない。しかし、たとえそうであっても、対外関係をめぐって両者間の矛盾が解消されるわけではない。「人臣に外交なし」という東アジアの伝統的なイデオロギーは、その逆転を正当化するものである（ただし、絶対主義時代のヨーロッパにおいても、外交は「国王大権」だったことに注意）。海禁は、そのイデオロギーに支えられ、かつ、それを実現するための、つまり、国家が対外関係を独占するための政策である。このようなイデオロギーや政策そのものが、国際関係をめぐって国家と「人臣」との間に深刻な対抗関係、つまり、矛盾が存在していることを示している。その矛盾の故に、国家は、人々（人臣）の委託に応えて、国際関係を独占することの正当性を明らかに示さなければならない。言い換えれば、「人臣」の存在と彼ら自身によるネットワークの可能性こそが、この地域（とりあえずは東アジア）に国家相互のネットワーク、つまり、狭い意味での国際関係を現実化させるのだ。(18) そのネットワークの編成原理であり、同時にその結果でもあるのが、前述の第一の要素、つまり東アジアの国際体系だった。

3　近世東アジアの国際関係論と漂流民送還体制

近世東アジアの漂流民送還体制を検討することは、近世東アジアの国際関係が、日常的にどのように機能しているかを観察することにつながる。私が、十分に自覚的ではなかったにせよ、先述の論文で意図したことは、そのことだった。それが同時に、漂流民の送還それ自体の研究としては、国家の役割を強調しすぎるなど、いくつかの弱点を持つ原因にもなっている。(19) しかし、ここではもう少し私自身の意図にこだわってみたい。

私が、先述の論文で、漂流民送還体制の検討から引きだした、近世東アジアの国際関係論に関わる論点は、以下の五つである。

まず第一に、漂流民送還体制における国際関係の役割。私は、漂流民の保護・送還が体制的に成立するための条件を二つあげた。

一つは、国家権力が統治権のおよぶ範囲内での国際関係を、掌握・統制しうる体制が成立していること。

もう一つは、国家が相互に漂流民の送還を実現するための国際関係が存在すること。すなわち、ある国家権力が領域支配を実現し、かつ、周辺諸国との間に安定した関係をとり結んでいることが、相互に漂流民を送還しうるための前提条件だった。

第二に、近世日本の国際関係（日本型華夷秩序）における各国の位置づけと、各々の国の漂流民の取扱との対応関係。具体的には、朝鮮・琉球を「通信国」、中国・オランダを「通商国」とする格づけに対応して、漂流民の取扱や送還費用の負担等の待遇が決められている。例えば、朝鮮の漂流民の送還費用は日本側の負担であるのに対して、中国人・オランダ人の場合は彼ら自身の負担となっている。また、送還の位置づけにも違いが見られる。「通信」の関係では、基本的に互恵の関係なので、それにふさわしく、送還後に互いの挨拶がある。それに対して、「通商」の関係においては、日本における保護と送還は徳川政権の恩恵であり、日本人が送還された場合は、送還したオランダ人や中国人の「奉公」とされ、漂流民の食料分と送還した人の手当分の米が支給された。

第三に、近世日本の「四つの口」のなかでの長崎口の特権的な地位。漂流民たちは原則として長崎に集められ、そこで長崎奉行のチェックを受けて送還される。この手続きは国際関係を総覧する立場にある徳川幕府の権限を、端的に表している。対外関係のすべてに関与しうるのは徳川幕府のみで、他の三つの口の領主たちは、自らが押さえている関係については独占的に扱うことができたが、それ以外の関係からは、他の領主並みに疎外されていた。つまり、他の「人臣」と同等の立場だった。

第四に、漂流民の保護・送還を実現した国家の、国際的、かつ国内的な正当性の確保と維持。無事に帰還することができた日本人の徳川政権に対する意識は、一六六八年に巴旦島に漂着して、辛苦の末に自力で五島まで辿り着いた尾張廻船の乗組員たちの述懐によく表れている。彼らは「天照大神様の御めぐみ」と「上様」（徳川将軍）の「威光」を讃えている。一方、保護・送還した外国の漂流民については、彼らの本国の位置づけに応じた待遇を与えることによって、自らの「華夷秩序」を具体化する場とした。その保護に対しては、琉球の謝礼の使節や後に述べるオランダのブレスケンス号の場合（一六四三年）のようにわざわざ謝恩の特使（実際は偽使）が演出されることもあった。[20]

第五に、漂流民送還ルートとしての国際関係の網の目の粗さ。近世東アジア諸国の国際関係がカヴァーできる国や地域の範囲は限定的であり、その網の目から洩れた国や地域の人々は、基本的に、送還されないか、たとえ送還されたとしても、劣悪な待遇を受けることが多かった。そのような事例としては、一六五三年に朝鮮に漂着したオランダ船デ・スペルウェル号の場合が典型的である。この場合は、抑留されたオランダ人の一部が逃亡に成功し、五島に漂着したことから抑留の事実が日本側に知られ、徳川政権は、オランダ人の庇護者の立場から残りのオランダ人の引き渡しを要求し、結局生存者全員の送還が実現した。しかし、これは幸運な事例で、日本に漂着したものの、送還先が不明のままに長崎に幽閉されて生涯を終える事例もままある。朝鮮でも、デ・スペルウェル号以前に漂着して、結局その地で生涯を終えた朴延のような事例がある。このような網の目の粗さの故に、近世後期になると増加する彼我の、体制外の漂流民に対処できず（例えば、日本人漂流民の受けとりの拒否やアメリカ捕鯨船乗組員に対する苛酷な処遇など）、深刻な事態（ペリー来航など）を迎えることになることは、よく知られている。

以上の他に、新たに次の二点をつけ加えたい。

一つは、漂流民送還というできごとを通して、それぞれの国家にとっての国際関係の必要性が理解できる、ということ。漂流は「国民」の日々の営みのなかで普通に起きる事故の一つであるが、「国民」の生業について責任を負うべき国家としては、原状回復のためのシステムを備えていなければならない。しかし、漂流は自らの領域を越えたところで起きる事故である故に、その解決（送還）のためには漂着先の国との協力関係が必要である。しかも、それが解決できるか否かに国家の威信もかかっている。そこで否応なしに、この案件の解決のために、関係諸国家は互いに協力し合うことになる。先に「人臣」レヴェルでのネットワークの可能性が国家のネットワークを構造化させると述べたが、歴史具体的には、倭寇や密貿易などとともに、漂流も狭義の国際関係を必然化させる、下からの力として作用していると考えられる。

もう一つは、「漂流」・「漂着」という用語は、かなり幅のある内容を持って使われており、ことを荒だてないために「漂流」・「漂着」として処理される場合もまま見うけられること。具体的には、オランダ船ブレスケンス号の南部漂着事件等がそれにあたる。同船は、金銀島探検のために日本近海を航行中に、暴風雨にあって僚船と離れ、薪水補給のために南部山田浦（岩手県下閉伊郡山田町）に入港し、食料等の調達のために船長以下一〇名が上陸したところを捕えられた（一六四三年）。この事件は、同年にキリシタン宣教師の密航事件があったために難航したが、結局、船長らは、あくまで暴風雨による漂着であり、宣教師の入国幇助や日本沿岸の偵察を行う意図がなかったことを誓うことで、罪は問われなかった[21]。幕府も、この事件を、オランダ船の漂流・漂着とそれに対する保護・送還という形に押し込めることで解決しようと図り、結果として、オランダ漂流民の送還体制はこの事件を契機に整えられることになった[22]。

このように、何かいわくのある不審な船や幕府にとって不都合な船、さらには密貿易船でさえも、「漂着」として処理されることも多かった。例えば、出島のオランダ商館長ヤン・コック・ブロムホフは、一八二三年二月二日に、「漂着したジャンク船の中国人についてもまた、ほとんどは密貿易に従事していると噂されている、そのようなことは当地ではすでにかなり当たり前のことになっているように。様々な押収品のなかの一つは、数カティの麝香であった」、と記録している（『長崎オランダ商館日記』第一〇巻）。また、一八〇一年一〇月一五日に五島に漂着した二本マストのヨーロッパ船は、長崎での尋問の結果、マカオ仕立てのポルトガル船で、乗り組んでいたのはポルトガル領民であることが、判明した（『長崎オランダ商館日記』巻四、「ウィレム・ワルデナールの秘密日記」一八〇一年一一月一二日・一三日・一四日条他)。

しかし、尋問にあたったオランダ通詞や、通詞と漂流民との間の通訳を務めた出島のオランダ人もこの事実を押し隠し、「安問」(アンボン)の漂流民として処理している(23)。そうすることで彼らポルトガル領からの漂流民たちは、オランダ船によって無事に送還されたのだった。もし事実が明るみに出ていたならば、彼らはことごとく「死罪」に処せられていたはずだが、それを望まなかったのは実は長崎奉行だったことが、前記の「秘密日記」の記事から明らかになる。このように、「現場」がある程度の自由裁量を許されることは常にあることだが、長崎のような国際関係の「現場」において、担当者の裁量に幅を持たせるキーワードの一つが、「漂流」・「漂着」だったと言えるだろう。ここでは「漂流」や「漂着」は、体制と実態との齟齬を表面化させないためのショック・アブソーバーの役割を果たしている。

このようなショック・アブソーバーが十分に機能しなくなる場合が二つある。一つは、その機構そのものが老朽化・硬直化したり弾性疲労を起こす場合、もう一つは、その機構の能力を越える外力が加わった場合。幕末のペリー来航は、まさに、後者の場合だったが、それが同時に機構の硬直化や弾性疲労をまねく結果になったのではあるまいか。

註

(1) 荒野泰典「近世日本の漂流民送還体制と東アジア」(『歴史評論』四〇〇号、一九八三年。のち、同『近世日本と東アジア』東京大学出版会、一九八八年に収録)。

(2) 藪田貫「寛政十二年遠州漂着唐船萬勝號資料—江戸時代漂着唐船資料集六—」(関西大学出版部、一九九七年)。山本博文『寛永時代』(吉川弘文館、一九八九年)。

(3) 藪田貫「変わる近世史像」(『歴史科学』一二〇、一九九〇年。のち、『女性史としての近世』校倉書房、一九九六年に収録）。

（4）佐々木潤之介「東アジア世界と鎖国」（『中世史講座11』学生社、一九九六年）。

（5）荒野泰典「日本の鎖国と対外意識」（『歴史学研究』別冊、一九八三年。のち、前掲註1書『近世日本と東アジア』に収録）。

（6）山本前掲註2書。

（7）田中健夫「鎖国について」（『歴史と地理』二五五号、一九七六年。のち、同『対外関係と文化交流』思文閣出版、一九八二年に収録）。

（8）田中健夫『中世対外関係史』（東京大学出版会、一九七五年）。

（9）荒野泰典「国際認識と他民族観―「海禁」と「華夷秩序」論覚書―」（歴史科学協議会編『現代を生きる歴史科学二　過去への照射』大月書店、一九八七年）。

（10）山本博文『鎖国と海禁の時代』（校倉書房、一九九五年）。

（11）荒野前掲註9論文。

（12）浜下武志「東アジア国際体系」（有賀貞他編『講座国際政治一　国際政治の理論』東京大学出版会、一九八九年）。

（13）荒野泰典・石井正敏・村井章介共同執筆「Ⅰ　時期区分論」（同編『アジアのなかの日本史Ⅰ　アジアと日本』東京大学出版会、一九九二年）。

（14）斎藤孝「西洋国際体系の形成」（有賀貞他編『講座国際政治一　国際政治の理論』前掲註12書）。

（15）浜下前掲註12論文。

（16）荒野泰典「近世の対外観」（『岩波講座日本通史一三　近世三』岩波書店、一九九四年、本書第Ⅲ部第一章）。

（17）荒野前掲註1書『近世日本と東アジア』。

（18）荒野前掲註16論文。

（19）池内敏『近世日本と朝鮮漂流民』（臨川書店、一九九八年）。

（20）レイニアー・H・ヘスリンク『オランダ人捕縛から探る近世史』（山田町教育委員会、一九九八年）。

(21) ヘスリンク前掲註20書。

(22) 加藤榮一「ブレスケンス号の南部漂着と日本側の対応」(『日蘭学会会誌』一四―一、一九八九年)。

(23) 小原巴山『続長崎実録大成』(長崎文献社、一九七四年)二九九〜三〇〇頁。

(初出)「近世東アジアの国際関係論と漂流民送還体制」(『史苑』六〇―二、二〇〇〇年)。

第Ⅱ部　海禁論の射程

第一章　海禁と鎖国

第1節　「鎖国」概念の重層性

徳富蘇峰（一八六三〜一九五五）は、史論『吉田松陰』（一八九三年）の「第四　鎖国的政策」の冒頭で、次のように述べる（引用は岩波文庫本による）。

寛永の鎖国令こそ千秋の遺憾なれ。もしこの事だになくば、我が国民は南洋群島より、支那、印度洋に迨び、太平洋の両岸に、その版図を開きしものそれ幾何ぞ。（四一頁）

「鎖国得失論」者としての蘇峰の特徴がよく表れた言説であり、この書物が、日清戦争の直前、対清強硬論が急速に盛り上がっていく時期の講演（一八九二年）を、もとにしたものであることにも注目させられる。しかし私が、とりあえずここで問題にしたいのは、そのことではない。「鎖国得失論」の「得失」については、これまで何人もの研究者が論じてきたし(1)、私も、やや視角や立場が違うとはいえ、「得失」の観点から「鎖国」概念を批判し、「海禁・華夷秩序」の対概念を提唱するようになったからである。私の提唱に対して様々な批判や同意が与えられ、それらによって私にも得るところがなかったわけではない(2)。しかし同時に私は、論議が「鎖国」か「海禁」かというような、二者択一的な観方に単純化されがちなことに、危惧の念を抱かざるを得なかった。

議論がそうなりがちであった原因の一つは、「鎖国」・「海禁」という言葉のそれぞれと、これら二つの言葉相互の関係性についての歴史学的な検討が、不十分なことにあったのではないだろうか。特に「海禁」については、その感が深い。そのことが同時に、いわゆる「鎖国」（近世日本の国際関係）の実態についての理解を一面的、あるいは紋切型《ステレオタイプ》にもしている。本章ではまず、この観点を深める作業を行いたい。そのためには、とりあえず原点に立ち帰って、「得失」論の論拠になっている、「鎖国」理解の特徴を整理することから始める必要がある。

先に紹介した蘇峰の「鎖国」論は、次の四つの論点から成っている。

一、南北朝の内乱を契機とした「和寇」（倭寇）の活動、さらにヨーロッパ勢力の到来によって、「国民」の海外「膨張」（進出）の気運は昂まった。

二、これが「鎖国令の下に圧窄」されたのは、ポルトガル・スペインなどの旧教国の、キリスト教を手段とする領土的野心と、これに呼応、あるいは同調する（日本）「国民」諸階層の、不穏な動向を封殺するためであった。「島原耶蘇教の乱」（島原・天草一揆）が「その予測を試験（実証）」したとし、「この時において鎖国令を布く、また実に止むを得ざるなり」とする。

三、蘇峰の「鎖国」論は、次の三点を主要な構成要素としている。

（イ）「通商」相手を中国・オランダにかぎり、「通商（貿易）」船の来航地を長崎に限定したこと。「鎖国令行われてより以来、我邦と通商するものは、僅かに支那・和蘭にして、その地方もまた長崎の猫額大の天地に限れり。彼れより来るものは、悉くこれを打払い……」（四五頁）

（ロ）日本人の海外渡航を禁じ、そのために「造船制限令」を施行したこと。「我より行かんとするものは、悉くこれを禁じ、……而してさらに五百石以上の軍船、三本帆柱の商船を作るを禁ず。」「これ鳥を籠中に封ずるのみならず、またその羽翼を殺ぐものなり。」（四五頁）

（ハ）「通信」の相手国であった朝鮮・琉球についての言及がない。それが蘇峰ら、当時の日本人の国家観の特徴あるいは欠陥を端的に示していることにも、注意しておきたい。

四、「鎖国」は、国内の交通統制にリンクしている。「鎖国と共に、鎖藩の政略は、日本全州に行われ、函嶺《箱根》の関所を通行するの難きは、仏人がアルサス、ロレーンズを通行するの難きよりも難く、年々歳々東西南北の諸大名が……参勤交代の制によりて、江戸とその領地との間を去来したるの外は、日本国内の往来交通すら殆んど自由ならざりしなり。」「この時において国民の膨張性、全く枯死せざらんとするも、それ豈に得べけんや。」（四五頁）言い換えれば、「鎖国」は国内の交通統制と、車の両輪の関係にある。

ここでの注目点は、次の二つである。

一つは、蘇峰のこの文章が、近世以来の「鎖国」論議のある到達点を示していることである。これは「鎖国」の歴史的評価（得失）についても、「鎖国」と呼ばれる体制と状態の具体的内容の理解についても、同様に言える。

二つは、このような「鎖国」概念は、近世の実態をもとにしつつ、アジアやヨーロッパの概念、近世日本人やヨーロッパ人の意識の変化などを、重層的に取り込みながら形成されたものだということである。「鎖国」という言葉自体が、ドイツ人エンゲルベルト・ケンペル（Engelbert Kaempfer, 一六五一～一七一六）と長崎通詞志筑忠雄（一七二五～一八〇六）の合作であるというだけではない。(3) その具体的内容としてあげられている「商船の規制」（三本檣）は、後に述べるように、明・清の海禁を法源としているとみられる。この体制の評価についても、同様である。「鎖国」という言葉自体が歴史的産物であり、その形成過程であるものを取り込み、また、あるものを切り捨てながら形成されていったのである。

本章では、第一の点を念頭に置きながら、第二の点を掘り下げる作業も行いたい。(4)

第2節　海禁概念の伝来

1　「鎖国」観の祖型――新井白石と西川如見――

私はかつて、近世日本における海禁という用語の用例を検討して、暫定的ながら、鎖国も海禁も「ともに、近世日本における用例は、かなり特殊であった」と結論づけた。(5) その点の再確認も含めて、まず、海禁という言葉が日本に伝来する過程を検討しよう。(6)

日本人で、海禁という言葉を使用した早い例は、管見の限りでは、新井白石（一六五七～一七二五）である。彼は、自伝『折たく柴の記』（一七一六年）で、長崎貿易の改革に触れて、次のように述べている（岩波書店「日本古典文学大系」一六六～一六七頁による、傍線筆者）。

慶長六年より此かた、外国の船の来り商せし事、いまだ定まれる所もあらず。其比は大明の代も、万暦の比ほひにて、海禁の厳なる時なれば、今のごとくに唐船の来れるにもあらず。ᵃ 長崎には、たゞ西洋の番船のみ来り泊りぬ。……貞享二年乙丑に至て、始て唐人互市の銀額六千貫目、阿蘭陀人互市の金額五万両に定られ、元禄三年戊辰(元)に、唐船の額数七十隻に定めらる。ᵇ 此比は大清の康熙の天子海禁を開かれしかば、唐船の来る事二百隻に及びしが故也。

みられるように、白石は明・清について述べる場合に、海禁という言葉を使用している（清の場合は具体的には遷界令を指す）。しかし、明・清の体制をこのように呼ぶこと自体、かなり珍しい。そのことは、同時代の西川如見（一六四八～一七二四）の『長崎夜話草』（一七二〇年）の次の記述と比較すれば、明らかである（岩波文庫本による）。

かゝる有さまなれば（倭寇の跳梁を指す―筆者註）、唐土にて日本の船を制禁せし事甚稠しく、又唐土の船日本へ渡海の事も甚制禁なりしゆへ、大内氏の勘合船の外は日本より行舟なく、唐土より来る船もなかりし。（「〇唐船始入津之事」二四七頁）

この記事は白石の記述（傍線a）とほぼ同内容のことを述べているが、如見は海禁という言葉を使ってはいない。なお、蘇峰が倭寇＝海賊を「国民」「膨張」の一例として肯定的に評価するのに対して、この時期にはそれがマイナス・イメージで捉えられていることにも、留意しておきたい。

『増補華夷通商考』（一七〇八年）を書いた如見が海禁という言葉を知らなかったとは思えないが、彼は使っていない。(7)

白石が康熙帝の遷界令を、海禁と呼んでいること（傍線b）も同様に、さほど一般的なことだったとも思えない。(8)如見も『増補華夷通商考』で遷界令に触れるが、海禁という言葉は使っていない。三藩の乱（一六七三～八一年）が起こって以来長崎には、来航中国船によって、その「乱」の経過とともに、遷界令の具体的な状況が刻々と伝えられていたが、それを記録する『華夷変態』（一六七四～一七二四年。「東洋文庫叢刊第十五」による）にも、遷界令を海禁と呼ぶ例は見当たらないようである。例えば、「唐国海辺之所々、先年より住民を三里程宛奥え引取、海辺を亡地に仕召置申」（「一六八一年五月、壱番東寧船之唐人共申口」同巻七、上三二一頁）、「大清と東寧と敵対之内は、大清方より船を海上に仕出申候事堅く制止仕候」（「一六八四年七月、八番厦門船之唐人共申口」同巻九、上四二一頁）、「大清より海辺往来之御制禁稠敷」（「一六八五年八月、両官人え以検使帰帆之儀申渡候節返答並検使へ挨拶仕候覚」同巻十、上四九九頁）というように、その政策の具体的な内容は伝えるが、海禁という表現はされない。遷界令が撤回され、福建・広東・南京・浙江に海関が設置されて、それぞれ「運上」（関税）を支払えば、自由に海外渡航ができるようになる経緯が、逐一報告されるなかでも、そのことは変わらない。

『華夷変態』が、中国商人達の語った情報の翻訳だからだろうか。しかし、もし「海禁」という言葉が中国商人達によって頻繁に使われていれば、説明付きで『華夷変態』の文面にも現れたに違いない。おそらく「海禁」という用語は、庶民レヴェルの交流のなかで自然に伝わるような性格の言葉ではなかったのではないか。海禁という言葉とその内容自体は、「大明会典巻之百三十二　兵部十五　鎮戍　各鎮通例」に掲載されているが、『会典』は支配・行政のための規範の書であって、支配層はともかく、被支配者には直接知る必要のないものである。海禁という言葉は、かなり専門的な知識に属する高度な法律用語であり、かつ、包括的な概念であって、一般の日本人はおろか、中国商人たちにもあまり馴染みのない言葉であったのではないか。(9)それは如見が、『長崎夜話草』や『増補華夷通商考』を書くにあたっても、留意せざるをえなかったことではないだろうか。(10)

しかし白石には、この言葉に接する機会があった。彼は、将軍家宣・家継時代（一七〇九〜一六年）の政策立案者としての実践的関心に基づいて、明・清制度の研究を行っているからである。そのなかで彼は、「長崎表御用」に関連する調査のために、『文献通考』や『明律』・『清律』、およびそれらの注釈書を紅葉山文庫から借りており、別の機会に『大明会典』も読んでいる。中国語の専門知識の無かった彼は、難語については長崎に問いあわせており、その諮問に答えたのが長崎通事深見但有（高超方）の子で、医者であり、幕府儒官でもあった深見玄岱（一六四八〜一七二二）であった。正徳新例の「信牌」の語も「明律」に倣ったものだという。(11)そのなかで彼は海禁という言葉を知り、その内容を理解したと考えられる。

それとは別に、明律を中心とした制度研究は紀州藩で早くから行われていた。吉宗の父光貞が、榊原篁洲（一六五六〜一七〇六）に命じて『大明律例諺解』（訓読・語釈・全訳の揃ったもの）を作らせた（一六九四年）のは、その成果の一つであり、これが近世に盛んに行われる「明律」研究のうち、もっとも早い事例となった。[12] しかし海禁という言葉は、まだごく一部の知識人に知られるのみであったのではないか。

それでは、白石も含めて、当時の日本人は自分たちの体制をどのように呼んでいたのか。従来指摘されてきたように「異国渡海御制禁」のように、政策の個別名称で呼んで、包括的な呼び方はされていなかったようにみえる。[13] 白石の場合も、まだ明証は得ないが、おそらく海禁という言葉は使っておらず、[14] それがこの時期の特徴でもあったのではないか。とりあえずこの点を、如見の記述によって確認しておく。

・かかる乱逆（島原・天草一揆）のおこりも、南蛮の外法より出きにければ、公けの御悪み深く成て、終に黒船（ポルトガル船）御制禁として、其年の秋、上使大田氏下向ありて、重ねて日本に来るべからずと堅く仰ありて帰されぬ。夫より黒船日本渡海のみち絶たり。（「○邪宗門制禁並黒船停止之事」二二七頁）

・黒船御禁止にて、此津の民、世渡りぬべき生計なきを恤み給ひ、多年平戸へ来りし阿蘭陀の商船を、長崎の津に到らしむべき旨公けの仰ありて、寛永十八年巳年より此津に入来れる事となりぬ。（「○紅毛船初来之事」二二八頁）

・黒船停止の前より、耶蘇の教へ正法にあらざる事を公けの御いぶかりにて、日本の人妄りに異国へ渡海の事いかなる災もやとて、寛永十二乙亥の年、日本異国渡海の船御停止おほせ出されぬ。是より長崎より御免許の御朱印給はりて、年々異国へ渡海せし船も留りぬ。（中略）長崎より渡海せし人、近き比まで存命なりしも多かりし。（「○異国渡海禁止之事」二二八～二二九頁、傍線筆者）

ここでは、島原・天草一揆を契機にポルトガル船の来航が停止されたこと、オランダ商館の平戸から長崎への移転は、ポルトガル船が来航しなくなってにわかに困窮に陥った長崎を救恤する幕府の意図によるものであること、日本人の外国渡航禁止は、キリスト教の伝来その他の「災い」を、未然に防ぐためであったことが語られている。これから引き出せる論点は以下の四つである。

一、蘇峰が「鎖国」として語った諸要素とそれら相互の関連、すなわち、中世末以来の自由な海外往来（倭寇）と日本人の海外渡航禁止、および、島原・天草一揆からポルトガル船の来航禁止（キリスト教禁止）は、この段階ですでに出揃っている。この時期に中世以来の過渡的状態が治まって、内外の体制が安定期に向かった。時代は、ようやくそれまでの歴史を顧みる反省期に入り、そのなかでこのような整理が行われた。これ以前は、長崎を巡る歴史的経緯は、かならずしも一般に知られてはいなかったのである。(15)さらに、イギリス船リターン号の通商要求を拒否し（一六七三年）、漂流民を護送してきたマカオ船に「国禁」を説明して帰帆させ（一六八五年）、イタリア人宣教師ジョアン・シドッチが大隅国屋久島から潜入を企てる（一七〇八年）など、ほぼ半世紀前の幕府の措置を反芻し、確認するにふさわしいような事件が、あいついで起こった。この時期に始まる「鎖国」の「祖法化」と呼ばれる意識のあり方は、(16)このような歴史の反芻・確認と関連していよう。

二、しかし、その記述は即自的であって、幕府の一連の措置やそれによって現出された状態を、総体としてどう呼ぶか、あるいはどのように位置づけるかという問題意識や、それを明・清の制度である海禁と比較するという姿勢や関心は、まだ明確化していない。

三、さらに、そのなかに、蘇峰にみられるような「造船制限」に関する記述はない。いわゆる「鎖国」と「造船制限」との関連は、まだ明確に意識されておらず、これ以後につけ加えられたと推定できる。(17)

四、如見たち長崎町人からすれば、海外渡航の道が閉ざされたことに間違いはない。それにもかかわらず、彼の文章には、強い現状肯定の気分が横溢している。それは日本の泰平を実現するためのやむをえない措置であり、泰平故に長崎の繁栄があり、「唐土の船のみか戎蛮夷狄の果までも長崎の名かくれなく、年毎に入来る船、今なを多かり」（二三〇頁）、つまり、失うものは少ない。さらに、このような余慶もある。「日本は無筆文盲甚多かりし。いはんや百年前の世の民をや。いま泰平の時に逢て、……文盲なるは希なる世となりぬ。幸の忝きにあらずや」（二二七頁）。「さらば今の世にならひきて、豈むかしにかへる事を得ん。唯世と共にうつりゆくありさまを見聞て楽しまむこそ、あらまほしけれ」（二二八頁）。ここには、町人の立場からの体制の捉え直しがあり、白石等の支配者と違い、無条件で現状を肯定するわけにはいかなかったのであろう。昔に帰ることを夢みてもせんないことであるという如見の述懐は、「昔」を懐かしむ気分の強かったことを暗に語る貴重な証言でもある（「〇異国渡海禁止之事」の傍線部分に注意）。しかし、「閉ざされ」たことの不満が先鋭化することはなく、あるバランスが保たれている。この時期に日本に来たケンペルは、「閉ざされて」いながら「国民」が「自足」しているように見受けられる、その状態の意味を解くために「鎖国論」を書いたのだった。

しかし、同時に、日本の体制を海禁と呼ぶようになる契機も、この時期に孕まれたと考えられる。その契機は二つあったと私は考える。

一つは、「古義学」・「徂徠学」・「心学」など、朱子学・宋学に対する批判から生まれ、総じて、儒学の日本化と呼ばれる現象である。外来思想としての宋学は、日本人の主体性において、種々の修正を蒙りつつ受容され、そのように日本化することによって儒学は日本社会に浸透していった。(18)「中華に夷狄あり、夷狄に中華あり」（『長崎夜話草』二五六頁）という相対化された価値の地平において、町人・百姓も含めた、人に本来的に備わる価値を掘り起こそうとした如見も、町人の立場から儒学を主体的に受け止めた一人であった（『町人嚢』一七一九年・『百姓嚢』一七三一年）。そのような思想的な営為は、例えば、伊藤東涯の『制度通』（一七二四年）のように、彼我の比較の作業をともなっていた。[19]

もう一つは、現実そのものから提起された課題である。幕藩体制自体も、「華夷変態」の完了と国内の「高度経済成長」[20]という、新たな状況が生みだした内外の矛盾に対応するために、様々な手直しを必要としていた。綱吉に始まり、白石を経て吉宗に引き継がれる内政外政全般にわたる改革は、そのような当時の現実に迫られてのものであり、吉宗のいわゆる実学奨励も、その差し迫った現実に対処するための、広範な取り組みの一環でもあった。吉宗のもとでの明・清制度の研究も、実学の重要な柱の一つであり、そのなかで海禁概念も具体的に把握されることになる。

2　海禁概念の具体化——明・清の制度研究のなかで——

吉宗が実学振興のために、キリスト教関係の記述のある漢訳科学技術書（いわゆる禁書）の輸入を緩和した（一七二〇年）のを始め、来日する中国人・オランダ人から、盛んに科学・技術に関する情報を収取させたこと、それが中国および西洋の科学技術受容の歴史において一つの画期をなすことは、よく知られている。[21]しかし、それは吉宗の実学の一面にすぎない。大庭脩は、吉宗が清の制度（中華の仕置）の研究にも熱心であって、禁書の緩和以来、長崎を通じて、『大清会典』を始めとする法・制度に関する書物や地誌類などを積極的に輸入するとともに、それらによって明・清制度の研究を組織的に推し進めたことを明らかにした。吉宗の中国書輸入の特徴は、中国書の分類の基準でいう、史部（詔令奏議類・地理類・職官類・政書類）と子部（農家類・医家類・天文算法類）に集中したところにあり、吉宗は、「史部に属する書をもって政治制度の大綱に資し、子部の書によって殖産興業をはかった」のだった。[22]『六諭衍義』の訓点・板行（一七二二年）、「公事方御定書」の編纂（一七四二年）、「御触書寛保集成」の編纂（一七四四年）などは、その成果の一部であり、『名家叢書』は、吉宗のもとで「史部」研究にあたった儒者たちの研究報告書である(23)。清の制度をもって「政治制度の大綱に資」すという姿勢は伝統となり、明治維新政府の刑法典（新律綱領・改定律令）の制定にまでおよぶのである(24)。

『大清会典』（康熙会典）をいちはやく手にしたのも吉宗であった。この「会典」の翻訳を命じられたのが、深見有隣（玄岱子、一六九二〜一七七三）である。有隣は、『大清会典』を長崎に送り、一七二一年から五年の間、同地に滞在して、翻訳に従事した。翻訳そのものは、現在、ごくわずかしか残存していないとのことだが、その成果の一部は『名家叢書』に収録されており、そのなかに次のような記事がある(25)。

海禁《カイキン》　康熙の中比迄ハ海賊多候故、大船を作り候事被禁候え共、其後太平久敷候間、只今ハ、五千石積程の大船をも作り候由、唐人共申候

一、此条には、海上商船往来の定法を記せり、但し、外国へ往来の商船定数有之、其定数の外帆柱二本以上及五百石以上の大船を作らしめす、並焔硝・硫黄其外一切軍器の類、外国へ持渡らしめす、又猥に海上に往来し商売いたすを禁する事等を記せり。

これが、管見のうちでは、海禁についての唯一の解説である。参考のために、『大清会典』の海禁の項をあげる（「兵部　職方清吏司一」巻四十九(26)）。海禁には、次の五つの規定がある。

①島嶼の禁：海浜の居民が潜かに島嶼に行くことの禁止に関わる規定。

②船桅の禁：海に出る商・漁船の製造、構造、大きさ、乗員等に関する規定。製造に関しては、地方官に届け、その「里・保」の証文によって許可し、完成すればその日付等を明記した照票を給付する。船の構造は、商船は「双桅」（桅は帆柱のこと）を許し、福建の漁船は「双」「単」とも許すが、他省の漁船は「単桅」のみを許す等の規定。

③商漁の禁：直隷（河北）・山東・江南・浙江・福建・広東各省の民人は海上貿易を許す。江南・浙江・福建・広東の四省の場合は東洋・南洋へ出ることを許す、しかし、それについては沿海州県の発行した「籍・貫・年・貌」、および行き先を記した「商票」を、出入の際「守口官」に提示すること、また、漁船は本省界内を出ることを許さないこと他の規定。

④器物の禁：内洋船および漁船は武器を携帯することを禁じ、東洋・南洋に出る大船のみ一定の制限内でその携帯を許すことの他、硝・硫黄・銅・鉄等の禁制品等の規定。

⑤官兵の「攘奪・不救生・抑勒縦匿」ことの禁：遭難などで商船が漂着した際に、沿岸の守備兵たちが、救護せず、かえって財物を奪うなどの不正を働いた場合の罰則規定。

以上を比較すると、有隣は、海禁の項目の内、②③④に注目したことがわかる。有隣と同様の立場にいた荻生観（北渓、徂徠弟、一六七三〜一七五四）も、海禁とは言わないものの、同様の、さらに詳しい解説を書いている(27)。なお、遷界令が、まず漁船から解除され、その構造・大きさが、一本帆柱・五万斤（約二〇〇石）積以下に制限されたことを、長崎来航の中国人たちも報告しており、その理由を「二本帆柱に而は、洋中え自由に乗出し、若は遠国えも乗渡り、次に海賊をも仕候而は、又国家之妨に罷成に付、依夫堅く禁制有之候」と述べている（「一六八四年七月、八番厦門船之唐人共申口」『華夷変態』巻九、上四二七〜四二八頁）。

以上から抽出できる論点は、次の四つである。

一、海禁が、まず、海賊＝倭寇対策と考えられている。

二、海禁は「海上商船往来の定法」であって、海上交通の禁止ではない。そのための「定法」として、「商船定数」・「帆柱・大きさの規定（大船の禁止）」・「貿易禁制品」・「猥に海上に往来し商売することの禁」が規定された。

海禁は、何よりも、海上交通を国家の統制下に置くための規定、と考えられている。その対極にあるのが、海賊なのである。

三、これが船舶の「造船制限」のうち、帆柱（檣）と船の大きさに言及した初見である。「大船の禁止」で、二本檣以上の禁止と、「五百石以上」の大船の禁止という、幕末期に問題となる「造船制限令」[28]の主な二つの要素が、ここで結びつけられている。さらに、二本檣は外洋航海が可能か否かの構造的な目安であり、二本檣の禁止は外洋航海を不可能にするためという説明がみられることも、付記しておこう。それらはすでにみたように、蘇峰の「鎖国」観を構成する主要な要素でもあったことにも留意したい。

四、「五百石以上」という言葉を、すなおに、寛永一二年の武家諸法度の「大船禁止令」の流し込みとみれば[29]、この段階で、すでに清の制度と日本の制度との混同が始まっているとみることもできる。さらに、二本檣が外洋航海可能か否かの構造的な目安であり、二本檣の禁止は外洋航海を不可能にするためという説明がみられることにも、注目しておこう。

以上の検討から、海禁の具体的な内容は吉宗政権の清制度研究によってもたらされたこと、また、導入される段階で、すでに、いくぶんかは日本的な文脈において捉え直されており、彼我の混同があるらしいことが明らかになった。この捉え直しは外来のものを受容する際にはかならずといってよいほど起きることだが、同様の実態がすでに受容する側にある場合には、なおさらその境界は曖昧にならざるをえないだろう。

ただ、『名家叢書』には異本・写本・刊本の類が無く[30]、世に流布しなかったと推定されている。しかし、『名家叢書』そのものは流布しなかったとしても、それによって、吉宗のもとで、どのような学問的営為が成されたかは知ることができる。その成果は、吉宗のもとで研究に携わった人々からそれに連なる人々に共有されていったのではないか。

そのような人々のうちの一人に、荻生徂徠（一六六六〜一七二八）がいる。徂徠は、吉宗の命を受けて『六諭衍義』に訓点をつけた他、吉宗の下問にたびたび答えている。彼はその他に、独自に明・清の制度を研究し、「大明律」に訓点と解説をつけた『明律国字解』を翻刻（一七二三年）している。「大明律」に海禁の規定があることはいうまでもない。彼の次の文章は、国内の海上交通の統制のためにも武士の土着が有効であることを語っているものだが、海禁の制度が念頭にあったことを窺わせるものでもある。

右ノ外ニ、海路ノ締リノコト、是ハ某海路不功者ナレバ、詳カニ難《シ》レ申《シ》。異国ノ法ハ、船ノ拵ヘニ大小長短ノ法ヲ定メ、船ノ数ヲ極メ、船ニ積ム貨物ノ法ヲ立テ、船ノカヽル所ニ水駅ト云コトヲ立テ、是ニ船ヲ揃ハセテ吟味ヲスル也。尚又所々ノ海辺ニ巡検局ト云官ヲ設テ、盗賊・非常ヲ吟味スル也。（『政談』一七二七年頃、岩波日本思想大系三六、三〇二頁、傍線筆者）

ここで言う「異国」とは、中国のことであり、傍線部の記述は海禁の内容に酷似している。こうして、明・清の制度についての知識が当時の知識人に共有され、それを通じて近世日本の体制が再解釈され、合理化されていく。海禁概念も、そのような動向のなかで知識人の間に定着していったものと推定される。その過程を推測させるのが、次に招介する幕末の大船建造をめぐる議論である。

第3節　海禁概念の定着

1　大船建造をめぐって――海防論者達の議論から――

いわゆる天保改革の最中の一八四二（天保一三）年一〇月二六日、水野政権は、国内廻船の構造と航路を規制する、次の法令を布達した。(31)

近来北国筋其外諸国之廻船等、異国船に似寄候帆之立方相見、既ニ先達而異国船と見違ひ候次第も有之、全く三本帆之儀は難相成筋ニ候処、追々大洋を乗候様子前々とハ相違之趣ニ相聞、殊ニ寄朝鮮之地方近く乗通り候も有之由、其外遠き沖合を乗候節、帆之立方異国船ニ似寄候を以て、見違候儀ニも至り可申歟、依之以来は異国船に紛らはしき帆之立方致し、並遠き沖合を乗候儀可為停止候、……（『通航一覧続輯』海防船舶部二十一「〇大船」、傍線筆者）

折からの異国船の頻繁な来航に対処するための措置で、よく知られた法令だが、ここで問題にしたいのは、傍線部の文章が、帆走の制限に関する何らかの法源の存在を思わせることにある。『通航一覧続輯』（一八五三または五四～五六年）の編者も「按するに大船は、慶長年中没収すへきむね西国・四国の大名に令せられ、のち五百石積以上、及ひ三本檣の船等禁せられし事、正編に詳なり」と述べている。ところが『正編』（『通航一覧』第八、五四五頁）の「三本檣船禁制」の項には「寛永十二乙亥年五月廿八日、本邦より異国に渡海の事を禁し給ふ、（割註略）これより三本檣の船停止となる」と書きながら、その割註で「令条等に、此停止の事所見なし、姑く中陵漫録に拠る、また摂津国尼ケ崎の漁船に、三本の帆を用ひしとありしよし、倭漢船用集に見えたれとも、其来由詳ならす」として、『中陵漫録』（一八二六年）を唯一の典拠として掲げる。豊富な資料を閲覧・検討できる立場にいた『通航一覧』（一八五〇〜五三年）の編纂者たちも、「三本檣禁制」の法源を探り当てることはできなかったのである。

この問題も含めて、安達裕之は「鎖国と造船制限令」において、幕府の「造船制限令」（帆装制限説・龍骨禁止説・航洋船禁止説）についての詳細な検討を行った(32)。その仕事を水先案内として、「三本檣禁制」の問題について考えてみたい。

安達によれば、一六三五（寛永一二）年の武家諸法度第十七条項の「五百石以上之船停止之事」（大船建造禁止令）の規定は、軍船に主眼をおいた禁令であるが、これ以外にどのような「造船制限令」も見出せない。そのうち、「帆装制限」つまり「三本檣禁制」に関して言及したものの初見は、佐藤中陵（一七六二〜一八四八）の『中陵漫録』であるという。中陵は次のように述べている。

> 寛永十二年まて、肥前の平戸及ひ長崎より商船を出して異国へわたる、然も九艘に過す、此とき異国にて高利を得て帰りたる者は、大なる額を作り長崎の清水寺にかく、いまこの額三枚を存す、其形様を見るに、則日本船にして、少し唐船に似て、柱は三本たて、三所に帆を揚く、……その後、天草の乱起りて已来、異国へ船を出す事を禁す、按するに、天草一揆は寛永十四年十月に起り、同十五年三月七日落去なれは、異国渡海の禁制を、此ときとするは誤りなり、此時帆柱を一本として、三本立る事を禁す、三本にあらされは大洋は乗かたしと云、三本立れは又異国に渡らん事を恐れてなり、（『通航一覧』第八、五四五〜五四六頁、傍線筆者）

中陵が長崎に滞在して清水寺の朱印船の額を見たのは、およそ寛政七〜九（一七九五〜九七）年だから、一八世紀の末には、三本檣の禁止説が通念化していたとみることができる。このような通念を、三本檣に限らず、船の構造という点に着目すれば、イサーク・ティチング（M. Isaac Titsingh, 一七四五～一八一二）が、その著書『日本風俗図誌』（一八二二年）で、日本人の海外渡航禁止に触れて、将軍が一六三五（寛永一二）年に「日本国民の国外に出るものは死刑とすることとし、同時にまた船舶の建造に関しても、もっとも有効な方法をとった。特に船舶の容積が制限されたので、必然的に船が海岸を離れることは非常な危険を伴うこととなった」（傍線筆者）と述べていることにも通じる。[33]彼のこの見方は、三回の日本滞在の時期（一七七九～八五年）に得た、彼の日本人の友人達（長崎奉行久世広民らの幕府官僚、吉雄幸作らのオランダ通詞グループ、桂川甫周・中川淳庵らの蘭学者達）のものであろう。[34]以上のことを踏まえて、安達は、次の三つの論点を提示する。

一、一六三五年の「大船建造禁止令」が、長い平和の間に、五〇〇石以上の軍船の禁止という法令の意図が忘れ去られ、一八世紀末（田沼政権期）には変容して、外洋航海可能な船の禁止と捉え返され、一九世紀はじめには「帆装制限令」が出現した。

二、この「変容」を促したのが、ロシア使節ラックスマンの来航・通商要求（一七九二年）以来の、海防論の昂まりであった。

三、その背景に〈和船―単檣―脆弱―沿岸航海〉対〈大船―三檣―堅固―大洋航海〉という対蹠的なイメージが成立していた。その「大船」イメージのもとになったのは、洋式船であった。それをうかがわせる事例が、田沼政権期の、長崎奉行久世広民による洋式船技術導入の試み（一七八三年）[35]と、俵物の廻送のために建造された和洋中折衷の三国丸（一七八六年）の存在である。[36]

以上の論点に私がつけ加えたいのは、「大船建造禁止令」の変容過程への海禁概念の「刷り込み」という契機である。海禁概念のうち、航洋船以外は「単檣」に限り、それは「大洋航海」を不可能にするためであるという言説、あるいは「大洋航海」と海賊との関連など、それ以前の日本人にはかならずしも明確ではなかった観念である。船の大きさに関しても、日本の軍船の規定が、海禁の対象とされた船に媒介されて、一般の船の大きさの規定へと一般化されたのではないか。すでに、深見有隣の海禁の解説に、彼我の「混同」と思われる点があったことに改めて注意したい。上掲の「倭漢船用集」の記事にみられるように、実際には「和船」にも「単檣」でないものがあったにもかかわらず、〈和船―単檣―脆弱―沿岸航海〉というイメージ、すなわち言説が成立した。これも、その前提として、「異国渡海の禁止」＝海禁＝単檣＝和船という図式が、日本人知識層の通念として刷り込まれていたためではないか。

安達によると、海防論は、艦船の種類に着目すれば、大原左金吾・会沢安・古賀侗庵・徳川斉昭・佐久間象山・豊田天功らの大船主義と、林子平・頼山陽・大槻盤渓・羽倉外記・山鹿素水らの小船主義に大別できるという。少なくとも、大船主義者達の多くは、異口同音に、キリスト教禁止―異国渡海の禁―単檣という連関を語る。例えば、侗庵は、『海防臆測』（一八三八年）で次のように語っている。

寛永而前、本邦の賈舶、天竺・安南・台湾等の国へ往き、風濤を陵軼すること数千里にして患い無し、爾の時の船艦製造の堅牢想うべし、嗣後、官・不良の民斯の船に乗りて、軽く泰西の拠る所の海島へ往き、以て妖教を学ぶを病る也、厳かに之の禁を設け、大船を破壊して小なるを令し、帆檣は一竿を過るを得ず、之をして巨海を陵ぐに堪えざらしめ、以て病原を遏絶す……（住田正一編『日本海防史料叢書』五、一九三二年、二五三頁、原漢文、読み下し・傍線筆者）

先の『中陵漫録』といい、この文章といい、前節でみた『長崎夜話草』の対外関係の整理（キリスト教禁止―異国渡海の禁）と海禁の具体的内容（単檣―航洋船の禁止）の結びつきを示しているように、私にはみえる。その想定が成立するためには、異国渡海の禁＝海禁という図式が成立していなければならない。次にその点について検討する。

2　海禁概念の日本化――海禁・華夷秩序概念の定立――

『徳川実紀』（一八〇九～四三年）が、次のように「海禁」という言葉を使用していることは、田中健夫の指摘以来よく知られるようになった[(37)]。

室町殿の頃国船を異域へ渡さるゝには。かならず勘合ありて。彼此相照してその符信とせしなり。さるに後々となりては騒乱打続きしより。かかる定制もなく。国人等みだりに海に航して異国にをし渡り。強悍なるものは干戈を取てかの辺境を侵掠し。さらぬはひそかに貿易して私利をはかりしより。[a]海禁濫縦にしてをのづから異教をもうけ来る事となりぬ。当代耶蘇の査検おごそかに沙汰せられしに。まずこの制を立てられずばかなはじとやおぼしめしけむ。[b]寛永十三年五月長崎奉行榊原飛騨守職直に。老臣連署の下知状を授らる。其大略に云。今より異国に国船を遣はす事厳禁せらる。邦人ひそかに乗渡る者は死罪に処せらるべし。はた異国に渡り。彼地に永住せし者かへり来らば。斬に処せらるべしなど。種々仰下されし旨あり。是よりしてわが船の他国へ往来する事絶はてゝ。わづかに沿海の地を漕輸するのみにて。[c]海禁いと厳粛になりしなり。（憲教類典）（「大猷院殿御実紀附録巻三」、以下、新訂増補国史大系本による、『徳川実紀』三、七二〇頁、傍線筆者）

みられるように、傍線a・cに海禁という言葉が使われている。この記事について、近藤守重（一七七一～一八二九）の説という見解があるが、『憲教類典』と典拠が明示してあることにひきずられた誤りではないだろうか[(38)]。『憲教類典』は守重が編纂して幕府に献上した法令集で、『徳川実紀』の「引用書目」の一つだが、『徳川実紀』は林述斎（一七六八～一八四一）が編集の総括をし、奥儒者成島司直（一七七八～一八六二）が編集主任格でもっぱら執筆したもので[39]、守重は執筆には直接関わっていない。また、『憲教類典』は寛永一三年老中連署の長崎奉行宛の「下知状」本文を載せるのみで、これに関する守重自身のコメントはないし、彼が海禁という言葉を使ったという形跡は今のところ認められない[40]。つまり、『徳川実紀』のこの箇所について、『憲教類典』に関わるのは傍線部分bのみであって、それ以外の部分、つまり、海禁という用語と海禁施行の歴史的経緯の解釈は、直接には、林述斎、あるいは成島司直の見方ということになる。

この場合の海禁概念に関する論点は、次の四つである。

一、「海禁」が日本の場合にも使用されている。

二、海禁施行以前の状況を、「国人」の自由な往来と貿易、倭寇などによる海上交通の国家統制の弛緩により、「異教」（キリスト教）も入ってきたと捉える（傍線a）。さらに、異国渡海の禁（寛永一三年令）により海禁が「いと厳粛」になったとする（傍線c）。この場合の海禁は海上交通の国家統制の意味である。ここに、ほぼ一〇〇年前に伝来した海禁の意味が、正確に継承されていることが確認できる。

三、海上交通の国家統制の体制全体が、広義の海禁と捉えられているのに対し、その根幹となる寛永一三年令は、狭義の海禁と捉えられている（「この制」＝海禁＝寛永一三年令）。ここに、異国渡海の禁＝海禁という図式が成立していることが確認できる。

四、「わが船の他国へ往来する事絶えはて」たことが、あくまでも肯定的に捉えられている。この場合「絶えはて」たのは「わが船の往来」であって、すべての船の往来ではない。ここで「わが船」という場合のイメージが、禁制以前の倭寇等の負のイメージを負っていることを見落としてはならない。これは、如見・白石・守重・海防論者等も共有しているイメージでもあった。「私的な海外往来」を肯定的に捉える見解は、この段階では存在しない。

このように、日本の体制を海禁と捉える通念は、その具体的な内容が伝来して以来ほぼ一〇〇年を経て、林家を中心に政権内部に定着した。その直接の契機は、「造船制限説」と同様、一八世紀末以来のヨーロッパ勢力の到来による外圧と、田沼政権期の積極的な経済政策や本多利明（一七四四〜一八二一）などの経世家の議論に表現される、国内の経済発展と、それによる矛盾の深化であろう。この時期は、内外の圧力に促されて、日本人が改めて自らの体制を問い直す第二の時期となったのである（第一期は一七世紀と一八世紀の交）。その問い直しの解答の一つが、海禁概念の定着であった。さらに注目すべきなのは、海禁概念の定着が、朝鮮・琉球を「通信国」、中国・オランダを「通商国」とする定式と連動していることである。幕府がこの定式を明確にするのは、ロシア使節レザノフの通商要求への対応（一八〇四〜〇五年）においてである。幕府は、半年余り回答を引き延ばした後に、通商要求を拒絶する次の「教諭」をレザノフに手渡した。(41)

申渡

（a）我国昔より海外に通問する諸国不少といへとも、事便宜にあらさるか故に、厳禁を設く、我国の商戸外国に往事をとゝめ、外国の賈船もまたもやすく我国に来る事を許さす、強て来る海船ありといへとも、固く退けていれす、（b）唯唐山・朝鮮・琉球・紅毛の往来することは、互市の利を必とするにあらす、来ることの久しき、素より其謂れあるを以なり、（c）其国の如きは、昔よりいまた曽て信を通せし事なし、……我国海外の諸国と通問せさること既に久し、隣誼を外国に修むることをしらさるにあらす、其風土異にして、事情におけるも又懽心を結ふにたらす、徒に行李を煩らはしむる故を以て絶て通せす、是我国歴世封疆を守るの常法なり、争か其国一价の故をもつて、朝廷歴世の法を変すへけんや、……

ここでは、まず、海外との通航を「厳禁」したことを述べ（a）、ただ、中国・朝鮮・琉球・オランダとのみ「其謂れある」故に「往来」（関係を維持）しており（b）、それが「祖法」（朝廷歴世の法）であると述べる（c）。このbの部分が、一八四五年の、オランダ国王の開国勧告に対する「老中返簡」において、「通信は朝鮮・琉球に限り、通商は貴国（オランダ―筆者註）と支那に限り、この外は則ち一切新たに交通するを許さず」という定式として明確化される。[42]これが「華夷秩序」の内実を示すことは、改めて言うまでもない。[43]回答が遷延した半年間は、幕府内部で、レザノフ一行の受け入れ方から通商の可能性まで含めて様々な検討がなされ、その検討の結果がこの回答＝定式だった。[44]また、aの部分が『徳川実紀』で海禁と呼ばれることになるのは、前述の通りである。

ここでは「通信国・通商国」の規定と海禁、それによって構成される体制（華夷秩序）を「祖法」とする姿勢が、一つの文脈で語られていることに注目したい。もちろん、その実態は、すでに一七世紀末にはほぼ完成していた。その後、ほぼ一〇〇年を経て起きた内外の矛盾の深化のなかで、理論武装をほどこされて成立したのが、海禁・華夷秩序の対概念であった。その理論＝大綱を提供したのは、中国（明・清）の制度であり、東アジアの国際社会の伝統であった。しかし、それは理論的粉飾のための、その場限りの借り物だったわけではないだろう。儒学が種々の修正をうけ、日本化しながらその社会に、長い時間をかけて浸透していったように、海禁を日本のものとみなす観念（日本化）も、長い時間をかけて醸成されていったのではないか。さきに検討した和船＝単檣という図式も、そのような気運のなかで成立したと推定される。残念ながら、今のところ明らかなのは、海禁概念の導入の段階と、定着の段階のみである。その間に、異国渡海の禁と海禁の類似性に注目し、比較検討される段階があったはずだが、それが、いつ・どこで・誰によって・どのようになされたのかは、明らかでない。いわばミッシングリンクなのである。とりあえず、海禁が近世日本の体制の呼称として捉え直されるためには、長い時間が必要だったと考えておきたい。

以上のことから、海禁＝「祖法」観が、一方で近世初期以来の実績をふまえながらも、他方で、明・清の制度、すなわち、東アジア国際社会の「普遍」を踏まえ、それを内面化（日本化）することによって初めて成立した、ということは明らかである。従来、これを「鎖国の祖法化」と呼んできたが、それは少なくとも正確ではない。「鎖国」という言葉はすでにこの時期に生まれてはいたが、まだ幕府内部にはおよんでおらず（後述）、この段階では、幕府の公式見解は「鎖国」ではなく「海禁」だったからである。ただ、一八世紀初め頃の即自的な把握の段階から、一九世紀前半の対自的なそれへの転換は、これまで述べてきたような内外の環境の変化に加えて、体制内部の分裂（国論の分裂）という事態を推定させる。徐々に強まる批判にもかかわらず、いや、それ故にというべきか、幕府は、この定式をペリーの来航（一八五三年）を契機とする、いわゆる「開港」まで保持した[45]。

日本の体制を海禁と捉えていたのは『徳川実紀』＝林家のみではない。会沢安（正志斎、一七八一〜一八六三）は、『徳川実紀』の成立とほぼ同時期に書いた『新論』（一八二五年）において、次のように「海禁」という言葉を使用している。

> 慶元以来、海禁極めて厳なり。しかるに近時に至りて、虜また漸く潜かに辺氓を誘ふ。故に蠢蚩隠欺の蔽、狡黠接済の姦、これを発くこと甚だ難し。保任連及、備にその制を得、廉問司察、ことごとくその人を得るにあらざるよりは、恐らくは以て辺海の事情を審らかにし難し。（「守禦」、岩波日本思想大系五三、一二〇頁、原漢文、読み下し校註者、傍線筆者）

「慶元」（慶長・元和）以来海禁が厳重であったが、最近になってヨーロッパ人（虜・黠虜）がひそかに沿岸の住民（辺氓・蠢蚩）を誘惑するというようなことが起きており、これを防ぐには連帯責任制（保任連及）と監察制度（廉問司察）を強化する以外にない、というのである。『新論』の海禁の内容は、狭義の異国渡海の禁ではなく、広義の、国際関係の国家的統制にあたると考えてよいだろうが、「人民」の外国人との私的な交流を恐れている点では、海禁政策の意図をもっともよく捉えていると言ってよいだろう。その恐れは、倭寇が実態としてはごく少人数であったにもかかわらず、明国内の不穏分子と連動することによって「朱明の命脈を蹙め」たという正志斎の認識にもよく表れているが、前年（一八二四年）五月の、イギリス捕鯨船員が常陸大津浜に薪水を求めて上陸するという事件（大津浜一件）などでより一層強められたはずである。『新論』はこの事件を直接の契機として書かれたのである。(46)

しかし、その危機意識の故に、『新論』は、すでに海禁を否定する契機を内包していたのではないか。従来の海禁を含む旧体制では新しい情勢に対応できないという認識が、『新論』の武士の土着や大船建造などの海防強化策の提唱、尊皇攘夷思想の鼓吹のもとにあるからである。その目的は「守国」にあって手段にはない。手段は情勢に応じて、臨機応変でなければならない。そう述べて、正志斎は、「開港」以後の情勢の進展のなかで次のように「開国」を主張するにいたる（『時務策』一八六二年）。

国家厳制アリテ外国ノ往来ヲ拒絶シ給フハ、守国ノ要務ナルコト勿論ナレドモ、今日ニ至テハ、マタ古今時勢ノ変ヲ達観セザルコトヲ得ザルモノアリ、……今時ノ如キハ、外国甚ダ張大ニシテ、万国尽ク合従シテ皆同盟トナリ、……是ト好ヲ結バザル時ハ、外国ヲ尽ク敵ニ引受テ、其間ニ孤立ハナリ難キ勢ナレバ、寛永ノ時トハ形勢一変シテ、今時外国ト通好ハ已ムコトヲ得ザル勢ナルベシ。（岩波日本思想大系五三、三六二〜三六三頁）

正志斎の「攘夷」から「開国」への転換は、当時「変節」と受け取られたというが、それは情勢に主体的に対応していくためのぎりぎりの選択であった。その対応のなかで海禁という言葉は捨てさられ、鎖国という言葉がそれに取って代わることになる。

ここまでたどり着いて、すでに与えられた紙幅をかなり超過してしまった。鎖国概念の形成・変遷・定着についての検討は別稿に期すことにして、ここでは、鎖国という言葉の定着を展望しつつ、海禁という言葉の末路を見取ることにしたい。

第4節　海禁から鎖国へ

一八五三年八月、彦根藩主井伊直弼（一八一五～六〇）は、ペリーが持参した米国国書に関する、幕府への上書の冒頭で、次のように述べて、「開国」を提案している（大日本古文書『幕末外国関係文書』二—七七）。

寛永十二年以前は、長崎堺京都等ニ御朱印船九艘有之候処、大猷院様（家光—筆者註）御代耶蘇御制禁ニ付、右之九艘航海御停止、閉洋鎖国之御法被為立置、通商ハ支那和蘭ニ限り、其余ハ一切御免許無之候。然ルニ当今之勢ヲ以篤と相考候処、……今時之危変に相臨候而は、御古代之如く前条閉洋之御法而已を押立、天下静謐皇国安体之御所置可有之共不被存候……（傍線筆者）

直弼の主張の基本は、『徳川実紀』あるいは『新論』の認識を基礎に、『時務策』を加味したものと評価することができる。正志斎と直弼の位置は、意外なほどに近いのである。そして傍線部にみられるように、直弼はこの段階ですでに鎖国という言葉を使っている。一八五七年六月、海防掛大目付は、アメリカ総領事ハリスの江戸訪問に関する上申書において、鎖国という言葉を使う(47)。これは、幕閣が鎖国という言葉を使う比較的早い事例である。体制内部にまで鎖国という言葉が浸透し、それとともに海禁という言葉は捨てさられた。これをもって鎖国の定着とみなしてよかろう。

以下に、海禁から鎖国への転換について、次の二点を指摘して本章をしめくくりたい。

一、海禁の場合とその具体的な内容はまったく変わっていないにもかかわらず、呼称のみが変わっていることである。実態を海禁・華夷秩序概念で体系化した内実はそのままに継承しながら、それを鎖国という言葉で総括しなおしたのが、鎖国概念であった。それとともに、ここには「通信国」朝鮮・琉球への言及が見当たらないことにも注目したい。もっとも「通信国」が抜け落ちたのは、この上申書で問題にされているのが「通商」関係だけだからとも考えられるが、そうであれば、「通信」・「通商」というカテゴリーは、直弼の意識においては、まだ、健在だったということになる。表面的にみれば、両者の違いは、海禁が肯定的な文脈で使われているのに対して、鎖国は否定的な文脈において使われているにすぎないようにもみえる。(48) しかし、海禁と捉えられた時にはまだ意識されていたこの制度の合理的な側面、すなわち、東アジアに通底する国際社会の論理、そのもとでの様々な営み、あるいは海禁という概念が本来的にはらんでいた人民対国家の対抗関係等も同時に抜け落ちていったのではないか。その代わりに刷り込まれたのが、「遅れたアジア」・「アジア的専制」の代表的事例としての鎖国、「天理」に反するものとしての鎖国、あるいはその桎梏のもとで甘んじて暮らす「進歩」なき国民等という、負のイメージであった。(49) そこから近代化にとっての、「得失」から鎖国を論じる立場（鎖国得失論）まではほんの一歩である。

二、海禁の否定は、それを支えてきた国際体系とアジア諸国の存在形態の否定に、連動する。その意味で、直弼の上申書から「通信国」朝鮮・琉球が抜け落ちていることは、象徴的な事例に思える。日本の支配層は、海禁から鎖国に転換して自らの保持していた体制を切り捨てて間もなく、朝鮮をも鎖国と断じるようになる。対馬藩士大島正朝が、一八六四年外国奉行支配組頭向山黄村に宛てて、ポサドニック号事件（一八六一年）以来緊迫した対朝鮮関係についての建白のなかで、「如右中古以来鎖国之法則を以相立居候国柄に付」というのがその早い例である。[50]以後朝鮮の固持しようとする体制は「鎖国の陋習」として一顧だにされず、様々な手段を弄しての「開国」工作が進められることになる。[51]この場合の鎖国は対象の実情を無視して、外在的に押しつけられるレッテルにすぎないが、それがレッテルであるだけに、容易に剥がすことのできないやっかいな代物なのである。日本の支配層の、アジア諸国を「鎖国」とみなす姿勢についての検討は、今後の重要な課題の一つとなろう。

史料『華夷変態』

①一六七四年十月、弐拾弐番福州船頭曽一官船之唐人共申口（同巻二、上九八頁）

一、今度私共船、御当地え罷渡申候に付、靖南王より被申付候は、其方共日本え罷渡候はゝ、諸異国商売之唐人共、彼地に可有之候、只今迄は福州商船禁制に付、諸人も相おそれ候て、不参得儀も可有之候、此後は諸唐人共随分しめし合、心易福州えも参商売可仕候、糸端物荒物等相応に売買致させ候はん間、左様に相心得、諸人えも可申聞之由、重々被申付候、……

②一六七五年七月、弐拾番南京船之唐人共申口（同巻三、上一二一頁）

一、南京より船仕出し申候事、元より堅く制禁之事に御座候、是は東寧（台湾―筆者註、以下同）錦舎（鄭経）其外海賊共と密通をも可仕哉と清朝より存申候に付、爾今船仕出し之儀あらはには難成御座候、就夫私共船川口に而大清之番船に被見付、一日之間被追申候、……

③一六七九年二月、壱番普陀山船之唐之（人ヵ）共申口（同巻七、上二八三頁）

一、御当地え渡海之商船とも数艘所々に罷有候得共、旧冬より別而所之番所稠敷御座候により、売人之往来曽而罷成不申、漸々端物等之物共、売人手づから少づゝ身のまわりに付て、山中をしのび出申候とては、或は強盗に被剥取、又は海辺迄出候得ば、海賊に逢申候而、被取申物多く御座候に付、縦手前宜者大分荷物所持仕候而も、自由に出し申事罷成不申候故、私共船にも人数は多く乗組申候得共、荷物はすくなく御座候、此船に乗組申候客共之内にも、山海之強盗に被取申候者多く御座候、依夫荷物少分之事に御座候、跡船之儀も当分は別に無御座候、……

④一六八一年五月、壱番東寧船之唐人共申口（同巻七、上三二一〜三二二頁）

一、唐国海辺之所々、先年より住民を三里程宛、奥え引取、海辺を亡地に仕召置申候、就夫海辺に住馴候者及難儀申段、其紛無御座候、……然所に、只今福州之城番軍門之官呉氏之者、漳州之城番部院之官姚氏之者、厦門之城番万氏之者、此三人万民之歎を存、去年より連判に而、北京え奏状申候は、海辺より引取候諸民共、家職渡世にはなれ、或は及餓死に、或は遊民に罷成、久々難儀仕候、……弥万民を海辺え御返し可然段、達而申に付、康熙帝、朝廷之僉議尤に相究り、当二月廿六日に勅命下り、先右之所々海辺は悉く元之ごとく返し申候、万民之大悦此上無之由、是も右東寧より広東え参申、小船之者申候、……

註

（1）「鎖国得失論」から脱却して、いわゆる「鎖国」を近世日本の特質の一つと捉え、構造的な歴史把握の対象とする試みは二〇世紀に入ると、間もなく始まった。特に戦後の「鎖国」研究は、「鎖国得失」論の克服の過程だったといってよい。岩生成一『鎖国』（日本の歴史一四、中央公論社、一九六六年）、朝尾直弘『鎖国』（日本の歴史一七、小学館、一九七五年）は、それぞれの段階における、いわゆる「鎖国」研究のまとめの仕事である。なお、「得失論」以後の研究史の動向については、加藤榮一「鎖国論の現段階」（『歴史評論』四七五、一九八九年）が、包括的な研究史整理を行っているので、参照されたい。

（2）私には、自らの主張とそれに対する批判を整理しつつ、投げかけられた疑問等にも答える義務があると思うが、紙幅の関係で、別稿を用意せざるをえない。

（3）鎖国という言葉が、エンゲルベルト・ケンペル Engelbert Kaempfer（一六五一〜一七一六）の『日本誌』*De Beschryving van Japan*（一七三三年）の付録の論文 Onderzoek, of het van belang is voor 't Rijk van Japan om het zelve geslooten te houden, gelijk het nu is, en aan desselfs Inwooners niet toe te laaten Koophandel te drijven met uytheemsche Nation 't zy binnen of buyten 's Lands（今の日本人全国を鎖して、国民をして国中国外に限らす、敢て異域の人と通商せざらしむる事、実に所益なるによれりや否やの論）を、元長崎通詞の志筑忠雄（一七二五〜一八〇六）が訳出して『鎖国論』（一八〇一年）という表題をつけたことに始まる、ということは現在通説になっており、ほぼ疑う余地はない。

この史実を最初に指摘したのは、板沢武雄である（「鎖国及び「鎖国論」について」、明治文化研究会編『明治文化研究論叢』一元社、一九三四年。のち『日蘭文化交渉史の研究』吉川弘文館、一九五九年に収録）。ケンペルの著書で、生前に刊行されたのは、通称『アメニタートゥム』*Amoenitatum Exoticarum politico-physico-medicarum-fasciculiv*（一七一二年）のみで、彼の死後発見された草稿をもとに、まず、イギリスで英語版の *The History of Japan* が刊行され（一七二七年）、次いでオランダ語版（一七二九年、改訳版が一七三三年）、フランス語版（一七二九年）が出版された。ケンペルの本国であるドイツでは、遅れて出版されたが（一七四七～四九年）、それとても英語版をもとにしたフランス語版からの重訳で、きわめて不十分なものであった。その後、ケンペル自身のドイツ語の草稿が発見され、それに基づいて『日本誌』*Geschichte und Beschreibung von Japan* が刊行されたのは一七七七～七九年（ドーム版）のことであった。

なお、ケンペルのドーム版原文と最初の英語版との表題の違いについては、小堀桂一郎の指摘があり（『鎖国の思想―ケンペルの世界史的使命―』中央公論社、一九七四年）、ロナルド・トビは、さらにたちいって、英語版につけ加えられた、「国を閉ざす」to keep it shut up という言葉に注目し、この誤訳が志筑忠雄の「鎖国」という言葉を生んだとしている（トビ著、速水融他訳『近世日本の国家形成と外交』創文社、一九九〇年、二三頁。なお、原著は一九八四年刊）。オランダ語版の表題は、英語版の忠実な翻訳である。ただ、本文中には「国を閉ざす」という言葉がかなりの頻度で出てくるので、表題にその言葉がなかったとしても、志筑が「鎖国」という言葉を案出する妨げにはならなかったのではないか。

（4）蘇峰の論点の四は、海禁と国内の人・物の流通に関する統制との関連を示唆して興味深いが、これについては別に検討する機会を持ちたい。

（5）荒野泰典「国際認識と他民族観―「海禁」と「華夷秩序」論覚書―」（歴史科学協議会編『現代を生きる歴史科学二　過去への照射』大月書店、一九八七年）。この作業は、田中健夫の示唆を受けてのことだった（田中『中世対外関係史』東京大学出版会、一九七五年、二七一頁）。しかし、「海禁」の用例については、板沢武雄が、特別の意味づけはしていないながらも、早くに指摘している（前掲註3論文）。なお、「海禁」の内容については、上述の拙稿参照。

（6）ただし、「海禁」あるいは「鎖国」という言葉の用例の詮索と、歴史概念としての適不適とは、とりあえずは区別して考えたい。「藩」や「身分」という概念も、おもに近代にはいって現在のような意味でつかわれるようになったのであり、もし用例のみを基準として歴史概念としての適不適を判断するならば、これらの概念も不適当ということになるだろう（もちろん、これらの概念のみなおしが不必要だといっているのではない）。したがって、「鎖国」という言葉が、一九世紀にはいって生みだされ、ペリー来航以後に一般化するからという理由だけでは、この概念が近世の体制を呼ぶのに不適当だということに、かならずしもならない。この観点から、私が「鎖国」概念を否定する理由として用例を根拠の一つとしたことは、やや留保しなければならないだろう（荒野「序　「鎖国」論から「海禁・華夷秩序」論へ」『近世日本と東アジア』東京大学出版会、一九八八年）。おもに問題にすべきなのは、その概念の内容と、それがもっているヴェクトル（方向性）なのである。いずれにしても、歴史概念は作業仮説をでるものではない。そこで求められるのは、概念の内容・方向性と作業仮説との整合性であろう。私が「海禁」概念の使用を提言するのは、この概念が私の作業仮説との整合性をもち、したがって、より多くの可能性を秘めていると信じるからである。この点については、さしあたり、荒野泰典・石井正敏・村井章介共同執筆「I　時期区分論」（『アジアのなかの日本史I　アジアと日本』東京大学出版会、一九九二年）参照。

ここで、私が「海禁」という言葉の用例を検討するのは、「鎖国」にくらべて検討されることがあまりにも少なかったということのほかに、これをキーワードとして、近世の日本人が自らの体制についてどのように考えて、それが時代に応じてどのように変化していくかということに光をあててみたかったからである。もちろん、私は、やがて、それが「海禁」概念の妥当性を判断する材料となることを期待してはいるが、それを直接の目的とはしないつもりである。

なお、本章が、私が見いだしえたかぎりの用例に基づく立論であることはいうまでもない。考古学上の発見が従来の論議を一変させる可能性を秘めているように、あらたな用例が発見される可能性は多いと思われる。近世の文献を漁りつくすことは、一個人のよくなしうるところではなく、ひろくご教示をお願いする所以である。

（7）　如見は『増補華夷通商考』においても遷界令について「日本万治寛文ノ比ヨリ、日本渡海ノ儀ヲ大ニ禁制セシカ共、今代大清一統セシ故ニ日本ヘノ渡海宥免セラレテ、此国ヨリ長崎ヘ来ル船並商人最多シ」（『日本経済叢書』巻五、一九一四年、「南京」の項、二一四頁）と述べるが、海禁という言葉は使っていない。

（8）　蘇峰は次のように述べる、「海賊なりとて、漫に嗤うなかれ。およそ波濤の健児たるもの、何者か海賊たらざりしものある。およそ万里の大海を開拓するもの、通商植民の先駆たるもの、何者か海賊たらざりしものある。看よ、今日における海上の大王たる英人も、またこれ海賊の子孫にあらずや」（前掲『吉田松陰』四一頁、ふりがな略）。なお、「海国日本」などという意識が国民感情のなかに定着するのは、明治中期以降である、という田中健夫の指摘にも、留意しておきたい（「海から歴史を見る」、同編『世界歴史と国際交流―東アジアと日本―』放送大学教育振興会、一九八九年）。どのような倭寇イメージが近世社会に受け継がれ、どのように変容して、蘇峰のような評価につながっていくのかも、重要なテーマの一つである。

（9）幕府に、海禁という言葉が知られる機会がなかったわけではない。例えば、早い例では、一六一九（元和五）年の、明浙江直総兵官王某の「将軍」宛書状が「……是に海禁寛に従い、来往の商船は以て通行することを得、今年四月におよぶの間、福建軍門官を差して府に報ず、沿海の奸徒、党を聚め、商船・貨物を劫掠して、以て殺傷を致すと、……」というように、使用している（『外蕃通書第九冊』、国書刊行会『近藤正斎全集』一九〇五年による、以下『全集』、一巻五七頁）。また、一六九三（元禄六）年、竹島（欝陵島）をめぐって日朝間に外交問題が生じた際に、時の礼曹参判は対馬藩主宗義倫に宛てた書契において、「……蔽邦海禁至厳にして、東浜海の海民を制して、外洋に出るを得ざらしめ、蔽境の蔚陵島といえども、亦遼遠の故を以て、切に任意に往来するを許さず、況んや其の外に於てをや、……」と述べて、海禁という言葉を使っている（原漢文、『通航一覧』第四、二五頁、国書刊行会本、以下同）。これは朝鮮でも海禁を使用していたことを示す事例でもある。なお、漢文史料は、すべて読み下しにして提示する。

（10）ちなみに、『夜話草』の「後序」は、この書物の成立の経緯を次のように説明している。

頃ゴロ家父（如見）京師書林ノ需ニ応ジテ、阿弟（正休、如見子）ヲシテ長崎夜話草ヲ綴ラシメ、尋デ許スニ梓ニ彫ランコトヲ以テス。蓋シ吾郷ハ西極辺鄙ノ域ニ在リト雖モ、然レドモ逸事異談間《ママ》聞コト有ル者亦寡カラズ。但惜ラクハ世ノ敢テ焉ヲ知ルコトナカランコトヲ。故ニ嘗テ聞見スル所ノ者数件ヲ挙テ、而シテ之ヲ草スルニ和字ヲ用ヒテ、偏ニ童蒙ヲシテ既往ヲ鑑ミ、以テ勧懲ノ意ヲ発サシメント欲スルニ在ルノミ。（原漢文、岩波文庫本の読み下しによる、三〇八頁、傍線筆者）

これによれば、この書物は、如見の語ったことを息子の正林が書き綴って成ったものである。また、これによるかぎり、長崎のことは、世間一般にはあまり知られていなかったようである（傍線）。この書物が京都で出版されていることも、このことと関わるかもしれない。

(11) 大庭脩『江戸時代における中国文化受容の研究』(同朋舎、一九八四年)二一九〜二二六頁。

(12) 大庭脩『江戸時代の日中秘話』(東方書店、一九八〇年)一二三〜一二四頁。

(13) この点については、『通航一覧』第五の「異国渡海総括部」収録の史料を参照。なお、前掲註7参照。

(14) おそらく他の日本人同様に、「異国渡海の禁」というように呼び、特別の表現は用いていないのではないか。というのは、ポルトガル船の来航禁止のことを、「寛永十六年に及びて、番舶の来る事を止めらる」(『西洋紀聞』一七一五年。岩波思想大系本、三一頁)というように表現しているからである。

(15) 長崎は一六六三年の大火で、古記録類のほとんどを焼失したために、それ以前の事跡については、各種の伝聞記事が主な情報源であった。それらを集成して長崎の由来その他に関する編纂物が作られていくが、そのなかの早い物に『続長崎鑑』(一六八一年)がある。これは一六八一年に「長崎中の者が寄合ひ旧記を考え古老に聞き作った」ものという(越中哲也編『続長崎鑑』長崎学会叢書第七輯、一九六〇年、「あとがき」による)。この時期以降、『長崎土産』(一六八一年)、『長崎虫眼鏡』(一七〇四年)、『長崎根元記』(一六九七年以降)、『長崎縁起略』(一七一二年)等の地誌類があいついで編纂されており、この時期に長崎の事跡がいったん整理された。『長崎夜話草』はそのなかでもっとも流布したものという。例えば、後に触れる会沢安の『新論』も、この書に言及している。『夜話草』の「後序」によれば、長崎のことは当時一般にはあまり知られていなかったのであり、むしろ、これらの編纂物が流布することによって、近世初期の長崎を中心とした対外関係についての近世日本人の理解の基本形が、かたちづくられていったと推定される。

(16) この時期(寛文延宝期)を「鎖国」の「祖法化」のスタートとするのは、中村質「島原の乱と鎖国」(『岩波講座日本歴史近世一』一九七五年。のち、「鎖国の形成」の一節として『近世長崎貿易史の研究』吉川弘文館、一九八八年に収録)である。

(17) 如見の『通商考』は、唐船・オランダ船の図を載せて、その構造・大きさにも言及するが、帆柱については、特に関心を示してはいない。ただ、ケンペルは「鎖国」に関連して、和船の構造に注目し、「日本人が公海に出て出国し得ないようにするため、船の艫板を閉じることを禁じ、必ずこのように開けて置くように命じ、これを厳守せしめたのであった」(『日本誌』今井正訳、以下引用は同訳による）と述べており、「鎖国」と和船の構造の関連性に言及した、早い事例の一つである。しかし、それよりも早く、一六五一年に、オランダ東インド会社の使節団に随行して出島―江戸間を往復したスウェーデン人ヴィルマン（ウーロフ・エーリックソン、Olof Eriksson Willman, ?〜一六七三か）は、その著書『日本王国略史』で、「また皇帝自身以外は、何びとも上甲板のある船を建造することを許されない。これは外国へ渡航させないためである」と述べており（新異国叢書、七三頁）、あるいは、両者の情報源は同じく日本人で、そのように考える人物がいたのかも知れない。なお、この問題については、後に触れる安達裕之「鎖国と造船制限令」（『海事史研究』四〇、一九八三年）が詳しい検討を行っているが、ヴィルマンへの言及はない。

　それに関連して、雨森芳洲（一六六八〜一七五五）の『交隣提醒』（一七二八年。以下引用は田代和生校註『交隣提醒』平凡社東洋文庫、二〇一四年による）の記事は、注目に値する。彼は、朝鮮船の航洋能力の高さ、構造上の頑健さ、帆のとりさばきの容易さなどに着目して、「朝鮮船之心持に」船を造ることの許可を「公儀」（幕府）へ申請するように、藩当局に勧めている。しかし、同時に、「五年も七年も御試有之たる以後ならてハ容易ニ御究被成かたき事ニテ、殊ニ只今ハ日本船朝鮮船其形甚違候へ共檣を弐つ立テ朝鮮船ニ類候様ニ成候ハヽ、潜商之防には不宜事可有之候故容易ニハ難成事ニ御座候」と、おもに「潜商」（密貿易）防止の観点から、実現の困難さを予測する。つまり彼は、朝鮮船の外見上の特徴は「二本檣」にあり、構造が頑健で、航洋能力が高いと認めており、それとの比較で、日本船の構造や帆柱などの弱点を指摘している。このような認識が底流にあって、やがて次にみられるように、「鎖国」と和船の構造の関連性が語られるようになる。

……朝鮮之船之ことく日本船を拵へ候ハヽ、帆檣之費も無之。帆の取さはきも心易ク、船之上も穏ニ開キ、走リも快ク可致事ニ候得共、曽而学可申といたし候人も無之。新羅の船よろしく候ニ付是を借り、米をはこはせられ候と申事三代実録ニ相見へ、異国の船を借り我国之米をはこびたると申事おかしき事ニ候へとも豪傑明智之人ニて無之候得者、其国之故習を変し候事古今共ニ難成事と相見へ候故、彼国の事斗可申事ニてハ無之候。其内提灯之有無ハ軽キ事ニ而、船ハ性命の安危ニあつかり候物ニ候へハ、他国のよき事を学ひ不申儀にふきニ究り候ハヽ、同しにふき内ニも日本ハ別而大なるにふきにて可有之候。御国之義ハ他方とハ違申候故、日本船・朝鮮船作り様之違ニテ信使被召連候節指支へ候事有之候付、船の形異形なる様ニ有之候得共朝鮮船之心持ニ船を御つくらせ被成度思召候と公儀へ被仰上候ハヽ、無用ニ仕候得とハ被仰出間敷候故、前以五年も七年も朝鮮船之通ニ小舟を御造せ被成、試いたし見候様ニと御船頭中へ被仰付、弥宜キニ相究り候時公儀へ被仰上、御召船を始メ朝鮮船のことく被成候事成申間敷ものニても無之候。尤上まはり之義ハ早船に相類候様ニ被成候時、甚異形なる様ニも見へ申間敷候。朝鮮船之通ニ候得者乗能候と、此以前御船頭之内ニ為申人も有之。殊ニ朝鮮船ハ各別慥ニ候と申人外ニも間には有之候故、無用之事なから書付置候。しかし五年も七年も御試有之たる以後ならてハ、容易ニ御究被成かたき事ニ而、殊ニ只今ハ日本船・朝鮮船其形甚違候へとも、檣を弐つ立テ朝鮮船ニ類し候様ニ成候ハヽ、潜商之防には不宜事可有之候故、容易ニハ難成事ニ御座候。……（五六～五七頁）

一、日本船と朝鮮船とは違有之候而、日本船之出しかたき日和ニても朝鮮船ハ快ク乗取候事罷成候故、此方より出船難成日和ニ候と被仰聞候而も、彼方之船将ハ成程出船罷成候日和ニ候と申ニ付、毎度違却有之事ニ候故、兼々日本船・朝鮮船違候訳を前広ニ被仰諭置度事ニ候。……（八五～八六頁）

(18) 渡辺浩『近世日本社会と宋学』（東京大学出版会、一九八五年）二一八～二一九頁。

(19) 伊藤東涯（一六七〇～一七三六）が日中制度を比較考察した書『制度通』（一七二四年）を作成した動機は、「我が国の制度に対する関心」と「当時一般の儒者の、支那の歴史に対する無智を是正すること」にあったという（吉川幸次郎、岩波文庫版解題）。東涯の場合も、自己の確立と普遍の認識は関連し合っており、それだからこそ彼我の「比較」も可能になったといえるだろう。

(20) 宮本又郎「江戸期経済発展の数量的概観」（速水融・宮本又郎『日本経済史Ⅰ　経済社会の成立―一七～一八世紀―』岩波書店、一九八八年）。

(21) 沼田次郎『洋学』（吉川弘文館、一九八九年）五一～七一頁。

(22) 田中編前掲註8書、一五八～一五九頁。

(23) 内閣文庫所蔵。この影印版が、『関西大学東西学術研究所資料集刊十二―一～三』として刊行されている。この「叢書」は「将軍徳川吉宗に対する、彼の周辺に仕えていた学者達の答申書、報告書」とされている（『名家叢書』解題）。なお、本叢書の影印刊行にあたった大庭脩は「他に同じ写本、刊本のあることを知らぬ。まさしく天下の孤本である」と述べていることにも留意したい。

(24)「新律綱領・改定律例」の制定過程を詳細に検討した水林彪は、比較的短命に終わったこの刑法典が緻密で豊かな論理を有する世界であったとしながら、「しかし、その精密・豊饒の論理が、実は、日本人の独創にかかるものではなく、多くを中国律によっていたという事実も銘記されなければならない。直接に依拠したのは清律であったが、その前提には明律があり、さらに遠く唐律があった。……十九世紀の末においてさえ、わが国は、体系的刑法の編纂をまずは律に依存して果さなければならなかったという事実に、あらためて驚かされるのである」と述べている（「新律綱領・改定律例の世界」『日本近代思想大系　法と秩序』岩波書店、一九九二年、五三九頁）。

(25)「名家叢書五一　深見考（一七二一〜二七）」（『関西大学東西学術研究所資料集刊十二―二』一九八一年、四六九頁）。

(26)『大清会典』は五回編纂された。『康熙会典』（一六九〇年）・『雍正会典』（一七三二年）・『乾隆会典』（一七六四年）・『嘉慶会典』（一八一八年）・『光緒会典』（一八九九年）である（池内宏他編『縮刷　東洋歴史大辞典』臨川書店、一九八六年、原版は一九三七年）。吉宗がみたのは当然『康熙会典』であり、当然それを参照すべきであるが、以下では、比較的参照しやすい『光緒会典』によった。

「海禁」という名目が、「関禁・辺禁」とならんで『会典』の「関津」の項目にいれられて確立するのは、清代にはいってからのことである。すなわち、海禁が施行された時期（明代）と、それが国家の制度全体のなかに体系的に位置づけられる時期（清代）とでは、時間的に大きなへだたりがある。もちろん、体系化される以前だからといって、海禁という概念とそれを支えるイデオロギー（人臣に外交なし）がなかったわけではない。むしろ「其事実は歴朝之を存した」（増井経夫「海禁」、前掲『縮刷　東洋歴史大辞典』所収）。

(27)大庭によれば、有隣が長崎に滞在している間、吉宗のもとにあって有隣と連絡をとりあいながら研究を進めたのが、北渓であった。北渓の解説は、以下の通り。

一、船ヲ造ルヲ禁ズル事ハ、海賊ノ源船ニアルト云フ事ニテ、禁ズルト也、漁船ハホバシラヲ一本、船バリ長一丈、柁工・水手二十人ニ過ギズ、五六人ノリノ小船ハ制禁ナシ、商船ハホバシラ二本、船バリ一丈八尺、柁工・水手十七人ニ過ギズ、一丈二尺バリノ船ハ十四人ニ過ギズ、船ヲ造ル時ハ該州県ニ申シ達シ、里長鄰佑ノ請合ノ証文ヲ取リ許ス事也、船造リ出来タル時ハ県ニ報ジ、印烙ヲ船身ニヲス、船戸・柁工・水手ノ年・貌・原籍ヲ証文ニ加入テ給スル也……

（『名家叢書六六　荻生考　明朝清朝異同（一七二二〜一七二三、または二四）』『関西大学東西学術研究所資料集刊十二—三』二三七頁）

みられるように、『会典』の内容の正確な理解がある。なお、省略した部分には、『会典』の③④に対応する部分の解説がある。

(28) 安達裕之「鎖国と造船制限令」（『海事史研究』四〇号、一九八三年）。なお、この問題については、次節で検討する。

(29) ただし、「五百石以上」という言い方については、今のところ、やや理解に苦しんでいる。「会典」にみえる大きさの規定は、「一丈八尺」というように長さの単位であり、また、この時期中国船の大きさは「斤」で表示されるのが普通である。『華夷変態』の報告がそうであったし、『増補華夷通商考』にも、清の船の大きさの表示法について次のような解説がある。

唐土ニテ船ノ大小ヲ言ニハ、皆斤目ニテ言事ナリ、其大船ハ荷物五六十万斤、次ハ三十万斤、或二十万斤、小船ハ十万斤ノ者也、（前掲註7史料、二四一頁）

ここで言う「五百石」という数字は、この「斤目」を「石」に換算したものとも考えられるが、数字が合わないし（五万斤が約二百石という『華夷変態』の記事参照）、「斤目」は『会典』の記述には見当たらないようである。とりあえず、船の大きさの制限ということで日本の規定と混同されたと考えておきたい。

(30) 前掲註25参照。

(31) 『通航一覧続輯』（清文堂出版）第五、三五二頁。

(32) 安達前掲註28論文。

(33) ティチング『日本風俗図誌』（沼田次郎訳『新異国叢書』七、雄松堂書店、一九七〇年）二六〇〜二六一頁。

(34) 日本人の異国渡航の禁止と「造船制限」を結びつける見方そのものが、さらにさかのぼることについては、註17参照。なお、「異国渡海の禁」と船舶の構造とを結びつけて考える観念がいつ生じたかについては、安達は判断を留保しており、私もヴィルマンの例を加えることができたのみなので、これ以上の推論は差し控えたいが、一八世紀末以前にまでさかのぼることだけは、たしかである。

(35) 前掲註33書、二六八〜二六九頁。

(36) 石井謙治「鎖国時代の航洋船建造―寛文の唐船と天明の三国丸―」（宮本常一・川添登編『日本の海洋民』未来社、一九七四年所収）。なお、同「和洋中折衷船三国丸」（『七洋』一九七九年五～六月号）があるというが、筆者未見。

(37) 田中健夫『中世対外関係史の研究』（東京大学出版会、一九七五年）二七一頁。なお、板沢前掲註3論文においても、海禁について特に位置づけはされていないが、このことに言及されている。

(38) 仲尾宏は、次のように述べるが、不正確な表現である（仲尾『前近代の日本と朝鮮―朝鮮通信使の軌跡―』明石書店、一九八九年、二四〇頁）。

……「鎖国」とはまさしく一九世紀的発想であり、ようやくめばえてきた開国思想との対比で急速に普及し、「鎖国は神君以来の祖法」などという不正確な表現が用いられるようになった。一方、寛永の一連の海外通交の取締りの名辞であった「海禁」について、新井白石は『折たく柴の記』において「海禁の制」が中国の明朝万暦のころ、とくに厳重であったことをのべ、その名辞の由来をあきらかにした。また、後年の幕府書物奉行近藤守重も『憲教要典《（ママ）》』を引用して「是よりわが船の他国往来する事約《（ママ）》はてて、わずかに沿岸の地を漕輸するのみにて。海禁いと厳粛になりしなり。」（『大猷院殿御実紀』附録巻三）とのべている。

(39) 山本武夫「徳川実紀」（『国史大辞典10』吉川弘文館、一九八九年）。

(40) ここで守重の場合について検討しておこう。彼は、明については次のように「海禁」という言葉を使う（傍線筆者）。

……唐土ノ如キハ、古来通信アリト云トモ、最モ後ニ来船スルモノハ、慶長十四年ナリ蓋シ明末海禁ノ厳ナルニ因レルカ故ナルヘシ、……（「明国書一」『外蕃通書第八冊』、前掲註9史料『全集』一、五二頁）

ただし、日本の場合については、海禁という言葉は使っていないようである。いくつか例示しよう。

・其南蛮人、向後日本渡海一切御制禁トナリシハ、天草々賊後、寛永十五年ニアリ（「阿媽港書一」『外蕃通書第二十四冊』、同『全集』一、一六八頁）

・寛永十三年、耶蘇御制禁ノ後遂ニ其来舶ヲ禁絶セラレタルナリ（「呂宋国書一」『外蕃通書第二十一冊』、同『全集』一、一四六頁）

・依之寛永十三年、日本ヨリ異国渡海一切御制禁被仰出段、具ニ申聞セ（「暹羅国書三」『外蕃通書第十七冊』、同『全

集』一、一二二頁）

その他「異国渡海禁絶」・「日本人異国渡海御停止」「安南国書四」などがあるが、海禁という言葉は使われていない。この点では、白石の場合によく似ている。あるいは、両者の間に、中国（明・清）に対する意識（すなわち、日本に対する意識）、あるいは儒学・林家に対する立場に、似通ったものがあるためかも知れない。なお、守重がケンペルの『日本誌』（オランダ語版）を所持していたことはよく知られているが（クライナー・ヨーゼフ「ケンペルとヨーロッパの日本観」）、彼は次の文章に明らかなように、志筑忠雄の『鎖国論』についても承知していた。

……ケンプルハ元禄年中参府セシ医者ナリ、其医日本ノ事ヨリ、紅毛来舶ノ始末ヲ書セシナリ、長崎通事訳書アリ、鎖国論トイフ（『外蕃通書第六冊』、同『全集』一、四一頁）

彼は、寛政七〜九（一七九五〜九七）年の間、長崎奉行手付出役として長崎に在勤しており、忠雄と面識があったのかも知れない。ただし、彼は海禁という言葉を使わないと同様に、鎖国という言葉も使わない。それは、忠雄の『鎖国論』を江戸に紹介したといわれる太田南畝などと、対蹠的な対応でもある。

（41）『通航一覧』第七、一九二〜一九三頁。

（42）『通航一覧続輯』第二、五二七頁、原漢文。和文（かひたんえ諭書）では、この部分は次のようになっている（同五二六頁）。

朝鮮琉球の外ハ信を通する事なし、貴国と支那ハ年久しく通商するといへとも、信を通するにハあらす、……

なお、この間の「鎖国」の定式化＝国際関係の枠組みの明確化については、藤田覚「海防論と東アジア」（『講座日本近世史 七』有斐閣、一九八五年。のち同『幕藩制国家の政治史的研究』校倉書房、一九八七年に収録）の整理参照。

（43）この定式から、アイヌ・蝦夷地が抜け落ちていることについては、今のところ明確な説明ができないでいる。後考を待ちたい。

（44）藤田覚は「蝦夷地第一次上知の政治過程」（田中健夫編『日本前近代の国家と対外関係』吉川弘文館、一九八七年。のち同『近世後期政治史と対外関係』東京大学出版会、二〇〇五年に収録）・「寛政期の朝廷と幕府」（『歴史学研究』一九八九年度別冊特集号。のち同『近世政治史と天皇』吉川弘文館、一九九九年に収録）で、ラックスマン来航の時点では、まだ、かなり柔軟で政策選択の余地が残っていたが、蝦夷地第一次上知の過程で「新規の貿易開始が幕府内部で一致して否定され、その点で柔軟性に欠けた硬直化した対応しか選択の余地がなくなってきた」と述べている。なお、この過程については、栗原佐和子「文化元年魯西亜船来航顚末」（一九九一年度立教大学修士論文、未発表）の作成過程に立ち合うなかで、多くの示唆を受けた。

(45) ペリー来航直前に完成した『通航一覧』の序で林煒は、朝鮮・琉球を「通信国」、中国・オランダを「通商国」とする定式を確認した後、当時頻繁になってきつつあった外国船の来航に対応するために、この資料集が編まれたと述べる。しかし、彼自身がペリー応接にあたった後は、外交の表舞台に立たなくなるように、「開港」以後の事態は、当然のことながら、単に先例の集積のみでは対応しきれなかった。

(46) 尾藤正英「解題」（『日本思想大系53　水戸学』岩波書店、一九七三年）。

(47) いわゆる「開港」後、幕閣のなかにも「鎖国」という言葉を使う者が現れることは、ロナルド・トビの指摘がある。ただし、トビは、一八五三年段階では直弼は鎖国という言葉を使っていないというが、みられるように、使っている（同著、速水融他訳『近世日本の国家形成と外交』創文社、一九九〇年）。「亜国官吏取扱之儀ニ付大目付御目付評議之書付」（東京大学史料編纂所所蔵謄写本「堀田正睦外国掛中書類」十七）。

(48) この点は荒野前掲註5論文で、すでに指摘している。

(49) この点はドイツ語版『日本誌』の編者ドームの、ケンペルに対する反論がその特徴を端的に示している。シーボルト、ペリーなども、その立場こそ違うものの、基本的にはドームと同じ見方をしていた。なおこの点については、別に検討する機会を持ちたい。

(50) 『日本近代思想体系Ⅰ　開国』（岩波書店、一九九一年）一一〇頁。

(51) この点については、とりあえず荒野泰典「明治維新期の日朝外交体制「一元化」問題」（『近世日本と東アジア』東京大学出版会、一九八八年所収）参照。

（初出）「海禁と鎖国」（荒野泰典他編『アジアのなかの日本史Ⅱ　アジアと日本』東京大学出版会、一九九二年）。

第二章　「鎖国・開国」言説の誕生

第1節　課題の設定

近世日本の国際関係のあり方は、近代以降「鎖国」と呼ばれてきた。しかし現在においては、近世の体制は、かならずしも、「鎖国」という言葉から想像されるような鎖されたものではなく、国家による国際関係の厳しい統制と編成という二つの面から成っており、その体制は、国家の権力編成と地域編成の主要な柱の一つであり、かつ、東アジアの国際慣行を踏まえたものであったこと、それ故に、この地域、すなわち東アジア世界に普遍性を持つ外交・貿易体制だったことが、明らかにされてきている。私は、そのことを踏まえて、一九八三年以来、「鎖国」という言葉に代えて、「海禁・華夷秩序」という対概念によって近世日本の国際関係を考えることを提起してきた。(1)しかしそれは、一概に「鎖国」という言葉の抹殺を意図したものではなく、近世日本の国際関係を、より実態に即して考えるための新たな史実の掘り起こしと、その理論的枠組みを提案することであり、その意図は今も変わらない。言い換えれば、近世の国際関係の実態についての研究は、すでに「鎖国」というステレオタイプでは捉え切れない段階に達しているというのが、私の判断に則ったものである。とりあえずここでは「鎖国」という言葉が、日本社会に定着した史実に関わって、次の二つの論点を提示しておきたい。

一つは、「鎖国」という言葉が創り出されてから、日本社会に定着するまでの歴史的な経緯、もしくは過程。すでによく知られるようになった史実だが、「鎖国」という言葉は、長崎のオランダ通詞で蘭学者志筑忠雄（一七六〇〜一八〇六）が、エンゲルベルト・ケンペル（一六五一〜一七一六）の『日本誌』の巻末の論文「今の日本人か全国を鎖して国民をして国中・国外に限らす、敢て異域の人と通商せさらしむる事、実に所益あるによれりや否の論」（志筑訳による）を翻訳して、『鎖国論』と名づけたことに始まる（一八〇一年）。『鎖国論』は刊行されなかったが、写本で広く読まれたと推定されている。しかし、『鎖国論』が読まれた形跡はあるものの、「鎖国」という言葉はなかなか一般化せず、一般化するのはペリーによる開港以後のことだった。(2) まず、その経緯を整理する。

もう一つは、「鎖国」という言葉の定着を阻んだ要素について考えること。「鎖国」という言葉がなかなか浸透しなかったのは、その言葉がかならずしも知られなかったためではなかった。むしろある時期からは、知識人の間ではよく知られていたはずなのだが、彼らはこの言葉の存在を知りながら、それを自分たちの体制の呼称とはしなかったようにみえる。それは何故か、ということについて考える。

以上の二点を検討し、その検討結果を踏まえながら、「鎖国」概念が日本社会に定着したことの歴史的な意味について考える。

第2節　「海禁」から「鎖国・開国」へ

一九世紀初頭に、志筑忠雄がケンペルの『鎖国論』を訳出してすぐに、「鎖国」という言葉と、その言葉が持つヨーロッパ的な論理が、日本に受容されたわけではなかった。したがって本節ではまず、「鎖国」という言葉の誕生から日本社会への受容と定着までの過程を整理することから始めよう。

志筑の『鎖国論』以前に、ケンペルの『日本誌』が知られていなかったわけではなかった。しかし松平定信が、一七九二・九三（寛政四・五）年から「蕃書」の収集を始めたと述べているように（『宇下人言』一八一六年頃）、ケンペルが政治的な観点で読まれるようになるのは、一八世紀末以降の、ロシアやイギリスの日本接近を直接の契機としていた。志筑が、『日本誌』のうち『鎖国論』にあたる論文を、「金骨ともいふべき所」（「鎖国論訳例」）として翻訳したのも、定信の問題意識と軌を一にしている。その後、幕府老中松平信明は、一八〇七・八（文化四・五）年の二度にわたって、平戸藩主松浦静山所蔵の『日本誌』を借りだし、幕府天文方高橋景保に抄訳「日本紀事訳抄」（一八〇八年）を作らせた。さらに幕府は、一八一四（文化一一）年には、直接オランダに二冊注文し、翌年には入手したが、それが弘化年間（一八四四〜四八年）の、箕作阮甫・杉田成卿による全訳（現在所在不明）のもとになったのだろう。(3)

では、ケンペルの記述のどこに、当時の幕府や知識人は注目したのか。景保は、彼の抄訳の「凡例」の一つで、「今此訳説ニ因テ、蛮賊ノ出入、教法ノ盛衰、其始末ノ概ヲ知レリ、即今是ヲ聞クカ如キモ、身体冷然タリ、厳制厲禁故アル哉」と述べる（新村出編『海表叢書』巻二による）。不思議なようだが、景保ほどの知識人でも、近世初頭の、キリスト教問題を中心とするヨーロッパとの関係について、体系だてて考えていたわけではなく、ケンペルの解説を読んで初めて厳しい統制（厳制厲禁）の理由を知り、納得した。志筑の『鎖国論』を江戸に紹介した太田南畝も、この書によって初めて、国の開閉が支配の根幹であることに思いいたった（『読鎖国論』、山崎正董編『横井小楠遺稿』日新書院、一九四二年による）。一八三九（天保一〇）年に江戸に遊学した横井小楠も、志筑の『鎖国論』を読んで初めて日本でキリスト教が禁止されていることの意義を知ることになる（『読鎖国論』）。景保が、先の「凡例」で『采覧異言』（新井白石、一七一三年）を引用しているように、日本側の文献がまったくなかったわけではない。例えば、同じ白石の『西洋紀聞』（一七一五年頃）、『長崎夜話草』（西川如見、一七二〇年）、『長崎志』（田辺茂啓、一七六七年）などはよく言及されるものだが、数はさほど多くはないし、ケンペルほど体系だてられてはいない。

志筑の翻訳の背景には、まず、そのような環境があった。しかし、それだけではない。なかでも、「通商の事今猶我長崎に於て唐・和蘭陀の交易あれハ、皇国といへとも絶て外国通商なきにハあらねとも、此等ハ欧羅巴の眼より見れハ、通商といふにも足らす」という註記は、あるいは、彼が、一九世紀初頭の日本において「開国」を予感していた、ごくわずかな一人だったかと思わせる。

彼の論調は微妙だ。例えば、彼は、ロシアの動向やヨーロッパの情勢を紹介しながら、日本は「武備堅固、上下和合」なので、ロシアの侵寇は「難きが中の難事」と断言しながら、その一方で、日本も、ケンペルの時代と違い、「風俗」が変わって昔日のようではないとも述べて、かならずしも安泰でないことも示唆する。さらに彼は、当時のヨーロッパ国際社会についても、「異国・異風の恐るべき邪説暴行」は「悪む」べきものがあるが、「天下」にはそれを制する「人」も「教」もない、つまり、弱肉強食の社会と認識していた。だからこそ、「かかる得難き国」と「難有き御代」を守るためには、「外を禦ぎ内を親しむの最も切用」であることも強調する（「訳者巻末の言」）。

志筑の『鎖国論』は、どのように流布し、読まれたのだろうか。『鎖国論』に言及したものはさほど多くはなく、流布の状況はそれらによって類推するしかないが、それによるかぎり、読まれ方は、一八三〇年頃（天保初年）を境に大きく変化する。それ以前に『鎖国論』に言及したものとしては、『外蕃通書』（近藤守重、一八一八年）、『夢ノ代』（山片蟠桃、一八二〇年）、『古道大意』（平田篤胤、一八二四年）等があげられる。これらによって、ケンペルや『鎖国論』が、多様な知識人に読まれていることは確認できるが、彼らには、少なくとも表面的には、訳者の志筑ほどの、内面的な葛藤はみられない。その一例として篤胤の読み方を見ておこう（『古道大意』、『平田篤胤全集』一による）。

なんと遥に西とも西のはてなる外国人の、かほど迄にも御国の実以て神国で万国に殊れて結構な国、と云ふことを覚えてゐることぢゃに、其の国に生れて、其の国の事を知らずにゐると云ふは、口惜いことでござる。夫のみならず、是ほど結構な国に生れながら、外国どもを賛て、よい国ぢゃ、強い国ぢゃなど思つて、其の外国の奴原などが、御国近くのはなれ島へでも生ごしゃくな事でも為ると、驚いて眉を顰めなんどする者が有る。こりゃ一向はかない、愚な事でござる。

篤胤にあっては、ケンペルの見解も、彼の自国賛美の傍証でしかない。つまり、対外的な緊張を経験しながら、彼らの反応に、日本の体制と『鎖国論』が内包する、ヨーロッパの論理との深刻な対決の認識は感じとれない。と同時に、彼らが、日本の体制を、無前提に「鎖国」と呼ぶ事例も見当たらない。この時期には、まだ、知識人の多くが、ナイーヴに日本の体制の正当性を信じることができたと考えざるをえない。

すでに、一七世紀の末から一八世紀のはじめにかけて、日本の支配層によって、彼らの体制についての見直しや歴史的事実の整理がなされた。その成果の一つが、次節で検討する西川如見の『長崎夜話草』(一七二〇年)だった。ただし、その時期の理解は即自的な段階にとどまっていて、この体制の本質や全体像についての体系的な理解や理念化はみられず、その呼称も「異国渡海の禁」という、法令そのものに即した呼び方にとどまっていた。しかし、一八世紀末以来の国際環境の変化によって、新たな体制の見直しと体系化・理念化を要請されることになる。(4)『徳川実紀』において、林家が日本の体制を「海禁」と位置づけるのはこの時期であり、それは、ロシア使節レザノフへの回答(一八〇五年)において、幕府が、「通信国」を朝鮮・琉球、「通商国」を中国・オランダとする定式を「祖法」として確認し、レザノフの要求を斥けたことと軌を一にしていた。レザノフ宛幕府の「教諭」は次のように述べて、自らの体制の正当性を主張する(『通航一覧』第七、一九二〜一九三頁)。

中渡

我国昔より、海外に通問する諸国不少といえとも、事便宜にあらさるか故に、厳禁を設く、我国の商戸外国に往事をとゝめ、外国の賈船もまたもやすく我国に来る事を許さす、強て来る海船ありといへとも、固く退けていれす、唯唐山、朝鮮、琉球、紅毛の往来することは、互市の利を必とするにあらす、来ることの久しき素より其謂れあるを以なり、其国の如きは、昔よりいまた曽て信を通せし事なし、……我国海外の諸国と通問せさること既に久し、隣誼を外国に修むる事をしらさるにあらす、其風土異にして、事情におけるも又歓心を結ふにたらす、徒に行李を煩らはしむる故を以て絶て通せす、是我国歴世封彊を守るの常法なり、争か其国一价の故をもつて、朝廷歴世の法を変すへけんや、……

対外的な緊張は、とりあえず、従来の体制に対する確信と、東アジアの伝統にもとづいた理論的合理化、それを守るための海防のいっそうの強化を招き、それが、同時に幕府の対外政策から柔軟性を奪った。一八二五（文政八）年の異国船打払令はその端的なあらわれだった。

しかし、一八三〇年代以後になると、かなり様相が変わり、蘭学者など、一部の知識人の間で、無前提に「鎖国」という言葉がつかわれるようになり、幕閣でも使用する例があらわれる。例えば、徳川斉昭の洋式船建造の建議に対する老中の回答（一八四〇年）のなかに、すでに「鎖国之御趣意」という用例が見られる。(5) それは、「鎖国」という言葉が権力内部まで浸透したことを示している。ただし、まだこの段階では、自らの体制や「鎖国」という言葉に対する姿勢は、人それぞれに多様でありえた。

例えば、高野長英は、甲・乙二人の対話形式で、モリソン号砲撃事件（一八三七年）を批判する『戊戌夢物語』（一八三八年、以下岩波日本思想大系五五による）を書いたが、そのなかで、甲は、異国船打払令に対するイギリスの対応を問わせるくだりで、「当　御代の始より、蛮国交易は、和蘭陀のみにて、他は御免無之鎖国の御政道に付」と、日本の体制を、何の注釈も付けずに「鎖国」と呼び、しかも否定的な意味あいでそう呼んでいる。『夢物語』は、「碩学鴻儒と思しき人々」が数十人集会して「色々の物語」をするなかでの、甲乙二人の対話という設定になっている。このような「集会」は当時江戸のあちこちで開かれ、特に蘭学関係の「集会」では、「鎖国」という言葉は一般化していたと考えていいだろう。

渡辺崋山もそのような「集会」を主催する一人だった。しかし、「蘭学にて大施主」と呼ばれた崋山は、『慎機論』(一八三八年)を書いて、同じくモリソン号事件を批判しながら、「鎖国」とは書かない。崋山が、「鎖国」という言葉を知らなかったはずはないが、彼にとって「鎖国」は、少なくとも、無前提につかえる言葉ではなかったように見える。しかし、彼も、日本の体制に正当性があることは認める一方で、「打払令」が欧米諸国に格好の口実を与えることを危惧していた。長英と崋山では、「鎖国」という見方に対するスタンスは違っても、日本の体制と欧米諸国の志向との鋭い対立を意識し、対応次第では大きな危機を招くとみる点では、共通する。それだけ、イギリスを中心とする欧米諸国のアジア進出は深刻さを増し、それに応じて、崋山ら知識人の国際情勢に関する認識も格段に深まっていた(『外国事情書』・『西洋事情書』一八三九年)。さらに、かつて志筑が憂慮したように、国内的にも「風俗」が変わって、「武備堅固、上下和合」とはいかなくなっていた。

崋山と長英は、モリソン号事件の筆禍事件(蛮社の獄、一八三九年)で投獄されたが、その仕掛人の幕府目付鳥居耀蔵(林述斎三男)のねらいは、崋山の「集会」に参加する川路聖謨・江川英龍などの「開明派官僚」たちの失脚にあった。(6) それは、とりもなおさず、林家一門の策謀を暗に支持する勢力が幕府内部で強かったことを示し、ヨーロッパの学術や欧米諸国の動静に理解をもつ者はごく一部のグループにとどまっているという、一般の思想的状況に対応してもいた。長英は述懐する、蘭学を学ぶ者は「僅に千万人中の一、二人に不過。是を卑蔑する者は多くして、是を尊信する者は少なし」、と（『わすれがたみ』一八三九年、岩波思想大系五五による、一八二頁）。

しかし、幕府内部にまで「開明派」が生まれ、「蕃社の獄」の年に江戸で小楠が「鎖国論」を知ったように、様々な「集会」や人々のネットワークを通じて、情報は徐々に流通の速度と拡がりを増していた。一八五〇（嘉永三）年に国学者黒沢翁満が、志筑の『鎖国論』を『異人恐怖伝』と改称して刊行した（その直後に発禁）のも、そのような情勢に棹さすためだった。

幕府は、一八四五（弘化二）年のオランダ国王の「開国」勧告に対しても、従来の体制遵守の姿勢を示すにとどまった。しかし、モリソン号事件に際して起きた批判は、アヘン戦争（一八四〇～四二年）後の異国船打払令の緩和（薪水給与令、一八四二年）、弘化～嘉永期（一八四四～五三年）の、異国船来航に際しての「打払令」復活に関する幕府内部での議論のはしりだった。その議論のなかで、従来の体制を「祖法」とする観念は徐々に相対化され、[7]ペリーの来航（一八五三年）を迎える。

ペリーの要求に関する幕府の諮問に対して彦根藩主井伊直弼が、「今時の危変」に臨んでは「閉洋鎖国」の法を固持するのみでは対処しきれないとして交易許可を上申し（「近江国彦根城主井伊掃部頭直弼上書」一八五三年、『幕末外国関係文書之二』七七）、幕臣の向山源太夫は、交易許可・不許可二通りの策を上申する（「小普請組向山源太夫篤上書」一八五三年、『幕末外国関係文書之一』三三六）。すでに、「祖法」はかならずしも墨守すべきものではなくなっており、ペリー来航後間もなく、幕府は「祖法」の一つ「大船建造の禁」を解除する。しかし、財政窮乏にあえぐ幕府・諸藩には、大船建造をはじめとする武備の充実もままならなかった。こうして、屈辱に甘んじながら、「権宜の処置」、つまり、応急措置として「開港」される。[8]

したがって、ペリーによる「開港」を迎えても、自らの体制の正当性を信じる立場が一挙に崩れ去ったわけではない。例えば、横井小楠はペリーの「開港」要求に関して、「通信」の許否は「道」の有無により、ペリーも日本人も、ともに「鎖国」を「国是」とするのは、現象のみにとらわれて本質をみないものだと、批判する（「夷虜応接大意」推定一八五三年、『横井小楠遺稿』による）。このような「祖法」に対する確信と、欧米諸国を「夷」とする蔑視観、アヘン戦争にみられる欧米諸国に対する不信感が、激しい攘夷運動の根底にあった。

しかし、応急措置としてとはいえ、いったん「開港」した幕府は、次々に新たな事態への対応を迫られ、まず、幕府自身が様々な「改革」を実施し、「祖法」を裏切っていく。一八五八（安政五）年の通商条約締結を契機に、欧米諸国に対応するために、外国奉行を軸にした常設の外交機構を作ったのもその一つだった。同年、アメリカ総領事ハリスの江戸再訪に関する上申書において、海防掛大目付が、その文脈ではじめて「鎖国」という言葉をつかう。幕府自身によって、かつての「祖法」は名実ともに「旧体制」とされ、その代名詞として「鎖国」という言葉が幕府の公式な文書にも使用されるようになった。すでに、国学者大国隆正も、従来の「鎖国」では情勢に対応できないと述べていたし（『本学挙要』上、一八五五年、『大国隆正全集』による）、かつて『新論』を書いた会沢安（正志斎）も「開国」を主張し（『時務策』一八六二年、岩波日本思想大系五五による）、小楠も、「今日に至り独立鎖国の旧見を主張するは、天理に悖候ことに候」（『沼山対話』一八六四年、『横井小楠遺稿』による）と述べるにいたる。ごく短期間のうちに「開国」と「祖法」の「旧体制」化は動かしようのない既成事実になっていった。

しかし既成事実を容認するには、それを正当化する論理が必要だろう。それを提供したのが、欧米諸国が主張する「国際法」（万国公法）だった。例えば、ジョセフ・ヒコ（一八三七〜九七）は次のように述べる（「問答」一八六二年、岩波近代日本思想大系一による、三二―三三頁）。

権現様御時代は、日本も外国も他国を攻取を手柄に致し候ものにて、外国人を日本に入候得ば災の元と成候故に、鎖国に被遊候事と被相考候。其時代とは違ひ、今は航海の術開け、百里の陸よりは万里の波濤を渡るかた、たやすきやうに相成、国の奪あひは止みて相互に和親交易をいたし、民の弁利を計る時勢に移り来り候て、御開国に被遊候へば、御国の為になりて害は無之、強て古法を御守り被成候得ば、忽ち大害を招くこと故に御開国に被遊候と被存候。さすれば、鎖国も開国も時勢に順ふと申ものにて、倶に良法と申べし。偏に古法を守らんとするは、所謂琴柱に膠するの類と申べし。

このようにヒコは、「鎖国」も「開国」もともにそれぞれの時勢に合った良法だと述べるが、その意見も「国際法」への楽観に支えられていた。こうして、「祖法」から「国際法」に則った、欧米型国際体系への転換が志向されるなかで、「祖法」の代名詞としての「鎖国」が一般化し、「祖法」の多様な理解の道が閉ざされていく。言い換えれば、「祖法」が生きて正当性を主張している間は、「鎖国」という言葉は一般化しなかった。

以上の経緯を図式的に整理すると、日本人の自らの体制に関する意識は、「異国渡海の禁」→「海禁」→「鎖国」と推移してきたと見ることができる。そのうち、「海禁」から「鎖国」への変化は、今まで述べてきたように、価値観の大きな変化を孕んでいるのに対して、「異国渡海の禁」から「海禁」の変化はさほど大きくはなく、また、かならずしも「海禁」を経由しない場合もあったことが推定できる。というのは、この二つの言葉は、「海禁」を日本語訳すれば「異国渡海の禁」になるように、言葉の内容も、それが踏まえているイデオロギーも共通だからだ。「海禁」という言葉も、実は、なかなか一般化しなかったのだが、その理由は、二つの言葉の近さにあったのではないか、と私は考えている。(9) つまり、わざわざ言い換えをする必要がないほど両者は似かよっているのだ。「異国渡海の禁」という措置そのものが、律令国家以来のイデオロギー（人臣に外交なし）を踏まえた政策であり、「海禁」とともに、同じ東アジアの国家の伝統のなかから産まれてきた、いわば異母兄弟のようなものなのだ。それに対し、「鎖国」という言葉がなかなか一般化しなかったのは、とりもなおさず、近世の日本人のほとんどがそう思っておらず、ケンペルの訳者で「鎖国」という言葉を発案した志筑自身ですら、先に彼の訳註で見たように、自分たちの体制を「鎖国」（国を閉ざす）とは思っていなかったことによる。

第3節 「海禁」の思想——如見とケンペル——

前節では、ペリー来航を契機に「鎖国」という言葉が一般化することをみた。そのことの歴史的な意味について検討する前に、何故、近世の日本人のほとんどが、自分たちの体制が「鎖国」とは考えなかったのか、その理由について検討しておかなければならない。現代の私たちには、むしろ、ケンペルのように鎖されていると見るのが自然とも思えるのではなかろうか。しかし、先にケンペルの場合にみたように、「鎖国」はまずは肯定されており、否定的に捉えられるようになるのは、ずっと後のことだった。

ケンペルは言う、「もしも、自然がすべての国に必需品を悉く供給し、人間の心に宿る欲望を充ち足らすならば、各民族はその領域内で満足し、戦争によって家や町が破壊されたり、……筆舌に尽しがたい災禍を蒙るようなことはないだろう」、さいわいにして日本は、「自然に恵まれ、あらゆる種類の必要物質を豊富に授かっており、かつその国民の多年にわたる勤勉な努力によって国造りが完成して」おり、外の世界からの「隔離」が可能で、しかも、「この国の国民が非常に強力かつ勇敢で、この隔離状態を守り通せる」。つまり、日本は、「小さい世界に閉じ籠り、隣接諸国と交流せず、世界のどの国からも煩わされずに安穏に生活」する、という国家のある理想的な状態を実現した、きわめてまれな国家なのだ、と（以下ケンペル『日本誌』からの引用は、今井正訳による、下巻四四八頁）。この主張が、カントの平和論やフィヒテの理想国家論にインスピレーションを与えた(10)。

ケンペル自身が述べているように、彼の見解の多くは、当時の長崎の通詞・地役人を情報源としている。実際、ケンペルの見解を、ほぼ同時期の長崎の知識人西川如見の『長崎夜話草』(一七二〇年)と比較してみると、よく似ている。いくつか例示しよう。

まず、ポルトガル船来航禁止に関する如見の見解。

かゝる乱逆(島原・天草一揆―筆者註)のおこりも、南蛮の外法より出きにければ、公の御悪み深く成て、終に黒船御制禁として、其年の秋、……重ねて日本に来るべからずと堅く仰せありて帰されぬ。夫より黒船日本渡海のみち絶たり。此のさきより邪宗の教へをば公よりとゞめさせ玉ひしかど、いまだ一統に及ばざりしを、此時よりこそ根をたち葉を枯らし玉ふ事となりぬ。(邪宗門制禁並黒船停止之事、以下岩波文庫本による、二二七頁)

このように、如見にあっては、「黒船」(ポルトガル船)渡航禁止の措置は肯定される。ケンペルは、イスパニア・ポルトガルを非難しながら、日本人の彼らに対する嫌悪と恐怖を述べてこの措置を肯定するのだが、如見の意見は、それを日本人の側から裏書きする形になっている。もっとも、ケンペルのこのような見方は、幕末のカソリック系以外のヨーロッパ人(例えば、ロシア人)にも、ほぼ共通してみられる。つまり、非カソリック系のヨーロッパ人たちは、おおむね、相手がポルトガル・イスパニアではやむをえない、とみる。彼らは、イスパニア・ポルトガルとは違うという点に自分たちの存在理由を見出しており、彼らにとっては、日本が、彼らまで「排除」していることが不合理であり、時代遅れなのだった。幕末に「開港」を迫った欧米列強も、かって日本が旧教国を排除したことまで、否定しているのではなかった。

次に、日本人の「異国渡海の禁」についての如見の見解。

黒船停止の前より、耶蘇の教へ正法にあらざる事を公けの御いぶかりにて、日本の人妄りに異国へ渡海の事いかなる災もやとて、寛永十二乙亥の年、日本異国渡海の船御停止おほせ出されぬ。是より長崎より御免許の御朱印給はりて、年々異国へ渡海せし船も留りぬ。……長崎より渡海せし人、近き比まで存命なりしも多かりし。（異国渡海禁止之事、二二八〜二二九頁、傍線筆者、以下同）

この文章の傍線部を、ケンペルの次の文章、特に傍線部と比較するとどうだろうか。

外国人の楽しみは、宴会、派手な衣裳、……何であろうが一切、一応はこの国の良俗およびこの国の人士に必要な謹厳な生活態度に悖る悪疫とみなされた。新たに導入されたキリスト教に対しても、厳しい追放令が出され、キリスト教は先祖伝来の神々を崇拝し、神聖な帝（みかど Mikado）を奉ずるこの国の政体とは相容れず、国民の和合をやぶり、宗教の合一にもとるものであると断ぜられた。人々は、自由人がしばしば外国に旅行し、外国人がこの国へやって来て、この地方には合わない新しい精神を導入することは、国家にとって不利な結果を招き得ると信じた。（『日本誌』下巻、四六二頁）

つまり、日本人と外国人との自由な交流が、国家に何らかの災いをもたらすという懸念がこの措置の理由で、キリスト教もその「災い」の一つである、という認識では一致している。

ただし、ケンペルが、この措置を肯定しながらも、日本が国を閉ざしていると断じたのに対して、如見はそうは考えない。先に引用した如見の文章の述懐や、有名なジャガタラ文を収録していることなどに鑑みて、如見がこの措置に飽き足りないもの、ある種の淋しさのようなものを感じていたことは否めない。しかし、その感情はそれ以上には発展しない。その理由は二つある。一つは、「異国渡海の禁」はかならずしも国を閉ざすことではなかったということ。

もう一つは、その政策がもたらす現実的な効果。後者については、まず、説明の必要はあるまい。第2節で見たように、現実的な効果が期待できなくなった幕末のペリー来航前後になって、ようやく体制が「鎖国」と意識されるようになったのだった。しかし、第一の点については若干の説明が必要だろう。まず、如見の次の文章をみよう。

いま治りし御世にしあれば、唐土の船のみか戎蛮夷狄の果までも長崎の名かくれなく、年毎に入来る船、今なを多かり。……長崎・山里・淵村の三庄合て三千四百余石にて、民五万の喉をうるほすに乏しといへども、華夷の船の商ひ物二十万金のぞめきあれば、家は四千余り、竈は一万に及びて、魚菜鳥獣、唐土の菓菜、蛮夷の珍菓口に饒に、唐人の管絃耳を富まし、珠玉錦繍目をよろこばしむ。（長崎由来並鎮嬢石之事、二二〇～二二一頁）

つまり、如見は、泰平（治りし御世）故に長崎の名は海外に広く知られ、毎年多くの貿易船が入港し、そのために長崎の町は繁栄し、異国の珍しいものがあふれているという。如見にとって、長崎は広い世界に向けて開かれた窓口だった。ほぼ同時代に、京都商人の息子の見聞というかたちで書かれた丸山町・寄合町の遊女評判記『長崎土産』（一六八一年）も、長崎を同じ位置づけで紹介する。如見が、『華夷通商考』（一六九五年、改訂増補本一七〇八年）を編むことができたのも、それだけの情報が長崎に集まっていたからだった。ここから、国が閉じられているという意識をみいだすことはむずかしい。いや、如見は、国を閉ざす・開くという単純な見方で当時の対外関係を考えていたのではなかった、という方が正確だろう。近世の日本人が、対外関係のあり方を「開閉」の二項対立で考えるようになるのは、志筑忠雄の『鎖国論』を媒介に、ケンペルの見方に接してからのことではなかろうか。

如見にとって、あるべき対外関係のすがたは、国家統制のもとでの秩序だった往来であり、「異国渡海の禁」はそのシステムをつくりあげるためのやむをえない措置だった。そもそも、人々の「自由」な往来、という発想そのものが希薄、というよりも、当時の日本においては人々の「自由」な往来そのものが、否定的な文脈でとらえられていた。如見は言う。

大明の世、日本乱世なりしに、九州もみだれて所々押領の士多く、公のいましめをも用ひず、海辺浦〳〵島〳〵のともがら、南京・浙江の海辺、普陀・舟山の島〳〵、福州の所々に押し渡り、所々の村里県府に到て民屋富家を乱暴し、財宝を奪取、或は婦女を害し、放逸の悪業をなせる。是を倭寇又は倭賊といひて、甚だおそれ悪めり。……かゝる有さまなれば、唐土にて日本の船を制禁せし事甚稠しく、又唐土の船日本へ渡海の事も甚制禁なりしゆへ、大内氏の勘合船の外は日本より行舟なく、唐土より来る船もなかりし。しかるに今時日本の静謐かくれなく、唐土も世改りぬれば、漸く唐土船も数そひぬ。（唐船始入津之事、二四六〜二四七頁）

このように、如見の意識においては、人々の「自由」な渡航・往来は乱世、倭寇と結びついている。さらに、右の引用から省略した部分で彼は、倭寇が「八幡」の旗を船印にしていたとして、「かたじけなくも、我が朝軍神の尊号を賊船の名に穢し奉る事、口惜しき事にあらずや」と述べる。

倭寇は、東アジアの人々から恐れられ憎まれただけでなく、日本の国家権力にとっては「恥」であり、日本の「人臣」にとっても頭痛の種だった。例えば、薩摩の新納忠元は、豊臣秀吉の海賊停止令が施行されて間もない文禄三（一五九四）年に「(伊予) 野島とやらん昔は盗船を立ける所なれ共、殿下様（秀吉）の御徳にて今は上下の船心安く侍り」と書いている（「新納文書四」）[11]。忠元のいう「盗船」は海賊のことで、直接倭寇のことに触れているわけではないが、秀吉の海賊停止令は、直接の海賊とともに倭寇を統制の対象とした法令であり[12]、海賊および倭寇と、それを統制下において平和な通交を実現した中央政権とに対する「人臣」の感想は同じだったはずで、如見もそれをひきついでいる。安全で平和な通交は、国家のみでなく、「人臣」の望みでもあった[13]。

ここで如見に、倭寇の大半は日本人ではなかった、といってみたところであまり意味はない。彼にとって人々の「自由」な往来は、とりもなおさず、乱世・倭寇・海賊を意味し、実現すべきものというよりは、国家と「人臣」双方にとって、克服の対象と意識されていた。つまり、「異国渡海の禁」は、ケンペルが短絡的に断定したように国を閉ざすことではなく、平和で秩序だった対外関係をつくりだすための手段だった。そこには、東アジアの国際社会との共生の感覚が生きづいている。

如見にとって、長崎の繁栄は、日本のみならず、中国（唐土）、すなわち、東アジアの平和と秩序を意味し、それは、なによりも、長い乱世の果ての歴史的所産であり、それを実現した徳川政権の「徳」の表れだった。

……唐土にも（中略）南蛮邪教の徒来りて愚民をすゝむといへども、儒仏の教法の外に何か珍しき教へあらんやとて信じしたがふ者なかりしが、今なを上よりつよき制禁もなければど、水土の人気に応ぜぬ事あるにや、をのづからしたがひ信ずる者なしと見へたり。唐土は庶人といへども無筆文盲の者寡し。日本は無筆文盲甚多かりし。いはんや百年前の世の民をや。いま泰平の時に逢て、世の風俗神儒の学の貴き事をしらざるはなく、文盲なるは希なる世となりぬ。幸の忝きにあらずや。（邪宗門制禁並黒船停止之事、二二七頁）

この文章からは、徳川の時代になって、ようやく日本は「唐土」とならぶ国になったという自意識さえ読みとれる。もちろん、このような意識は如見にかぎらない。日本を統一した徳川家康の「徳」が海外にまでおよんで、朝鮮から琉球、東南アジアにいたるまでの諸国の使節が「朝貢」の使節を送ってきていると述べた、本多正純の福建総督宛書状（一六二〇年）や、朝鮮使節の来日を「臣従の礼を表わし且つ貢物を献上するため」などと噂した「庶民」の意識（『日本関係海外史料　イギリス商館長日記』一六一七年八月三一日条）にも共通する。さらに、オランダ商館長の参府について「カピタンもつくばはせけり君が春」（『俳諧江戸通り町』）と詠み、日光東照宮を「あらたふと青葉若葉の日の光」（『奥の細道』）と讃えた松尾芭蕉にも通じるだろう。つまり、日本の平和・繁栄と服従する周辺諸国との旺盛な関係とは、徳川将軍の「徳」（武威）の、それぞれの表現と意識、あるいはそういうものとして演出され、かつ受け止められた。

こうして、「異国渡海の禁」という政策に対する合意が形成され、それは幕末になっても維持されていた。海運振興の試みは、すでに一八世紀後半の田沼政権に見ることができ（イザーク・ティチング『日本風俗図誌』一八二二年）、その主張は、本多利明（『西域物語』一七九八年）・佐藤信淵（『垂統秘録』一八二三年頃）など、さらには、幕末の大船建造論者達、例えば、先に引用した井伊直弼の上申書（一八五三年）にも見ることができるが、いずれも、かつての朱印船の復活をイメージするまでで、「国民」、あるいは「人臣」の自由な交流を主張したわけではなかった。彼らにとって、海外に派遣すべき船は、公許を得た船（例えば、朱印船）か、国家が直接運営する「官船」以外にはなかった。

言い換えれば、彼らの発想は、まだ「海禁」の枠のなかにある。一八六六年に幕府は、「海外渡航差許布告」を出して、学術修業と貿易のために海外渡航を望む者には、幕府発行の「印章」によって許可することを明らかにし（四月九日付）、各国の外交代表団にもそのことを通達し、「所持の印章相違無之候はば、厚く被取扱候様いたし度、印章所持不致輩は、我国人の取扱被致間敷候」とした。これによって「異国渡海の禁」（海禁政策）自体は一応廃棄されたが、それによって「人臣」の海外との交流が国家の統制を離れたわけではない。それは、明治政府が海外「移民」を厳しく制限し、一八八五年からはじまる本格的な「移民」についても、ほぼ一九世紀の間は政府間ベースの官約移民にかぎったことに通じる(14)。そこには、「人臣」の自由な海外渡航にたいする根づよい支配者側の猜疑がある。それこそは、近世を通じて、支配者側のみならず、「人臣」の側でも持ちつづけたものだった。もちろん、それにもかかわらず、三々五々海外に出て行く人々は多かったのだが、この人々は「我が国人」としてはあつかわれないことになり、「棄民」にかぎりなく近づくことになる。

これを、仮に「異国渡海の禁」、すなわち「海禁」の思想と呼ぶことにすると、この思想は、直接には、倭寇や乱世に対する根強い恐れとつながっている。だからこそ、徳富蘇峰は「海国」日本の振興を主張するにあたって、次のように述べて、海賊・倭寇の復権に努めなければならなかった（『吉田松陰』一八九三年、岩波文庫版による、四一頁）。

海賊なりとて、漫に嗤うなかれ。およそ波濤の健児たるもの、何者か海賊たらざりしものある。およそ万里の大海を開拓するもの、通商植民の先駆たるもの、何者か海賊たらざりしものある、看よ、今日における海上の大王たる英人も、またこれ海賊の子孫にあらずや。

こうして、倭寇が近世社会でもっていた否定的な位置づけは、ちょうど一八〇度覆され、国権拡張路線の先駆けとして称揚されることになった。しかし、そうして顕彰される倭寇は、彼らが本来もっていた特質の一つである、人々の、民族・国家を脱したところでの自由な結びつきという側面よりも、国権拡張路線に適合的な、「堂々たる大明の朝廷をして困頓せしめ、沿海の人民をして、胆肝を寒からしめた」側面においてだった。それは、日本の国家・「人臣」が、倭寇を媒介にして東アジアの国際社会と共有していたはずの、ある秩序の感覚を捨てさることでもあった。

第4節　「鎖国・開国」定着の歴史的意義

従来の体制がペリー来航という事態に有効に対応できずに、現実の基盤を失ったことが誰の目にも明らかになった時に、はじめて「鎖国」という言葉が一般に認知された。言い換えれば、この言葉で表現されることになる旧体制を幕府までもが切り捨てて、あらたな体制に転換するなかでこの言葉も定着していく。そしてその時には、この言葉は、ケンペルの言うような肯定的な意味あいではなく、旧体制を葬るための否定的な意味あいで使われるようになっており、それ以後この言葉は、もっぱらその文脈において日本社会に定着していった。

しかし、「鎖国」という言葉が一般化した段階では、ヒコが彼の「問答」で、「鎖国」も「開国」も、それぞれの時代の要請に応じた「良法」だったと述べたように、まだ、「鎖国」と「開国」の間には、あるバランスが保たれていた。まだこの段階では「鎖国」も、ある政治的なリアリティをもって捉えられていた、といいかえてもいいだろう。それが、欧米諸国との条約改正をはじめとする様々な折衝のなかで、「国際法」が欧米諸国のみに適用されるものであることを思い知らされ、あらためて、支配層は「脱亜入欧」をめざす。そのなかで、「鎖国」の否定的な面、つまり、日本の近代化を阻害した主な要因としての側面が強調され、「千秋の遺憾」（徳富蘇峰『吉田松陰』）とみなされることになる。そこから「鎖国の根性」（勝海舟『氷川清話』）というような、偏狭・旧弊・専制・閉鎖性・後進性などの代名詞となるような、類型的な用語法までは、ほんの一歩にちがいない。こうして「鎖国」という言葉は、リアリティを喪失していく。

それは、日本の支配層・知識層の、自らの過去に対する過度の否定と軌を一にしていた。一八七六年に、東京大学医学部の「お雇い教師」として来日して間もないエルウィン・ベルツが次のような日本人の態度を記録している（『ベルツの日記』明治九年一〇月二五日条、岩波文庫本による）。

ところが――なんと不思議なことには――現代の日本人は自分自身の過去については、もう何も知りたくはないのです。それどころか、教養のある人たちはそれを恥じてさえいます。「いや、何もかもすっかり野蛮なものでした〔言葉そのまま！〕」とわたしに言明したものがあるかと思うと、またあるものは、わたしが日本の歴史について質問したとき、きっぱりと「われわれには歴史はありません、われわれの歴史は今からやっと始まるのです」と断言しました。なかには、そんな質問に戸惑いの苦笑をうかべていましたが、わたしが本心から興味をもっていることに気がついて、ようやく態度を改めるものもありました。

よく知られた文章だが、明治維新期の「教養のある」日本人たちは、少なくとも、一般のヨーロッパ人に対しては、過去を過度に否定することで「新生」への意欲を表明するという態度をとっていたようにみえる。まるで過去の否定の強さが「新生」への意欲の強さを保障するかのように。ベルツが、まじめに、維新以前の歴史や日本の伝統に興味をもっていることを知って、はじめて、彼らはそれらについて語りはじめる。そこに、彼らの自己防御を軸にした、伝統と「新生」に対する屈折した心情をみることができるが、その心情からは、過去に対する確信、すなわち正当性の意識は消え失せている。

それは、すぐさま、彼らのアジアに対するまなざしに連動する。「鎖国」という言葉が日本に定着してほどなく、はやくも朝鮮の同様の体制を「鎖国」と呼んで、その克服を主張する者があらわれる（大島正朝「朝鮮との関係につき意見書」一八六一年、岩波近代日本思想大系一による）。つまり、「鎖国」という言葉の定着は、日本が、欧米列強に対抗・対応していくために近代化の道を選択したということの端的な表現だったが、その過程で切り捨てられ、後景に退いたのが、旧体制の枠組みをなしていた東アジアの国際体系であり、アジアとの関係性への配慮、あるいはアジアとの共同性の意識だった。かといって、日本の支配層がアジアを忘れたのではない。これらの関係は西洋的な国際体系の論理を軸に再編され、欧米列強に伍していくための踏み台にされることになる。それが東アジアへの国権拡張と「脱亜入欧」の路線だった。

註

（1）荒野泰典「日本の鎖国と対外意識」（『歴史学研究』別冊、一九八三年。のち、『近世日本と東アジア』東京大学出版会、一九八八年）に、表題を「日本の「鎖国」と対外意識」と変えて収録。なお、同著の「序」、および、同著とほぼ同じ時期に書いた「国際認識と他民族観―「海禁」と「華夷秩序」論覚書―」（歴史科学協議会編『現代を生きる歴史科学二　過去への照射』大月書店、一九八七年）参照。

（2）「鎖国論」の浸透が、「確実」だが「緩慢」なことについては、小堀桂一郎『鎖国の思想―ケンペルの世界史的使命―』（中央公論社、一九七四年）、「鎖国」という言葉が幕閣にまで浸透するのは、開港後の安政期であることについては、ロナルド・トビ著、速水融他訳『近世日本の国家形成と外交』（創文社、一九九〇年）がそれぞれ指摘している。

（3）その他、ケンペル『日本誌』の流布については、クライナー・ヨーゼフ「ケンペルとヨーロッパの日本観」（『ドイツ人の見た元禄時代　ケンペル展』図録、ドイツ―日本研究所、一九九〇年）。

（4）荒野泰典「海禁と鎖国」（同他編『アジアのなかの日本史Ⅱ　外交と戦争』東京大学出版会、一九九二年。本書第Ⅱ部第一章）。

（5）安達裕之「異様の船」（田中健夫編『日本前近代の国家と対外関係』吉川弘文館、一九八七年）。安達裕之氏の示教による。

（6）佐藤昌介『洋学史研究序説』（岩波書店、一九六四年）。

（7）上白石実「安政改革期における外交機構」（『日本歴史』五三七号、一九九三年）。

（8）遠山茂樹「幕末外交と祖法観念」（『専修史学』一六、一九八四年）。

（9）荒野泰典「海禁を探して」（『月刊百科』三六五号、一九九三年）。

（10）小堀前掲註2書。

（11）新城常三『新稿社寺参詣の社会経済史的研究』（塙書房、一九八二年所収）。藤木久志氏の示教。

（12）藤木久志『豊臣平和令と戦国社会』（東京大学出版会、一九八五年）。

（13）荒野泰典「日本型華夷秩序の形成」（朝尾直弘他編『日本の社会史1』岩波書店、一九八七年。本書第Ⅰ部第二章）。

（14）矢野暢『「南進」の系譜』（中央公論社、一九七五年）。

（初出）「海禁と鎖国の間で」（歴史教育者協議会編『あたらしい歴史教育二　日本史研究に学ぶ』大月書店、一九九三年）を全面的に手直しした。その際、次章「「開国」論」の初出論文「東アジアのなかの日本開国」（田中彰編『近代日本の軌跡1　明治維新』吉川弘文館、一九九四年）の第3節を、本章の第2節に加えている。

第三章　「開国」論

第1節　鎖国と開国

本章で私は、シリーズ『近代日本の軌跡』の編集委員会から提示された、次の二つのテーマについて検討することを求められている。一つは、「開国の必然性を、当時の東アジアの歴史的動向との関連で、捉える」こと。もう一つは、最近の「鎖国」概念の再検討を通じて、「鎖国」の実態を再吟味し、それと「開国」との関連について検討すること。

これら二つのテーマは、互いに密接に関わっている、と考えられる。

本題に入る前に、この場で、「開国」という言葉の素姓を検討しておこう。現代の私たちは「開国」というと、まず、ペリーの来航を契機として、欧米列強との外交・貿易関係を開始したことを想いうかべる。しかし、日本人が「開国」という言葉で、このような連想をするようになるのは、近代以降ではないか、という思いを私は、打ち消すことができない。ちなみに、手もとにある『日本国語大辞典』（小学館、一九七三年）で「開国」の項を繙いてみると、次の二つの意味が並べられている。

①初めて国を造ること。建国。

②外国と交わりを始めること。また、外国との交流をすること。⟷鎖国。

それぞれの典拠をみると、①では、『続日本紀』・『椿説弓張月』・『易経』、②では『和英語林集成』（初版、一八六七年）・『福翁百話』・『珊瑚集』（永井荷風訳）が、それぞれあげられている。なお、近世後期に蝦夷地開拓を「開国」と呼んだ事例もあったが、これも①の意味との関連で理解できる。「開国」という言葉は、前近代の日本のみならず、アジア漢語圏では、もっぱら①の意味で使われていた、とみてよかろう。それに②の意味が加わったのは、近代以後であることが推定でき、しかも、それは、いわゆる「鎖国」という言葉と対偶関係にあると、考えられる。

この意味での「開国」の早い使用例として、ジョセフ・ヒコの「問答」（一八六二年）の冒頭の問「権現様御定有し鎖国の日本を、御開国に被遊候は、何故の儀に候哉」を挙げることができよう。(1)

いわゆる「鎖国」を「権現様」（家康）が定めたというのは、「鎖国」祖法観による単純な誤解である。国の奪いあいが止み、相互の和親交易の時代になったというのは、ヨーロッパ型の「国際法」（万国公法）に規定される時代になったということを意味しているが、アジア諸国が、かならずしも、その恩恵にあずかったわけではない。(2)しかし、「鎖国」と「開国」が同一の文で対比的にとりあげられ、「鎖国」も「開国」もともに「時勢」にしたがった「良法」だったと述べていることは興味深い。それが、後にみるように、「鎖国」から「開国」への転換についての、欧米人と日本の知識人の、おおかたの感想だったからだ。彼のいう「外国」は、直接には欧米諸国をさし、アジア諸国は念頭にない。これもこの時期の、あるタイプの日本人の「国際認識」のありようをよく示しているが、ここではとりあえず、「開国」という言葉が「鎖国」と対偶関係にあることに注目しておこう。

現代の私たちは①の意味での「開国」をほとんど忘れている。それほど、いわゆる「開国」の衝撃は大きく、かつ、私たちの現代の生活を規定しているということもできる。その点では、いわゆる「開国」は、当時の日本人にとっては、本来の意味での「開国」と意識された面もあったかもしれない。

私たちがなにげなく使っている「開国」という言葉も、日本が近代に脱皮していく屈折にみちた過程において生まれた「新語」、すなわち、歴史的産物だった。

第2節　「鎖国」と欧米諸国――ケンペル、シーボルト、ペリー――

「開国」という言葉は「鎖国」という言葉と対偶関係にある。この関係がどのように成立したかを検討することが、実は、この章の二つの課題に答えることになる。

まず、近世の体制について、ヨーロッパ人がどのように考え、それが時代につれてどのように変化したかを、みておこう。「鎖国」という言葉が、エンゲルベルト・ケンペルの著書『日本誌』からの翻訳語だからだ。(3) ケンペルは来日当時の日本の体制をどのようにみていたのだろうか。(4) 日本の「鎖国」に関する彼の論点は二つある。

一つは、当時の日本が「鎖国」状態にあること。まず、キリスト教の禁圧のために、日本人の出国と外国人の渡来が禁止された状態であること。そして、「わずかに入国を許されているわれわれオランダの商人もシナの商人も、いわば軟禁状態に置かれ、日本人との交流や共同生活の途は断ち切られており、完全な鎖国状態に置かれている」（上巻七五～七六頁）。彼は、一六三六（寛永一三）年の老中連署の長崎奉行に宛てた禁令によって、日本は「門戸を永久に閉鎖した」（下巻七一頁）とみなす。(5) その一方で、「一般に知られている諸州の他に、本来は日本国の領土ではないが、日本の守護の下に統治されている多くの辺地がある」として、琉球列島、朝鮮、蝦夷列島をあげる（上巻一六九～一七二頁）。その記述は「鎖国」にいたる過程の記述とくらべるとおおむね不正確で、みるべきものは少ない。彼は、「鎖国」のもとでもこれらの「辺地」との関係があることには気づいているが、これらの国・民族は日本の「守護の下」

にあるとして自立した国相互の関係ともみなされない。

二つは、鎖国肯定論。その理由は、「日本の国民は、世界の他の国民に比べて礼節、道義、技術および優雅な挙措の点で勝れたものを持ち、繁昌する国内の商売、豊壌な沃土、強健な身体、勇敢な精神、余剰のある生活必需物資、破られることのない国内の平穏等の諸点で、恵まれた環境に置かれている。日本の国民が今の状態を昔の自由な時代に比べ、あるいは祖国の遠い昔の歴史を回顧すれば、一人の統治者の最高意志によって支配され、他の全世界との共同社会とは切り離され、完全な鎖国制度がとられている現在ほど幸福な時点を見出すことは、たしかにできない」(下巻四六六頁)という点にある。

すなわち、すべての国際関係を断つことによって訪れた平和のなかで、徳川将軍の「最高意志」のもとで、自足して、豊かに、平穏に暮らす国民、というのがケンペルが描いた当時の日本の状態だった。それが同時代の、例えば、西川如見の自意識と重なる部分があることは、すでに指摘したことがある。(6) ケンペルの情報は、それまでほとんどイエズス会をはじめとするカソリック宣教師たちの報告に頼っていたヨーロッパ人の日本認識を一新するほどの内容をもっており、一九世紀前半のシーボルトの情報とともに、いわゆる「開国」までの欧米人の日本認識の原形をかたちづくった。(7)

しかし、ケンペルの報告は当時の日本の実態を正確に伝えているだろうか。いうまでもなく、当時の日本は国を完全に閉ざしていたわけではなかったし、「他の全世界の共同社会」ときりはなされてもいなかった。実態は、国家秩序を乱すとみなしたキリスト教を排除するために、ポルトガル・イスパニアとの関係を断ち、シナ海域への日本人の渡航を禁止したものの、朝鮮・琉球・蝦夷地、および中国・東南アジアとの関係、――それこそ、当時の日本が所属する「世界」にほかならなかった――はしっかり維持していたからだ。(8) もちろん、ケンペルがそのことを承知していたことは先にみた通りだが、彼が「他の全世界」と呼ぶのは、それよりも外の、ヨーロッパをふくむ「世界」のことだろう。その「世界」の現状を念頭に置き、それと対比して、ある種の理想世界として日本とその所属する世界を描こうとしたのが、彼の「鎖国論」だった。(9)およそ国際認識は、部分的認識であり、誤解・曲解の集積であるという田中健夫の指摘は、この場合にもあてはまる。(10)ケンペルの『日本誌』が公刊された一八世紀前半には、彼の報告にもとづいて日本とその「鎖国」を肯定的に評価し、日本の支配者を啓蒙君主として描く者もあった。(11)ケンペルの見方そのものが、彼の独創というよりは、ヨーロッパのそのような風潮を反映していた、さらには当時の日本・アジアが彼らにそのような印象を与えるだけの実態を、部分的には、もっていたとみることもできる。(12)

しかし、それは一八世紀なかばまでのことだった。一八世紀のヨーロッパは啓蒙主義の時代だったが、その間に、アジアの啓蒙君主は専制君主に、平和は沈滞に、自足して暮らす国民は進歩のない人民に、整備された制度は圧制に、というふうに捉え返される。ケンペルにおいて肯定的に評価されていた事柄が、内実についての理解は深まらないままに、すべて否定的な文脈におきかえられていく。その典型的な例は、ケンペル『日本誌』のドイツ語版（一七七七～七九年）の編者ドームの「後書」にみられる。そこで彼は、ケンペルの主要な論点にいちいち反駁して日本・アジアの評価をくつがえす。「鎖国」についても、「ある国がその国の安全を維持するために必要とする制度はすべて正しい」と、一応は、政策主体の主権を留保する姿勢はみせる。しかし、結局のところ、「鎖国」によって「文明開化の道」を閉ざされ、国は貧しくなって野蛮化せざるをえず、したがって、「得策」ではないと切りすてられる（下巻四六六～四七五頁）(13)。解放された「国民」相互の自由な往来のなかで発展するヨーロッパと、「鎖国」して発展から取り残される日本・アジアという図式がこうしてできあがった。

ヨーロッパ人の意識の変化は、いうまでもなく、現実の動きと軌を一にしていた。一八世紀後半以降のイギリスを起点にした「世界市場」再編の動向について、ここであらためて述べることはしない[14]。ここで指摘しておきたいのは、この動向は、アダム・スミスのイギリス東インド会社のアジア貿易独占に対する激しい批判にみられるように、ヨーロッパ内の貿易独占形態の解体、たとえば、インド貿易・東南アジア貿易の東インド会社からの開放や、中南米諸国のあいつぐ独立によるイスパニア・ポルトガルの植民地貿易の独占体制の崩壊などをともなったことだ。ウエスタン・インパクトは、たんに非ヨーロッパ地域に対してだけでなく、ヨーロッパにとってもそうだった[15]。レザノフの日本に対する通商要求と失敗に関してクルーゼンシュテルンがオランダを非難し、それを論駁するためにドゥーフが『回想録』を書いたのは、レザノフ来航時に長崎出島の商館長だったドゥーフ自身の名誉回復と、オランダの日本貿易独占に対するヨーロッパ内部での強い批判に答えるためだった[16]。

シーボルトはこのような時代に来日して、質・量ともにケンペルをこえる報告を残した[17]。しかし、彼も、ケンペルの認識の枠組を変えるまでにはいたらなかった。例えば、「日本国は絶対命令によって、外国に対して国を閉ざしてしまっている。そして交通は保護国・隣国、それにオランダと中国人に限られることになった」（第一巻三八頁）という観方は、ケンペルの「鎖国」観を一歩もでていない。もちろん、「鎖国」の内実についての理解は、はるかに深まっている。たとえば、彼は、ドームらの「鎖国」は「国民」の貧困につながるという推論をくつがえして、「鎖国」は、結果として、日本の国内産業と独自な文化の発達を促し、貿易関係においても「外国に依存する度合はますます少なくなってきている」という。「日本は現在、広い意味で一個の世界を形成しており、ヨーロッパとの貿易がなくても国民の繁栄を損うことなく存立できる。中国との貿易はとるに足りないものであるが、これによってその他の旧世界とのつながりを十分保持できるし、また国民が慣用している外国からの必需品は十分間に合う。それがなければ、日本には外国貿易がまったくないというわけではない。朝鮮・琉球・蝦夷・千島などの保護国および近隣諸国を植民地として、これらと盛んに貿易を行っている」（第四巻一七一～一七四頁）。彼は、このような関係を、日本を中心とした「広い意味で一個の世界」とみなしたが、[18]ある完結した「世界」のなかで自足し、平和と繁栄を享受する誇り高い「国民」というイメージもまた、ケンペルのものだった。

しかし、周辺諸国との関係については漠然とした認識しかもっていなかったケンペルはまだしも、これほど具体的な認識をもつシーボルトまでが、単純に日本を「鎖国」と断定するのは、なぜだろう。理由は二つ考えられる。

一つは、これらの国が「従属国」あるいは「植民地」とみなされていたこと。一六世紀以来形成されてきたヨーロッパ型の「国際体系」は、国家主権至上主義と、それに基づく対等な国際関係（国際法）、および、それを保障するための勢力均衡論からなる。[19]この「常識」からは、日本の「保護」（シーボルト）や「守護」（ケンペル）のもとにある近隣諸国・民族との関係は、主権をもった国家相互の関係ではなく、日本を中心とした一つの「世界」とみなされる。彼らにとって、この「世界」は「鎖国」の一環だった。従属するとみなした国家や民族の主権を認めない点では、東アジアの国家群も、ヨーロッパの国際法も、奇妙に一致するところがある。[20]ケンペルやシーボルトに、近隣諸国・民族に関する情報を、「華夷秩序」の枠組のままに提供したのは当時の日本人だった。とすれば、彼らの「鎖国」観が是正されなかった責任の一半は、近世日本人の対外観そのものにあったことになる。

二つは、この「世界」が彼らの属するヨーロッパ世界を排除し、そのシステムが「国民」相互の自由な往来を抑圧していたこと。日本の「鎖国」は、まず、彼らヨーロッパ系の諸国家に対してそうであり、次に、日本「国民」をふくむ、諸「国民」にとってもそうだった。さらに、ヨーロッパ諸国のなかでわずかに貿易を許されているオランダ人にも、「私たちと日本政府との間には、実際の関係は成立していない。――私たちは居候扱いを受けている」（メイラン「一八二六年における日本貿易に関する報告」〈シーボルト『日本』第四巻二四八頁〉）という不満は常にあった。このような認識は、志筑忠雄の、「通商の事今猶我長崎に於て唐・和蘭陀の交易あれハ、皇国といへとも絶て外国通商なきにハあらねとも、此等ハ欧羅巴の眼より見れハ、通商といふにも足らす」(『鎖国論』の訳註)という認識とも一致する。[21]

こうして、ヨーロッパ人の眼から、日本の東アジア諸国との関係がぬけおち、「鎖国」ばかりがクローズアップされることになった。ケンペルはそれについて、哲学的な省察を加えるにとどまったが、シーボルトはその段階にとどまることはできなかった。「今や全世界で貿易の自由と国民の交通が叫ばれている時代」だったからだ。それゆえ、「国民経済学に抵触する」日蘭貿易のシステムは、「完全に改革されなければならない」。しかし、そのヨーロッパの「叫び」は、日本の「鎖国」自体よりもむしろ、そのもとで唯一日本貿易を享受しているオランダに、まず、向けられたのではないか。ヨーロッパの国際世論をかわしながら、新しい体制のもとでも従来の権益を保持するために、「改革」のイニシアティヴはオランダがとらなければならない(第四巻二四四頁)。シーボルトの提言で実現したオランダ国王の徳川将軍に対する「開国勧告」(一八四四年)は、その「改革」の第一歩だった。[22] こうして日本の「開国」が日程にのぼり、「鎖国」と「開国」の対偶関係が成立した。

しかし、そこからペリーの「開国」までは、現実の動きにおいても、理念のうえでも、かなりの隔たりがある。というのは、シーボルトは中国でのイギリス流のやり方(アヘン戦争)に対しては批判的で、「日本国の現状を国際法的に承認し、尊重」しながら、よりゆるやかで、日本の実情に添った穏健な「改革」を考えていたからだ(第四巻二四四〜二四七頁)。その後の彼の活動については別に検討しなければならないが、とりあえず、日本の「開国」には、いくつかの道がありえたことだけは、指摘しておきたい。[23] もちろん、現実には、「開国」はペリーの「砲艦外交」によって具体化された。彼は日本側に対して一貫して強硬な態度で臨んだが、それは「中国および日本の政府に対し、重要不可欠かつ根本的な国際法の要件を余儀なく認めさせることにおいては、すべての外国は完全に正当化される」という確信をもっていたためだ。その文脈で、中国に対するイギリスの行為（アヘン戦争）も、「正義また道徳上」の問題は残るとしながらも、「結果的に双方に利益をもたらした」として是認され、「唯一の誤りは戦争を継続しなかった」ことだとされる。なぜなら「外国人との、自由で拘束されない通商関係は必ず彼らの利益になる」からだ。[24] ペリーの意見は、アヘン戦争に反対したグラッドストーンの有名な演説と対照的だが、[25] 欧米諸国の「国際法」は両者の姿勢の間をゆれうごきながらアジアに貫徹していったとみるべきだろう。しかし同じ頃佐久間象山は、アヘン戦争に関して、欧米諸国の「天地公共の道理」（国際法）に激しい不信感を表明しており、[26] 欧米諸国の「国際法」から日本の支配層が何をうけとることになるかを暗示している。

ペリーによる日本「開港」は、アメリカのみでなく、ヨーロッパでも好感をもってむかえられ、ペリーが「和親条約」にとどめたことに不満を表明するものもあった。[27] しかし、ペリーの遠征に首席通訳官として随行した宣教師S・W・ウィリアムズは、ペリーの日本側官憲に対するたびかさなる恫喝や横暴な態度、詐欺に等しい要求ぶりに対して激しい嫌悪感を示している。彼も、日本が「開港に踏みきって、鎖国主義を放棄した暁には、計りしれぬ実益がもたらされるであろうし、民衆はその利益に潤う」、「国家の基盤もそれによって、いっそう強固なものとなる」こと自体を、すなわち、遠征や「開国」の意義そのものを否定しているわけではない。[28] 問題は、大義名分とそれが実現される現実との落差にあり、ウィリアムズの良心はそこに激しく反応したのだろう。どのような大義名分があろうと、そのためにとられる手段がすべて肯定されるわけではない。さらに、ペリーの「砲艦外交」を支え、同時期の日本の知識人がなかばは信じた欧米列強の「国際法」（万国公法）の二面性が明らかになった時、ペリー流の手段に代表される欧米諸国の姿勢は、日本の支配層に、赤裸々な主権国家の腕力を正当化するものとうつった。[29] ここで江華島事件を契機に日朝修好条規を締結する際に、日本側がペリーのやり方をそのまま踏襲したことを思いうかべるまでもない。

第3節 「鎖国」の受容

一九世紀初頭に、志筑忠雄がケンペルの『鎖国論』を訳出して、すぐに、「鎖国」という言葉とヨーロッパ的な論理が、日本に受容されたわけではなかった。本節では、「鎖国」という言葉の受容の過程を整理しながら、「鎖国」定着の意味について考える。

ケンペルの記述のどこに、当時の幕府や知識人は注目したのか。幕府天文方高橋景保は、ケンペル『日本誌』の抄訳「日本紀事訳抄」(一八〇五年。新村出編『海表叢書』二、成山堂書店、一九八五年、三頁)の「凡例」の一つで、「今此訳説に因て、蛮賊の出入、教法の盛衰、其始末の概を知れり、即今是を聞くが如きも、身体冷然たり、厳制厲禁故ある哉」と述べる。不思議なようだが、景保ほどの知識人でも、近世初頭の、キリスト教問題を中心とするヨーロッパとの関係について、体系だてて考えていたわけではなく、ケンペルの解説を読んではじめて厳しい統制(厳制厲禁)の理由を知り、納得した。志筑の『鎖国論』を江戸に紹介した太田南畝も、この書によってはじめて、国の開閉が支配の根幹であることに思いいたった(『読鎖国論』)。一八三九(天保一〇)年に江戸に遊学した横井小楠も、志筑の『鎖国論』を読んではじめて日本でキリスト教が禁止されていることの意義を知ることになる(『読鎖国論』)。景保が、先の「凡例」で『采覧異言』(新井白石、一七一三年)を引用しているように、日本側の文献がまったくなかったわけではない。たとえば、同じ白石の『西洋紀聞』(一七一五年頃)、『長崎夜話草』(西川如見、一七二〇年)、『長崎志』(田辺茂啓、一七六七年)などはよく言及されるものだが、数はそう多くはないし、ケンペルほど体系だてられてはいない。

志筑の翻訳の背景には、まず、そのような状況がある。しかし、それだけではない。なかでも、「通商の事今猶我長崎に於て唐・和蘭陀の交易あれハ、皇国といへとも絶て外国通商なきにハあらねとも、此等ハ欧羅巴の眼より見れハ、通商といふにも足らす」（傍線筆者）という註記は、あるいは、彼が、一九世紀初頭の日本において「開国」を予感していた、ごくわずかな一人だったかと思わせる。彼の論調は微妙だ。たとえば、彼は、ロシアの動向やヨーロッパの情勢を紹介しながら、日本は「武備堅固、上下和合」なので、ロシアの侵寇は「難きが中の難事」だといいながら、その一方で、日本も、ケンペルの時代とちがい、「風俗」が変わって昔日のようではないとも述べて、かならずしも安泰でないことを示唆する。さらに、彼は、当時のヨーロッパ国際社会についても、「異国・異風の恐るべき邪説暴行」は「悪む」べきものがあるが、「天下」にはそれを制する「人」も「教」もない、つまり、弱肉強食の社会と認識していた。だからこそ、「かかる得難き国」と「難有き御代」を守るためには、「外を禦ぎ内を親しむの最も切用」であることを強調する（「訳者巻末の言」）。

志筑の『鎖国論』は、多様な知識人に読まれていることが確認できるが[30]、彼らの対応に、日本の体制と「鎖国論」が内包するヨーロッパの論理との深刻な対決は感じとれない。と同時に、彼らが、日本の体制を、無前提に「鎖国」と呼ぶ事例もみあたらない。この時期には、まだ、知識人の多くが、ナイーヴに日本の体制の正当性を信じることができたと考えざるをえない。対外的な緊張は、とりあえず、従来の体制に対する確信と、東アジアの伝統にもとづいた理論的合理化、それを守るための海防のいっそうの強化を招き、それが、同時に幕府の対外政策から柔軟性を奪った。一八二五（文政八）年の異国船打払令はその端的なあらわれだった。

第4節　日本の「開国」と東アジア

日本は、「開国」するなかで、それ以前の体制を「鎖国」として切り捨てた。こうして「鎖国」と「開国」の対偶関係が成立した。しかし、いうまでもないことだが、この関係は、日本だけで、東アジアと無関係に成立したのではなかった。「開国」によって葬りさられた「祖法」は、二つの面をもっていた。一つは、東アジアの国際慣行にのっとって、自己を中心に、朝鮮・琉球を「通信国」、中国・オランダを「通商国」として編成した国際秩序（日本型華夷秩序）。もう一つは、その秩序を保障するためにとられた海禁政策。同様の体制を中国・朝鮮もとっており、それによって保障される国家権力相互の関係によって東アジアの国際秩序＝平和が保たれているというのが、近世日本の支配層の自意識だった。

しかし、この国際秩序は、所属の曖昧な国（琉球）や国境の曖昧な地域（蝦夷地）をかかえこむことで維持されている面をもち、欧米諸国の「国際法」の文脈にはのりにくかった。その曖昧を利用しながらペリーが琉米条約（一八五三年）を結び、北方ではロシアとの国境如何が問題となり、朝鮮の欧米諸国との国際紛争がおきて、日本の安全を脅かした。これらの関係は、第2節のシーボルトの観察にみられるように、日本の存続と密接に関わっており、日本は、「開国」するとともに、これら周辺諸国・民族との関係を欧米型の「国際法」の文脈にのせること、つまり、再編することによって、従来の権益を守ろうとした。こうして、「開国」と前後して、いわゆる「国権」拡張路線がスタートする。その際に、例えば、従来の体制を固持して譲らない朝鮮に対して「中古以来鎖国之法則を以相立居候国柄」（大島正朝「朝鮮との関係につき意見書」一八六四年、岩波近代思想大系一、一一〇頁による）というように、「鎖国」という言葉が、旧弊の代名詞としてつかわれることになる。(31) そこには「開国」によって、いちはやく欧米諸国の論理にすりよった、日本支配層の屈折した優越感がある。このまなざしは、アジアに対してと同様に、新政反対一揆にたちあがった日本民衆にも向けられたことを銘記しておこう。

しかし、日本の「開国」は十分に実現したのだろうか。第2節で検討したように、欧米諸国が日本を「鎖国」と呼ぶ場合には、二つの意味があった。一つは、国家間の関係が閉ざされていること、もう一つは「国民」相互の交流が閉ざされていること。二つのことは混同されやすいが、欧米人は明確に区別して論じていた。彼らのいう「開国」とは、この二つが同時に開放されることであり、それはとくに双方の「国民」にとって利益であるというのが、シーボルトやペリーなど、第2節で紹介した欧米人のほぼ共通した意見だった。彼らの意見が楽観的にすぎることを、従属的な位置におかれた国や植民地の「国民」の事例を通じて私たちはよく知っている。それでもなお、彼らの、「国民」相互の交流が「国民」の基本的な権利の一つという意見には注意する必要がある。というのは、この視点は、ヨーロッパ人が絶対王政をくつがえすなかで獲得したものであるのに対して、それ以前の日本をふくむアジアの、海禁体制をとっていた諸国では十分に育たなかったからだ。海運振興の試みはすでに一八世紀後半の田沼政権にみることができ（イサーク・ティチング『日本風俗図誌』一八二二年）、その主張は、本多利明（『西域物語』一七九八年）・佐藤信淵（『垂統秘録』一八二三年頃）など、さらには幕末の大船建造論者たちの主張にもみられる。しかし、いずれも、かつての朱印船の復活をイメージするまでで、「国民」、あるいは人民の自由な交流にはおよばない。人民相互の自由な交流は、かつての倭寇やキリスト教を想い起こさせるからだ。そのイメージが、日本人自身が、国境を超えた自由な交流を「国民」の基本的な権利として位置づけることを妨げたのではなかったか。徳富蘇峰が、海運帝国イギリスが「海賊」からスタートしたことをひきあいにだしながら、倭寇の復権をはかり、「海国」日本の先駆けとして位置づけたように（『吉田松陰』）、人民相互の交流の証でもあった倭寇は、正当に位置づけられることのないままに、「国権」拡張路線にとりこまれていった。それが、「国民」が「国家」を超えた人民相互の交流を自分の手にとりもどすのを遅らせ、対外関係を国家まかせにし、あるいは、国家の独断専行を許す基盤になったのではないか。その意味では、日本の

「開国」は、いまだにその途上にあるといわざるをえないのかも知れない。

註

（1）『日本近代思想大系一　開国』（岩波書店、一九九一年）三二三頁。本書第Ⅱ部第二章第2節参照。

（2）初瀬龍平「国際政治思想―日本の視座―」（『講座国際政治』一、東京大学出版会、一九八九年）。

（3）板沢武雄「鎖国及び「鎖国論」について」（明治文化研究会編『明治文化研究論叢』一元社、一九三四年。のち同『日蘭交渉史の研究』吉川弘文館、一九五九年に収録）。本章第Ⅱ部第一章註3参照。

（4）以下の引用は、エンゲルベルト・ケンペル著、今井正訳『日本誌―日本の歴史と紀行―』上下（霞ケ関出版、一九七二年）による。なお、『日本誌』には、ヨハン・カスパル・ショイヒツァーによる英訳本 *The History of Japan*（一七二七年）と、クリスチャン・ウィルヘルム・ドームによるドイツ語版 *Geschichte und Beschreibung von Japan*（一七七七～七九年）がある。志筑忠雄が訳出したのは、英訳本のオランダ語訳 *De Beschryving van Japan*（一七三三年）である。ショイヒツァー版もドーム版もともに、ケンペルの原稿に忠実ではないことが指摘されている（ヨーゼフ・クライナー「ケンペルとヨーロッパの日本観」他図版解説『ドイツ人の見た元禄時代　ケンペル展』図録、一九九〇年所収）。とくに、志筑のよったオランダ語版のもとになった英語版は意訳というべきものであり、問題のケンペルの論文の表題のうち「国を閉ざす」to keep it shut up という文言（オランダ語版も、om hetzelve geschroten te houden となっており、英語版を踏襲している）はドイツ語版（ドーム版）にはみあたらない（ロナルド・トビ著、速水融他訳『近世日本の国家形成と外交』創文社、一九九〇年。なお、原著は、*State and Diplomacy in Early Modern Japan: Asia in the Development of the Tokugawa Bakufu.* Princeton University Press, 1984）。しかし、ここでは、本文の記述からケンペルが、日本を「鎖国」と考えていたことはほぼ間違いなく、その見方はヨーロッパ中にひろがり、是正されることはなかったということを指摘しておくだけで十分だろう。

（5）東京大学史料編纂所『日本関係海外史料・オランダ商館長日記』訳文編之一（下）・同三（上）によれば、日本人の海外渡航を禁じた寛永一二年の条上がオランダ人に伝えられたのが、同年一一月二八日（一六三五年一二月七日）、寛永一三年令が伝えられたのが、同一四年六月一六日（一六三七年八月一四日）だった。ケンペルが「寛永一三年令」を一六三七年としているのは、彼が出島に保管されている『商館長日記』を参照していたことを示す。なお、ケンペルは「シナ」も「鎖国」と考えていた。例えば、彼は次のように述べる。「シナ人は、シナの皇帝によって統治され、鎖国令を布かれ、国外への渡航を禁じられていたので、密貿易によって少量の絹が持ち出される程度で、われわれには絹をシナから買いとる手段がなかった」（下巻一〇七〜一〇八頁）。これはケンペルが、オランダの対日貿易の変遷を、四つに時期区分して述べている第一期（初期〜一六四一年）にあたる部分の記述の一部で、「鎖国令」にあたる部分の前後は、原文では die Sineser, welche noch untereinem Kaiser aus ihrer Nation standen, uns wegen ihres geschlossen Reichs und der verbotnen Ausfarth, nur sehr wenig Seide durch den Schleichhandel zuführten, und uns selbst nicht erlaubten, となっており、下線部を直訳すれば、「彼らの国が閉じられ、外洋への航海が禁じられたために」である。この箇所は、前段に、いわゆる明清交代（一六四四年）と、その後の清政府による弁髪強制のことが述べられており、さらに、後段には、康熙帝になってから「全臣民に自由に国外へ出て外国民と取引することを許した」と述べているので、いわゆる「遷海令」（一六六〇〜八四年）について述べたものと解釈できる。しかし、当時のヨーロッパ人の紀行文をみれば明らかなように、「遷界令」以外の中国の海禁についても、ヨーロッパ人は、一般に「閉じられた」、つまり、「鎖国」とみていた。ヨーロッパ人にとって「鎖国」は、日本独自の体制ではなかった。

（6）荒野泰典「海禁と鎖国」（同他編『アジアのなかの日本史Ⅱ　外交と戦争』東京大学出版会、一九九二年。本書第Ⅱ部第一章）。

（7）例えば、ペリーの『日本遠征記』（一八五六年）を編纂したF・L・ホークスは、開国以前の「世界各国の有していた日本に関する知識は、主としてオランダ人によったものである」として、ケンペル（Kaempfer）、ツンベルグ（Thunberg）、ティチング（Titsingh）、ドゥーフ（Doeff）、フィッシャー（Fischer）、メイラン（Meyran）、シーボルト（Siebold）の名前をあげながら、次のような評価を下している。「第一に挙げたケムプェルは、一ヨーロッパ人がこのやうにして（出島に閉じ込められ、始終監視の下に置かれており、唯一外の世界がみられるのは商館長の江戸参府の時のみという状態の下で

―筆者）知り得たこと全部を、悉く記述したのであったから、彼の後輩達による記述も、吾々の有してゐる知識を増すこと極めて少かった。唯シーボルトだけは例外である。彼は新しい事実と材料とを集め、且つその観察と調査の結果とを、著書『日本に関する記録書』"Nippon, Archiv sur (sic) Beschreibung Von Japan"として、世に公にしたのであった」（土屋喬雄・玉城肇訳、岩波文庫、第一巻、二五〜二六頁）。ペリーは、当時手に入るかぎりの、日本に関する情報をもって、日本に遠征したのであり、日本の固有の事情についてはよく知っていたといってよい。

（8）荒野泰典『近世日本と東アジア』（東京大学出版会、一九八八年）。

（9）その点では、ドイツ語版の編者ドームが、「すべての紀行文執筆家がもつ一般的な欠点を幾分かは持ち合せており、……とくにその国の法律や制度を、われわれの国のそれよりも高く評価し、時には少しく美化して伝えている」（下巻四六七頁）というのは、かならずしも的はずれではない。

（10）田中健夫「相互認識と情報」（荒野泰典他編『アジアのなかの日本史V　自意識と相互理解』東京大学出版会、一九九三年所収）。

（11）小堀桂一郎『鎖国の思想―ケンペルの世界史的使命―』（中公新書、一九七四年）。および、ヨーゼフ・クライナー前掲註4書。

（12）例えば、清の康熙帝の宮廷に仕えたフランスのイエズス会神父ブーヴェは、ルイ一四世に献上した「康熙帝伝」で、康熙帝を、ほとんど万能の、理想的な啓蒙君主として描いて、賞賛している（岡田英弘『康熙帝の手紙』中公新書、一九七九年の引用による）。

（13）一八世紀末になっても、カントが「永遠平和のために *Zum ewigen Frieden*」（一七九五年）を書いて、中国と日本の政策に肯定的な評価を与え、それを念頭において、フィヒテが「封鎖商業国家論 *Der geschlossene Handelsstaat*」（一八〇〇年）を書くというようなことがあった（小堀前掲註11書）。

（14）石井寛治・関口尚志編『世界市場と幕末開港』（東京大学出版会、一九八二年）、松井透『世界市場の形成』（岩波書店、一九九一年）などを参照。

（15）その意味で、横山伊徳の、「西洋の衝撃」は「西洋への衝撃」をともなった、という指摘は重要である（同「日本の開港とオランダの外交」、前掲註6『アジアのなかの日本史Ⅱ　外交と戦争』所収)。

(16)　ヘンドリック・ドゥーフ著、斎藤阿具訳「ヅーフ日本回想録」*Herinneringen uit Japan*, 1833.(『異国叢書』雄松堂書店、一九六六年改定復刻版)。

(17)　ここでは、シーボルトの『日本』(一八三二～五一年)による。『日本』の原題は *Nippon. Archiv zur Beschreibung von Japan und dessen Neben- und Schutzländern; Jeso mit den südlichen Kurilen, Karafto, Koorai und den Liukiu-Inseln, nach japanischen und europäischen Schriften und eigenen Beobachtungen* だが、その特徴の一つは、表題にもあるように、日本以外に、蝦夷、千島列島 Kuriten、樺太、朝鮮、琉球に、それぞれ独立した「編」を立て、かなり充実した記述をしていることである。シーボルトがこのように、ケンペルをはるかにうわまわる記述をなしえたのは、彼の滞在期間が六年にわたったこと(一八二三～二九年)の他に、彼が蘭学の教師として、他のオランダ人に比べてかなり行動の自由が与えられていたこと(例えば、鳴滝塾)、蘭学の弟子たちを通じて体系的、かつ効率的に情報や書物、植物・鉱物等の標本などを集めることができたこと、また、日本側の事情として、シーボルトを慕って全国から長崎に優秀な人材が集まってくるまでに蘭学の隆盛をみていたこと、周辺諸地域に対する関心が内外の情勢から非常に高まり、特に蝦夷地に関しては、第一次幕領化(一七九九～一八二一年)やたびかさなる探険等で知識が非常に増えていたことなどがあげられる。それらを利用した強引な情報収集が、結局はシーボルト事件(一八二八年)をひきおこした。なお、『日本』の引用は、岩生成一監修『シーボルト『日本』』(雄松堂、一九七七～七九年)による。

(18)　シーボルトが言う「広い意味での一個の世界」は、私のいう「日本型華夷秩序」のイメージに非常に近い。彼の観察は、「日本型華夷秩序」が、ケンペル以後一世紀あまりの間に、周辺地域をまきこんだ一つの経済圏としてほぼ自立した実態をもつようになったことを反映している。しかし、琉球・蝦夷地はともかく、朝鮮までも「植民地」と見るのは正しくない。朝鮮は、近世日本が正式な外交関係を持った唯一の独立国であり、基本的な関係は対等な交隣関係だったからである。ただし、交隣という枠組の中で、日本の支配者側は、たとえば、朝鮮通信使の来日があたかも「入貢」であるかのような演出を施したし、当時の日本の風潮として、朝鮮を従属国のようにみなすことが一般だった。シーボルトが、朝鮮を含めて、「植民地」とみなしているのは、日本側にそのような風潮があったためとみることができる。なお、ケンペルの時代にすでにそうであったことにも注意。

(19) 斎藤孝「西洋国際体系の形成」(『講座国際政治』一、東京大学出版会、一九八九年)。なお、このシステムが、ヨーロッパ諸国(キリスト教国)のみに適用される「内の論理」と、非ヨーロッパ諸国に適用される「外の論理」(国家主権の否定―植民地化、国際法の不完全な適用―不平等条約)の二重構造からなっていたことについては、初瀬前掲註2論文参照。

(20) ヨーロッパ国際法の国家観は、近世日本人の「三国観」とよく似ている。荒野泰典「一八世紀の東アジアと日本」(『講座日本歴史』六、東京大学出版会、一九八五年。のち前掲註8書に「近世の東アジアと日本」と改題して収録)参照。

(21) オランダ人側にこのような不満は常にあったが、それが強く意識されるようになるところに、この時期特有の状況――国際環境の変化――が見てとれるだろう。なお、以下「鎖国論」の引用は、松平家旧蔵本の謄写本(東京大学史料編纂所所蔵)による。

(22) ファン・デル・シャイス著、小倉実徳訳「シェイスオランダ日本開国論 *Neerlands Streven tot Openstelling van Japan voor den Wereldhandel*, 1867」(雄松堂出版、二〇〇四年)。

(23) シーボルトは、日本開港の報道が伝わると、すぐに「あらゆる国民の航海と通商のために日本を開国せしめんとのオランダ及びロシアの努力に関する信頼すべき記録 *Urkundliche Darstellung der Bestrebungen von Niederland und Russland zur Eröffnung Japan's für die Schiffahrt und den Seehandel aller Nationen*」を、ドイツのボン(ドイツ語)とオランダのホンメル(オランダ語)で刊行し、日本開港に関するオランダとロシアの努力を詳しく述べ、ペリーの強引なやり方を批判しているという(S・W・ウィリアムズ著、洞富男訳「ペリー日本遠征随行記 *A Journal of the Perry Expedition to Japan* (1853–1854), 1910」『新異国叢書八』雄松堂出版、一九七〇年の「序章」の註4—六頁による)。これも、日本の「開港」という「快挙」の功名争いに類するもので、前掲註22のデル・シャイスの書と同一の主旨とみることもでき、当時はほとんど顧みられることもなかったようだが(例えば、ウィリアムズのコメント)、「開国」のもう一つの道としてみなすことも必要ではないか。

(24) 「ペリー提督意見書」(一八五六年。『日本近代思想体系一 開国』岩波書店、一九九一年所収)。

(25) アヘン戦争に反対したグラッドストーンの有名な演説については、坂野正高『近代中国政治外交史』(東京大学出版会、一九七三年）一六三頁参照。
(26) 佐久間象山「ハリスとの折衝案に関する幕府宛上書稿」一八五八年（安政五）（『日本思想大系』岩波書店、一九七一年）。
(27) 楠井敏郎「アメリカ資本主義と日本開港」、石井・関口編前掲註14書所収。
(28) S・W・ウィリアムズ「ペリー日本遠征随行記」前掲註24書、二一四〜二一五頁。
(29) 芝原拓自「対外観とナショナリズム」（『日本近代思想大系一二　対外観』岩波書店、一九八八年）。
(30) 『鎖国論』の読まれ方については、本書第Ⅱ部第二章第2節参照。
(31) 荒野前掲註6論文。

（初出）「東アジアのなかの日本開国」（田中彰編『近代日本の軌跡1　明治維新』吉川弘文館、一九九四年）。

補論4　鎖国論と江戸時代論

1　歴史観を問う

編集部から依頼されたのは、西尾幹二『国民の歴史』(産経新聞ニュースサービス、一九九九年)の一八章「鎖国は本当にあったのか」を中心とした江戸時代史論について批判を書くことだった。このような書物が出たことは噂には聞いていたものの、はたしてまともにとりあげる価値のあるものかどうか疑問に思っていた。しかし、私の仕事も引用されており、かつ、いわゆる「鎖国」が槍玉に挙げられているという編集部の話に惹かれて、とりあえず読んでみた。私が引用されている箇所はわずか一行足らずで、いわゆる「鎖国」は日本独自の体制ではなく、同時代の朝鮮・中国でもみられたという箇所だけだった。この著者の主張のなかでは枝葉の部分にすぎない。しかし、その他の箇所でも私の年来の主張に重なる部分が多く、また、それ以上に、著者の論点には首をかしげることが多かった。この著者との違いを明確にしつつ、あらためて自分自身の拠って立つところを確認しておいた方がよさそうだというのが、私が編集部の打診に応じた理由だった。

したがって、この文章は西尾への批判というよりも、氏の「鎖国論」批判、つまり、江戸時代史論と私の立場との異同を明らかにするために、書くことにしたい。言うまでもないことだが、氏の「鎖国論」批判のもとになっている事実認識に関するかぎり、氏の独自な仕事は一つもない。いちいちあげつらうことはしないが、事実誤認も多い。しかし、細部の正確さを、自ら歴史の「素人」と明言する氏に求めても、あまり生産的ではない。むしろ、氏が近世史研究者の仕事に依拠しながら表現しようとしている、ある歴史観が問題にされるべきだろう。「鎖国」ということだけをとってみても、氏も言うように、その言葉が問題なのではなく、「歴史をどう見るかという見方が問題」なのだ。

2　西尾説の行方

西尾は、江戸時代には「鎖国」という言葉も実態もなかったのにもかかわらず、教科書から専門書にいたるまで無反省に「鎖国」という文字を濫用するのは、「学問上の思慮の欠落」だとし、まず、幕藩体制について「鎖国」という用語を「日本のすべての歴史書からことごとく追放することを提言する」。これは、少なくとも、「鎖国」という歴史用語にかぎってみれば、一九八三年以来の私の主張にきわめて近い。(1)

私が「鎖国」論者から「鎖国」批判をへて「海禁・華夷秩序」(補註1)論に転換した経緯は、拙著に述べてあるのでここでは繰り返さない。(2)現在の私は、かつての「鎖国論」は近世国際関係論として書き直されるべきであり、「海禁・華夷秩序」や「四つの口」(補註2)もそのキー概念となりうると考えている。(3)

この間に、多少の厚薄はあるものの、「四つの口」の実態をはじめ、近世国際関係の政治史的、あるいは経済史的な研究、さらには漂流などのトピックの究明がずいぶん進んだ。現在では、専門家に関するかぎりは、「鎖国」を口にする人でも、それが文字どおり「国を閉ざす」ことと考えている人はまずいないと言ってよい。しかし、その一方で、西尾も指摘する通りに、教科書はもちろんのこと、「専門書」（氏が言うこの種の書物がどのような範囲まで含んでいるかがよくわからないのだが）でも、この言葉は依然としてキーワードとして使われている。一般にはなおさらで、例えば葛飾北斎の「琉球八景」（一八三二年）をとりあげた『朝日新聞』の日曜版（二〇〇〇年二月二〇日）は、琉球のことを「鎖国時代の異国」と、こともなげに書いている。いわゆる「鎖国」に関する研究と教育、および一般の認識との乖離は依然として大きい。

このような現状において西尾は、具体的に誰の議論を批判の対象としているのだろうか。氏が直接批判しているのは、なんと、徳富蘇峰と和辻哲郎だ。蘇峰が、「鎖国」が植民地獲得競争に後れをとった最大の原因であるとし、和辻が、日本人の「科学的精神の欠如」の原因を「鎖国」に求めたことは、よく知られている。氏は、蘇峰も和辻も、立場は違っていても、ともに「鎖国罪悪論」であり、「西欧文明を価値尺度にし、鎖国がそれへの飛翔を妨げたとする西洋劣等感」を基調としている点では同じであるとする。その指摘はよしとしよう。しかし、蘇峰や和辻のように、「江戸時代全体を非国際的閉鎖性という否定面においてとらえる見方」が、いまだに日本の学界に根を張り、「日本人一般の意識下に巣くっている」と言うのはどうか。

たしかに一九六〇年代の末頃までは蘇峰や和辻のように考えることが一般的だったし、その名残りは今でも、特に先にあげた新聞記事のように、一般人の認識においてはごく普通に見られる。しかし研究の現場では、ここ三〇年ほどの間に、「鎖国」も含めた江戸時代全般について見直しが進められ、かつてとは違って肯定的な、あるいは、実態に即した評価がなされるようになってきた。少なくとも、氏の「鎖国論」批判に論拠を与えられる程度には。そのかぎりでは、西尾は、現在の研究成果のうえに立って、過去の研究史を批判しているにすぎない。

教科書の記述もずいぶん変わってきており、「鎖国」という言葉を使いながらも、「四つの口」を通じての、オランダ・中国とだけでなく、東南アジア・朝鮮・琉球・蝦夷地との多様な関係に触れないものはほとんどなくなった。高校などの教育現場でも実態の認識はずいぶん進んだ。それは、大学で新入生を受け入れる立場の私の実感でもある。

私は、勤務校の「日本史概説」で、必ずこの言葉と実態との乖離について話すことにしている。十数年前にはその実態をはじめて知ったと驚く学生が多かったのに対して、最近では、実態についてはいくらか知らされている学生が増えており、なかには、私の講義を受けて、予備校で聴いたこととほとんど同じで、よい復習になったと、皮肉な感想を聴講メモに書いてくる学生もいる。先端の研究成果が教育現場に届けられ、また、一般常識として社会に浸透するようになるまでには、かなりの時間がかかるということだ。

しかし、問題はそれだけではない。現在も「鎖国」という用語が研究現場でも、ある種の限定つきではあるが、生きてつかわれているからだ。その理由は、西尾が言うように、「学会」（これは特定の学会のことを指しているのだろうか）が旧弊であり、「学問上の思慮が欠落」している、というような単純なことではない。論拠を提供するものとして氏に直接引用されている仕事は、朝尾直弘・大石慎三郎の両氏と私のものだが、この三人も、氏が「旧弊」という現在の日本史の「学会」に属している。また、別の項目で氏が、村井章介とともに高く評価してやまない山本博文が、「鎖国」支持の立場をとっていることを氏は知っているのだろうか。(4)氏は、だからといって山本が「旧弊」だとは言うまい。

要するに、氏が指摘するほどのことは踏まえられた上で、現在でも「鎖国」という言葉が使われているのだ。現在の「鎖国」問題の理解しにくいところは、そこにある。

3　「鎖国」論の現在

ではなぜ、今でも「鎖国」という言葉が生き残っているのだろうか。私は、その理由は以下の二つと考えている。

一つは、当時の実態のなかにそう見做される要素があることだ。周知のように、日本人の海外渡航の禁止や国際関係の窓口の制限（「四つの口」）、ポルトガル・イスパニアの排斥のように、一定の制限が設けられていた。なかには、日本人の海外渡航の禁止という点を強調して、庶民にとっては「鎖国」だったと主張する人もいる。江戸時代にも海外に向けて「四つの口」が開かれ、海外情報もかなり入っていたようだが、それは幕府や大名レヴェルのことで、庶民がそれらから遮断され、「鎖国」状態におかれていたことには変わりがない、というわけだ。このように考える人は意外に多く、私の講義を聞いた学生にも、はっきり自覚しているか否かは別として、このような感想を持つ者がいた。しかし、「庶民」にとって「鎖国」だったから、国の体制全体も「鎖国」だったと言うのは感情論、あるいは感想論にすぎず、歴史を総体として捉えようとする人のとるべき立場あるいは姿勢ではない。

実態から見れば、「鎖国」の特徴の一つは、国の支配者にとって開かれており、被支配者にとっては閉じられているところにある。その史実を踏まえるならば、西尾のように、閉鎖的ではなかった事例のみをとりあげて強調するだけでは、批判としては十分ではない。「鎖国」体制の意外に開かれていた面を強調して、その歴史的意味を考えること自体には意義がある。しかしそれだけでは、厳然として存在したもう一つの面を説明しきれないし、そのような史実が消えるわけでもない。また、「鎖国」という言葉が歴史に登場したのは一九世紀初頭であり、一般に使われるようになるのは明治維新以後であることを強調して、言葉がなかったのだから実態もなかったというのも、強弁にすぎる。「鎖国」という言葉の問題点は、そう呼ばれてきたあの体制の二面性と、それら相互の関連性を正確に表現できないというところにある。その両面性を、過不足なく表現できる用語に変えるべきだというのが、現在の私の立場だ。

「鎖国」をそのように定義して使えばいい、という意見もある。(5) 私も、学問の用語にそのような一面があることを認めないわけではない。しかし、もともと国を閉ざすという語感しかない「鎖国」という言葉に、それとまったく異なる内容を込めるというのは、まるで黒を白と言い含めるようなものだ。言葉の使い方としてあまりに恣意的であり、あるいは研究者には通じるかもしれないが、教育現場や一般の読者にはなじみにくいだろう。

それに、東アジアの伝統的な国際社会は、それを正確に表現する「海禁」という用語を使用していた。「海禁」は幕末になると、漢学者ら（例えば吉田松陰）も「鎖国」とほぼ同じ意味で使うようになるのだが、本来は、「国民」が私的に海外に出て外国人と交わること、を禁止する政策のことだった。

中国・朝鮮、それに日本の国家は、伝統的に、外交権は「人臣」（家臣・人民＝国民）にはなく、国王のみに属すると考えてきた。「海禁」はこのようなイデオロギーを政策に適用したものであり、日本の「鎖国」も同時代の中国や朝鮮の「海禁」と同じ類型の政策である。もちろん、そのことはそれぞれの国の「海禁」に異同があることとも矛盾しない。「海禁」は、近世日本と東アジア諸国の、国際関係に内在する論理をもっとも的確に体現する言葉なのだ。

「鎖国」観はもともと西欧世界の国際体系に基づいたものであり、西尾のように、その世界の独善性や矛盾を攻撃することも、かならずしも無意味ではない。しかし、それだけでは十分ではない。まず、その世界とは違う論理で構成され、かつ有効に機能していた近世東アジアの国際体系が、どのように形成され、そのもとで人々はどのように生き、どのように感じていたのか、その実態を、様々な局面においていきいきと描き出すことだ。そのうえで、かつて「鎖国」と呼ばれ、私が「海禁」と呼ぶところの体制の歴史的意味を考える。

日本においてはこの体制は一七世紀の前半にほぼ整備されるが、それは一六世紀前半から始まった、東シナ海域全域の大動乱のなかから生じた国際秩序の再編の一環だった。この大動乱を総体として把握するための仮説として、私は「倭寇的状況」という概念を提起した。(6)一五世紀以来の東アジアの国際秩序が崩れるなかで生じた「倭寇的状況」を克服しつつ成立した新しい国家群（日本の統一政権、清王朝、朝鮮後期王朝、琉球王国、西欧諸国）のネットワークによって、再び平和が回復された。これら東アジアの国々は、それぞれ「海禁」政策をとって、「国民」相互の自由な交流を禁止する一方で、国家レヴェルの、秩序だった盛んな関係（外交・貿易）の構築を目指した。こうして実現された日本の平和は、東アジアの平和の一環でもあり、朝鮮通信使や琉球国王使、オランダ商館長の江戸参府等は、それを象徴する儀礼でもあった。

当時の日本人からは平和と繁栄を謳歌する声は聞かれても、自由を抑圧されていると嘆く意見は見られない。自由ということについて見れば、当時の日本人は自由よりも秩序や安定を望んでいた。自由はすぐさま戦国の世や倭寇（海賊）などを想い出させるからだった。このような、元禄時代の日本と日本の人ありようをまのあたりにしてエンゲルベルト・ケンペルは、「鎖国」肯定の論を書き、人類の理想がほぼ実現していると説いたのだった。(7)

このことは、「鎖国」が持つ負のイメージを相対化する手がかりを与えてくれる。「鎖国」は不自由の、「開国」は自由の代名詞であり、自由はよくて不自由はよくない、不自由な近世から近代を経て自由な現代にいたった。現代に生きる私たちには、こういう単純で抜きがたい歴史意識がある。それは一面では正しいが、同時にその意識が、近世の人々の生活感覚への感受性と、私たち自身の現状に対する批判を鈍らせている。

たしかに私たちは自由に海外にも行くことができるし、ほとんどリアルタイムに世界のできごとを知ることができると思っている。しかし、本当にそうだろうか。私たちは国を出入りする時かならずパスポートを検査される。現在でも国境を自由に越えることはできない。パスポートの検査だけで済むのは、現代国家の国民管理がそれだけ進んでいるからだ。近世国家の「国民」の把握はそれに較べればはるかに不徹底であり、それ故に、「海禁」等という極端な政策をとらざるをえなかった。つまり、「海禁」は近世国家の、近代国家に較べれば、はるかに弱い集権体制しか持ちえなかったことの、端的な表現だった。もちろん、そのような体制すら作れなかった中世国家よりは、集権的だったが。

たしかに私たちは情報過多の時代に生きている。身辺に情報は溢れている、ように見える。しかし、それは情報を与える側が与えたい情報だけを湯水のように流しているだけで、本当に知りたいことは、実は、なかなか得られない。湾岸戦争の折に、米軍側の情報は戦死した兵士の家族の悲しみまで詳細に伝えられたのに、爆撃下のイラクの膨大な死者についてはほとんど知らされなかった。それは、商品はありあまるほどあるのに、自分に本当にあった商品を手に入れることがとても難しい現状とよく似ている。

たしかに現代の日本人もかならずしも自由ではないが、少なくとも近世人よりは自由だ。そう私たちは考える。しかし、それは私たちの近世人に対する思いあがりではなかろうか。少なくとも、公平――あるいは客観的――ではない。自由とか幸福とか、人の心の状態に依存する割合の高い事柄に関しては、所与の条件のなかにおける自己実現の可能性を、判断の規準に加える必要があるからだ。当時書かれたものによるかぎりでは、「海禁」のもとで日本人は、さほど不自由は感じていなかったように見える。たしかに当時の庶民が知ることのできる海外の情報は、今ほど多くはなかった。しかし海外の事情にしても、意外によく知られていたこともたしかだ。知ろうとした時にどれだけ知ることができるか、ということを指標にすれば、徹底した情報管理のもとにある現代の私たちと近世の人々とでは、私たちが思い込んでいるほどの差はないのではないか。

「鎖国」という言葉が生き残っている理由の二つめは、幕末・維新期になると、「開国」との関連で「鎖国」が現実の政治課題として、リアリティを持つようになったことだ。(8) 近世日本をとりまく国際情勢が、前期と後期では大きく変化し、そのなかで西欧世界への対応、つまり、「開港」＝「開国」が焦眉の問題になり、そのこととの関連で、障碍となっている体制が「鎖国」と捉えられた。つまり当初は、この体制から疎外されがちだった西欧人にとっての「鎖国」に過ぎなかったものが、この時期になると、日本の政策担当者や知識人にとっても「鎖国」と意識され、そう呼ばれるようにもなった。そして「開国」以後の日本は、ほとんどすべての面において西欧化されて、そのことがますますその前の時代の「鎖国」状態を際立たせることになった。

つまり、「鎖国」という言葉の用例を指標にするかぎり、近世の大部分の人たちにとって「鎖国」が無かったのと同じように、この時期の人々にとってはあったことになる。「鎖国」は、この時代を理解するためのキーワードの一つなのだ。実際、「鎖国」という用語に否定的な態度をとるこの時代の研究者は、現在でもきわめて少ない。用例を理由に「鎖国」という用語を批判しても、その論理は幕末維新期で破綻することになる。

しかし私は、幕末維新期を「鎖国」から「開国」へという図式で見ること自体に、次の二つの理由から、疑問を持っている。理由の一つは、「開国」がどのような意味での開国だったのかが、かならずしも明らかでないからだ。いわゆる「鎖国」が、完全に国を閉ざすことでなかったと同様に、「開国」によって、完全に国が開かれたわけでもなかった。とりわけ、庶民にとってはそうだった。それは、現代日本の色々な局面で、いまだに「鎖国」が指摘され、「開国」が説かれることと無関係ではない。現代の日本人は、先に述べたようなある種の閉鎖性や不自由さに対して鈍感なように見える。それはいわゆる「開国」という言葉に惑わされているためではないか、と私は考えることがある。開国の実現、特に庶民にとってのそれは、いわゆる「開国」で終わったのではなく、まだ現在進行形であることを忘れないようにしよう。

もう一つの理由は、なぜ「開国」が周辺諸国・諸民族に対する侵略的行動（国権拡張）に連動せざるをえなかったかが十分に説明できないからだ。その難点を克服するために、私は「日本型華夷秩序」という東アジア型の国際体系のモデルが、西欧の衝撃をうけて近代的な形態に再編される過程として描くことを試みた(9)。この過程は、また、すでにロナルド・トビが指摘しているように、西欧と東アジアの二つの国際体系が葛藤しつつ、西欧のそれがもう一方を圧伏していく過程と見ることもできる(10)。その過程で日本は何を受け入れ、何を切り捨てていったのだろうか。ごく単純化して言えば、受け入れたものは国際法の皮をかぶった弱肉強食の論理、切り捨てたものは東アジアとの共生の感覚、あるいは意志ではなかったか(11)。

東アジアとの共生の感覚を捨てることは、もちろん、関係を断ったり関心を失ったりすることではなかった。共生の感覚はそのまま、例えば、朝鮮を防衛線とする戦略的な認識に刷りかえられていく。いわゆる「征韓論」はそのようにして、すでに幕末にその萌芽が見られる。「鎖国」から「開国」という筋道は、重要ではあるが、明治維新という多面的な変動の一要素にすぎない。確かに、この変革を命がけでリードした人たちにとっても、「封建制度」の打破と同じく、「開国」はそれに値する成果だったに相異ない。彼らがこの変革を「鎖国」・「開国」のキーワードで理解したのも無理がない。私もその事体を否定するつもりはない。しかし研究者は、そのような見方を相対化する視点を持つ必要があるのではなかろうか。私は、明治維新は、一つは東アジアとの関係性において、もう一つは、現代日本が抱えている様々な病弊との関連でとらえなおすことを試みたい。とりわけ、東アジアとの関連を意識する際に、従前の「鎖国」・「開国」観は相対化されなければならないだろう。

以上、西尾の「鎖国」批判にかこつけて、私自身の意見を長々と述べた。しかしここまでのことは、氏が「鎖国論」の現状についてほとんど「素人」であるということを指摘したに過ぎない。しかし、氏の論説の問題点はこれに尽きるわけではない。

4　西尾説の問題点

もはや紙幅も尽きているので、端的に述べることにする。西尾説の問題点は次の二つだ。

一つは、アジア、とりわけ日本が直接位置している東アジアへの視点が欠如していることだ。その点で西尾は、氏が批判する蘇峰や和辻と同じ地平に立っている。氏が、東アジアやこの地域との関係についてまったく言及しないわけではない。氏の論説においては、この地域は日本と西欧諸国の活動の客体でしかないことが問題なのだ。例えば、徳川幕府は朝鮮の李王朝と琉球王朝を「手なずけ」、自己中心の外交秩序を作ろうとしていた、という言説のように。そのような歴史観を批判し、この地域との関係性において近世日本を描くことが、朝尾の「鎖国」批判の重要な主張の一つだった[12]。西尾にはその点への配慮が欠けており、その結果、次の二つの欠陥を免れていない。

一つは、西欧以外の諸国との関係が描かれていない。具体的には、中国・朝鮮・琉球・蝦夷地との関係については、ほとんど触れられておらず、当然のことながら、その意義づけもされていない。したがって、氏の描く近世日本の国際関係は具体性を欠いたものにならざるをえない。西尾の関心は依然として西欧世界との関係に留まっている。氏は、近世日本の力量を高く評価するのだが、その評価は、日本の独自性と西欧世界に匹敵するほどの達成度の高さについて与えられている。結局のところ、氏の評価の基準も、氏が「西欧劣等感」と批判する蘇峰や和辻と変わるところがない。従って、氏自身も、「西欧劣等感」を裏返しただけで、近代以来の日本人の発想法を相対化できていない。

もう一つは、近世日本の「旧アジア経済圏からの独立」が、あたかも長崎からの情報と日本だけの努力で達成されたかのように描き、そこに巻き込まれた琉球や奄美、アイヌなどの運命についての配慮がないことだ。西欧の実情と日本の自立性の高さ、それに、「鎖国」していなかったために達成された、西欧にほぼ匹敵する近世日本の進歩、すなわち、旧アジア経済圏からの独立が強調されるだけだ。近世日本がゆるやかながら着実に発展して、産業構造すらも変えていった。こうして近世のうちに近代が準備されたことは、明らかだ。しかしそれが、琉球・蝦夷地などを従属させながらなされ、そのことがその地の人々の運命を大きく変えていったことを、見落としてはならない。そのような連関は、近代ヨーロッパとその従属地域との関係のあり方によく似ている。

私の「鎖国」批判の柱の一つ、「四つの口」論は、単にそこに窓口が開いていて、多様な関係が展開していたことを述べるためだけのものではない。もちろんその史実も重要なのだが、それ以上に、かつては自生的と見なされがちだった近世日本の発展が、琉球・奄美やアイヌの運命と構造的につながっていることを示すための視点、あるいは立ち位置だ。日本の近代は萌芽の段階ですでに周辺地域の人々の生活と関連していた。その視点を持つか否かが、私と、西尾が高く評価する川勝平太との決定的な違いだと、私は判断している。

西尾説のもう一つの問題点は、歴史に対する批判性の欠如だ。西尾たちの仕事が戦後歴史学やその成果でもある歴史教育のあり方に対する批判からなされていることは、私も承知している。私も、戦後歴史学のあり方に疑問を持っていないわけではない。とりわけ、学生たちの日本史離れには悩まされている。その主な理由は、高校の社会科で世界史以外の科目（日本史と地理）が選択にされたことにある（一九八九年告示、学習指導要領）。しかし、それは一般の傾向に拍車をかけただけではないか。その底流には子供たちの日本史離れがあり、高校までに教えられる日本史が、かならずしも子供たちの興味を引き付け、彼らにアイデンティティのよりどころを提供するようなものになっていないということも関わっているのではないか。

しかし、西尾たちのように、日本の歴史を肯定的に叙述すること、単に明るくて口当たりのいい歴史像を提供することが国民、とりわけ子供のためになるとも思えない。今必要なのは、次の二点だと私は考える。一つは、歴史の営みは、誰かの叙述を記憶することではなく、自ら働きかけ、発見するものだということを、子供たちに伝えること。発見や謎解きが歴史を学ぶ喜びの原点であることを、子供や学生たちに知ってもらいたい。もう一つは、歴史上の人々や社会などをリアリティ豊かに描き、彼らの発見に糸口を与えること、あるいは、彼らの発見を援助すること。私が、近世の人々の肯定的な自意識にこだわるのは、彼ら（近世人）が肯定していたから近世はよかったというためではない。この理由もまた二つだ。一つは、彼らに導かれることによって、近代が切りすてた面を再発見できるということ。もう一つは、彼らの自意識と時代の客観的なあり方のとの懸隔に強く惹かれるからでもある。その姿は、ただちに、現代の私自身の意識のありようを照らす鏡ともなる。歴史の営みは、常に現代との緊張のなかでなされ、それゆえに批判性を内在せざるをえない。批判性を持たない歴史像は、時代に耐えうるものにはなりえず、次の世代を担う人たちにアイデンティティの拠り所を提供することもできないのではなかろうか。

註

(1) 荒野泰典「日本の鎖国と対外意識」（『歴史学研究』別冊、一九八三年。のち『近世日本と東アジア』に、「鎖国」とカッコを付して収録）。
(2) 荒野泰典『近世日本と東アジア』（東京大学出版会、一九八八年）。
(3) 荒野泰典「近世東アジアの国際関係論と漂流民送還体制」（『史苑』六〇—二、二〇〇〇年。本書第Ⅰ部補論2）。
(4) 山本博文『鎖国と海禁の時代』（校倉書房、一九九五年）。
(5) 佐々木潤之介「東アジア世界と鎖国」（『中世史講座一一』学生社、一九九六年）。
(6) 荒野泰典「日本型華夷秩序の形成」（『日本の社会史1』岩波書店、一九八七年。本書第Ⅰ部第二章）。

（7）荒野泰典「海禁と鎖国の間で」（『あたらしい歴史教育二　日本史研究に学ぶ』大月書店、一九九三年。本書第Ⅱ部第二章）。
（8）荒野泰典「東アジアのなかの日本の開国」（田中彰編『近代日本の軌跡1　明治維新』吉川弘文館、一九九四年。本書第Ⅱ部第三章）。
（9）荒野前掲註1論文。
（10）ロナルド・トビ著、速水融他訳『近世日本の国家形成と外交』（創文社、一九九〇年、ただし原著 *State and Diplomacy in Early Modern Japan* は一九八四年刊）。
（11）荒野泰典「海禁と鎖国」（同他編『アジアのなかの日本史Ⅱ　外交と戦争』東京大学出版会、一九九二年。本書第Ⅱ部第一章）。
（12）朝尾直弘「鎖国制の成立」（『講座日本歴史四　幕藩制社会』東京大学出版会、一九七〇年）。
（補註1）「海禁・華夷秩序」論は、従来の「鎖国」という用語に代えて、「海禁」と「華夷秩序」という二つの概念の組み合わせで、近世日本の国際関係のあり方を考えるべきとする、一九八三年以来の私の主張。いわゆる「鎖国」と呼ばれてきた体制には、日本人の海外渡航の禁止や関係する外国や入港地の制限などの面がある一方、「四つの口」（後述）での様々な関係や貿易、朝鮮通信使や琉球国王使、オランダ商館長の江戸参府など、国家レヴェルであるか、さもなければ国家が管理する関係が安定的に営まれていた。つまり、厳しい制限や統制と、国家レヴェルの盛んで安定した国際関係が並存していたのが、この体制の特徴だった。「鎖国」という用語を克服して正確な表現にするためには、その用語の一面性や不適切さを指摘するのみでなく、それに代わりうる用語を提案する必要がある。

従来「鎖国」イメージに多くの根拠を提供してきた閉鎖的な面には、国家が対外的な関係をすべて管理し、一般人（人臣）の私的な関係を禁止するという特徴がある。これは、東アジアの国際社会（中国・朝鮮）が、いくつかの例外はあるものの、基本的に保持してきた政策であり、中国の明代に理念化されて「海禁」と呼ばれるようになった。しかし、それを支えるイデオロギーは古代以来の伝統を持ち、日本の律令国家も例外ではない。

他方、国家レヴェルの関係は奨励され、盛んでもあったが、その関係は対等ではなく、徳川将軍が代表する近世国家権力を中心に、位階性的に編成されていた。朝鮮国王と徳川将軍は「敵礼」(同等の政治的地位)とされており、例外に見えるが、それも、もともと中国(明)皇帝の臣下としてほぼ同一のランクにあるという偶然的な事実に基づいており、位階制的な関係の一類型と考えるべきものだ。自己を文化的な中心=「華」、他者をその外の存在=「夷」とする独善性、つまり華夷主義を軸に礼的な関係が設定される。これを華夷秩序と呼ぶ。中国王朝が典型的に体現しており、中華主義などと呼ばれるが、中国の独占ではなかった。周辺諸国もそれぞれに自己中心的な国家意識、いわば「小中華主義」をもって、それにふさわしい国際関係の実現に努めた。

したがって、伝統的な東アジアの国際社会も、中国王朝の冊封体制に周辺諸国が従属するという一方的な関係ではなく、冊封体制も周辺諸国の自意識や力量によって相対化される双務的なものであり、また、周辺諸国もたがいに自立意識をもって、是々非々的に関係をとりむすぶ、その意味ではこの国際社会も矛盾と緊張、つまり、躍動感を内包した関係だった。伝統的な東アジア国際社会の特徴の一つは、このような関係の位階制的な編成のされ方にあり、これが、主権をもった国家同士の対等の関係を柱とする近代西欧の国際体系とのちがいと筆者は考えている。近世の日本国家が同様の国家意識をもって国際関係を編成したことはいうまでもなく、それは日本型華夷秩序と呼ばれている。

私は、以上のように考え、「海禁」・「華夷秩序」の二つの概念の組み合わせによって、従来「鎖国」の名のもとに様々に議論されてきた近世の国際関係の実態を再構成できると考えている。この提言については、賛否両論あるが、反対論の根底には、「鎖国」と「海禁」とのちがいを重視する姿勢がある。つまり、「鎖国」には良かれ悪しかれ「海禁」一般には解消できない日本的特質が現れているという見方があり、それはアジア一般とも日本を区別する民族的特質とも考えられた。西尾氏が、私の説を引用しながら、「海禁」という用語やそこで展開されている議論にはまったく関心を示さないのも、日本は中国や朝鮮とはちがうということを当然の前提にしているからだろう。

(補註2)「四つの口」は、一六四〇年代以降近世日本が海外にむけて開いていた国際関係の窓口で、長崎、対馬、薩摩、松前の四ヵ所あったことから、私が仮にこう呼び、現在では教科書などにも採用されるようになった。徳川幕府の直轄都市長崎には中国人、オランダ人が来航したが、長崎奉行の監督のもとで長崎の町自体が対外関係の実務を取りあつかった。その他、対馬藩は朝鮮との、薩摩藩は琉球との、松前藩は蝦夷地との諸関係を独占的にとり仕切った。これらの関係のうち、朝鮮・

琉球からは国王の使節が来日したことからもわかるように、国家権力同士の関係（外交）をふくんでいたが、中国・オランダとの関係は貿易のみにとどめられた。また、蝦夷地との関係は、そこに国家権力が存在しなかったことから、その地の住民（アイヌ等）を撫育するものとされていた。これらの関係は、一八世紀の末になると理念化されて、外交をふくむ諸国は「通信国」、貿易のみの相手は「通商国」と、それぞれ範疇化された。「撫育」の関係はそのように理念化されることはなかったが、幕末以後のロシアとの領土交渉のなかではその地の住民に対する撫育の有無が争点の一つになった。これらの範疇は、単に理念だけではなく、それに応じた実態をもっており、例えば使者の待遇や漂流民の送還などもそれぞれの範疇ごとにちがっていた。

（初出）「東アジアへの視点を欠いた鎖国論」（「教科書に真実と自由を」連絡会編『徹底批判『国民の歴史』』大月書店、二〇〇〇年）。

第Ⅲ部　日本型華夷意識の展開

――国際的相互認識の位相――

第一章　近世の対外観

はじめに――課題の設定――

本章で私が求められているのは、「近世人の異域・異国・異人にたいする行動、感じ方・考え方・対応のあり方など」を、権力レヴェルにとどまらず、「広い視野」から論述することだ。標題が「対外認識」や「国際認識」でなく、「対外観」とされているのは、体系をもった思想や意識のレヴェルにとどまらず、人々の行動や対応が内包する論理や感情、さらには皮膚感覚の領域にまで踏みこんで検討することが求められているからだろう。しかし、近世には、西川如見とか新井白石とかの個人はいても、「近世人」という具体的な人がいたわけではない。また、「国際認識」や「対外観」それ自体は、それぞれに個人が持つもので、きわめて個別性が強く、多様なものであるはずだ。この種の問題を、どうすれば捉えられるのか、あるいは、どのように表現すれば捉えたことになるのかという点の見極めは、とても難しい。仮に、ある儒者の、あるいは地方知識人の、またはある漂流民の「対外観」を捉えることができたとして、それがどのような意味での「近世人」の「対外観」であるかを示すことができるのか。

田中健夫は「認識主体がどの地域の、どの社会層の、どのような歴史を経験し、どのような意図（利害の意識）を有する人物かということを特定しないかぎり」、例えば「日本人のアジア認識」というような、共通認識を想定した「総括的な表現」をつかうべきではないという(1)。妥当な指摘だろう。しかし、それぞれの時代、民族、地域、社会、階層などに応じて、場合によっては、それらの差違を通貫して、人々に共有される「共通認識」や「共通認識」まがいのものが形成され、それによって人々が動かされるという実情も否定できない。あるキャンペーンは、それによって動かされる人々の中に、それに共鳴するものがなければ、うつろに響くばかりだからだ。したがって、問題の一つは、個人的な認識がどのようにして「共通認識」になるのか、あるいは、ある「共通認識」が個人の認識になっていくのかという相互の関係を、どのようにすれば具体的に捉えられるかということだろう。

かつて私は、近世日本の対外意識の枠組みとして、本朝・唐・西洋という「三国世界観」と、日本型華夷意識という国家意識をあげた。本朝・唐・西洋というのは、中世以来の伝統的な世界観、本朝・震旦・天竺をもじったもので、次の二つの観察に基づいていた。一つは、近世の思想家のほとんどが、日本（本朝）のことを語る際に、引きあいに出すのは中国とヨーロッパ諸国であって、朝鮮・琉球・蝦夷などは比較の対象とはされないこと。二つは、朝鮮以下の諸国・諸民族は、他の日本や中国に従属する存在と見做され、独立性を認められないこと。以上のことから、近世日本の思想家たちの多くは、世界は、日本・中国・西洋の主要な構成要素からなっていると考えていたと判断された。

これは、本朝・震旦・天竺という伝統的な世界観の枠組みが、中世末以来の地理的認識の拡大と世界情勢の変化にともなって変質した結果だった。その変化は、従来の三国から天竺が脱落して、ヨーロッパ勢力、すなわち西洋がそれに取って代わるという形を取った。このような近世的三国世界観は、東アジアでの現実の勢力のバランスによって支えられており、その均衡が破れればふたたび変質していくことになる。それは、アヘン戦争の敗北による中国（唐、支那）の地位の低下という形で実現した。その後、明治維新をはさんだ「万国対峙」体制の構築が志向される中で、アジアの盟主日本とヨーロッパ列強が対峙するという構想、ないしは幻想が浮上することになる(2)。

この問題意識を引き継ぎながら、本章ではまず、個別の人々の世界観や地理認識、それに人間観など、対外観を構成する諸要素の特徴を明らかにすることから始めてみよう。本書Ⅲ部二章では、まず、いくつかの事象から「共通認識」を抽出し、それが時代の推移とともに変化していく過程を追跡するという方法をとった。本章では、その逆の作業を試みることになる。作業の内容は、次の二つに限ることにする。

一つは、近世に入って変容した、世界観の構造とその内容を、明らかにすること。

二つは、本朝（日本）、天竺、中国（唐、支那）の置かれた位置とその後の変遷追跡。ただし、本章では、紙幅の関係で、天竺の変遷についての詳しい検討は省略せざるをえなかった。次章を参照されたい。

対象とする時期は、明清交代にも一応の決着がついて、一世紀半ほども続いた東アジアの大変動がほぼ終息する、一七世紀末頃から以後とする。おもな素材は、ちょうどその頃相次いで成立した世界地理に関する書物と、折々に様々な人によって作成された世界図、および漂流記の類である。

第1節　世界観の諸相

1　三種類の世界地理書

一七世紀末から一八世紀はじめにかけて、三種類の世界地理、あるいは世界の「人物」を扱った書物が成立する（「人物」の意味は後述）。西川如見（一六四八～一七二四）の『華夷通商考』（一六九五年）と『増補華夷通商考』（一七〇八年）、新井白石（一六五七～一七二五）の『采覧異言』（一七一三年）と『西洋紀聞』（一七一五年以前）、寺島良安（一六五四～?）の『和漢三才図会』（一七一三年）である。これら三種類の書物は、著者の経歴、著述の目的や姿勢、著述された世界などにおいて、それぞれに大きく違っている。

まず、編著者の経歴を簡単に述べよう。西川如見は長崎の町人で、長崎で塾を開いた京都の儒者南部艸寿のもとで宋学をおさめ、また、天文暦算を好んで、先儒の諸説やヨーロッパの説を参酌して発明する（物事の正しい道理を知り明らかにする）ところが多かったという。五〇歳の時長男に家督を譲って隠居したが、天文暦算の研究は続けた。晩年、将軍吉宗の招きに応じて江戸に久しく滞在して、吉宗の諮問に答えた（以下、如見の著作は西川忠亮編『西川如見遺書』全一七巻、求林堂、一八九八〜一九〇七年を底本とした）。新井白石については、特に説明の必要はないだろう。将軍家宣・家継付きの儒者として政治にも辣腕を振るい、数々の著作でもよく知られている。寺島良安については、大坂の医師で、大坂城の城医として法橋に任じられたことと、大百科事典『和漢三才図会』の著者であること以外に、具体的なことはほとんど未詳のようである。

著述の目的についてみよう。『華夷通商考』およびその『増補』版の直接の目的は、次に見るように、長崎を通じてみた世界を広く世間に紹介することであり、それゆえに公刊された。世界地理書の性格も持っているといってよく、白石や良安にも利用されている。『釆覧異言』と『西洋紀聞』は、日本への潜入を企てて捕らえられたイタリア人宣教師ジョアン・シドッチを尋問して得られた、世界地理に関する知見をまとめたものだが、公刊はされなかった。しかし、『西洋紀聞』が秘書（あるいは「秘本」）として、その存在すらあまり知られていなかったのに対し、『釆覧異言』は、早くからその存在が知られ、公刊はされなかったものの、写本で広く読まれた。近世後期になると、『釆覧異言』は、明在住のイエズス会士ジュリオ＝アレニ（艾儒略）の世界地理書『職方外紀』（一六二三年）と並んで、知識人の必読書となっていた(3)。それに対し、『和漢三才図会』は、良医の資格として、広く天地人の「三才」に通じることを目的として著述された。そのために長い時間をかけて、森羅万象について記事が作成され、一大百科事典となった。

世界地理に類する記述は、「異国人物」(巻一三)・「外夷人物」(巻一四)・「地部」(巻五五)等だが、主要な関心は「人物」にあって、地理的関心は副次的にみえる。

これらの書物は、同時代であるということ以外に、共通点もある。その点も含めて、まず、如見の場合を手がかりに検討を始めよう。

2　広がった世界

よく知られているように、『華夷通商考』は、まず、一六九五(元禄八)年に二巻二冊で刊行され、一三年後の一七〇八(宝永五)年に増補改定版が五巻五冊で出版された。現在では、これらの著作には種本があったことが知られている。元禄本は唐通事林道栄の秘書『異国風土記』等を種本にしており、宝永本の増補分が、当時の禁書の一つ、ジュリオ・アレニの世界地理書『職方外紀』によって補われたものだという(4)。如見が手にすることができた情報には、このような秘書や禁書の類も含まれていた。彼は、年毎に入港する船はもちろん、まだ存命だった海外渡航者の体験談、秘書や禁書も含む様々な書物などによって、この地理書を書き上げたのだった。こうして公刊された彼の二つの地理書は、長崎の知識人だけにとどまっていた海外知識を、広く普及させることになった。貝原益軒もこの二冊をいち早く読み、絶賛したという(5)。

表8は、『増補華夷通商考』で言及されている国や「人物」を、彼の中華・外国・外夷という「範疇」にしたがって分類し、まとめたものである。表中の「五大州」は、当時すでに常識になっていた、世界をアジア・ヨーロッパ・アフリカ(リミア)・アメリカ・メガラニカの五つの地域に分類する見方にのっとったもので、如見も「大州」とか

表8　世界の構造（1）――西川如見の場合

五大州	範疇	国　／　人物
亜細亜《アジア》	中　華	中華
	外　国	朝鮮(テウセン)、琉球(リウキウ)、大寃(タイワン)、東京(トンキン)、交趾(カウチ)
	外　夷①	占城(チヤンハン)、柬埔寨(カボウチヤ)、太泥(タニ)、六甲(ロツコン)、暹羅(シヤム)、母羅伽(モラカ)、莫臥爾(モーウル)、咬噌吧(カラバア)、呱哇(ジヤワ)、番旦(バンタン)
	外　夷②	ケイラン、ソモンダラ、ペグウ、アラカン、サイロン、バンダ、コストカルモンデイル、ベンガラ、サラアタ、モハア、マカザアル、マルバアル、テイモウル、セイロン、タルナアタ、アンボン、ボルネラ、ハルシャ
	外　夷③	韃靼国(ダツタンコク)、意貌国(イバウコク)、回回国(フイフイコク)、撒馬児罕(サマルチヤン)、亜瑪作搦(アマサニイ)、アラビヤ、バビロウニヤ、ジュデヤ、マタスコ、チイペレ、*サントメ、*インデヤ、*ラウ、*チャウ、*コワ、*ハタン、*マロク
	日本渡海停止の国	亜媽港(アマカウ)、呂宋(ロソン)、マンヱイラ、バヽヤン、カベツタ、バカシナシ
欧羅巴《エウロパ》	外　夷①	阿蘭陀(ヲランダ)
	外　夷②	フランカレキ、ズヘイテ、デイヌマルカ、ノルウイキ、ドイチラント、ホウル、ムスカウベヤ、クルウンラント
	外　夷③	アルマニア、ボラニア、ホトリヤ、タニヤ、ゲレジヤ、フランス、ロウマニヤ、イタリヤ、ロウマ、スセリア、イルランタ、北海諸島(ホツカイショタウ)、小人国
	日本渡海停止の国	イスパニヤ、ホルトガル、カステラ、ヱゲレス
利未亜《リミア》	外　夷②	マタカスクル、カアホテホウヌイスフランス、ブラセル、ゲネイヤ、トルケイン
	外　夷③	エジット国、モラコ国、ヘス国、ミデヤ、アビリカ、アビシンイ、モノモタッパ、*カフリ、インコテ、センバ、七島、タメイ
亜墨利加《アメリカ》	外　夷③	ベルウ国、ハラジイル、チイカ(長人国)、バウタン、キンカスラ、マガレカ、モシコ、キビラ、カリフルシア、ノウバアニアン、タゼエル、アベルカン、フレゲニア、ノロンヘルコ、モカウザ、ノウハフランス、イリタテランテ、ソガラ、タルガ、ベコウル、イスハニョウル、クウバ、ガマガ、ハルモタ、無福島(ムフクシマ)、無名島(ムメウシマ)、珊瑚島(サンゴシマ)
墨瓦臘尼加《メカラニカ》	外　夷③	ノウヴァギネヤ、ノウハヲランタ

註　(1)典拠：西川如見『増補華夷通商考』(1708年)(『西川如見遺書』第4編所収による)。

(2)如見は地理的には、世界が、アジア・ヨーロッパ・リミア・アメリカ・メカラニアの5つの大地域(五大州)から成ると見ていた。

(3)ここでいう「人物」は、現在の、「人種」あるいは「民族」にあたる意味の言葉(本文参照)。

(4)如見のいう「外国」とは、「唐土ノ外ナリト云トモ、中華ノ命ニ従ヒ、中華ノ字ヲ用、三教通達ノ国也」。

(5)「外夷①」は、「外国」とともに、「唐人商売往来」するところだが、莫臥爾と阿蘭陀には「唐人往来」なし。ただし、東京・母羅加・暹羅・咬噌吧の4ヵ国には、オランダ人も往来する。

(6)「外夷②」は、「阿蘭陀人商売ニ往来ノ国」。

(7)「外夷③」は、オランダ人は往来しないが、「日本ニ於テ毎毎ニ其名ヲ遍ク知ル処ノ国」(8ヵ国、＊印で示す)、もしくは、「夷狄戎蛮」で、一度も日本に来たことはないが、「唐人紅毛人等ノ説話」によって記すもの。

(8)下線は、『増補華夷通商考』本文中に「天竺」との記載があるもの。

国々の「総名」という呼び方で、この分け方を踏襲している。

「五大州」という呼び方は現代の私たちにも親しいものであるし、なによりも、この呼称から、一八世紀はじめの日本人知識人の地理認識が、ほぼ地球規模にまで広がったことに、気づかされる。ここには、かつての本朝・震旦・天竺という仏教的・観念的な世界観はみられない。これが三者の共通点である。如見・白石・良安の三人の内では、もっとも伝統的な世界観を保持していたとみられる良安ですら、「仏教でいわゆる三千世界とは寓言であって、詳しいことはよく分らない。天文学者連中が用いる地理万国の図は大へん詳細で、邦国も大へんに多くある。けれどもそこに画かれているのは六大州のみである」（巻五五、七頁、以下引用は、平凡社東洋文庫版の島田勇雄他の翻訳による）と述べて、仏教的な世界観を、ヨーロッパ的な地理認識によって否定する姿勢を示す。ほぼ同じ頃、白石が、イタリア人宣教師ジョアン・シドッチを尋問して、有名な、「天文地理の事に至ては、企及ぶべしとも覚えず」（『西洋紀聞』上巻、以下引用は『新井白石全集』第八巻、国書刊行会による、七四八頁）という感想を抱くが、その感想は、良安にもみられるように、当時の知識人にほぼ共通するものだったろう。もちろん、仏教の側からの反撃もあった。しかし例えば、梵暦運動に代表されるそれらの対抗運動も、西洋系の地理学に触発され、あるいは、その成果を取り入れながらなされたのだった。

ただ、この時期の「五大州」は、著者によって内容に振れがある。表8の『増補華夷通商考』では「五大州」だが、『和漢三才図会』は、アメリカを北と南に分けて「六大州」とする（巻五五、地部）。それに対し、白石の『采覧異言』は同じくアメリカを南北に分けながらも、メガラニカは含めないで、「五大州」とする（表9参照）ように。その違いは、「メガラニカ」についてどう判断するかによる。メガラニカを採用していない白石も、マテオ・リッチの「万国坤輿図」等によって、そう呼ばれる地域があり、人によっては「六大州」とする場合もあることは承知していた。た

表9　世界の構造（2）――新井白石の場合

五大州	国　名
欧羅巴《エウロパ》	イタアリア、ローマン、ゼルマアニア、デイヌマルカ、フランデボルコ、ボロニア、ホタラニア、リトニア、スウエイツア、ノルウエーヂア、モスコビア、サクソウニア、シシーリア、イスパニア、ポルトガル、アンダルシア、ガラナアタ、カステイラ、ナハラ、フランス、ヲーランド、アンゲルア、スコッテア、イベリニア、クルウンランデア
利未亜《リビア》	トルカ、カアプトホエスベイ、マダガスカ（サンロレン島）
亜細亜《アジア》	アラビヤ、オルムス、ハルシヤ、モゴル、インデヤ、マラバアル、ゴア、コーチン、セイラン島、ナガパタン、マジリパタン、オレキサ、アラカン、ベンカラ、ベグウ、スイヤム、マロカ、スマアタラ、ボルネヨ、ヤワ、セレベス、マロク、ホルランリアノウワ、ロソン、チイナ、アマカワ、イラステフラモル、ヤアパン、ヱソ、タルタリア
南亜墨利加《ソイデアメリカ》	バラシリア、パタゴラス、チリ、ペルー、アロワカス、カステイラデルヲコ、ホホヤナ、ニカラアグワ、ボンテイラス、ルカタン、ウワテマラ
北亜墨利加《ノオルトアメリカ》	ノヲバイスパニア、ノヲバカラナダ、ニウソイデワアルス、ニウノオルトワアルス、ノヲバフランシヤ、ノーランペイガ、モコサ、アパカル、アパルカン、タゼール、クハ島、スパンヨウラ、カルホルニヤ

註　(1) 典拠：新井白石『采覧異言』(1713年)（『新井白石全集』第4巻所収による）。
　　(2) 国名は、便宜上、本文の漢字表記につけられたカタカナのルビによった。

だし、彼の段階では、この地域については、ヨーロッパの地図や地理書も曖昧で、彼がシドッチの尋問にあたって利用した、いわゆるブラウ図（一六七二年にオランダ人が幕府に献上したヨアン＝ブラウの東西両半球図）にも、[6]「南方一帯の地は、いまだ詳ならずして、其地名をたてしにもあらず」という状態であり、「強て其説を作るべからず」（『西洋紀聞』中巻、七五七頁）と判断されたためだった。合理主義者白石らしい判断といってよいだろう。

『増補華夷通商考』につけられている「地球万国一覧の図」をみればよくわかるのだが、メガラニカは現在のニュー・ギニアやオーストラリア、ニュージーランドにあたる地域で、この部分はほとんど未知のまま残されている。ニュー・ギニア（ノウヴァギネヤ）は、すでに一六世紀前半にポルトガル人によって「発見」され、一五四五年にはスペイン人によって領有された。表8に見られる、「ノウヴァギネヤ」という呼称は、スペイン語による命名にしたがっている。一七世紀の

表 10　世界の構造（3）――寺島良安の場合

範疇	国 ／ 人物
異国人物	震旦（中国、中華、支那）、朝鮮（鮮卑、鶏林）、耽羅（ちんら）（耽牟羅）、兀良哈（おらんかい）、琉球（流虬）、*蝦夷（東夷、獲服（えり）、日高見国）、韃靼（蒙古、北狄、獯鬻（くんいく）、玁狁（けんいん）、匈奴、突厥、契丹、韃子）、女真（女直、粛慎）、*大寃（たいわん）（台湾、東寧、塔曷沙古（たかさご））、交趾（こうち）（安南）、*東京（とんきん）
外夷人物	占城（ちゃんぱん）、紅夷（こうい）、*柬埔寨（かんぼちゃ）、*太泥（たに）、*六甲（ろっこん）（六昆）、満刺加（まろか）、暹羅（しやむろ）、老檛（ろうこ）、賓童竜（ひんとんろん）、呂宋（るそん）、*阿媽港（あまかわ）、*以西巴爾亜（いすはにあ）、真臘（しんろう）、蒲甘（ほかん）、登流眉（とりみ）、訶陵（かりよ）、単馬令（たんばりよう）、爪哇（じやわ）、咬嵧吧（じやがたら）（以下 157 国省略）

註　(1) 典拠：寺島良安著『和漢三才図会』（1713 年）（島田勇雄・竹島淳夫・樋口元巳訳註、平凡社東洋文庫による）。

(2)「範疇」は、原著通り。「外夷」については、「横文字を用い中華の文字を識らない。また物を食べるのに箸を使わず手でつかんで食べる」という説明がある。

(3) 省略した 157 国の内訳は次の通り。

・校註者によって、地名等が比定されているもの 27 ケ国。

・紅夷は、校註者によって、地名等が比定されていない、つまり、架空の存在か、かつて存在したがすでに所在等が不明になっているものなどで、以下省略分は 122 ケ国。

・＊印は、『和漢三才図会』本文の説明に、中国の文献（『三才図会』『大明一統志』など）が引用されていないもの（省略分にはなし）。

・下線は、「天竺」とされているもので、省略分には、次の 8 ケ国がある――注輦（ちゆうれん）、榜葛剌（べんがら）（東印度）、莫臥爾（もうる）、聖多黙（さんとめ）、印第亜（いんでや）、琶牛（べぐう）、天竺（てんじく）、錫蘭山（せいらす）。

はじめにはオランダ人もこの島に到達し、散発的に交易が試みられたものの、長続きはしなかった。また、オーストラリアについては、一五世紀初頭に中国人の船隊が北岸に上陸したのを皮切りに、一七世紀はじめから後半にかけては、オランダ東インド会社の探検隊による局地的上陸が行われた。ニュージーランドもこの探検によって「発見」されている。しかし、その後は一七六九・七〇年にイギリス人のJ・クックが来訪するまで、ヨーロッパ人の到来はなく、イギリスによる囚人の植民が開始されるのは、一七八八年からのことだった。したがって、オーストラリア等の存在が地理的に明確になれば、「五大州」の内容も確定される。実際、渡辺崋山の『外国事情書』（一八三九年）[7]では、地理的探検によって「四方」がすべて明らかになったので、近頃は南北アメリカを一つにし、太平洋の諸島をまとめて、これを「烏鳥斯答刺利」と呼んで、「五大州」に加えるようになったと説明している。

ともあれ、「五大州」の地球的広がりの上に、一二二の「国」あるいは「人物」が展開している。もちろん、如見は、「世界万国悉クハ不レ能レ識、只其大略而已」（以下、如見著書の引用は『西川如見遺書』による、第四編、巻五）というように、これですべての「国」や「人物」を網羅したとは考えていなかったが、どの範囲までを「国」や「人物」として認めるかということは、その著述者の「人間」観に関わる重要な問題だ。このことについては後に『和漢三才図会』の「人物」に関わって触れることにしたい。

3 相対化される「華夷」

さて、それぞれの「国」については、当面問題ないが、「人物」という言葉については説明が必要だろう。ここでいう「人物」は、通常の国語辞典にある、人と物、人間、人柄、人品、すぐれた人、有能な人といった意味ではなく、人種、あるいは民族といった意味である。それは、例えば、次のように使われる。

亜墨利加の人物、その種類一ならず、大抵分れて四種となる、その一は欧羅巴の諸州、伊西把你亜、……来りて住居するものなり、その二を支利与斂といふ、その地の婦女、欧羅巴人と交りて産みたる者なり、その三を尼厄尓私〔黒人〕といふ、その元、亜細亜、亜弗利加の諸国より来りて住居するものなり、その四を洧児埡と云ふ、これは従来の土人にして、はなはだ野鄙麁暴なるものなり、……（兵庫中村屋伊兵衛船永住丸漂民初太郎口述・阿波藩士前川文記録『亜墨新話』一八四四年。以下、漂流記の引用は山下恒夫編『石井研堂これくしょん 江戸漂流記総集』全六巻、日本評論社、一九九二〜九三年—以下研堂と表記し巻数、頁数を記す—による、研堂四、三二四頁）

この事例から、「人物」という言葉のこのような用法は、『華夷通商考』の一七世紀末から、少なくとも、幕末の『亜墨新話』までみられることが明らかになる。また、後に検討する寺島良安の『和漢三才図会』においても、共通していることから、この用法はかなり一般的だったとみてよいだろう。

如見は、「国」、「人物」の「範疇」を、大きく「外国」と「外夷」に分ける。「外国」は、「唐土ノ外ナリト云トモ、中華ノ命ニ従ヒ、中華ノ文字ヲ用、三教通達ノ国也」（『華夷通商考』巻三）。それに対して「外夷」は、「唐土ト差ヒテ皆横文字ノ国也」（同）という。「中華ノ命ニ従ヒ」というのは中国に対する服属を意味し、具体的には冊封関係や朝貢のことをいうのだろう。塚本学は、「外国」の基本的な性格は「文字と礼儀」であると判断したが[(8)]、それが「中華」の「文字」であり、「礼儀」であることを見落としてはならないだろう。如見の「外国」範疇は、中国を中心とし、「文字」・「礼儀」・「三教」において共通性を持つ、政治的文化的地域と考えられた[(9)]。

しかし、表8をみれば明らかなように、その地域は広い世界の中の一部分に過ぎない。中華的な世界そのものが、地球的広がりの中で、いわば量的に相対化されている。さらに、「田舎に京あり、京に田舎あり、中華に夷狄あり、夷狄に中華あり」（『長崎夜話草』巻二、一七二〇年）と観ていた如見には、「外国」と「外夷」の区別は、いわば、質的にも相対化されていた。例えば、「外夷」の一つであるオランダについて、「紅毛国は外夷といやしむといへども忠孝の二つは篤しと見えたり」といい、「殊に孝は自然の天性成ゆへに、世界万国人間の常なるにや」、毎年長崎に来るオランダ人の父母を思う心には切なるものがある、と述べる（『百姓嚢』巻五、一七二一年）。

日本を「夷」とする儒教的、あるいは中華的世界観をいかに克服するかが、当時の日本知識人の思想的営為の主要な課題の一つだった。塚本の指摘するように、その有力な結論の一つが「中国文化の正しさを基本的に承認しつつ、その基準でのすぐれたものが、実は日本に存在することの論証であり、日中両世界を通じての華――礼儀と文字――の世界を設定して、これと異なる世界を夷とする」ということであったとすると[(10)]、「外夷」のなかにも「華」を見出そうとする如見は、同時代の枠を越え、かつ、同時代の有力な思潮と対立するかにみえる。先に引用した彼の文章の

「外夷といやしむといへども」という言い方に、「この時期の通念化した見方」[11]の存在を感知することができる。もちろん、如見は、「君臣、父子、夫婦、兄弟、朋友の五倫」を「万民の教」(『百姓嚢』巻四)とする「中国文化の正しさ」を認めることにおいて人後に落ちないが、それを「人のみにあらず、鳥獣魚虫に至るまで」、あるいは、「外夷」にも認めようとする点に、彼の特色、あるいは外に向けて開かれた眼差しが感じられる。

このような如見の開かれた見方は、表8にみられるように、「外夷」を三種類に分ける姿勢に関連している。註にも示しておいたように、「外夷①」は、「外国」とともに、主に「唐人」が貿易のために往来する所で、「外夷②」はオランダ人が貿易のために往来する所、「外夷③」は、オランダ人は往来しないが、日本ですでにその名が知られている国と、日本に来たことのない「夷狄戎蛮」だが、「唐人紅毛人等ノ説話」によって記すものである。表に登録されている「外夷」は一一三、その内「外夷②」までの四二が、唐人・オランダ人のネットワークを通じて日本とつながっている。これに中華・「外国」の六つを加えれば、全一二二の内四八(三七・二%)の「国」あるいは「人物」と日本はなんらかの関係を持っていることになる。もちろん、その一方で「日本渡海停止ノ国」(一〇ヶ国)があり、そのためにアメリカ大陸との関係も開かれないでいることを見落してはならないだろうが、当面はそれを不足とするほどのこともない[12]。如見が、平和のもとで繁栄する長崎について、「唐土の船のみか戎蛮夷狄の果までも長崎の名かくれなく、年毎に入来る船、今なを多かり」(『長崎夜話草』巻一)と語る現実の基盤がここにある。それは、「年ごとに入くる異し船の物がたりに、万国の人の有さま、山河草木に至るまで珍しくあやしきたぐひ、五十六十の年を積て聞置し事ども多かれ」(同四)というように、彼の好奇心や想像力を刺激して止まなかった。『華夷通商考』と『増補華夷通商考』は、役割としては世界地理書だが、その性格は、標題の通り、長崎を通してみた「華夷」の「通商」(貿易と交流)をテーマとする書物であることを、もう一度想起しよう。

4　「人物」の地平

表8〜10でみたように、『増補華夷通商考』は一二九、『采覧異言』は八二、『和漢三才図会』では一八七と、収録されている「国／人物」の数に大きな違いがある。この違いの主な理由は、先に指摘しておいたように、どの範囲までを「人物」とみなすか、にかかっている。『和漢三才図会』は、明の王圻編『三才図会』（一六〇七年）に登録されている約一六〇の国に、『三才図会』には載っていないが、日本人にとって重要と思われる国約二〇を、『大明一統史』（明王賢らによる勅撰地誌）等によって補っている。明代は成祖永楽帝の積極的な対外政策によって盛んに対外遠征が行われ、内陸ではモンゴリア、タタール、オイラート、さらにシベリア、南部の安南、海上では、インド以西、ペルシャ湾、紅海沿岸からアフリカ東海岸にまでおよび、これらの地域についての実際的な知識が蓄積された時代だった。しかし、良安が下敷にした『三才図会』は、それ以前の古い資料によっているために、それらの知識が反映されていない（竹島淳夫の解説による）。『和漢三才図会』では、表10にみられるように、校注者によって地名等が比定されていないものは一二三（六五・八％）におよぶ。そのなかには、同じ国と思われるものが重複していたり、「飛頭蛮《ろくろくび》」（頭の飛ぶ人）・「狗国《くこく》」（身体は人間で首は狗、言葉は犬の鳴き声に似ている、ただし、妻は人間）・「羽民」（ホホが長く鳥のくちばしをもち、毛羽が生えていて飛ぶことができる、卵生）・「穿胸」（胸に穴のある人々）・「不死国」（長寿で死なない人々）・「長人」（身長三、四丈の人）・「無腹」（腹の無い人）・「女人国」・「小人」など、空想上の、荒唐無稽な国を含んでいたりする。つまり、中国の人々が古代から明代に至るまでの間に書物に書き残した国や人物に、良安独自の知見を加えて成立したのが、『和漢三才図会』の「人物」、特に「外夷人物」だった。

表10からも知られるように、良安も世界の「国／人物」を「異国」と「外夷」に分け、「異国」を漢字文化圏、「外夷」を「横文字を用い中華の文字を知らない」とする点では、如見にほぼ通底している。良安の世界は、如見のそれより一段古いのだから、この二分法は当然だろう。如見の所でみた、塚本のいう、当時の「通念」の存在を裏書きするかのようだ。

しかし、良安が「地部」で紹介している、地球規模の地理的認識を示す「六大州」は、この部分の記述にまったく反映されていない。世界は単に、「異国」と「外夷」の二つの地域によって構成されている、と考えられているかのようだ。内と外という二分法でいえば、「異国」が内で、「外夷」が外ということになる。もちろん、外は単なる外ではなく、同じ「人間」の住む世界でありながら、内を支配している常識や論理の通用しない世界だ。言い換えれば、内の持つ常識を逸脱した身体的特徴や生活形態を持つ「人間」がいて、なんら不思議のない世界だ。そのような感覚は、漂流民の体験の中にも確認される。例えば、「馬丹島」（ルソン島北方のバターン諸島）に漂着した尾張の漂民たちは、原住民の暮しぶりをみて、「芋より外に五穀の類給べ申さず候、人間の様にも御座無く候」という感想を持つ（『馬丹島漂流記』一六七〇年。研堂一、一七六頁）。台湾に漂着した奥州相馬の漂民が、原住民について「惣髪にて、何れも耳へ環を付け、手の指五ツ、足の指三つこれあり」という観察をし、彼らの漂流記をまとめた人物（長崎奉行所の役人か）も、その原住民について「手足の指、三つまたは五つもこれあり」という解説をつける（『十三夜丸台湾漂流記』一七五二年。研堂一、二二九頁）。さらに、フィリピンに漂着した肥後の漂民寿三郎や庄蔵が、上陸して、向こうから近づいてくる「クロンボ」の風体を見て、「コレコソ、ヲニ、マチガイナシ、イヨ〳〵クワレルニ、ソオイナシ」と思う（『漂客寿三郎、庄蔵手簡』一八四二年。研堂四、二一一頁）。この人たちにとって、外は、比較的内に近い「人間」から鬼神のような存在までが棲む、この世ならぬ世界とこの世（内）との間の、境界的な世界と感じられているといってよい。

このような感覚に基づいて描かれる「人物」たちの実在性や空想性を問題にすることには、あまり意味がない。むしろ、これらの境界上にある、あるいはあると信じられた「人物」たちとの関係をどうつけるかという点に、それぞれの個人の「人間」観や世界観が密接に関わるということに注目したい。世界観の質や内容を規定するのは、結局、それぞれの「人間」観だからだ。

その観点から、再び表8〜10をみなおしてみる。いうまでもないことだが、「人間」とそれ以外の存在との境界上に位置する存在に寛容なほど、「国／人物」の数が多い。先に「メカラニカ」の場合でみたように、白石は、曖昧な点はできるだけ排除して、合理的かつ、実際的に事実の「世界」を把握しようとしていた。「鬼神」を論じて、むしろ「菽粟布帛」(日常の食物と衣服)を第一義にすべきという結論を導きだす彼は、「怪力乱神」の類をも、日常の、つまり内の世界が持つ事実の、すなわち形而下の原理によって説明しようとする(「鬼神論」成立年未詳)[13]。彼の形而下の世界へのこだわりは『采覧異言』でも発揮されて、記述は、それぞれの国の、歴史と政治、産物、軍事力、戦争など、形而下の事柄に集中している。その中で、ほとんど唯一、「長人国」については、マテオ・リッチの「万国坤輿図」に記載があるがゆえに言及する。しかしそれも、彼がオランダ人に質問し、現地に行った人の体験談として、実際に姿は見なかったものの、通常の人の二倍ほどの足跡を発見したという、まるで最近のヒマラヤの雪男についてのものでもあるかのような回答を得ているのみだ(『西洋紀聞』中巻)。ともあれ、徹底した合理主義によって、彼の『采覧異言』は、一八世紀はじめの段階での世界観――あるいは像――をリアルに描くことに成功している。一八世紀末、ヨーロッパ勢力との間に緊張関係が生じるにともなって、『采覧異言』が知識人の必読書となり、さらに、山村昌永(一七七〇〜一八〇七)によってその増補版が作られる(一八〇四年)理由もそこにある。[14]

その白石の『采覧異言』の「国／人物」数がやはり、いうまでもなく、一番少なく、如見の『増補華夷通商考』が、ちょうどその中間に位置している。如見は良安ほど寛容ではないが、巻末に「併記」（第四編、巻五）として、「大海ノ中ニ奇怪ノ生類甚多シ」と述べ、「異国人ノ説話」に聞いた、獣のごときものや人のごときもの、あるいは異魚の類を挙げて、「児童ノ啼ヲ止ムルガ為」という。そこで、改めて付図「地球万国一覧の図」（第四編、巻三）をみると、「小人」・「長人国」・「女人」に混じって、「鬼国」・「鬼島」があることに気づく。如見は「人間」界と境を接しながら存在する「鬼神」を排除しきれていない、あるいは、その必要を感じていない。彼の世界では、まだ、いくらか「人間」以外の存在のための居場所が残されていたといってよいだろう。

5　多様な世界観の併存

ここで確認しておきたいのは、同じく儒学的な素養を基盤にしながら、これだけ互いに異なる、あるいは多様な世界観＝人間観が併存しているということだ。その状況を、地理的知識に限定して素描しておこう。一八世紀はじめの日本には、地理的知識に限定してみると、以下の三つの系統があった。

①中国の伝統的な地理的知識、②仏教系の地理的知識、③中国に滞在するイエズス会士の地理的知識。一七世紀も後半になると、この上に、④オランダ経由で入ってくるヨーロッパの地理的知識、が加わることになる。(15)

日本人がいかにして科学的な地理認識を獲得したかという観点からは、③④に学ぶことで①②が克服され、さらに、独自の研究を重ねて高い水準に到達するという筋道が大切にされる。たしかに、その成果の一つである幕府天文方高橋景保（一七八五～一八二九）を中心に編纂・刊行された「新訂万国全図」（一八一〇年）のできばえは現在の私たちをも驚かせるし、当時では世界の水準を抜いていたと評価されてもいる。[16]それ以前にも、司馬江漢（「地球図」一七九二年）や橋本宗吉（「喎蘭新訳地球全図」一七九六年）、桂川甫周（「万国地球全図」一七九二年頃）等の蘭学者たちによって、オランダ版の地球図が和訳・刊行されている。その後も、ひきつづき官・民の手で、新資料に基づく世界図が刊行され、「日本の近代化への道をひらく貴重な知的基盤となった」。[17]如見の『華夷通商考』とその増補版、白石の『采覧異言』は、それぞれの段階と場所で、その過程を準備した。それは、一八世紀の百科全書的、あるいは啓蒙的な地理的知識の段階から、それを越えて学問の専門化へ向かう過程でもあった。[18]

その進歩の筋道からみると、①と②によった良安の仕事だけでなく、主に①と③によった如見の世界地理書は、一八世紀の後半には、早くも色あせてしまったようにみえる。

しかし、それは地理学の進歩という筋道に照らしてのことにすぎなかった。例えば、織田武雄らの編集になる『日本古地図大成　世界図編』の中の「幕末民衆の世界図」をみると、そのことがよくわかる。もちろん「進んだ内容の世界図」に基づくものも刊行されてはいる。しかし、そこでの主役は、明らかに③の系統の長久保赤水（一七一七〜一八〇一）の世界図（「地球万国山海輿地全図説」一七八八年頃）を下敷にしたものだ。もちろん、赤水の図を勝手に変形させてしまっているものも多い。これらの図には、しばしば異国の船や人物が描かれるが、「なかには中国の古書に見える奇怪な空想的人物」をまったく図形の崩れた世界図のなかに配したものや、諸国の住民や風物等を並べた双六もある。織田らはこれらを「通俗的世界図」と呼び、「大衆の知識的水準の低さに迎合して、単なる興味本位の好奇心に訴えようとしたもの」も少なくないという。[19]たしかにそういう点はある。しかし私は、それよりもむしろ、「通俗的世界図」の世界では、如見の世界のみでなく、良安の世界もしっかり生きのびていることに注目したい。

地理的知識に限ってみても、近世には、中世以来の①②と日本人自身の経験の他に、③④が新たに加わった。これらの知識は、それぞれに担い手たちを持っているから、いつも平和に共存していたわけではなく、それぞれの担い手たちの利害をかけた思想的な闘争もあった。その闘争で一見優位を占めるようになっていくのが、蘭学・洋学系の地理的知識なのだが、それは表層でのできごとにすぎないようだ。全体として、日本人の人口の圧倒的多数は、まだだ、在来の世界観に①と②、③の混淆した世界のなかで生きており、そういう彼らの世界と「通俗的世界図」は、共鳴し合う部分が多かったに違いない。

第2節 「華夷」の顚末

1 捉えかえされる「国」と「人物」

先に、西川如見における「外国」と「外夷」の区別を検討して、「外夷」にも人倫を認めようとする如見にあっては、その区別はさほど意味を持たなくなっていたことが、明らかになった。伝統的な華夷観念を相対化することにおいて、かなり徹底していた如見に、本朝・唐・天竺というかつての世界観の枠組みは、どのように捉え直されるのだろうか。彼は、「故郷に自慢あり」として、天竺・唐・本朝それぞれの「自慢」の種を次のように並べてみせる。

天竺は仏国にて、唯我独尊の大国、此外の国々は粟散国也と自慢す。唐土は聖人の国にて天地の中国也、万国第一仁義の国、……といふて自慢す。又日本は神国也、世界の東にありて日輪始て照し給ふ国にて、地霊に人神也、万国第一の国にて、金銀も多し、……此三国、おの〳〵自慢あり。自慢によって其国の作法政道立たり。(『町人嚢』巻二)

この文章からふたつのことが読みとれる。一つは、儒教的世界観（華夷観念）はもちろん、仏教的世界観（日本＝辺土の粟散国）、さらに、日本神国観までも、それぞれの国の「自慢」という形で相対化されていること。二つは、しかし、その「自慢」こそがその国の「作法政道」の基礎として、それなりに積極的に評価されていること。如見のいう「自慢」は、現代ならば、自文化中心の意識（エスノセントリズム）、あるいは、本来の自分（アイデンティティ）というような言葉で表現されるべきもので、少なくとも、これら三つの「国」は、本来的に対等の重みをもって存在すると認識されることになる。

国の「貴賤」（価値）は、それが「天竺」・「唐土」・「本朝」であるということそれ自体にはない。その国の「開基先後」（歴史の古さ）にもなく（『町人嚢底払』巻下、一七一九年）、国土の大きさにもなく（『日本水土考』一七〇〇年）、「繁華」によっても決まらない。むしろ「飢寒の民なく乞丐なきを上国とすべし」（『町人嚢底払』巻下）。つまり、その国の「作法政道」のあり方如何である。その観点から、彼は日本をこう評価する。

（将軍家を公儀と呼ぶのは—筆者註）将軍家は天子の御名代に成給ひて、天下の政道をつかさどり給ふ故也。天子将軍いづれも天道にしたがひ給ひて法度禁制を立給ひ、四民は天子将軍にしたがひ奉て、法度禁制を慎み守りて天下太平也。其法度禁制は何事ぞと尋れば、一切の悪行なり。悪行の第一は何事ぞといへば、乱逆也。乱逆の始は何ぞと云に一の奢也。……此天理の法度禁制は、万代不易の定法にて、日本はいふに及ばず、唐・天竺・阿蘭陀国といふ共かはりなかるべし。（『町人嚢』巻五）

ここでは三つのことが述べられている。一つは、日本が「政道」（法度禁制）の立った「天下太平」の国であること、言い換えれば、天皇から四民に至るまで、その分に応じて秩序が守られている平和な国であること。二つは、「政道」の基本は、一切の「悪行」を禁じることであり、「悪行」の第一は「乱逆」であること。「乱逆」の代表的な例として、彼は島原・天草一揆を念頭においている。この一揆の原因が、領主の苛政に触れながらも、結局は、立ち上がった「百姓」達の「我慢邪慢の心」（慢心）に帰され、「未来の安楽をねがはゞ、先現在の安心を専らとすべし。これ四民の肝要なり」と結ばれる（『百姓嚢』巻二）。三つは、「悪行」を禁止する「法度禁制」は「万代不易」であるとともに、「唐・天竺・阿蘭陀」にも通用する、普遍的なものであること。この普遍性の感覚は、白石にも通底する。正徳新例の信牌制度が清朝の体面を犯すとして清の朝廷で問題になり、発足間もない新例そのものの存続が問題になったことは、よく知られている。その時白石は、「天下之悪は一つに候へば、何国にても、私商売等の事は制禁有之事に候」と述べ（「唐通事共内々のごとくして書付、李韜士へ見せ渡すべく候草案」一七一六年、『華夷変態』巻三五）、そのために制定した正徳新例の国際的な正当性と、一国が独自に法を立てることの本来的な正当性を主張して譲らなかった。

　国家の普遍性に立脚して論じる点では、如見も白石に通じる。しかしその一方で、彼は日本が神国であることを論じる。その論理を支えるのが水土論である。彼の水土論は、日本の地理方位を陰陽五行によって解釈することで得られた。日本が「上国」であるのも、物産が豊かであり、日本人が「仁愛之心」や「勇武之意」に富み、女性の「美容端麗」なる者や「孝順貞烈」なる者が多いのも、その方位による。日本が「神国」であるのも「水土自然之理」だという。また、「日本ノ皇統」が開闢以来当時にいたるまで変わらないのは、万国のうち唯一日本だけだが、これも「水土ノ神妙」による。日本が周辺諸国からの侵略を心配しなくていいのも、周囲を海に囲まれて、「要害」が万国にすぐれているからにほかならない（『日本水土考』）。一読して、風土決定論である。如見の世界地理認識は、日本＝神国論を根拠づけるための道具立てにすぎないのではないかという八木清治の印象も、うなずける。[20] しかし、「末代儒仏の書多くなり、唐土天竺の学を翫ぶ人多くなり」、このままでは「やまとだましゐをば失ひてんやとおそれいぶかる」ことや、「唐土も日本も末代の風俗甚文華になりて、古礼故実を失ふ事多し」というところをみると（『町人嚢底払』巻下)、むしろ、本然の姿に立ち帰るための努力が要請されている。

以上の検討から、如見は、国家が二つの要素から構成されていると考えていることが明らかになった。一つは、国家秩序を実現するための「政道」。もう一つは、その国家が置かれている地域の「水土」。そして、その「水土」に則った「政道」を立てているか否かが、最終的な国家の評価の基準となる。その点からみて、「国天下」が「北狄の有」となった中国や、「近代他邦の為に奪ひ併せられし国」の多い「天竺」には問題が多いのに対して(『町人嚢底払』巻下)、近世の日本国家には及第点を与えることができるというのが、如見の立場だった。

如見が、各国家の評価にあたって普遍と特殊の二元的な立場をとるのは、「人間」についても同じだった。普遍的な立場を代表しているのが、「五倫」である。「五倫」というのは、「君臣、父子、夫婦、兄弟、朋友」の五つの守るべき道のことで、「万民の教」とされる。しかし、先にみたように、彼は、「人は万物の霊なるゆへに、五倫の道に全く厚し」といいながら、「五倫」そのものは、「人のみにあらず、鳥獣魚虫に至るまで」認めようとする(『百姓嚢』巻四)。もちろん、「外夷」のなかにも、オランダ人のように、「忠孝」に厚い者もある(『百姓嚢』巻五)。したがって、「五倫」の観点からすれば、「人は万物の霊なれども、鳥獣に及ざる事多し」(『百姓嚢』巻二)。「人」は自ら生きとし生けるものの霊長をもって任じているが、それも「人」の勝手な「自慢」にすぎない(『町人嚢』巻二)。人間が人間であることだけでは存在の至高性を主張できないのと同様に、人はその出自だけで価値が決まるものでもない。何よりも人は氏より育ちであり(其始、尊卑の隔なく都鄙のかはりなし。しかれ共出胎已後、漸々習ひ染る処によって、尊卑都鄙の品相分る)、本来人間に「貴賤の差別」はないのだ(『町人嚢』巻四)。こうして、国と同様に、「人間」も、古い価値観から解放される。

それに対し、特殊は、「人倫」という言葉で代表される。「五倫」が「世界万国人間の常」であるとすると、「人倫」

は「世界万国の風俗法」ということができようか（『百姓囊』巻五）。それぞれの民族に固有な文化、社会の形態や衣食住のあり方などのことだ。この点には、国の場合と同様に「水土」が関わることになる。日本人が優れた資質を持つとされていたのは、先にみた通り。世界の「人物」の評価にあたっては、「華夷」ではなく、この「人倫」が基準にされている。例えば、「中華」の中でも、雲南省については「人物風俗少賤キ也」（第四編、巻二）とし、「外国」の範疇に入る台湾の原住民については、「人物甚卑シク常ニ裸ニテ猟ヲ専ト」（第四編、巻三）としていると書く。朝鮮については、この国の「儒道」を尊重することは「中華」以上であり、「中華」ではすでに絶えてしまった「儒ノ古法」が残っている、また、「人物」は質素で長命な国であると、「中華」よりも高い評価を与える。このような評価の仕方は、「外夷」の国々についても同じである。「人物」の賤しい国や、「風俗人倫ノ作法ニ非ス」といわれる国がある半面、「上国」で、「国人」は正直でよく国法を守るといわれる国もある（『増補華夷通商考』）。つまり「華夷」などの古い価値観から離れた時に、それに代る評価の基準として浮上したのが、その「人物」がどのような状態であるかということ、すなわち、「人倫」だった。

しかし、「人倫」についての判断は、とりあえずは、自分たちの「人倫」を基準にしてしかなされない。例えば、如見が、オランダ人や琉球・台湾人は肉食をするから短命だという時（『町人囊底払』巻下）、また、裸やはだしで暮らす人々を卑しいとみなす時に、そのきらいは無いだろうか。そしてその判断は、当時の常識と重なる部分が多い。肉食については、例えば、漂着先の朝鮮や中国で、漂民たちが、現地の人たちと相撲をとって、相手の弱さに、肉食のために体力がないのだろうと考える事例がある。また、漂着先の人々の暮しぶりをみて、「人間」のようでないと感じる事例については、先に例示した通りだ。つまり、如見の「人間」観は、「五倫」という普遍によって古い価値観から解放されながら、「人倫」という常識に回帰するのだった。こうして、彼の「人間」観は、いわば、普遍と特殊の間で揺れるということになる。

如見の国家観、人間観が、次の世代にどのように受け継がれていくのかは、まだ検討していない。しかし、彼の見方の特徴は、次に検討する中国に対する日本人の評価やイメージの変遷の中に、明確にみてとれるように思われる。

2　「中華」から「支那」へ

かつて、中国を示すためにつかわれた「支那」という言葉は、現在、蔑称、あるいは蔑称に近い言葉として、一般に使用が憚られている。この言葉が、単に中国を示す、比較的ニュートラルな言葉から、蔑称に変わっていくのは近代に入ってからのことだが(21)、それは近世からはじまった一連の歴史的な過程の、ある帰結でもあった。ここでは、その過程を整理しておこう。

すでに西川如見の場合にみたように、一七世紀末から一八世紀はじめにかけての時期で、中国を価値の源泉とする伝統的な華夷観念は相対化されていた。しかし、その相対化は、塚本にしたがえば、「中国文化の正しさを基本的に承認しつつ、その基準でのすぐれたものが、実は日本に存在すること」を「論証」するという、かなり屈折した手続きを経なければならなかった。正しい「中国文化」とは、如見の場合を例にとれば、「人倫」(＝五倫)ということになろうか。その普遍的なものが「中華」の独占でなく、日本や「外夷」にもあるという如見の発見は、どこから来たのだろうか。

一つは、先にみたように、彼自身の、長崎を通しての経験や見聞、さらには天文暦算の素養によるだろう。しかし、それだけではないのではないか。

もう一つは、明清交代という、東アジア全域を襲った大事件だったと考えられる。周辺諸国の、とりわけ支配層は、この事件を「華」が「夷」に変わる（華夷変態）と深刻に受け止めたが、むしろ波及効果としては、伝統的な中華主義からの周辺諸民族の解放をもたらしたのではなかったか。これを機に、朝鮮でもヴェトナムでも、小中華意識が高揚することになる。(22) 如見は、明代に「唐土」の学術は「全備」したが、「国天下は又北狄の有となれる事甚いぶかしき事」だ、「しからば書籍文筆国土に充満して、世界第一の上国たる学術、其徳用はいづくぞや」と述べて（『町人嚢底払』巻下）、中国が「中華」であることの意味を問い直そうとする。その結論の一つが、「中華に夷狄あり、夷狄に中華あり」（『長崎夜話草』巻二）ということだったにちがいない。もう一つの結論が、先にみたように、「神国」、あるいは「武国」として「世界第一」である日本の発見だった。如見の思想形成に、「華夷変態」がどのように作用したかがよくわかる。一九世紀に入っても、例えば、渡辺崋山は「世運り風移る」事例の一つとして、「華夏擾れて戎狄となる」こと（華夷変態）をあげている（『鴃舌或問』一八三八年。岩波日本思想大系五五、七八頁）。おそらく、決まり文句としてこういう言いまわしがあったのだと思われるが、とすれば、それだけこの事件の衝撃は深かったといってよい。

しかし如見自身は、「中華」の価値観の普遍性は疑っておらず、それゆえに、その善美なるものが日本や「外夷」にもあること、さらには日本の内でも京ばかりでなく長崎のような田舎にもあることの検証に力を尽くしたのだった。彼は、枠組みとしての中華的秩序や、それを支える中華意識そのものを否定したのではなかった。したがって、中華、あるいは中国という呼称を残してはいる。しかしその用法は、著作によってばらつきがある。例えば、『華夷通商考』では、「中華」と中国それ自体を呼ぶ時に使っているのは、先にみた通り。しかし後期のものでは、中国それ自体を呼ぶ時には、ほとんど例外なく、「唐土」、「唐土《もろこし》」、「もろこし」か、歴代王朝名で呼び、「中華」・「中国」はまず使わない。つまり、「中華」という概念が中国という特定の国、あるいは国土と切り離され、ある抽象的な概念になりつつあるといってよいだろう。

さらに、一八世紀も半ばをすぎると、中国の文化的な優越性や、それを前提にした華夷的な意識すら疑われるようになる。例えば、杉田玄白は次のようにいう。

けだし支那の古聖・先王の、国を興し礼楽を立て、華を貴び夷を卑しむるは、俗をして混ぜしめず、以て民の坊となすなり。……それ礼楽文物は、以て尊卑を分かたんとなすなり。何れの国か尊卑なからん。何れの国か礼楽なからん。……その制のおのおの異なるは、土地の寒温と時代の風俗に従ふなり。（『狂医之言』一七七五年。岩波日本思想大系六四、二二八〜二二九頁）

この段階にいたると、そのような価値観を内包した「中華」あるいは「中国」というような呼称そのものが、批判にさらされることになる。大槻玄沢はいう。

それ天地人才、誰かその至りを窮め、誰かその地を定めんや。支那は一辺に僻在せるに、独り中国と称す。驕みづから限るのみ。然れども朝貢の諸邦、その敖称に従ふは、或いはその宜しきなり。（『蘭学階梯』一七八三年。岩波日本思想大系六四、三三一七頁）

中国に朝貢しているほどの国ならば、「中国」等という「敬称」を使うのもよいだろうが、そうではない日本にはふさわしくないというのだ。その代わりに使われるようになったのが、支那という呼称だった。玄白も玄沢も、先の引用文で、この呼称を使っている。

支那という呼称自体は、『今昔物語集』にもみられるように、古いものだ。白石の『采覧異言』や『西洋紀聞』でも使用されており、富永仲基も『出定後話』（一七四五年）で使っている。しかし、意識的に、他の呼称を排除するような形で使い始めたのは、蘭学者たちだった。その理由を前野良沢は、次のように説明する。

「シナ」ト云ハ、欧羅巴及ビ印度等諸々西土ノ邦ヨリ称スル所ニシテ、即チ吾が邦ヨリ「モロコシ」ト呼ブガ如ク、古今ノ通称ナリ。故ニ予コレヲ以テ称ス。(『管蠡秘言』一七七七年。岩波日本思想大系六四、一四二頁)

一見、「古今ノ通称」としてニュートラルな呼称を選んだように読める。しかし、先の玄白や玄沢の文章とあわせてみると、この選択自体に、中国文化からの自立の意識が込められていることが読みとれる。この呼称がオランダ語のシーナ（China）の訳語として好まれた、という事情もあったろう。

もちろん、中国文化からの自立とはいっても、蘭学者たちも、依然として漢字は捨てなかった。彼らの思想や様々な実学的著作も、漢文で書かれることが多く、それが国学者たちに皮肉られることにもなるのだが、言い換えれば、漢文を含めた漢学的な素養は、それだけ彼らの血肉化していたともいえる。その間の事情は、彼らを皮肉った国学者たちにもあてはまることだった。

「中華」・「中国」等という呼称を批判したのは、蘭学者たちだけではなく、本居宣長たち国学者も同様だった。宣長は、「中華」・「中国」等の呼称を批判するだけでなく、「震旦」・「支那」も、よりましではあるけれども、「西の方なる国より、つけたる名」なので、「もろこし」(字には頓着しない)が望ましいという(『玉勝間』一七九四年。岩波日本思想大系四〇、三六五〜三六六頁)。

松平定信も「漢土の事をさま〳〵に称して、中華中土などいふはこのまず、震旦支那などは猶ゆるすべし」(『退閑雑記』巻七、一七九七年。続日本随筆大成六、一二〇頁)と言い、司馬江漢は「支那《カラ》」(『和蘭天説』一七九五年)、また、戯作『和唐珍解』(唐来参名著、一七八五年)は「支那《もろこし》」という表記法を採っている。

こうして、中国の文化的優越、あるいは中華意識を承認しない人達によって、「中華」や「中国」という呼称が排され、替わりに、支那、あるいはもろこしという呼称が採用された。

以上の過程は、主に日本知識人の中国に対する意識や姿勢の変化であり、中国自体は、明清交代以後基本的には変わっていない。ところが、アヘン戦争以後は、中国とこの国を取り巻く国際的環境自体が大きく変わってしまい、それにともなって日本人の中国や中国人に対する評価も変化していく。

例えば、一八五〇（嘉永三）年、摂州樽廻船栄力丸で遭難、漂流の後アメリカ商船に救助されたジョセフ＝ヒコ（浜田彦蔵）の「支那」体験を見よう。彼は、軍艦セント・メリー号へ乗組んだ時の体験を、次のように語る（『漂流記』一八六三年。研堂五、三七二頁）。

漂流以来、移り来れる船、何れも懇切にて、万事差支へはなかりしに、この船（軍艦セント・メリー号―筆者註）に移りし後は、諸事取扱ひ悪しく、米など一粒も呉れず、マタロスの食を呉れ、或る時は怒つて足蹴にすることありて、我々怨みを生じ不平を抱き、ゆく末如何と心労せり、この軍艦の取扱ひの悪しきは、支那人を常に取扱ひなれし舟にて、この例にならふが故なり、支那の国風として、外国を賤しめ無礼を為すを、国威と心得違ひを致すによって、万国の人、又恒の支那人を扱ふには無体粗陋なり、

彼らが苛酷な取り扱いを受けたのは、中国人並の扱いだったためで、それはもともと、外国を粗末に扱う中国の「国風」の報いである、というのだ。清の華夷主義的な対外姿勢に対する非難に、例えば、ペリーの一八五六年の意見書（「ペリー提督意見書」[23]）と同様の、欧米列強の強引な武力外交を正当化する論理が響いているのを感じることができる。また、サンドイッチ島については、次のように述べる（研堂五、三九二頁）。

この島人は黒色にして賤しく、人種におゐては支那人と並べいふべき者にあらず、且つ小島にて国威もなし、然れども、国政は万国普通の法なる故に、英、仏、亜の如き強国の民にても、法外のことあれば、土人裁判してこ

れを罪すといへども、異論起らず、これ各国に和親して国政公平なる故に、各にらみあいにて、小国とあなどること能はず、支那は万国より先に開け、国大にして、人物も雅地〔致〕有りて賤しからず、然れども、自負はなはだしく、他の美事に心つかず、各国へ対して、無礼を行ふて国威と心得たるより、英仏の争戦（アロー戦争）起りたる時も、支那を助くる国なく、遂に大敗をなして、万国にいやしめ軽ろんぜられ、今日に至りては、万国の人民、同等の交りをなさず、法教、国政の大切なること知るべし。

尊大な態度のために国際社会で孤立し、戦争に負けて「万国にいやしめ軽ろんぜられ」、国際的な地位という点ではサンドイッチ島（ハワイ）よりも劣る中国。その国際的な地位を象徴するかのような、欧米人による中国人の取り扱い。こうして、現実の見聞を通しても、近代の「支那」が準備されていった。

3　肥大化する神国観

伝統的な三国観を解体させる要因には、次の三つの契機があった。一つは、地理認識の拡大。二つは、世界情勢の変化と、それにともなう唐・天竺の地位の低下。三つは、日本人自身の自信や自負の肥大化。先にみた、中国の「中華」・「中国」呼称の忌避から「支那」呼称への転換には、特に三つ目の要因が強く作用しているだろう。

それを端的に示しているのが、「神国」観の鼓吹だ。その信奉者にとっては、漂流民の送還という事実までも、「神国」の証だった。奥州名取郡閖上村彦十郎船大乗丸の安南漂流記『南瓢記』（柳枝軒静之著、一七九七年の中野煥の序、公刊された唯一の木版本、小説仕立、一七九八年刊、翌年発禁）は、次のように述べる（研堂二、四〇三頁）。

彼是霜月上旬まで、この地にありて、三か年の星霜を経、再び我国へ無事に送り返せしも、誠に神国のいとく〔威徳〕成

りけり、

著者の柳枝軒がどのような人物かは未詳だが、このような感性にとっては、日本の貧弱な航海術も「神国」の証と受け止められた。尾張名古屋の督乗丸船頭重吉は、一八一三（文化一〇）年に漂流、一年四ヶ月（四八四日）の後、イギリス船フォレスタ号により救出され、当時スペイン領だったカリフォルニアに上陸、その後露米会社の本拠地シトカを経て、一八一六年に帰還した。その記録『船長日記』の編者池田寛親（磐城相馬藩士、次いで三河新城領主菅沼氏用人、後に幕臣新見正路の家老）は次のように述べる（研堂三、二二八〜二二九頁）。

惣じて、異国の船は、万国の地理にくわしく、磁石と天文とを以て、万事をはかり知る事なるを、本朝の船乗りは、さる業《わざ》は知らず、何事もこの紙鬮を以て太神宮の神勅を伺ひて、事を斗るなり、……この御告げいさゝかたがふ事なし、されば、日本の船の船頭は、太神宮の神託のみにて、船を乗得る事なり、と重吉はいへり、神国のかしこさ、尊ぶべき事になん。

この記録の「序」は本居大平が書き、跋を書いた中山美石は編者寛親の永年の朋友で、大平門下だったということから、彼も国学を信奉していたと考えられている。

とは言え、このような意識は、もちろん国学者にかぎらなかった。イサーク・ティチングは、その著書『日本風俗図誌』（一八二二年）において、次のように述べている（新異国叢書七、沼田次郎訳、雄松堂書店、一九七〇年、二六七頁）。

身分高く実際政治にも通じている日本人の多くは、なお日本をもって世界第一の国と考えており、国外で起っている事件にはほとんど注意を払わないが、このような人々は、開けた考えをもつ人々から「井の中の蛙 Inooet-zi-no-kajerou」という比喩的表現で呼ばれている。

日本を世界第一と考えるという志向は「神国観」そのものだが、それは、実は「開明的」な人々にも、共有されていた。例えば、蘭学者の高野長英も、次のように、自らの神国観を吐露している。

夫皇国は、開闢来今に至る迄、凡そ弐千三、四百年にして、儒仏の学行れてより、既に千六、七百年、上は天子より、下は庶人に至る迄、此弐学を尊奉せざる者なく、伝習の久しき、儒は半ば支那人にして、僧は殆ど印度人也。然れ共、人只其学を奉じて其国を不慕。未だ其国を以て支那・印度に臣たらず〈只足利義満公明の封を受く。我国開闢来の恥辱とす〉。未だ一人の皇国を叛きて外国に降る者を不レ聞《カ》。而して皇統連綿、至レ今百二十有一世、上は至仁《しじん》に渡らせ給へば、下は忠節を重んじ、東方滄溟の中に孤立して、永く帝国と仰がれ給ふ、実に目出度神国也。(『わすれがたみ』一八三九年。岩波日本思想大系五五、一八二頁)

このような認識は、世界の地理や国際情勢に通じればそれだけ増幅される一面を持っていた。それを端的に示すのが、「神国観」と日本=「小国観」の結合である。例えば、『環海異聞』の編者大槻玄沢は、津太夫の「インペラトリ帝爵　帝号の国は、世界の中四ケ所有」という言葉に注釈して、日本・ロシア・支那・ゼルマニア・トルコ・インドの六国をあげて、次のような説明をつける(研堂六、五五九頁)。

我日本は異域に比すれば、土壌狭小なりといへども、皇統一世万古不易、帝爵の国号にして、他の諸邦に優れるもの、外域のもつとも尊重畏服する所以なり、

日本が小国という認識は、新井白石が「我国、東に僻りて最小しき也」(『西洋紀聞』下巻、七七九頁)と述べ、近松文左衛門が「小国なれども日本は男も女も義は捨てず」(『国性爺合戦』一七一五年。岩波日本古典文学大系五〇、二六二頁)というように早くからあった。それは伝統的な三国観に根を持っており、本来、否定的な文脈だった。近松の台詞の中にすでにそれが肯定的な文脈に置き直されているのをみることができる。

その肯定的な文脈は、世界地理や国際情勢についての知識の増大によって、ますます増幅されていく。その思考回

路は、パリから船で日本に帰国する道すがら、ヨーロッパ列強の植民地となっている国や民族の実態を自ら見聞して、独立を保持し得た日本に深く安堵する島崎藤村や、(24)修学旅行等で東南アジア諸国に行き、改めて日本に生まれてよかったとの印象を強めて帰ってくる大学生などの安堵感によく似ている。外の世界との接触や知識の増大は、それだけでは、かならずしも、対象と自己に対する認識を深めるとはかぎらないのである。

4　漂流民の選択

漂流民の帰国を「神国」の証とみる知識人たちがいたことは、先にみた通りだ。また、漂民たちが自ら「神国」日本へ帰ることを望んだと述べるものもある（『馬丹島漂流記』一六七〇年）。しかしそれは、記録者の意識ではあっても、かならずしも、漂流民たちの気持ちそのものではないはずだ。ここでは、そのような漂流民たちの気持ちに接近することを試みて、この節の結びとしたい。

次の史料は、一八五〇（嘉永三）年に遭難、漂流した紀州日高の廻船天寿丸の船頭虎吉らが、米捕鯨船に救助され帰国するまでのうち、ハワイのオアフ島で土佐の漁民たちと出会った時の記録だ。この漁民たちが、ジョン＝マンジロウ（中浜万次郎）とともに漂流した伝蔵たちである。長くなるが引用する（『紀州船米国漂流記』一八五四年。研堂五、二六〇～二六一頁）。

始終を具さに聞取り、漂人〔虎吉〕等尋ねて、其許等は故郷へ帰るべき方便知らざると云ふ事如何、この処より、何卒便りを得て、以前の両客のごとく、支那へ渡りたらば、かの国より年々両度、我が日本へ通商有り、和蘭陀よりも通商の渡海有り、既に熊野の善助等、唐船に送られ、先年無事に帰朝仕りたり、其許等も唐土、和蘭陀、日本へ通商の渡海ある事を知らず哉と申しければ、彼の者ども、手を打ちて、左様の儀有る事をば、我々は無筆文盲の者なれば、夢にも知らずと答ふ。

漂人〔虎吉〕又尋ねて、この島は如何《いか》成る処ぞと申しければ、土佐人答へて、この処は随分宜しき地なり、年中じゅばん一枚あれば、外に衣服はいらず、食物も我国と格別劣りたる事なしと言ふ故、漂人等怪しみ思ひて、この僻島の貧地、我が日本にさして変りなしとは、如何成る事に候哉と、其許等、故郷にてもかくの如く芋ばかり食ふていたる哉、誠に悲しき人々なり、今日我人の見る処、我が日本とこのワフゥと、日を同して語るべき国にあらず、我が神国の威名、強盛成る事、世界第一にして、五穀豊饒、武備武芸の精練、諸製作の良好、中々諸外国の及ぶべき所にあらず……、三都〔江戸、大坂、京都〕はケ様〳〵、我が紀州はケ様の地にて、我等未だこの僻島の如き不自由なる処を見聞きもせざる所なり、と申し諭しければ、初めて暁り、我等片田舎に生れて外を知らず、我が里に在りて都有る事を知らず、明け暮れ海中に有りて釣船業として、朝夕他を見る暇なく、幼少よりいろはの仮名手本一つ習はず、一字不知の明盲らにて、我等国豊饒なる事を分暁せず、今まで帰朝の道有る事も暁らず、うかりとして徒に暮せし事は遺恨なりとて、故郷を慕ひ、帰国の心を発しけるとぞ。

話の筋は、ハワイでの生活にほぼ満足している土佐人たちに、神国日本のありがたさを話して聞かせて、ほぼ諦めていた帰国の気持ちを起こさせたというものだ。同じ民衆といいながら、船乗りと漁民とでは、教養や意識があまりにも違うことに啞然とさせられるが、それについては「おわりに」で考えよう。ここでは、土佐の漁民たちと虎吉ら紀州の船乗りたちの、日本に対する意識の違いに注目したい。虎吉らが帰国することを当然と考えているのに対して、土佐人たちは、永住のつもりだった。彼らは、一八四一年に漂流、アメリカの捕鯨船に救助されて、その年の末にハワイ、オアフ島のホノルルに上陸した。紀州の船乗りたちに出会ったのは、それからほぼ九年後だった。

実は、その間に、彼ら五人の内三人は、ハワイの憲法と法律を守ることと、カメハメハ一世への忠誠を誓って、正式に帰化の手続きを済ませていた。帰化の手続きは一八四四年から四七年の間になされた。その内二人は、現地の女性と結婚しており、その内の一人五右衛門は、ハワイに妻を残したまま、伝蔵と万次郎の帰国に同行し、そのまま日本に留まって死亡している(25)。

漂流記を読んでいると、このような事例に出会うことがままある。帰国を断念するか、積極的に漂着先に永住することを選ぶ漂流民も、さほど多くはないが、存在した。これは、例えば、偶然が重なったとはいえ、一八世紀半ばに、大坂・京都から長崎、対馬、釜山倭館を経て、朝鮮の下級官吏と昵懇になり、ついにはその婿になった男の話に通じるものがある(26)。

これらの事例からまず、漂流民にとって帰国は唯一の選択肢ではなく、いくつかの可能性の内の一つだったことが確認できる。数多く書かれた漂流記は、無事帰国した人たちだけの記録であることに、改めて思い至らされる。それでも、それらの記事のなかに、漂着先の女性と結婚したり、やむなくキリスト教徒になったりして、帰国を断念する人たちが見え隠れしている。

次に、彼らの選択には、それぞれの生活の内容やレヴェルが大きく作用するらしいこと。土佐人たちは、ハワイでの生活も食物も、日本でのそれと大差ないので、ハワイに定住することにさして抵抗もなかった。諦めがついた、といってよいかもしれない。ところが、その生活が、虎吉ら船乗りには耐えられなかった。「其許等、故郷にてもかくの如く芋ばかり食ふていたる哉」という虎吉の言葉が、多くを物語っている。

三つめに、虎吉が披瀝した「神国」観の、それぞれにとっての意味が問題となる。虎吉は、これだけの内容のことが語れるだけの教養と見聞の広さがある。一方で、無筆文盲の土佐人たちには、話された内容を理解することすら難しかっただろう。記録では、土佐人たちが帰国を決意するのは、あたかも日本＝「神国」観に感じたためであるかのような語り口になっている。しかし、この文章を丹念に読んでみれば、彼らが帰国を決意したのは、引用文のはじめのパラグラフにあるように、「帰朝の道」があることを知らされたためであろうと、推測できる。苦労して帰国し、漂流記を残した人たちは、漁民ではなくほとんどが船乗りであることを銘記しよう。彼らは、漁民たちと違い、日本へ帰るためのルートが開いていることを、あらかじめ知っていたのだった。

彼らの帰国のための苦労を支えた望郷の念の内容は、どのようなものだったのか。長い旅の果てに、ラックスマンに送還されて帰国した大黒屋光太夫に対して、将軍家斉を前に、松平定信が同様の質問をしている。光太夫の答は次のようなものだった（『大黒屋光太夫ロシア漂流一件』一七九三年。研堂三、一〇五〜一〇六頁）。

恐れながら、本国に老母、妻子、兄弟共も御座候へば、恩愛の情相忘れがたく、その上、食物等も不自由にて、難儀仕り候のみならず、第一言語明白に相通じ兼、朝暮、心に任せざる事勝に御座候に付き、身命を擲ち、ひたすらに帰国仕りたき段、相願ひ候事に御座候。

まず第一に「恩愛の情」（肉親への愛）、次に、食物と言葉という、生活上の問題。言葉は覚えたのではないのか、という質問に対しては、次のように答える。

これ迄も聞きとりにて御座候へば、誠に以て万分の一にて、まさかの処に至り候ては、一向通弁仕り候事相成り兼、何角に付けて、不便利なる事のみに御座候、只うへこゞへ申さず候ほどの用をば、相済し候事に御座候。

すなわち、言葉は覚えたとしても、簡単な日常の用を弁ずることができる程度だった、と。

光太夫の回答は率直だ。彼の回答のどこにも国家は出てこない。生死のぎりぎりの所で、彼らに帰国を選ばせるのは、それまでの彼ら自身の生活の回復への意欲だった。異郷の地で帰国のために辛酸を嘗めている彼らに、わずかの救援の手を延ばすことのない「神国」のありがたみなどは、遠い幻にすぎなかったに相違ない。

おわりに——民衆の位相——

本章を閉じるにあたって、もう一度、先の、紀州の船乗りと土佐の漁民の落差に立ち戻ろう。同じ民衆でありながら、両者の落差は大きい。船乗りたちは、「神国」観というお仕着せではあっても、日本の国際的な地位を語り、毎年長崎に「支那」やオランダの貿易船が通っており、「支那」まで辿り着けばその便を利用して帰国できることを知っていた。国内での紀州の位置や三都について説明することができるだけの、教養と見聞を身につけている。他方、土佐の漁民たちは、生れ育った土地と漁業しか知らず、「仮名手本一つ習はず、一字不知の明盲ら」である。虎吉たちは、帰国の途中に中国の港乍浦《さほ》で、中国に漂着した五島の漁民甚五郎に会ったが、甚五郎も読み書きができず、恥をかいたことが度々だったといい、彼らに字を習い、一心不乱に手習をしている。つまり、これらの事例にみられる漁民と船乗りの格差は、特殊な事例ではなく、かなり一般的だったのではないか。同じく民衆といいながら、実態は多様だというのが、この事例から導きだされる論点の一つとなる。

多様さということでいえば、同じ船乗りでも、船頭と水主とでは、また大きな違いがある。例えば、大黒屋光太夫は船頭だったが、彼が情報を提供して、桂川甫周（一七五一～一八〇九）が作成した『北槎聞略』（一七九四年）は、驚くほど詳細な内容を持ち、何よりそこには光太夫の強靭な好奇心が活きづいている。他方、それからほぼ一〇年後に、ロシア使節レザノフによって返還された津大夫たちは水主であり、彼らからの聞き取りを基礎にして、大槻茂質（玄沢、一七五七～一八二七）らによって作成された『環海異聞』（一八〇七年）は、玄沢らの意気込みと、一行が世界一周して来日しているという余慶にもかかわらず、いまひとつ記述に精彩がない。その理由の一つは、玄沢が津大夫達を「愚陋無識の雑民等」とののしったように、彼らが、ロシア本土でも、帰路の海路でも、ただ漠然と眺めてきただけで、詳しいことはわからず、疎漏なことばかりだったからだ（同序例附言、研堂六、七四頁）。

もちろん、津大夫が帰国時に六一歳という、当時としては高齢だったというような、個別の事情もいくらかは関わっていようが、主要には、船頭と水主という社会的立場や資質の違いによるのではないか。

このような資質の違いまで含んだ多様性を念頭に置きながら、光太夫と津大夫、紀州の虎吉と土佐の漁民たちの落差を考えると、その落差は、すでに領主と光太夫・虎吉との格差よりも、大きいのではないかと思えてくる。つまり、民衆のなかの情報を持つ者と、領主との差が小さくなる一方で、民衆のなかの持てる者と持たざる者との格差が広がってきているのではないか。

近世のはじめから一七・一八世紀の交頃までは、領主と民衆との持てる情報の量には、圧倒的な格差があったはずだ。その後、情報の総体自体も増えていくが、それと軌を一にして、民衆のなかの持てる者と持たざる者との格差が拡大していったと推定される。紀州の虎吉と土佐の漁民との落差は、その一端を示しているのではないか。さらに、持たざる者も、五島の漁民甚五郎のように、いったんその必要性や有用性を自覚すると、機会さえあれば、それを一心不乱に身に付けようとする。こうして、情報の世界でも近代の萌芽が見られ始めた。

註

（1）　田中健夫「相互理解と情報」（荒野泰典・石井正敏・村井章介編『アジアのなかの日本史Ⅴ　自意識と相互理解』東京大学出版会、一九九三年）二三二頁。

（2）荒野泰典「一八世紀の東アジアと日本」（『講座日本歴史6　近世2』東京大学出版会、一九八五年。のち、「近世の東アジアと日本」と改題して、『近世日本と東アジア』東京大学出版会、一九八八年に再録）。
（3）宮崎道生「采覧異言の流布と史的役割」（『日本歴史』二八四、一九七二年。のち、『新井白石の洋学と海外知識』吉川弘文館、一九七三年に収録）。
（4）八木清治「経験的実学の展開」（頼祺一編『日本の近世13　儒学・国学・洋学』中央公論社、一九九三年）。
（5）八木前掲註4論文。
（6）宮崎道生「新井白石と海外知識」（『歴史教育』一七―二、一九六九年。のち、前掲註3書に収録）。
（7）佐藤昌介他『日本思想大系五五　渡辺崋山他』（岩波書店、一九七一年）。
（8）塚本学「江戸時代における「夷」観念について」（『日本歴史』三七一号、一九七九年。のち、『近世再考―地方の視点から―』日本エディタースクール出版部、一九八六年に収録）。
（9）荒野前掲註2論文。
（10）塚本前掲註8論文、八六頁。
（11）塚本前掲註8論文、八七頁。
（12）荒野泰典「小左衛門と金右衛門―地域と海禁をめぐる断章―」（網野善彦他編『海と列島文化一〇　海からみた日本文化』小学館、一九九二年。本書第Ⅰ部第五章）。
（13）加藤周一「新井白石の世界」（『日本思想大系三五　新井白石』岩波書店、一九七五年）五三二～五三三頁。
（14）宮崎前掲註6論文。
（15）船越昭生『鎖国日本にきた「康熙図」の地理学史的研究』（法政大学出版局、一九八六年）。
（16）船越前掲註15書。
（17）織田武雄・室賀信夫・海野一隆『日本古地図大成　世界図編』（講談社、一九七五年）一六六頁。
（18）船越前掲註15書。
（19）織田・室賀・海野前掲註17書、二八八頁。

(20) 八木前掲註4論文。
(21) 姜徳相「日本の朝鮮支配と民衆意識」(『歴史学研究別冊』一九八三年)。
(22) 荒野前掲註12論文。
(23) 田中彰他『日本近代思想大系一　開国』(岩波書店、一九九一年)。
(24) 小谷汪之「近代日本の自己認識とアジア観」(荒野泰典他編『アジアのなかの日本史Ⅰ　アジアと日本』東京大学出版会、一九九二年)。
(25) 山下恒夫「解題」(同編『石井研堂コレクション　江戸漂流記総集』五、日本評論社、一九九二年)。
(26) 荒野前掲註12論文。

(初出)「近世の対外観」(朝尾直弘他編『岩波講座日本通史一三　近世三』岩波書店、一九九四年)。

第二章　天竺の行方
——三国世界観の解体と天竺——

はじめに——課題の限定——

最近私は、近世に入って変容した世界観の構造とその内容を明らかにし、かつその中で、本朝（日本）、中国（唐、支那）がどのように配置され、それらの位置づけがどのように変化していくかを検討した(1)。その結果、次の三つの論点を確認することができた。

一つは、「唐」（中国）の国際的地位が、明清交替・アヘン戦争等を契機に、そのたびごとに相対化され、低下していくなかで、日本国内では「神国日本」が突出し、それが日本社会の知識層に共有されていく過程。ここでいう「知識層」とは、書を読み、流布している新知識などにも触れる機会を持っていた類いの人々のことで、例えば、廻船の船頭なども含む広い意味である。近代の日本人が「支那」という言葉に沁みこませることになる独特な語感、それゆえに日本では現在もその使用がはばかられているようにみえるこの呼称も、その間に準備された。

二つは、複数の世界観や価値観の併存。先に大まかに見通しを立てたように、「本朝」と、それ以外に一つ、もしくは複数の「国々」とによって「世界」が構成されるという発想それ自体は変わらずに、「本朝」以外の「国々」については、現実世界の消長にともなって、変遷がある。つまり、中世から近世に移る過程で、「天竺」が「西洋」に取って代わられ、アヘン戦争以後「唐」が脱落していく、という時代の風潮がある。しかしそれは、表層でのことにすぎない。「天竺」や「唐」も、人々の意識から単純に消えてしまうわけではなく、そのまま沈殿して意識の下層を形成する。こうして、一つの社会に複数の世界観や価値観が、併存することになる。

三つは、民衆意識が非常に大きな幅と拡がりを持っていること。地理的認識を例にとってみても、当時の最新の認識からほとんど無知に近い認識のあり方まで、民衆のなかには存在し得た。その格差が、身分ではなく、社会的な地位や職掌などによって極限近くまで拡大したのが、幕末だったのではなかろうか。この格差を是正して、知識の下限を揃えることが、まず、近代国家の初等教育の目的とされたのではないか。しかも、その欲求は、国家・政府の、つまり上からのものだけではなく、民衆レヴェルの上昇志向に裏打ちされた、教育への要求にも支えられていたのではないだろうか。

本章では、前章で検討できなかった天竺の消長を取り上げ、右の見通しを跡づけることにしたい。素材は、前章と同様に、世界地理書や世界図、漂流記の類いなどである。

第1節　天竺と三国世界観——フロイス『日本史』を中心に——

1　天竺とシャム

一六世紀の半ばに日本にやって来たキリスト教の宣教師たちを、当時の日本人たちは、天竺から来た僧とみなし、キリスト教を仏教の一派のように考えた、あるいはそのように理解したということは、よく知られている。当時の日本人たちは、もちろんヨーロッパ世界のことは正確には知らず、彼らの伝統的な世界観のなかにキリスト教の宣教師たちを位置づけて、理解しようとしたのだった。したがって彼らの理解は、ヨーロッパやインドを含む世界のことを正確に知らなかったことによる一種の誤解だったと、一応はいうことができる。しかし、それをたとえ誤解と呼ぶとしても、その誤解にはそれなりの根拠があり、そこに当時の日本人の世界観が端的に表れていると想定することもできる。宣教師たちについて、あるいは、宣教師たちをめぐって、当時の日本人たちがどのような発言をしたかということは、その観点からも、見逃すことはできない。ここでは、まず、キリスト教宣教師の記録であるルイス・フロイス『日本史』(2)を素材に、当時の日本人の三国世界観と天竺像について整理する。

フランシスコ・ザヴィエル以降のイエズス会宣教師たちが、「天竺から来た者」［3巻の17頁、以下3・17のように表示］・「天竺人」［3・44］・「天竺から来た伴天連」［3・101］・「天竺の坊さん」［3・110］等と呼ばれたことは、彼らの記述のいたるところでみられる。しかし次にみるように、当時の日本人にとって、天竺は、現代の私たちが思い浮かべるのとは違って、インドではなく、まず、シャムだった。次の例を見よう。

①〈一五五〇年末ザヴィエルが平戸から山口に向かう途中、博多の大きな寺で僧たちが〉司祭（フランシスコ）が、彼らの偽りの神々の出身地である天竺、すなわちシャム国から来た人であるかのように思い、司祭に会って、ともに語らうことを喜んだ。［6・52］

＊なお、引用文中の〈　〉で囲った部分は筆者の註記、（　）は訳者の註記、〔　〕は原文の註記である。以下、引用に際してはこの凡例にしたがう。

この記事に関して、訳者松田毅一は訳註16において「天竺が、仏陀の国としてインドやシャムを漠然と指していたことを知らしめる。初期に来日した南欧出身のイエズス会員らは、仏陀の国から来た仏教の一派の人たちと誤解され、日本人から『天竺人』と呼ばれた」と述べておられる。しかし私は、この「誤解」を素材に、当時の日本人の天竺観、三国世界観にもう少し迫りたい。次に、天竺に関わる部分を引用する。

②〈一五五〇年、山口で、ある貴人が国主・大内義隆に紹介して〉……かの人物（フランシスコ）は、天竺、すなわち仏《ホトケ》の出身地であるシャムから来た者だと告げると、（国主は）その人に会ってみたい、と言った。［6・54[3]］

③〈一五五九年、ガスパル・ヴィレラ、日本人修道士ロレンソらが豊後府内から京都に向かう途中、宮島で〉この（男子）は、〈中略〉かつて一度も伴天連を見たこともなく、人がその名を呼ぶことも聞いたこともない幼児であったにもかかわらず、大声で「天竺人、天竺人」と叫び出した。ある日本人たちは我々のことをそのように呼ぶのであり、「シャムから（来た）人、シャムから（来た）人」という意味である。彼らによれば、シャムは、その偽りの神々である釈迦、阿弥陀、その他の仏たちの出身国である。［3・40］

④〈一五五〇年末、京への旅の途中で彼らが出会った、雪で難渋している男の言葉〉「あなた方は天竺（すなわち天の殿堂）から来たのなら、なぜ天上で、こんなに雪を降らさぬようにせよと申してくれぬのか」［3・16］

⑤〈一五五九年末から翌年にかけて、京都では、ヴィレラたちの説教を聞くために多くの人たちが集まって来た〉だがそこに集まるそれらすべての人には、それぞれ訪ねて来るのに異なった理由があった。（すなわち）ある者は、伴天連はふつうの人間とはまた異なった姿をしているのだと思いこんで、ただ（伴天連）を見物に来たに過ぎなかった。（また）ある者は、インドやヨーロッパの事物や習慣を聞いたり、それについて質問しようと、好奇心からやって来た。［3・71］

⑥〈一五六三年京の僧侶たちが、ヴィレラたちを追放することを、松永久秀の老臣結城忠正に勧めたという言葉のなかに〉「殿は、あの天竺の伴天連が、五畿内において、どれほど有害で憎まれていることか……（彼を追放してしまえば）殿

は彼から、その家屋、所持品、ならびに彼がインドの諸国から持って来ているに違いない、上等の珍しい品々を没収することも可能でございます。」〔3・160〕

⑦〈一五八八年五月聚楽第行幸の時、秀吉が天皇が帰る時に贈った品物の一つ〉日本できわめて重宝とされる純良のインド産伽羅木（沈香）……〔2・31〕

ここでは、天竺はまずシャムだった（①②③）。しかも、シャムが仏教発祥の地、あるいは当地から仏教が伝来したと認識されている。実際、『邦訳日葡辞書』（一六〇三年。岩波書店、一九八〇年）で「天竺」Tengicu を引いてみると、

Saiten（西天）; Sangocu; Tŏten

となっている。さらに、これらの言葉を同辞書で引いてみると、

Saiten, サイテン（西天）、Tengicu（天竺）、シャムの国

Sangocu, サンゴク（三国）Mitçuno cuni（三つの国）、すなわち、Tŏdo, Tengicu, Vagacho（唐土・天竺・我が朝）三つの国、すなわち、シナ・シャム・日本

Tŏten, トテン（渡天）Tengicuni vataru.（天竺に渡る）シャムへ渡ること

つまり、ほぼ同時代にポルトガルの宣教師によって編纂されたこの日本語辞書には、「天竺＝インド」という意味は記録されていない。宣教師たちは、この時代の日本人にとっては、天竺という地名は、まずシャムを意味する、と認識していた。日本人のこの通念は、シャムを天竺の一部と考えていた当時の地理認識に基づいているが、これは、のちに検討するように、当時の日本の知識人の間でも、近世後半まで根強く生き延びた観念だった。その点に関わる史料をいくつか例示しておこう。

a　暹羅南天竺是矣、（『書言字考節用集』著者未詳、一四四四〜七四年）

b　柬埔寨ノ西北ニテ、唐土ヨリハ西南ノ方ニ当レリ、則南天竺是レ也、……釈迦ノ生国中天竺ハ是レヨリ北ニ当リテ、四十日路程也、（『華夷通商考』西川如見、一六九五年）

c　按暹羅、南天竺内也、（『和漢三才図会』寺島良安、一七一三年）

d　暹羅ハ、西語シャム、南方諸蛮ノ内ニ於テ、地最大ニシテ、国力亦盛ンナリ、……即古ノ所謂天竺地方ニシテ、専ラ仏法ヲ崇奉ス、（『外蕃通書』近藤守重、一八世紀末）

e　しやむろ、暹羅と訳す、天竺真臘に接すといへり、又古の南天竺摩羯陀国の内にて、……、（『倭訓栞』谷川士清、一七七七〜一八七七年）

f　暹羅国、在南天竺、（『海外異伝』斎藤拙堂、一九世紀半ば）

日本側の史料では、天竺ではあるが、「南天竺」とされている点が興味深いが、その点については別に機会を得て検討することにして、ここでは暹羅が天竺の一部と考えられていたことを確認するにとどめておこう。しかし、当時の日本人が一義的に「天竺＝シャム」と考えていたというのも正しくはない。彼らにとっても、天竺はインドでもあった⑥。天竺を印度の別称とすることは、玄奘『大唐西域記』（六四六年）以来知られており、数は多くはないが、「印度」という呼称が使われている事例もある（親鸞『正信念仏偈』）。しかし、印度は現在の私達が考えるインドではない。先にもみたように、現在のインドからタイまで含む広い概念で、「天竺＝印度」なのだった。とはいえ、天竺の方が当時の日本人にとってより親しい呼称だったことは明らかで、次節で見るように、インドの呼称が一般化するのは、近世の末期、もしくは近代に入ってからのことだ。

天竺が具体的にどこを指すと認識されていたかということは別にして、天竺が仏教発祥の地と認識されていたことは間違いない。この認識があるからこそ、天竺の地から来た人々と聞いて、博多の僧たちも会って話すことを望んだし(①)、大内義隆も会ってみたいと思ったのだった(②)。したがって、宣教師たちは、何か不思議な力を発揮することを期待されることもあった(④)。実際、ザヴィエルも請われて、いろいろと「奇跡」を見せたことが、彼の書簡集からもうかがわれる。もちろん、天竺から来た人々は日本人たちの好奇心をそそる存在でもあったし(⑤)、珍奇な財貨をもたらす人々でもあった(⑥⑦、また註3参照)。

ただし、それまで一度も宣教師たちを見たこともなかった子供たちまでが、彼らを見るや否や「天竺人」「天竺人」と叫んだというエピソードは、現在の日本人が、外国人と見ると相手の国籍、出身地におかまいなくとっさに「ガイジン」と呼ぶ(あるいは思う)ことを思い起こさせる。当時の日本人にとって、外国人は「唐人」か、そうでなければ「天竺人」だったのではないだろうか。この点については、後に見るように、彼らの三国世界観に関わるだろう。

ザヴィエルがこのような、日本人の天竺に対する憧れや親近感を利用しようとしたことは、彼が日本布教のはじめに、パウロ弥次郎の説明を聞いて、「デウス」に「大日」の訳語をあてた、という有名なエピソードからも読みとれる。しかし、彼はほどなく「大日如来」の意味を知って、「デウス」という言葉をそのまま使うことにし、ダイニチナオガミソ、すなわち、「大日」は拝まないように説きはじめた。宣教師たちが、できるかぎり「日本の習慣」に則って行動しようとすることは、フロイスの記録の随所に見られる。そうでありながら、キリスト教と仏教との違いを明確にし、また「日本の習慣」でもキリスト教の教義に背反するものは厳しく批判して、自分たちのアイデンティティを確保していかなければならなかった。それは、例えば、言葉の問題一つとってみても、容易なことではなかった。というのは、稀には通事ロドリゲスのような人物が現われたにしろ、ザヴィエルをはじめとして、ほとんどの宣教師はろくに日本語が話せず、宗教の論議はおろか、日常の説教まで日本人修道士に頼っていたというのが、実情だったからだ[4]。

2　南蛮の登場

それでも、ほどなく彼らは日本人から、「天竺人」と呼ばれる以外に、「南蛮人」、あるいはインドから来た人と理解されるようになる。日本人が彼らを「天竺人」と呼ぶ例は、フロイスによるかぎり、布教の初期にかぎられている。つまり布教のある時期から、彼らを「天竺人」と呼ぶ日本人はいなくなり、その代わりに「南蛮」・「南蛮人」という呼称が定着し、[5]彼らがインド地域においては新来の勢力だということも、理解されるようになった。しかし、それによって「天竺」という言葉や観念まで消えてしまったわけではない。天竺という観念とその呼称自体は、後に見るように、近世末まで長く命脈を保つことになる。

次に、南蛮とインドに関する史料をいくつか例示しよう。

⑧〈一五五九年一一月末頃、ヴィレラが公方にはじめて会うに当たって〉ところで（司祭）は、自分が南蛮、すなわちインド地方から来た僧侶であることを人々に知らせようとして、（日本の）国の風習に従って着ている着物《キモンイス》の上に、非常に古びてもう毛がなくなってしまったポルトガル製のマントを装い、頭上には赤い角帽を被り、手には書物を携えた。〔3・77〕

⑨〈一五六四年頃、比叡山の僧侶たちが松永久秀に出したという一三ヶ条で、宣教師の追放を勧めて〉……インドから渡来の伴天連を都から追放せねばならぬ。〔3・208〕

⑩〈一五六九年五月頃、日乗が和田惟政に与えたという返答の中に〉「南蛮、すなわちインドのあの男〈ルイス・フロイス〉」〔4・200〕

⑪〈一五七一年頃フランシスコ・カブラルが岐阜の織田信長を訪問した時の信長の言葉〉「本日、ここにインドから来訪した高僧を賓客として迎えている。」［4・280］

⑫〈一五七八年大友宗麟の改宗の頃、離縁された元奥方イザベルの言葉〉「殿〈宗麟〉は昨日、南蛮人〔すなわちインディオスに対する軽蔑した呼称〕の家に行ったということだが、……」［7・148］

⑬〈一五八八年四月八日フランシスコ・ガルセスが秀吉を大坂城に訪問した時に、秀吉が伴天連追放令に関して語ったこと〉「……したがって予は、いかなる方法によるも、彼らが日本に滞在することを望まぬ。もしも立ち去らぬならば、予は彼らを処刑するであろう。この件に関しては、予はインドの人々〈訳註によれば、「インドの人々」の原文は gente da India〉のように間抜けてはおらぬことを銘記すべきである。いずこであろうと彼らを発見次第殺させるであろうが、ポルトガルの商人たちは日本に来てよいし、日本人が商売のためにインドに赴くことも苦しゅうはない。南蛮〔インドの意〕にとってその（宗）教はよろしかろうとも、日本には良くないのだ。したがって汝らは汝らの教えを持ち、日本（人）は日本の教えを持つべきである」［2・13］

宣教師たちは、宗教の内容のみでなく、外見的にも仏教僧との違いを明示しようと努めた（⑧）。そして、日本人も彼らから、宗教の話だけでなく、「インドやヨーロッパ」についていろいろ聞きたがった（⑤）。そして彼らが、「インド」もしくは「インドの地方」である「南蛮」から来たことが、認識されるようになり、南蛮という呼称が定着していく（⑧⑨⑩⑪⑬）[6]。しかし、天竺と違って南蛮という呼称は、この言葉の由来から見ても、ある蔑視をともなっている。その意味で、大友宗麟の前妻イザベルの言葉についてのフロイスの「インディオスに対する軽蔑した呼称」という註記は示唆的だ（⑫）。この点に関しては別に検討する機会を持ちたいが[7]、ここではとりあえず、天竺から南蛮への変化は、日本人の彼らに対するまなざしの変化をともなっていたということは確認しておこう。

ともあれ、こうして、日本人ははじめて仏典か仏教的世界観、あるいは中国的世界観に基づいた書物以外の情報源から、具体的な天竺の情報を得ることになった。天竺がそれまでとは違った現実性を滞びた世界として現われたことになる。それらの情報を、もっとも実践的な関心をもって聴いたのは、信長や秀吉だったろう。彼らが熱心に、喜んで宣教師たちの話を聴いたのは、単に自分たちの知的好奇心を満足させるためだけだったとは考えられない。秀吉が、フランシスコ・ガルセスに向かって、伴天連追放令に関して「予はインドの人々ほど間抜けて」はいないと言った時(⑬)、彼の脳裏には、かつてイエズス教会領になっていた長崎と、ポルトガル人に奪われたゴアやマラッカが二重写しになっていたはずだ。(8) よく知られているように、この数年後の一六九二(天正二〇)年五月、朝鮮侵略戦争の最中に秀吉は、明を征服した後は寧波に拠点を置いて「天ちく(竺)」まで「きりとり」(征服)するとの野心を表明している。(9)

宣教師やポルトガル人達、さらにはインド副王の使者がはるばると日本までやって来るということは、日本からも彼らがやって来たところ、すなわち、「南蛮＝インド＝天竺」に行けるということだ。つまり、秀吉には天竺が、彼の眼前で「インド＝天竺」のことを語る異形の人と同様のリアリティをもって、感じ取られていたはずだ。天竺は唐土の向こうの遠い国ではなく、手を伸ばせば届く実在の場所と感じられたに相違ない。宣教師たちに日本からの退去を命じる一方で、「ポルトガルの商人たちは日本に来てよいし、日本人が商売のためにインドに赴くことも苦しゅうない」と(⑬)、彼我の具体的な往来を念頭に置くことができるところに、彼の時代の新しさがある。彼は、宣教師たちからインドの実態を聞きながら、日本で長崎をイエズス会から没収したように、天竺でも同様のことができるのは自分しかない、と考えたかもしれない。

3　三国世界観の構造

ところでなぜ、明を征服した後には、天竺だったのだろうか。結論を先取りしていえば、そこに、当時の日本人の世界観が関わってくる。秀吉にとって、日本と明、さらに天竺を征服することは「世界」を掌中にすることを意味したからであろう。「世界」は、日本（本朝）・明（唐）と天竺（暹羅＋印度）の三国からなるという当時の日本人の伝統的な世界観がそこに生きづいている。

次に、秀吉の構想をも規定していた当時の日本人の三国世界観を、フロイスの記録を通じて確認しておこう。

⑭〈一五五九年末から翌年にかけての京都滞在中に、ヴィレラと日本の僧侶との間で交わされた宗教論争において、ある僧が〉「御身は、日本やシナやシャムの全諸国で敬われ知られている至聖なる釈迦についてどうお考えか」〈と問い、ヴィレラが、釈迦もまた死すべき人間の一人であり、真の創造者は別にいると思う、それはどこにいると考えるかと問いかえすと、その僧は、それには幾多の名称があり、中国の「盤古皇《ハンゴノオウ》」・日本の「伊弉諾《イザナギ》・伊弉冉《イザナミ》」を挙げた後に〉「（仏教の）教法の源であるシャムには、また別の創造主がいると言われている」〈と答える〉［3・85〜86］

⑮〈一五六九年五月十一日・永禄十二年四月二十五日に伴天連追放の綸旨が出され、和田惟政が伴天連たちの保護を約束する件で〉「〈内裏がもし伴天連追放を決意するならば〉……予は（たとえ彼の行先が）シナであろうとインドであろうと、予は彼らを見捨てることはない。」［4・199］

⑯〈一五六九年六月一日・永禄十二年五月十七日、和田惟政宛日乗書簡のうち〉貴殿、当国を司る者なれば、そこに見らるる御振舞、世の三国、唐土、日本、天竺《シャム》にも超えてあるまじき重罪たること疑いなかるべく候。［4・202］

⑰〈一五六九年七月・永禄十二年閏五月頃の和田惟政宛日乗書簡〉……今に至るまで世界三国〔日本、唐土《シナ》、天竺《シャム》〕〈訳者註によれば、「世界三国」の原文は tres partes do Mundo（世界の三部分）〉においては、すべて、諸国統治のこと俗人にはあらずして僧侶の権限に属すること仕来りに御座候えば、……〔4・234〕

⑱〈一五七九年六月二十一日・天正七年五月二十七日の安土宗論で、信長が無辺を尋問する件で信長が無辺に〉（汝は）何国の者かと訪ねた。彼はただ、無辺《インフィニート》とのみ返答した。信長は、シナかシャムか、それとも何国の者かと（訊問した）。彼は自分は巡礼であるといった。信長は、すべての人間の出生は、それらの国の一つ、すなわち日本かシナかシャムでなければならぬ。汝がかかる姿をした悪魔であるならば（話は）別だが……〔5・87〕

⑲〈一五八八年の方広寺の着工に関わって、東大寺の大仏を説明して〉日本人は、これほど偉大な（仏像）は、シナにも、またシャム――その宗教はそこから日本に伝来した――にもないと言って、この上もなく尊重していた。〔2・32〕

⑳〈一五九二年・天正二十年五月十八日付秀次宛秀吉書簡〉……世界を分ける三国、すなわち日本、シナ、インドのうちで、予に逆らう者はいないとは言いながら〈訳註〔2巻38章註28〕によれば、傍線部分の原文は、「三国中御敵対可レ申者雖レ無レ之」〉、名誉と名声を重んじるゆえ、軍勢は豪華な装いで来るよう希望する。……〔2・241〕

まず、「世の三国」⑯、すなわち「世界三国〔日本・唐土・天竺〕」⑰、あるいは「世界を分ける三国、すなわち日本、シナ、インド」⑳という言葉から、世界が「三国」から成っており、その「三国」とは「日本・唐土・天竺」である、とされていたことが確認できる。「世界三国」の原文が「世界の三部分」tres partes do Mundo であることも、再度確認しておこう（⑰の訳者註）。また、信長が無辺を尋問した件については、『信長公記』（巻一三）に同じ記事があり、やりとりされた言葉もほぼ一致する〔5巻51章註7〕。「すべての人間の出生は、それらの国の一つ、すなわち日本かシナかシャムでなければならぬ」という件⑱は、『信長公記』では、「人間の生所三国の外には不審なり」という文言になっている。フロイスは、この「三国」を、「それらの国の一つ、すなわち日本かシナかシャム」というふうに敷衍したということがわかる。彼は、秀吉の言葉についても同様の解釈をしている⑳。シナが唐土《カラ》であることはいうまでもなく、天竺というと、当時の日本ではまずシャムを意味したことは、すでに検討した通りだ。先に引用した『日葡辞書』でも、「三国」Sangocu は「唐土・天竺・我が朝」、すなわち「シナ・シャム・日本」とされていた。つまり、「日本＝本朝（我が朝）」・「シナ＝唐土」・「シャム＝インド＝天竺」となって、先に引用した文章が、日本の伝統的な三国世界観に基づいたものであることが、明らかになる。これは、「世界の三大美女」の一人に「小野の小町」をあげる、日本では、というよりはむしろ日本だけだが、よく知られた俗説を思い起こさせる。

さらに、信長の言葉によれば、「人間」の「生所」はこれ以外にはないという。つまり、ここだけが人間の住む「世界」であって、それ以外の出身ならば「悪魔」でもあろうかということになる（『信長公記』では「術物《バケモノ》」）。したがって、和田惟政が宣教師たちの保護を約束して、「シナであろうとインドであろうと」と言い⑮、日本人が奈良の東大寺の大仏ほど大きな仏像は「シナにも、またシャム」にもないと言う時⑲、そこで含意されているのは、文字通りのシナやシャムではなく、これらの国々によって構成される「世界」全体ということだ。秀吉の発想がこの世界観に根ざしていたことは、彼の発言からも明らかだろう⑳。

そのうえ日本人は、中世の間に、この「世界」を構成する三国には共通する要素があると考えるようになっていた。その要素は、ヴィレラと問答したある僧の場合は「至聖なる釈迦」だった⑭。彼はヴィレラに、「真の創造者」について問われて、明確に答えることができないままに立ち去り、二度とヴィレラの前には現われなかった。しかし、彼がより巧みな理論家だったならば、本地垂迹説、あるいは、反本地垂迹説に基づいて、この「世界」に共通する要素について、もっと筋道だった説明を試みたことだろう。例えば秀吉は、一五九二（天正二〇）年にインド副王へ送った返書では、自国について左のように述べている［2・148］。

当日本王国は神の国にして、吾人は神を心《シン》と同一のものと信ず。けだし万物の起源にして、心《シン》はすなわち万物の実体にして真の存在なり。しかれば万物はこの心《シン》と一物、これに帰結せらる。シナにおいてはこれを儒道と言い、天竺にては仏法と称す。而して日本の礼譲と為政とは、この神の道の遵守に存するところなり[10]。

これは、秀吉の日本神国観を吐露した文言としてよく知られているものだが、反本地垂迹説に基づいて仏・儒・神の三教一致を説き、日本社会の秩序（君臣・父子・夫婦などの関係）も、この「世界」に普遍的な原理に則っているとする点では、後に、徳川家康がノバ＝イスパニア総督に送った復書（一六一二年）や、以心崇伝が徹夜で書きあげたというキリスト教の禁制（一六一三年）などと同工異曲であり、かつそれらの原形をなしているといってよい。これらの文章を作ったのは、秀吉・家康らの外交ブレーンだった西笑承兌や以心崇伝だから、このイデオロギーは、彼らが所属し、かつ、室町幕府の外交機関として機能してきた、京都五山を中心に保持されてきたものと考えてよいだろう。このイデオロギーがキリスト教と接触し、その教義に対抗するために正面に押し出されてきたのが、この論理だった。先に引用した秀吉の返書もいう、「吾人はすでに神々のこの道を堅固にするものなれば、ここに新たに他の教えを望むべきにはあらず」、と。これと同じ趣旨は、秀吉自身が、伴天連追放令についてガルセスに語った時に、より平易な言葉で述べている[13]。

しかし、日本を神国とする独善的な観念と、日本・唐・天竺の三国がバランスして世界の秩序を保っているという理念は、本来、相反する性格を持っている。日本は、儒学においては東方の蛮国であるし、仏教においても辺土の粟散国、すなわち粟を散らしたような小さい国で、いずれも僻遠の価値の乏しい国として位置づけられている。ともにそれが、中世日本において、長い時間をかけて育くまれたイデオロギーだった。しかし、日本を神国とする独善的な観念が、三国に通用する普遍性にはおさまりきらない不合理な性格をあわせ持っていたこともよく知られている。「日本・シナ・インドのうちで」「逆らう者はいない」はずだという秀吉の自己認識が、その独善性をよく物語っている。彼の鼓吹した神国観は、神功皇后の「三韓征伐」の伝説に接合されて、彼の朝鮮侵略を合理化するイデオロギーとして、従軍した武士たちの間に浸透していくことになる。[11] しかし三国世界観と日本神国観は、日本列島が、大陸諸国と較べて外の世界と接触することが少なく、刺激が比較的ゆるやかだったという地理的条件に加えて、東アジア地域の政情が比較的安定していたという国際的条件を温床としていた。その意味で、これらは、まさしく、田中健夫の言われる「島嶼型」の国際認識であり、自己認識だった。[12]

第2節　近世から近代へ

1　新しい世界地図

したがって、一六世紀半ば以降、ヨーロッパ人の来航を含めたシナ海域の人々の交流の活発化によって、従来の仏教系、中国系のそれとは違う情報が流入して、上記の伝統的な世界観が破綻しはじめた。世界地理に関する情報もその一つだった。マテオ・リッチが、日本人の世界地理認識にも巨大な影響を与えた「坤輿万国全図」を中国で刊行するのは、一六〇二（万暦三〇・慶長七）年のことで、秀吉死亡の数年後のことだった。その地図は、従来の見慣れた世界図とはまったく異なる形をしていたことをはじめ、従来の世界観にはおさまりきらない新しい情報が満載されていた。次節で検討するように、これ以後、リッチ系の世界図が主導権を握り、近世日本人の世界観をリードすることになる。この現象は、世界観一般から地理学や天文学などが科学として自立していく過程と言いかえることもできる。その過程は、次章で見るように、近世を通じて進行することになる。

さらに、京都五山の僧録司は、室町幕府から豊臣政権、徳川政権の初期にかけて、外交ブレーンを務め、かつ外交文書の作成に与ってきたが、その役割が、以心崇伝の死亡（一六三三年）とともに、最終的に林羅山以下の林家に移った。こうして、三国世界観を保持してきた僧が、政権の中枢から後退することになる(13)。

しかし、神国観についてはやや事情が異なっていた。「日本・シナ・インドのうちで」「逆らう者はいない」はずだったが、朝鮮侵略は惨めな失敗に終わった。しかし、家康以下の政権の後継者は、その失敗を糊塗しつつ、政権の正当性を立証するために、様々に外交的な術策を労した。それにとりあえず成功したことで、家康は自己の政権の正当性を確保することができた(14)。と同時にそれによって、日本神国観は深刻な破綻を経験することなく、次の世代に引き継がれていく(15)。

これからほぼ一世紀後の、一七世紀末から一八世紀初めにかけて、三種類の世界地理書、あるいは世界の「人物」を扱った書物が成立した。それらは、西川如見『華夷通商考』・『増補華夷通商考』（一七〇八年）、寺島良安『和漢三才図会』（一七一二年）、新井白石の『采覧異言』（一七一三年）等で、それぞれのレヴェルで後世に大きな影響を与えた。それらのいずれも、三国世界観の痕跡を留めていないように見える。例えば、西川如見は、地理的には、世界はアジア・ヨーロッパ・リミア・アメリカ・メガラニカの「五大州」からなり、政治・経済・文化などの面から見ると、「中華」と「外国」で構成される国々と、それ以外の「外夷」とに大別されるとしている（三六五頁表8参照）。天竺は

「外夷」のなかに分散して収録されおり、特に意味のある集団を構成しているようには見えない（三六五頁表8の「国／人物」のうち天竺との記載があるものは、下線で示した）。三者のなかではもっとも古い情報を保持している良安ですら、「仏教でいわゆる三千世界とは寓言であって、詳しいことはよくわからない」とにべもない。しかしこれは、作者がいずれも儒学系の人たちであることにもよるに違いない。天竺や三国世界観は近世にはどうなるのか、次に改めて検討する。

2　三国世界観の行方――「東洋的世界図」から――

中世から近世へ移行する過程で、三国世界観は解体する。しかし、それにもかかわらず、天竺という概念は、消長はあるが、近世においてもなお生き続けていた。それと同様に三国世界観も、中世のようなあり方ではないが、近世を通じて生き続けた。本節では、まず、近世に流布した東洋系の世界図、すなわち、仏教系および中国系の世界図とを素材にして、そのことを確認する。[16]

天竺に関しては、中国から伝来した仏教的世界図である「五天竺図」がよく知られている。これは、仏典にいう現実の大陸、南瞻部洲の輪郭の中に、玄奘三蔵の『大唐西域記』に記載されている国々を描きこんだもので、おおむね、電球型、あるいは団扇型をしている。仏典では南瞻部洲は人間の住む世界全体を意味するので、その図は、おのずから世界図の性格を持つことになった。それは法隆寺所蔵「五天竺図」（表11№1）によれば、おおむね次のような構成をとっている（図1参照）。南瞻部洲の中央から南部にかけて、「東西南北」に「中」を加えた五つの天竺（五天竺）が配され、ヒマラヤを越えた北部には、西域諸国、東部には震旦（支那）国、西にはペルシャ国があって、中国を発着

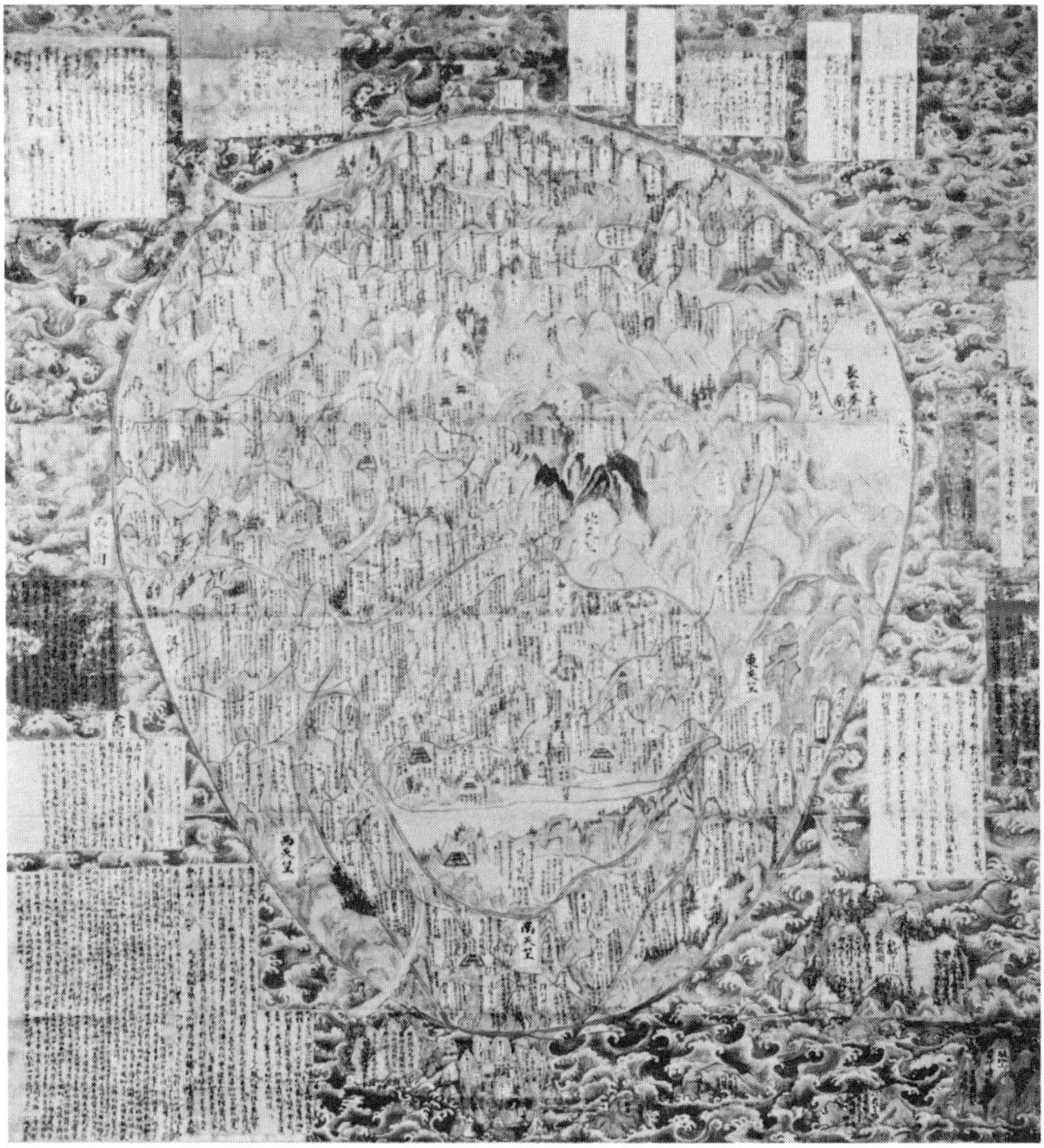

図1　五天竺図（表11 No.1）（法隆寺所蔵）

点とする三蔵の旅行コースが示されている。大陸をとりまく海上には、東北に日本（「高麗」が書かれる場合もある）、東南にセイロン島、南にポタラカ山、マラヤ山などがある。この図で見れば、たしかに日本は「辺土の粟散国」だ。しかし、この図は、もともと三蔵の「仏蹟巡拝の旅を図上に偲び、法悦にひたること」を主眼にしていたので、距離や方角に無頓着であり、現実世界とかけはなれたものだった（「解説」三頁）[17]。一七世紀の末になっても中世以来の五天竺図が作られることがあったが（No.2）、その頃には、「南瞻部州図」（No.3、No.4）のように、ヨ

表11　天竺の行方(1)――「東洋的世界図」から

No	名称	分類	作成／刊行年	刊・手	作成／刊行者	記事の有無他	備考	所蔵者
1	五天竺図	仏	一三六四	手	重懐	天竺	「五天竺」、「南瞻部州」①の北東の隅に小さく「大唐国」、その外の海中に島状の「日本」	奈良県　法隆寺
2	五天竺之図	仏	一六九二頃	手	宗覚	天竺	「五天竺」、中国が「支那国」となっている他は、構成・構図その他はNo.1にほとんど同じ	枚方　久修園院
3	南瞻部州図	仏	一六九八頃	手	未詳	ナシ	インドの個々の国名のみ、日本・朝鮮・中国・琉球・暹羅など東南アジア諸国がかなり正確な形を取り（国名はなし）、輪郭がかなり変形	個人
4	南瞻部州図	仏	一七〇九頃	手	未詳	ナシ	No.3図の情報に、ヨーロッパ諸国の他、「長人国」「夜叉国」等が加わる、輪郭はかなり変形	個人
5	南瞻部州万国掌果之図	仏	一七一〇	木	浪華子（鳳潭）	天竺②	同右、古来のアジアの諸地名を載せる詳細で、はじめて公刊された仏教系世界図	京都大学地理学教室
6	南閻浮提諸国集覧之図	仏	一七四四	木	花坊兵蔵	天竺	No.5の通俗版、日本北方の大陸を「ゑぞ」、中国の省名「五天竺」等を明瞭にする、「三国世界観」に関心	内閣文庫
7	万国集覧図	仏	19C中	木	未詳	天竺	No.5の通俗版、題名から仏教的呼称（「南閻浮提」）を除く（仏教的世界観への関心から離れる）	個人
8	閻浮提図附日宮図	仏	一八二九頃	木	存統	五印度	別に「五天竺」の地名、「閻浮提」といいながら、図形・地名ともに西洋系東半球図（表12No.37「新訂万国全図」）を写す（ただしNo.37には「五天竺」はなし）	個人
9	天竺輿地図	仏	一八二八	木	存統	天竺	かつての五天竺図や浪華子の図（No.5）を杜撰と退け、図形は詳密、しかし地名や註記は旧態依然（西洋風を装った新型の五天竺図）	個人
10	南閻浮州細見図説	仏	一八四五	木	恵厳	東天竺	インド亜大陸を「印度」、その北を「莫臥尓」、ミャンマーの辺りに「東天竺」、資料にした世界図は「喎蘭新訳地球全図」（表12No.34）の系統	個人

11	中華古今分国大成図	中	一七二八	手	西田栄欣	五天竺	中央に中国、右に日本、左に「五天竺」、その外の海中に卑小化されたヨーロッパ、南北米などを配す、西洋系の地名は「増補華夷通商考」による	京都大学地理学教室
12	万国図	混	一七四四	木	本屋彦右衛門（花坊兵蔵作か）	天竺	「五天竺」（仮名書き）、リッチ図の通俗版に似るが、ユーラシア部分は「南閻浮提諸国集覧之図」（No.6）に置き換える	同右
13	世界三国記	混	19C前	木	長崎活済堂	天竺	天竺は東西南北のみ、中央部に三国、中国は「歴代事跡図」（一七五〇刊）・インドは「和漢三才図会」（一七五一）・西洋系地名等は「華夷通商考」（一六九五）	個人
14	万国一覧図	混	一八〇九	木	古屋野意春	印度	五つの「印度」を色分けして示す、三国中心、中国は「唐土歴代州郡沿革地図」（長久保赤水）・インドは「和漢三才図会」・日本近辺は林子平、世界全体は「喎蘭新訳地球全図」（表12 No.34）等。	東北大学附属図書館
15	朝異一覧	混	一八三五	木	青苔園	五印度	中国中心、左右に日本とインド、資料は「華夷通商考」「和漢三才図会」、「地球万国山海輿地全図説」（表12 No.25）等	個人
16	大明国十三省之絵図	中	一七三五頃	木	須原屋茂兵衛	天竺	中国中心、天竺については「自是東天竺」とのみ、「広輿図」③	個人
17	大明九辺万国人跡路程全図	中	17C末〜18C初	木	京都　梅村弥白④	天竺	図中に天竺は明示せず、南の海上に「此路往西域天竺諸国」とあるのみ	個人
18	大清広輿図	中	一七八五	木	長久保赤水	天竺	図は中国のみ、図の左端に「西抵東天竺界」等とあり、構想は「天経或問」（一七三〇和刻）、データは「広輿記」、「大清一統志」等	東京大学総合研究資料館
19	大清歴代人物旧地全図	中	一八五八	木	江戸　和泉屋善兵衛	天竺	中国中心の図の左端に「天竺界」とあり	個人
20	大清一統図	蘭	一八五九頃	木	新発田収蔵	ナシ	中国中心、インドは「印茶国」、「独逸人原撰」とす	個人

註（1）典拠：『日本古地図大成　世界図編』所収の「東洋的世界図」。「分類」のうち、「仏」は「仏教的世界図」、「中」は「中国図」、「混」はいろいろな要素の混在したものを示す。
（2）表中のマル付きの番号で示した註記は以下の通り。

①「南瞻部州《なんぜんぶしゅう》」とは、玄奘三蔵が西域・インドを遍歴した足跡を示す仏国土巡拝図を輪郭づけている、「団扇型」の「異様な大陸」のことで、仏典にもとづく呼びかた（同上書本編の解説による）。
②刊行の辞では、「五印度」「西土五竺」等の言葉あり。刊行の辞は、その意図を次のように述べる、すなわち、玄奘三蔵の踏破した地域（「五大胡羌葱嶺雪嶠」）については問題がないが、彼も「海外」を極めてはおらず、「朝鮮日本琉球暹羅呱哇国等粟散群州」については知らなかった、後の漢訳の仏典・史書、さらには「三才図会」「図書編」「明一統志」も頼りにはならない、そこでかねて蓄えた知見をまとめて、この図を作った、仏教を学ぶ者はこの図を見ないでは学が完成したとは言えないので「経論」（儒学の論議）に対してはならない、世の儒者は地上の事を論じて「万里」に及ぶが、それを信じてはいけない、彼らは井のなかの蛙で知識に乏しく、「五竺之殷盛」（天竺の盛んなこと）を知らないために、（世界の）片隅にあるのに「中国」と思っている、いわんや、仏教世界のことを知ろうとするにおいてをや、後学の者はよくこのことを知るべきである、と。
③「広輿図」は、明羅洪先編纂の地図帳、万暦後期（16Ｃ末～17Ｃ初）。
④原刊は「天下九辺万国人跡路程全図」（清、一六六三）、ほぼ完全な翻訳版、特徴は、西洋世界図の諸大陸を分離・変形させて、中国中心の世界図のなかに位置づけた、浪華子「南瞻部州万国掌菓之図」（№５）、西田栄欣「中華古今分国大成図」（№11）に影響。

ーロッパ系世界図に触発されて、新時代にふさわしい、アジア仏教圏全域の図として再生させようという試みも、なされるようになった。そうなると、従来の団扇型は大きく変形して、ますます奇妙な形の「世界」が現出することになる。浪華子編「南瞻部州万国掌菓之図」（№５）は、そのなかでも古来人々が親しんできたアジアの諸地名を載せる詳細な地図として、初めて公刊された。刊行の辞では、従来の「五天竺図」では不十分であり、他の中国系の諸書も頼りにならないので、かねて蓄えた知見をもとにこの図を作ったことを述べ、儒者たちが、世界の片隅にあるのに「中国」などというのは、「五竺之殷盛」（天竺の盛んなこと）を知らないためだと、儒者に対する対抗意識をあらわにしている（表11註２②参照）。この図は「保守的な階層に歓迎され、その通俗版〈№６、№７〉は幕末に至るまで跡を絶たなかった」（「解説」六頁）。ここでいわれている「保守的な階層」がどのような人々だったかが問題なのだが、直接には、全国各地に無数に近くある寺院と僧、さらにはそれをとりまく人々をとりあえずは想定することができる。

しかし、一九世紀に入ると、仏教僧の中にもこれらの図を杜撰とみなし、ヨーロッパ系の新しい世界図を下敷にして、五天竺以来の仏教的世界図を解釈し直そうとする試みもされるようになった（№８、№９、№10）。仏教的世界図もこの系列になると、団扇型の奇妙な南瞻部州図はまったく姿を消し、図形はほとんどヨーロッパ系の世界図を引き写したものとなるが、地名や註記は旧来の「五天竺」を引き継いでいる。旧来の五天竺図に固執するほど「保守的」ではないものの、一足飛びに新しい世界図に移行することもできず、旧来の地理認識を新しい世界図に焼き直したもの、いわば中間的なものを求める人々が少なからずいたということなのだろう。

実は、同様のことが中国図についてもいえる。表11で中国図としたのは、中国を主題とした地図で、日本などが描かれる場合もあり（No.16、No.20）、そうでない場合もある（No.17、No.18、No.19）。しかし、これらはいずれも天竺を意識しており、例えば「自是東天竺」というような記入がある（No.16）。天竺という概念が、中国出自のものだということを改めて想い起こさせるが、いずれにしてもこれらの作者の発想が、三国世界観にあるということは想定してよいだろう。

近世に数多く作られた世界図のなかには、これまで見てきた仏教系、中国系、次節で見るヨーロッパ系のほかに、複数の系統の図や地名を組み合わせて作られた世界図がある（表11No.11、No.13、No.14、No.15）。それらは、例外なく、中央に中国、左右にインドと日本を配していて、作成者の関心あるいは発想の源が伝統的な三国観にあることを示している。例えば、儒医古屋野意春（一七五八〜一八一二）の作になる「万国一覧図」（No.14）は、「日本・中国・インドを大きく中央に据え、残りの陸地を事もなげに変形してはばからない特異なもの」だが、それは「伝統的な『三国』世界観に固執する儒医としての作者の心理的視野の率直な表現」だという（「解説」一二一頁）。この図は、三国のそれぞれについては、当時の最新に近い情報をもりこみながら、それを編成する世界観そのものは、従来の三国世界観なのだった。現代から見て明らかに正しいと見えるものが、彼らの時代に必ずしもそう見えるわけではない。例えば、花坊兵蔵作と推定される「万国図」は、世界全体はリッチの通俗版によるが、ユーラシア部分は、同人作の「南閻浮提諸国集覧之図」（No.6、No.5の通俗版）に入れ替えている。作者は、ユーラシアに関するかぎりそちらの方が信頼の置けるもの、と考えたのだろうという解説者の指摘は、重要だ（「解説」一一頁）。

これらのことから、とりあえず、次の三点は指摘できるだろう。一つは、近世はまだ、複数の地理認識が優劣を競って鎬を削っていた時代だった。したがって、まだ、仏教系、中国系などの地理認識も、自らの優位を主張できる余地があった。二つは、それにもかかわらず、それらは地理認識や世界観の主流ではもはやなかった。それは、新しい装いをヨーロッパ系のそれに借りなければならなかったことからも明らかだといわざるをえない。三つは、新しい地理認識は、新しい世界観の必要条件ではあるが、かならずしも十分条件ではないということだ。「五天竺」や三国世界観が、新しい装いをまとって再登場していたことを想起しよう。認識の枠組みとしての三国世界観は、近世後期になってもまだ健在だった。

第3節　天竺の消長――地理的認識から――

1　天竺とインド――「ヨーロッパ系世界図」から――

東洋系世界図だけでなく、当初は天竺という呼称を記載していなかったヨーロッパ系世界図や世界地理書でも、いったん記載されるようになると、その後はなかなか消えてなくならなかった。次に、その点を確認しよう。

表12は、ヨーロッパ系世界図のインドあるいは天竺に関する記載についてまとめたものだ。収録の基準は、その図が、インド地域をふくむか、「天竺」という記載があり、かつ、地名が日本語（漢字をふくむ）で書かれているものと

した。南蛮系世界図は、日本に来航したポルトガル人・イスパニア人らとの接触によって獲得された知識によって描かれたもの、マテオ・リッチ系は、宣教師たちの地図が中国語に翻訳された後に日本に導入されたもの、蘭学系は、オランダ人を通じて得られた知見によって作成されたもので、日本に導入された時代順になっている。時代が下るにつれて地図としての精度が上がり、高橋景保の「新訂万国全図」（No.37）などは、同時代のヨーロッパの水準と較べても遜色ないものにしあがっているという。現代の私たちから見ると、蘭学系のレヴェルに較べると、東洋系はもちろん、南蛮系・リッチ系も時代遅れの印象が強い。それにもかかわらず、南蛮系も一八世紀中ごろまで、マテオ・リッチ系も一九世紀前半まで作成され続けていることが、まず注目されるだろう。東洋系がそうだったように、新しく優勢な知識が入ってきても、それがすぐに他を圧倒してしまって、他の地図は作成されなくなるのではなく、並行して作られる時期がかなり長く続くのだ。そこには、これらの情報に付随する私的で個別的、あるいはタコツボ的な性格と、それに制約された情報の流通経路の偶然性が大きく関わっているだろう。

さて、「天竺」に注目しよう。まず、南蛮系の世界図から。一六世紀末のものからあるが、多くのものが「天竺」あるいは「てんじく」の記載を持つ。ただし、その位置は「暹羅・しゃむ」（現在のタイ）のあたりとするもの（No.1、No.8）と、インド（ベンガル地方）とするもの（No.3、No.4、No.9、No.13）にわかれ（図2および図4参照）、さらに、「たつたん」の西辺り、現在のシベリア地方とするもの（No.7）まである。その他に、インドをはっきり「南蛮」とするものがあって（No.2、図3参照）、前章の考察に照らしあわせると興味ぶかい。この図は、日本人が、インド＝南蛮と考えた時期があったことを明らかに示しているが、また、ベンガル地方を「へんがら」とし、インド亜大陸の西岸、ゴアの辺りを「なんばん」とするものもあって（図2参照）、全体として、一七世紀はじめの頃までの「インド・天竺」に関する日本人のイメージが、漠然と広い地域を示すとともに、やや混乱していたことを示しているように見え

表12　天竺の行方(2)——「ヨーロッパ系世界図」から

No	名称	分類	作成年	刊・手	作成・刊行者	記事の有無他	備考	所蔵者
1	世界図	南	16C末	手	未詳	てんぢく	位置はタイ、シャムの記入はなし	個人
2	世界図	南	16C末	手	未詳	ナシ	インドは「南蛮」、タイは「暹羅」？	個人
3	旧大陸図	南	17C前	手	未詳	天竺	位置はベンガル地方、タイは「シャムロ」	岡山県　妙覚寺
4	旧大陸図	南	17C前	手	未詳	天竺	位置はベンガル地方、インドは「いんちや」、タイは「しやむ」	個人
5	浦戸漂着西班牙船航海地図	南	16C末	手	未詳	てんちく	ただし模写、「しゃむろ」の隣、構図は著しく変形	高知県立図書館
6	世界図	南	一六五二頃	手	未詳	ナシ	「へんから・いんちや」「しやむ」の記入あり	個人
7	世界図	南	17C前	手	未詳	てんちく	位置は「たつたん」の西（シベリアあたり）、インドに「いんちやこ」、タイに「しゃむらう」の記入	個人
8	世界図	南	17C前	手	未詳	天竺	位置はタイ、近くに「しやむ」「かんほうちや」①、インドには「いんちや」の記入	大阪　南蛮文化館
9	世界図	南	17C前	手	未詳	天竺国	位置はベンガル地方、他は判読不能	個人
10	世界図	南	17C初	手	未詳	判読不能	「しゃむろう」「べんがら」はそれぞれの位置に記入	神戸　香雪美術館
11	航海古図	南	17C初	手	未詳	ナシ	それぞれの位置に、「いんぢや」「べんがら」「しゃむ」の記入	岡山美術館
12	東洋諸国航海図	南	17C初	手	未詳	ナシ	それぞれの位置に「いんでや」「べんがら」「しやむ」の記入	東京国立博物館
13	東亜航海図	南	18C中	手	未詳	天竺	「天竺」に「コロートモーゴル」、「應帝亜」に「インデス」のルビ、「シャム」はマレー半島上、カンボジヤは「カホテマ」の誤記②	個人
14	坤輿万国全図	マ	一六〇二	木	マテオ・リッチ	天竺	ただし、「小天竺」③「西天竺国」の2つのみ	宮城県図書館
15	坤輿万国全図	マ	17C初	手	未詳	天竺	同右	同右

16	万国総図	マ	17C前	木	絵屋庄兵衛	ナシ	インドは「インチア」	奈良　西大寺
17	万国総図	マ	一六四五頃	手	未詳	ナシ	インド・タイとも記入なし④	神戸市立博物館
18	万国総図	マ	一六五二	木	未詳	ナシ	インドには関連の地名なし、「しゃむ」のみ⑤	同右
19	万国総界図	マ	一六八八	木	石川俊之（流宣）	天竺	ただし、「小天竺」と「西天」「竺国」のみ⑥	同右
20	世界万国地球図	マ	一七〇八	木	稲垣光朗	天竺	「天竺」と「北天竺」のみ	同右
21	地球之図⑦	マ	一七三五頃	手	浄慧	天竺	中・北・西の天竺のみ、ただし、タイからマレーにかけては判読不能	個人
22	世界図	マ	一六九八頃	手	渋川春海	天竺	中東西南北の「五天竺」が、インド亜大陸から、タイ・マレー半島まで（メコン川以西）に配され、⑧その地域が同じ色（緑）に塗られている	個人
23	輿地図	マ	一七二〇	木	原目貞清	天竺	No.22と同じ位置に「五天竺」	個人
24	地球一覧図	マ	一七八三	木	三橋釣客（中根玄覧）	天竺	No.22とほぼ同じ位置に「五天竺」、ただしこの地域の図はかなり変形	個人
25	地球万国山海輿地全図説	マ	一七六八頃	木	長久保赤水	天竺	「五天竺」のうち「東」は判読不能、「西」がやや東より	個人
26	坤輿全図	マ	一八〇二	木	稲垣子戩	天竺	ただし「小天竺」「西天竺」のみ⑨	個人
27	万国全図⑩	マ	一八二三	手	高木正朝	天竺	北インドあたりに「天竺」のみ	個人
28	フィッセル改訂ブラウ世界古図写	蘭	一七七五頃	手	未詳	ナシ	インドは「莫臥尓」「應帝亜」、インド亜大陸とベンガルは判読不能、タイは「暹羅」	神戸市立博物館
29	和蘭新定地球図	蘭	18C中	手	未詳	ナシ	インドは「イントスタン」「モコーリインペリム」タイは「シャーム」	大阪府立図書館
30	地球図	蘭	一七九七	手	林子平	ナシ	ただし模写、インドは「莫臥尓」「應帝亜」、タイは「暹羅」	個人

31	世界四大州図	蘭	18C末	手	未詳	天竺	「五天竺」、それぞれの位置はNo.22図にほぼ同じ	神戸市立博物館
32	地球図	蘭	一七九二	銅	司馬江漢	天竺	インド全体を「天竺インデス」と併記、その他「ゴロウトモウゴル」「ベンガラ」、「シャムロ」	個人
33	地球全図⑪	蘭	一七九四	手	桂川甫周	ナシ	インド・タイ・マレー半島全体を「應帝」（「亜」は見えず）	内閣文庫
34	喝蘭新訳地球全図	蘭	一七九六	木	橋本宗吉	天竺	「五天竺」、それぞれの位置はNo.22図にほぼ同じ	個人
35	円球万国地海全図	蘭	一八〇二	木	石塚崔高	天竺	「五天竺」、それぞれの位置はNo.22図にほぼ同じ	東北大学附属図書館
36	万国輿地全図	蘭	19C前	銅	松原右仲	ナシ	インド・ベンガルにかけては「印的亜」	同右
37	新訂万国全図	蘭	一八一〇	手	高橋景保	ナシ	インド・ベンガル全体は「應帝亜」、他に「莫臥児」「榜葛剌」「暹羅」の地名（または国名）	内閣文庫
38	新製輿地全図	蘭	一八四七	木	箕作省吾	ナシ	インドは「印度」、タイは「暹羅」	個人
39	銅版万国方図	蘭	一八四六	銅	永井則	ナシ	インドは「印度」、タイは「シャム」	個人
40	校訂輿地方円図	蘭	一八五一	木	鱸重時	ナシ	同右	個人
41	新訂坤輿略全図	蘭	一八五二	木	新発田収蔵	ナシ	インドは「印度斯当」、タイは「暹羅」⑫	京都大学地理学部教室
42	新訂地球万国方図	蘭	一八五三	木	中島彭	ナシ	インド・タイの書き方はNo.37にほとんど同じ	個人
43	重訂万国全図	蘭	一八五五	木	山路諧孝	ナシ	インドは「印度斯当」、その他は判読不能	個人
44	輿地航海図	蘭	一八五八	木	武田簡吾	ナシ	インドは「應帝亜」、その他は判読不能	東北大学附属図書館

註（1）典拠：『日本古地図大成　世界図編』（講談社、一九七五）所収の南蛮系、マテオ・リッチ系、蘭学系のヨーロッパ系「世界図」「航海図」のうち、現在のインド地域をふくむか、「天竺」という地名を記載しており、かつ、その地名が日本語あるいは漢字によって記載されているものに限った。

（2）表中の記載については以下の通り。

a．「分類」は、ヨーロッパ系世界図の内の伝来・継承の系統を示し、「南」は「南蛮」系、「マ」は「マテオ・リッチ」系、「蘭」は「オランダ」系をそれぞれ示している。

b.「刊・手」は、刊本と手写本の違いを示す。ただし、「木」「銅」は刊本の内木版・銅版をそれぞれ示し、「手」は手写本をそれぞれ示す。

c.表の内「判読不能」は、同書所収の「世界図」の写真が小さすぎたり、不鮮明だったりするために、判読できなかったことを示す。これらについては、原本に直接あたるなどして、後日を期したい。

(3) マル付きの数字で示した記載事項に関する註記は以下の通り。

①記入の字は、天竺の方が大きく、「しゃむ」・「かんほうちや」等の総称を意味するか。なお、付随する人物図の、「しゃむ」には「かんほうちやともいふ」との註記がある。

②古いポルトガル系の原図の図形やポルトガル語の地名を残すが、転写を重ねて誤記が多く、書写年代は早くても一八世紀半ば。航海図としてではなく、一般的な海外知識への関心から書写。

③「小天竺」と読めるが、「北」のまちがいだろう。なお、インド亜大陸は「應帝亜」、インド北部には「莫臥尓」が記入されている。「北天竺」に「国」がついておらず、「西天竺国」であるのは、「五天竺」のうちこの「国」だけが独立を保ち、他の「天竺」は「莫臥尓」に併合されたというマテオ・リッチの認識を示すのかもしれない。

④この図では、インド地域のみ白く塗りつぶされていて、地名の記入がない。

⑤附属の「世界人形図」には「しゃむかほうしや同」と書かれている。

⑥「小天竺」(こてんじく)は、四角で囲み、「大清」「日本」「紅毛」等とおなじ活字の大きさ、一方、「西天竺国」は、「日輪夏至之日是マテ往」線(北回帰線)に分断されて、あたかも「西天」と「竺国」の二つの地名のように記されている。また、シャムはカンボジア等から離れた海上の島になっている。

⑦『本朝天文図解』所載。

⑧「中天竺」はバングラデッシュ(ベンガル)、「北」は、北インドからネパールにかけて、「西」は西インドからパキスタンにかけて、「南」はインド亜大睦、「東」はミャンマー・タイ・カンボジア・マレーシア等にあたる。

⑨地名等はリッチ図のかなり忠実な模写、ただし、時代遅れ。

⑩『万国地理図説』の附図、『職方外紀』(Giulio Aleni・艾儒略、一六二三)所載の「万国全図」の模写図。

⑪『北槎聞略』附図。

⑫「凡例」での、著者のインドに関する註記は以下の通り。

一、應帝亜《インド》ノ地名古図ニ記載無キ者多シ、旧此地ニ帝ヲ称セシ莫臥爾《モゴル》主ハ我寛政中滅亡シテ今時ハ其土豪ト英夷等ノ所領ト相半スト云フ、是地名ニ変革有ル所ナリ。

る。なお、ベンガル地方を天竺とする世界図の一つ「旧大陸図」(No.3、図4)の説明文は、「天竺之内」として、「占城」(チャムパ)・「かほしや」(柬埔寨)・「しやむろ」(暹羅)・「はたん」(バンタン)・「まら」(?)・「こわ」(ゴワ)をあげており、現在のカンボジヤ以西の広い地域が天竺とされていたことを示している。この観念は、前節でも見たよう

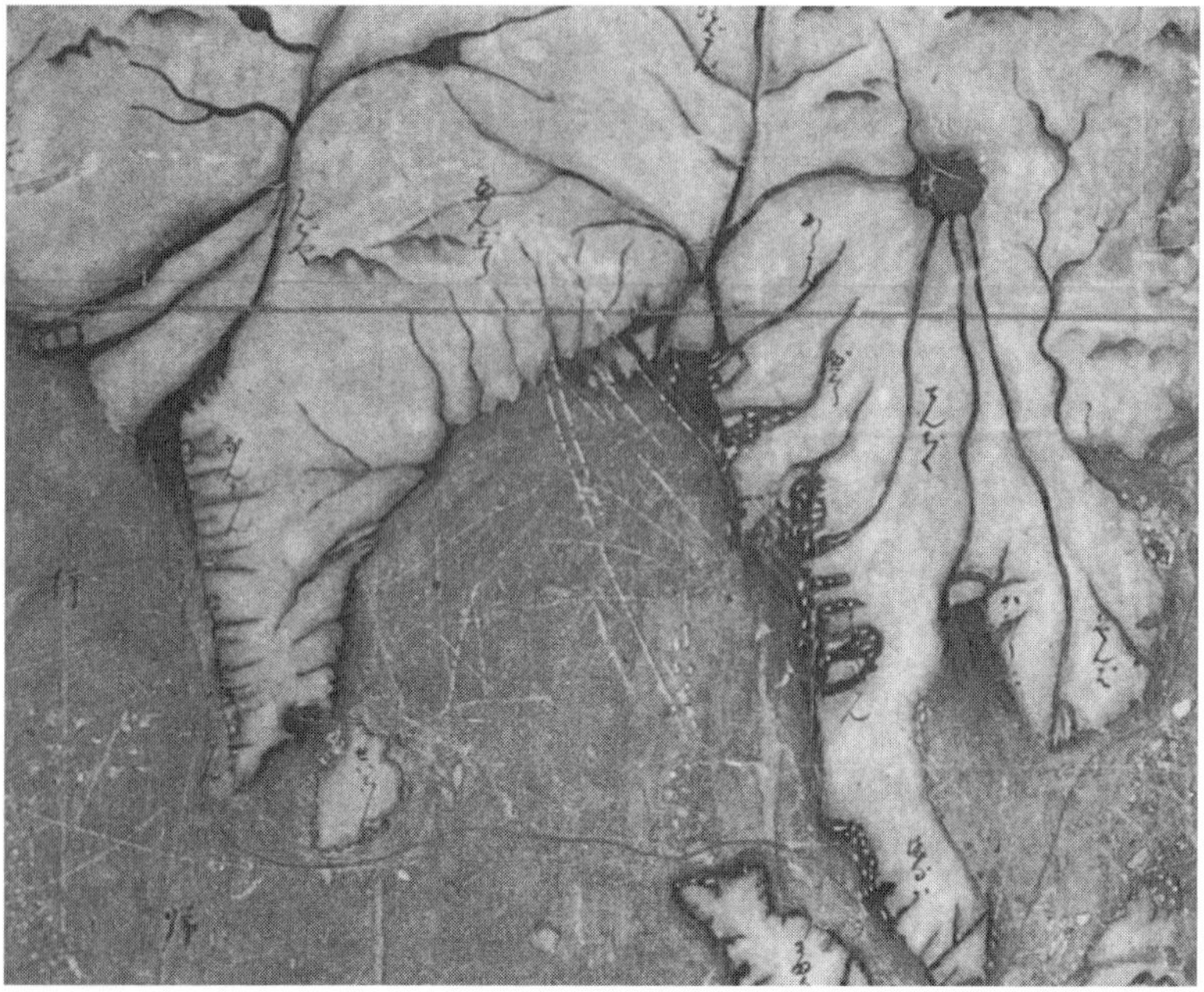

図2　世界図（表12 No.1）のインド・東南アジア部分（桃山時代、個人蔵）

に、近世の後期まで続くし、次に見るマテオ・リッチ系の世界図にも、やや曲折はあるが、受け継がれることになる。

つぎに、マテオ・リッチ系。リッチの「坤輿万国全図」（No.14）は、インド亜大陸を「應帝亜」とし、赤道のすぐ北に「印度斯当」、その北に「莫臥尓」を置き、「天竺」に関しては、「印度斯当」のすぐ左に「西天竺国」、ベンガル地方の北辺りに「小天竺」が書かれているのみだ（図5参照）。「小天竺」はおそらく「北天竺」のことだろう（表12註3③参照）。天竺は中国系の地理認識だから、リッチも書き入れざるをえなかったのだろうが、あつかいはいかにもぞんざいだ。リッチ自身は、インドには関心があっても、天竺にはほとんど無関心だったことを推測させる。そのためか、リッチの図を下敷にした「万国総図」（No.16、No.17、No.18）にも、「天竺」はない。しかし、その三〇年ほど後に作られた「万国総界図」（No.19）は、「小天竺」と「西天竺国」を記載しているが、「西天竺国」は、実は北回帰線をはさんで、「西天」と「竺国」に分断され、まったく別の国のような記載になっている（図6）。作成者に、天竺への関心や理解があったとは思えない。天竺に関して同様の姿勢を示す図は、一八世紀はおろか一九世紀に入っても作られている（No.20、No.26、No.27）。しかし、リッチ系の世界図を下敷にしながら、それまでの知識を集大成して、後世に大きな影響を与えたのは、渋川春海「世界図」（No.22）で、この図には、中東

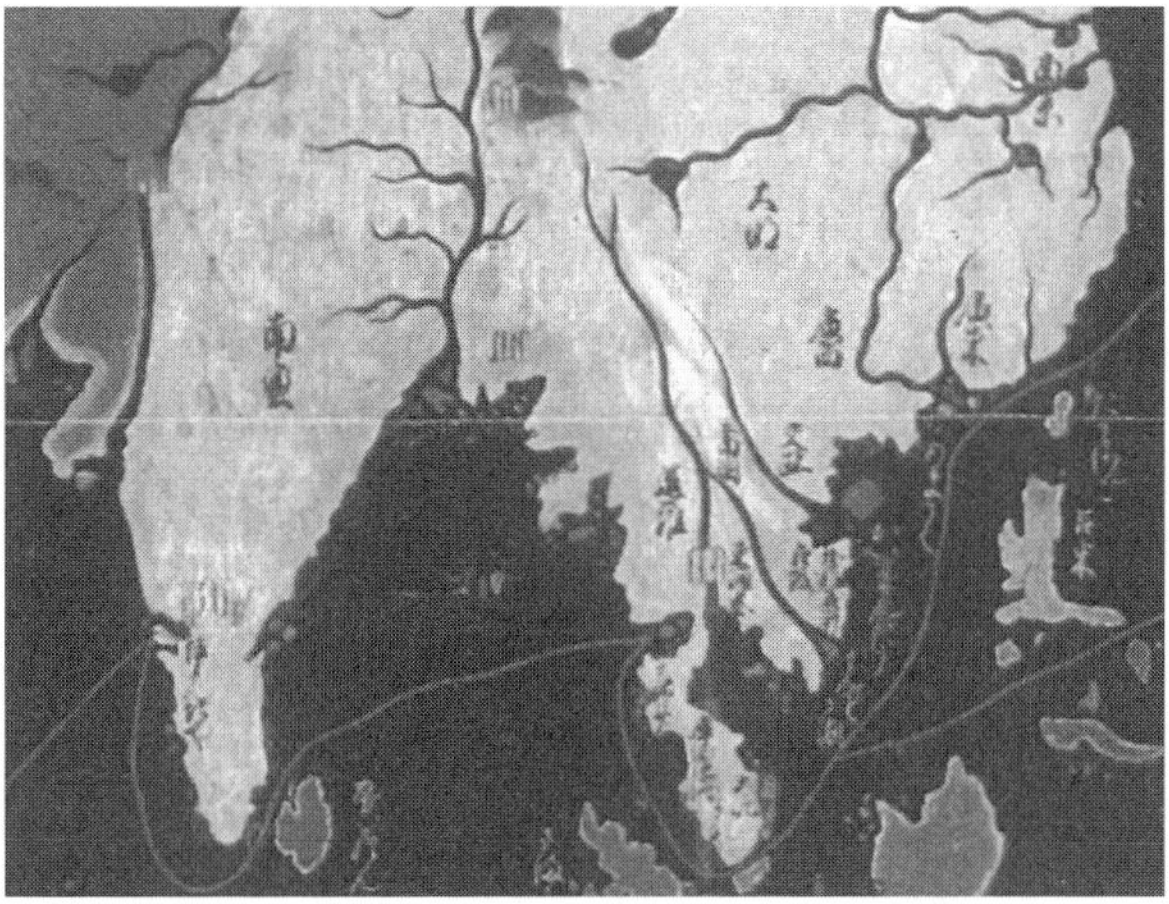

図3　世界図（表12 No.2）のインド・東南アジア部分（桃山時代、個人蔵）

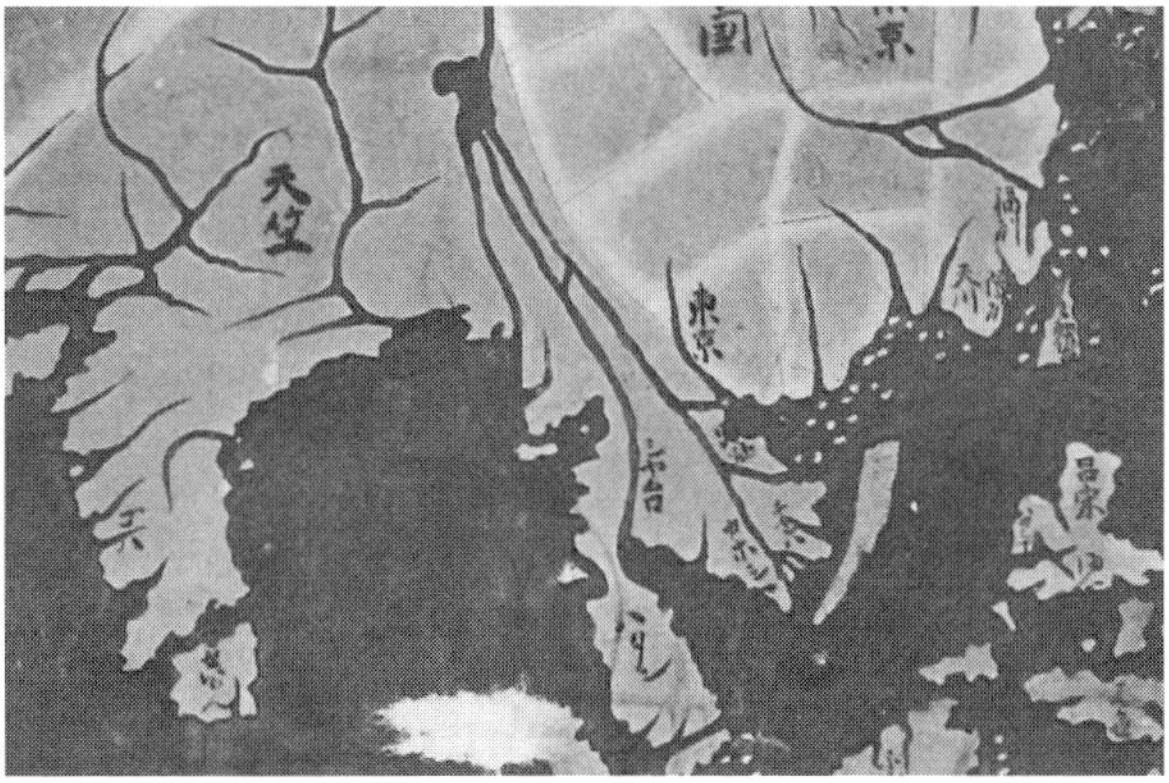

図4　旧大陸図（表12 No.3）のインド・東南アジア部分（江戸時代初期、妙覚寺所蔵）

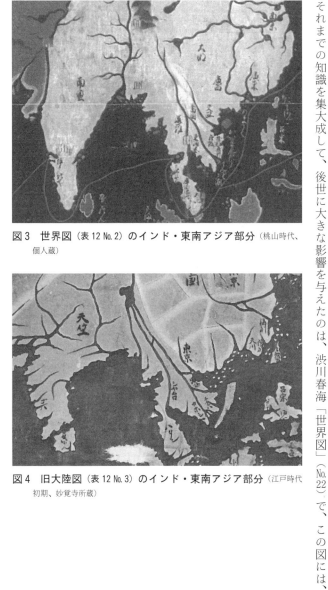

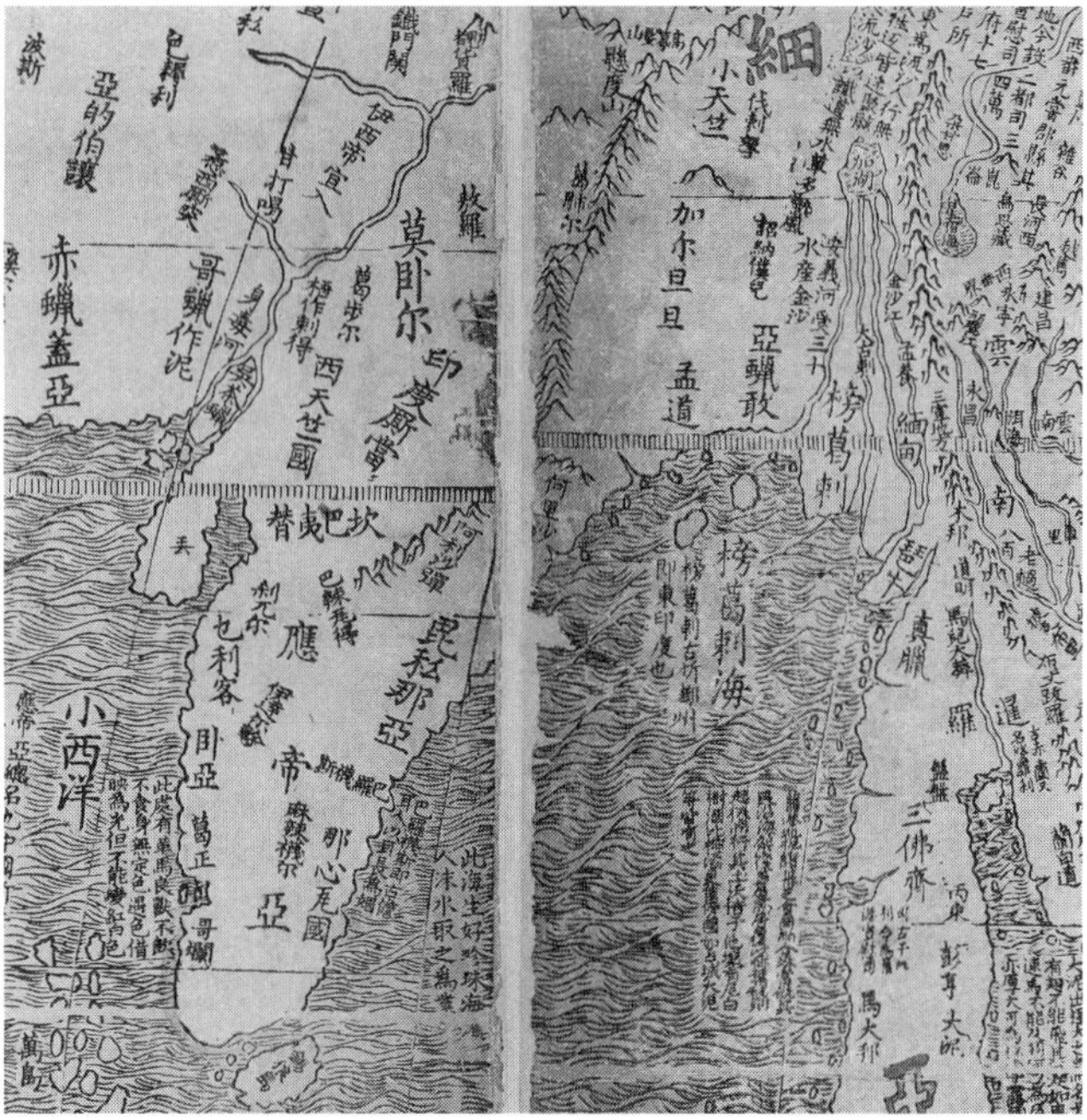

図5　坤輿万国全図（表12 No.14）のインド・東南アジア部分（万暦30年、宮城県図書館所蔵）

西南北の天竺（五天竺）が、インド亜大陸からその北部、東はタイ・マレー半島（メコン川以西）にまで配されている。南蛮系の世界図に見られたインド・天竺認識が、春海によって、より精密化されてリッチ系世界図に蘇ったといってよい。春海は、初代の幕府天文方になったほどの知識人だった。彼は、日本人の伝統的な地理認識の一つである天竺に無関心ではいられなかったのだろう。ほぼ同じ頃に成立した西川如見『増補華夷通商考』の世界図「地球万国一覧之図」もこの系統の世界図だが、「唐土」と同じ活字の大きさで「天竺」の記載がある。このように、リッチ系の世界図で、はじめは曖昧だった「天竺」が明確に記載されるようになるところに、日本人の伝統的な地理観の根強さをみることができる。

春海の「世界図」を契機に、リッチ系の世界図にも天竺が、明確に、しかも「五天竺」に描き分けて記載されるようになり（No.23、No.24、図7参照）、長久保赤水の「地球万国山海輿地全図説」（No.25）にいたる。いわゆる赤水図は

「たちまちベストセラーになり、その後も幕末にいたるまで……通俗的世界図を代表するものとなっていた」（「本編解説」一三六頁）。天竺に関するかぎり、春海―赤水系世界図の影響は、次の蘭学系にもおよんでいると見てよい。

さて、蘭学系の世界図。オランダ系の世界図で日本に大きな影響を与えたのは、「フィッセル改訂ブラウ世界図」（一六七八頃刊）と呼ばれるものだが、その翻訳版にはもちろん「天竺」はない（No.28、No.29、No.30）。しかし、一八世

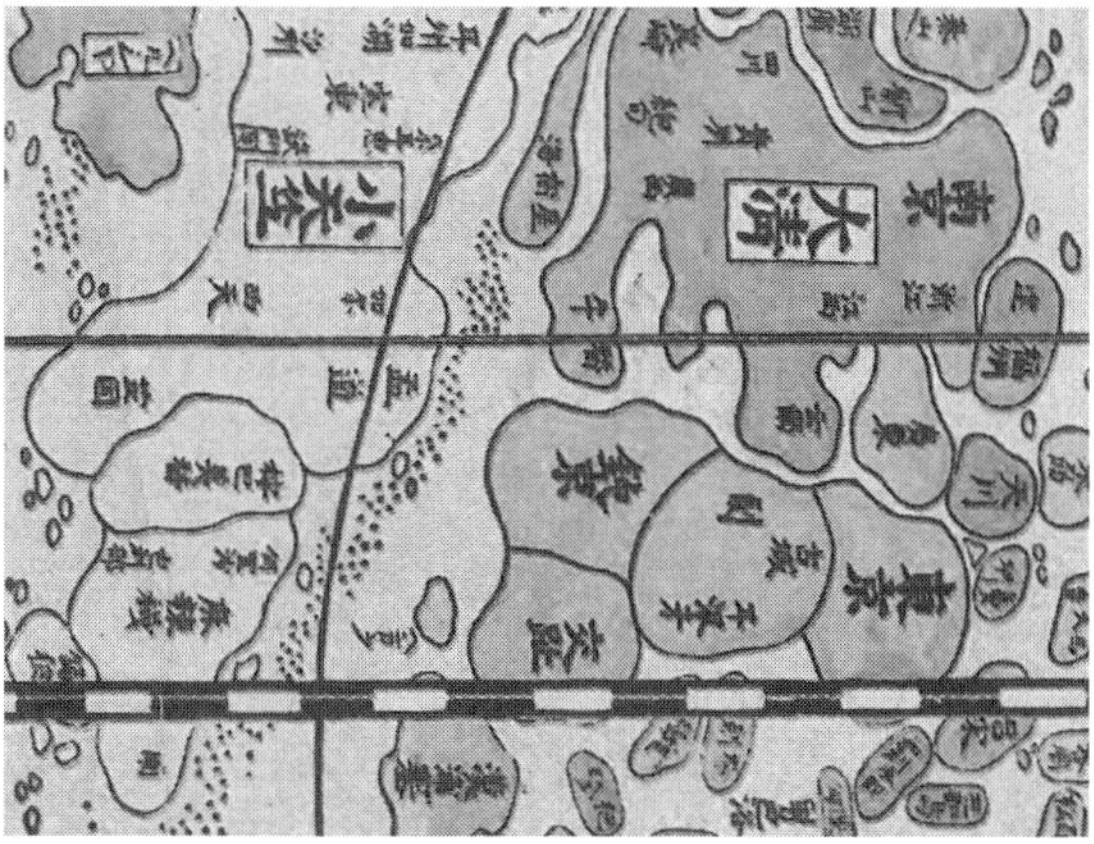

図６　万国総界図（表 12 No.19）のインド・東南アジア部分

（貞享３年、神戸市立博物館所蔵、Photo: Kobe City Museum / DNPartcom）

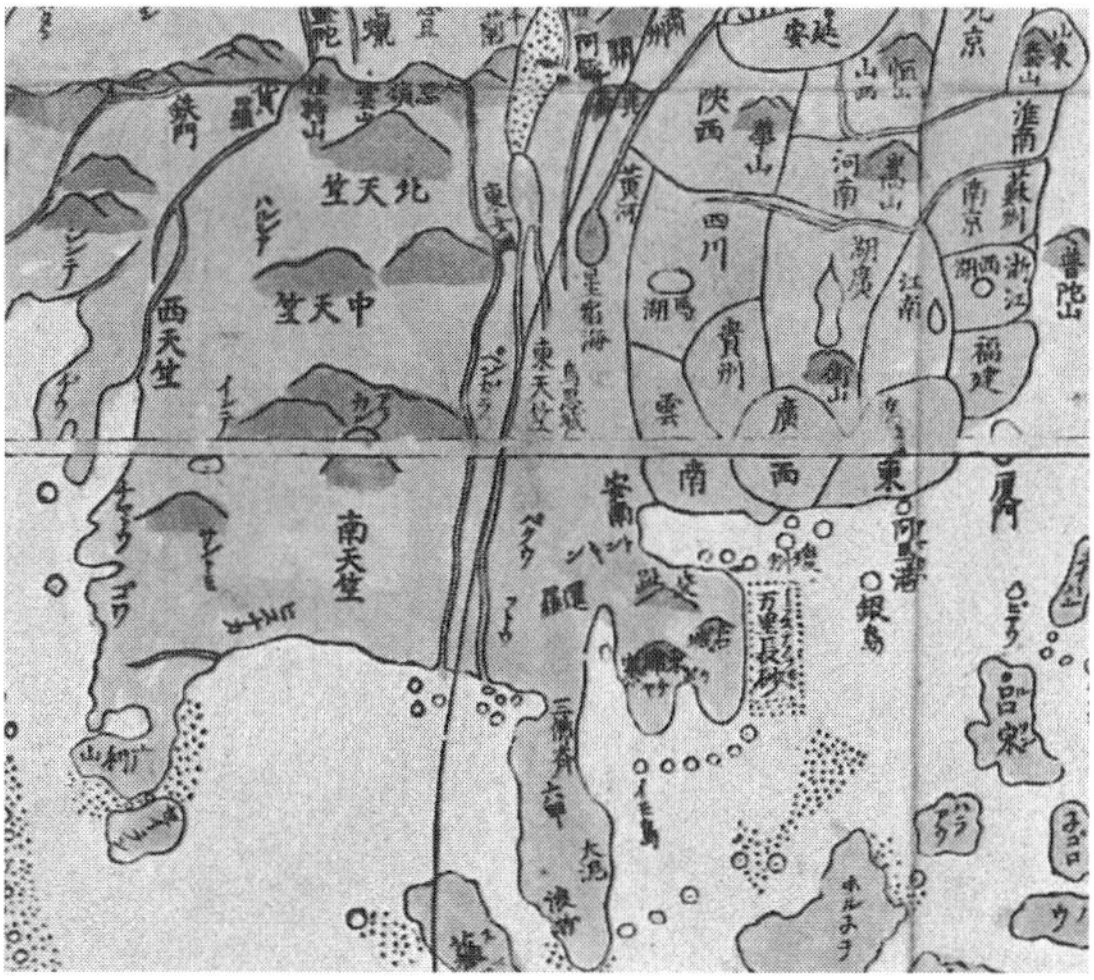

図７　地球一覧図（表 12 No.24）のインド・東南アジア部分

（天明３年、個人蔵）

紀後半の「世界四大州図」（No.31）は「五天竺」を記載し、司馬江漢「地球図」（No.32）は「天竺インデス」と併記、橋本宗吉「喎蘭新訳地球全図」（No.34）・石塚崔高「円球万国地海全図」（No.35）等は「五天竺」を記載する。これは春海―赤水系世界図の影響ではなかろうか。というのは、これらの世界図の作者たちは、自分で蘭書を読み、研究するという意味での蘭学者というよりは、そうやって獲得された成果を応用し、活用するという立場にあって、より民衆に近い位置にいたからだ。あるいは、彼らは、上記のせまい意味での蘭学者と民衆の間にいて、両者の媒介者の役割を果たしたといえばいいだろうか。彼らとせまい意味での蘭学者とは、姿勢に明らかなちがいが見られる。というのは、ほぼ同じ時期に作られた桂川甫周の世界図（No.33）は、インド・タイ・マレー半島全体を「應帝亜」（ただし「亜」は見えず）とするものの、天竺という呼称は採用していないからだ。甫周は、天竺がインドだということはじゅうぶんに承知していたはずだ。そうであれば、彼と司馬江漢らとのちがいは、天竺、あるいはインドという概念に対する姿勢のちがいにほかなるまい。甫周のように、ヨーロッパ系の学問に忠実であろうとすれば、天竺という伝統的な地理認識に属する呼称にとらわれる必要はないが、民衆の認識により添おうとすれば、というよりはむしろ、自分の認識を大切にすれば、彼らが長い間親しんできた天竺という言葉にあまり冷淡でいることはできないからだ。司馬江漢ら媒介者も、その点では長久保赤水ら、さらに、「赤水図」を「ベストセラー」にした人々と位相を共有していたといってもよいだろう。ここでは、これらの人々を単純に民衆とは呼ばないことにする。というのは、仙台の漂流民津太夫らの漂流記『環海異聞』（一八〇七年。以下、漂流記の引用は山下恒夫編『石井研堂これくしょん 江戸漂流記総集』全六巻、日本評論社、一九九二〜九三年―以下研堂と表記し巻数、頁数を記す―による、研堂六、八〇頁）の編者の一人、大槻玄沢が、その序言で述べていることが気になるからだ。彼は言う、「我方の人、多くは、から、朝せん、天ぢくなどいふ名のみ聞知りて、そのしらざる所に於ては間、或ひは碩学宿儒といへども弁ずる事を得ず」、と。最新の地理認識に接する機会に恵まれている人、それらの認識を抵抗なくうけいれられる人はそう多くはなく、それ以外の多数の人々は、まだまだ従来の伝統的な世界観の枠のなかにあった。そのような人々は、民衆のなかにだけいたわけではない。

とはいえ、蘭学系世界図に関するかぎり、そのような状態も一八世紀末までで終わるようだ。一九世紀に入ってつくられた蘭学系の世界図では、「天竺」という記載は見られなくなり、さらに、インド・ベンガル地方を「應帝亜」「印度」などと書き、タイは「暹羅」と明確に描きわけられるようになるからだ。つまり、天竺が暹羅もふくむ漠然とした広い地域を指していた段階から、さらに進んで、インドに焦点が絞られていくのだ。そうなると、「天竺」というとただちにインドと考える、現代の私たちの地理認識に近くなる。いいかえれば、私たちの「天竺、すなわちインド」という感覚は、このようにして形成されたのではないか。「印度」という名称が固定するにあたっては、「天竺」という旧弊を感じさせる呼称ではなく、ヨーロッパ語の「インド」を想わせる「印度」あるいは「應帝亜」などが選ばれた、という事情もあったかもしれない。というのは、先に見たように、天竺を印度の別称とする認識は古代以来日本でもあったが、近世を通じて、ほとんど天竺の方が優勢だった。天竺が蘭学系の人々から見むきもされなくなり、そのかわりに印度という呼称が一般化するのだから、古代以来の呼称の復活というよりは、ヨーロッパ系の「インド」という言葉の訳語としての「印度」だったと考えられる。

以上の検討結果から、次の三点が指摘できる。一つは、一九世紀になると、時代の先端をいく蘭学系の世界図からは天竺という名称が消え、インドという言葉が一般化すること。二つは、その一方で、天竺という名称を残していた南蛮系・リッチ系の世界図は一九世紀に入っても作られ続け、長久保赤水のいわゆる「赤水図」(№25)などはベストセラーとなって、幕末まで「通俗的世界図」の代表であり続けたこと。三つは、したがって、同時代への影響は、今から見て時代遅れの「赤水図」などの方が大きかったはずだ。

2　民衆の位相――「幕末民衆の世界図」から――

幕末、ペリー来航前後の対外的緊張のなかで民衆レヴェルでも対外関心が特に高まり、彼らの需要に応じて、最新のものからすでに旧弊に属する伝統的なものまで、様々な段階の世界知識がいろいろな形態で、供給された。そのなかには、皿の絵柄に世界図をあしらったもの（「世界図皿」表13No.1）、空想上の人物をふくむ世界の人物図、世界各国の番付、諸国の人物や風物などの双六などもある。さらに、「釈尊仏法御修業之画図」（橋本貞秀、木版色刷、一八六〇年）のように、世界図ではなく、自分たちの宗教（仏教）の聖地としての天竺への憧れを図にしたものも依然として描かれていた。それこそが「南瞻部州図」の本来の性格だったことを、あらためて想起しよう。つまり、この範疇には、近世で展開した世界観を形にしたもののほとんどすべてがふくまれているのだ。表13には、『日本古地図大成世界図編』に収録されているもののうち、いちおう「世界図」の形態をとっており、かつ、インド地域をカヴァーしているものをまとめた。表13を検討しよう。

まず、多くの世界図が天竺、あるいは五天竺の概念を保持していることがわかるが、それらのほとんどが「赤水図」の系統だ（No.1、No.2、No.6、No.7、No.8、No.9、No.10、No.11）。その他に、「地球万国全図」（No.3）のように、もともとそのような古い概念を脱却しているはずの蘭学系の「新訂万国全図」（表12No.37）を下敷にしながらも、インドの地域に「此地五天竺」と書き加える例もある（No.13も同様）。その一方で、数は多くはないが、最新の成果に基づきながら、同時に天竺という古い概念も脱ぎすてている場合もある（No.4、No.5、No.12、No.14）。そのなかで、福沢諭吉が、自分の外遊体験をもとにして、海外渡航者のためのガイドブックとして書いた『西洋旅案内』の附図「世界図」（No.

4、図8）は、書籍の附図という性格にもよるのだろうが、簡潔にして正確で、きわめて実務的である点で他の世界図と対照的だ。「退化した」赤水図（『解説』七七頁）に、旧来の「人物図」にあらわされる世界観と、元寇になぞらえた西洋列強のアジア進出に対する危機感をもりこんだ「蒙古退治万国早分図」（No.10）と較べると、両者の違いがきわだつ。この時期の世界図は、この両者の間のどこかに分布しているといってよいだろう。しかし、諭吉の「世界図」と同じ傾向の「万国地球全図」（No.5）に一〇種類を超える異版があり（『解説』七五頁）、「地球万国全図」（No.12）や「万国地球分図」（No.14）が、明治になっても版を重ねたところをみると（『解説』七八、八二頁）、時代の傾向は明らかにこの方向、すなわち、正確な世界地図を求める方向にあった。

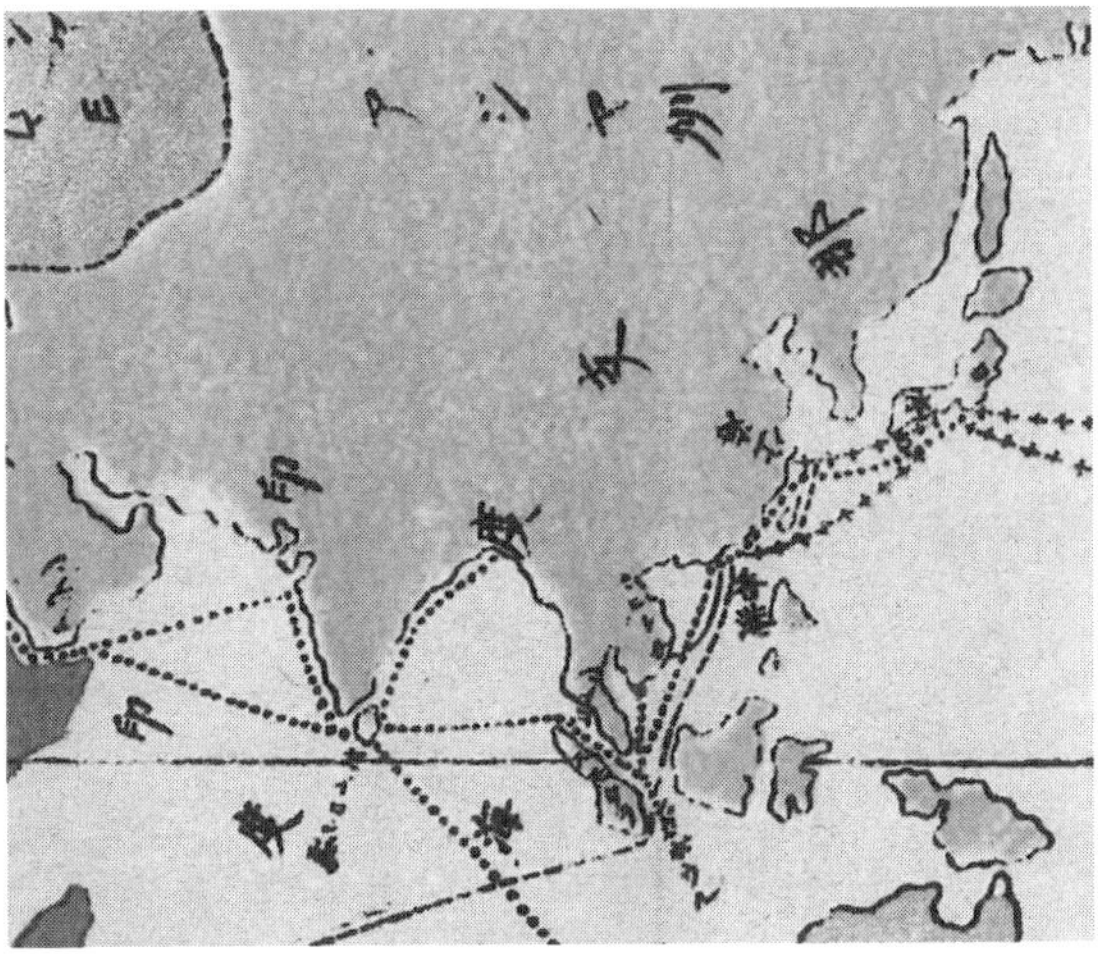

図8　『西洋旅案内』所載世界図（表13 No.4）のアジア部分
（慶応3年、内閣文庫所蔵）

　以上のことから、次の三点が指摘できるだろう。第一に、前節でも見た通り、幕末においても、「赤水図」の系統の比重が大きいこと。したがって、大部分の日本人のインドについての認識は、依然として旧来の天竺をひきずっていた。しかし、第二に、このことは民衆の「遅れ」や「停滞」を意味するのではなく、近世の間に獲得された到達点だったのではないか。近世を通じて民衆の世界認識も、おおまかにいって、「赤水図」のレヴェルまで到達していたといってよい。これらの世界図が「幕末民衆の世界知識を啓蒙」し、番付・双六などが「明治に至るまで、子どもたちの地理教育に見のがすことのできない役

表13　天竺の行方(3)——「幕末民衆の世界図」から

No	名称	作成／刊行年	刊・手	作成／刊行者	記事の有無他	備考	所蔵者
1	世界皿図	一八四〇頃	—	未詳	天竺国	伊万里焼、中央に日本、「東京」と「スマンタウ」の間に「天竺国」、「赤水図」の系統	個人
2	世界六大州	19C中	木	未詳	五天竺	赤水図（表12No.25）の系統で、田謙「新製万国輿地全図」（一八四四）の亜流①	個人
3	地球万国全図	一八三六	銅	松本儀平	五天竺	インドの地に「インデン」「モゴール」等と書きながら、「此地五天竺」と註記風に書き加える、図形・地名ともに「新訂万国全図」（表12No.37）の踏襲②	個人
4	『西洋旅案内』所載世界図	一八六七	木	福沢諭吉	ナシ	簡単だが正確な世界図に、日本・欧米間の航路を示す、インドは「印度」・中国は「支那」	内閣文庫
5	万国地球全図	一八五〇頃	木	栗原信晁	ナシ	インドは「印度」、資料は「新製輿地全図」（表12No.38）「新訂万国全図」（表12No.37）③	個人
6	万国山海輿地全図	一八四七	木	赤水周泉	五天竺	説明文に「日本唐土天竺ハ皆亜細亜州ノ中也」、概念図に近い粗略な図、赤水図（表12No.25）の踏襲、他の資料は「新製輿地全図」（表12No.38）「銅版万国方図」（表12No.39）④	個人
7	地球万国全図・大日本略図	19C中	木	長崎紫雲堂	五天竺	赤水図（表12No.25）の縮約版、説明文に「日本唐土天竺紅毛ハ正帯」とあり	個人
8	地球万国山海輿地全図説	一八五〇	木	山崎美成	五天竺	赤水図（表12No.25）を踏襲、幕末では最もよく原図の面影をとどめる、他に田謙「新製万国輿地全図」	個人
9	地球万国全図説覧	19C中	木	小林公峯	五天竺	赤水図（表12No.25）系の通俗版、外国船の絵を掲げ、天動地球説を取る	個人
10	蒙古退治万国	19C中	木	未詳	五天竺	赤水図（表12No.25）の退化したもの、直接の粉本	個人

	早分図					は「万国人物之図」（No.11）	
11	万国人物之図	19C中	木	栄寿堂	五天竺	赤水図（表12 No.25）系世界図に人物図を配する（No.10と同系統）、人物図は「和漢三才図会」系統	個人
12	地球万国全図	19C中	木	嶺田楓江	ナシ	地名は「校訂輿地方円図」（表12 No.40）、上部の説明記事は「万国地球全図」（No.5）	個人
13	早智万国之図	19C中	木	群芳堂	天竺	インド亜大陸に「印度」、その北に「天竺」、典拠は「校訂輿地方円図」（表12 No.40）他「新製輿地全図」（表12 No.38）等	個人
14	万国地球分図	一八五六	木	近藤峴山	ナシ	インド地域は「應帝亜」と「榜葛刺」、典拠は「新訂万国全図」（表12 No.37）に「新製輿地全図」（表12 No.38）「新訂坤輿略全図」（表12 No.41）を加味	東京大学総合研究資料館
15	万国山海通覧分図	一八五三	木	未詳	ナシ	ただし、説明文の「肥前長崎より万国海上之里数」に「天竺へ四千百四十里」とあり、ペリーとプチャーチンの来航を伝える瓦版の時事地図	個人

註（1） 典拠：『日本古地図大成　世界図篇』所収の「幕末民衆の世界図」。

（2） 表中のマル付きの番号で示した註記は以下の通り。

①人物図のなかに「天竺三千リ」あり、また、「日本・唐土・天竺・朝鮮・琉球其外図の如く国を多く合せて亜細亜《あしあ》といふ也」との説明あり。

②説明文（「地球図略説」）のなかには、「世界ノ国土《トウト》」を分けて「五大州」、そのなかのアジアについての説明では、以下のように「天竺」を使う。

韃靼《ダッタン》。蒙古《モウコ》。カンサツカ。及《オヨ》ビ日本。唐土。天竺《テンヂク》。アラビヤ。ハルシャ。ボルネヲ。新阿蘭陀《ヲランタ》。等《トウ》ノ大国是皆唯《タイコクコレミナタダ》亜細亜州《アシアシウ》ノ中《ウチ》ナリ是《コレ》ニ附庸《フヨウ》ノ小国小島多《ヲ》シ已上ノ諸国是《ショコクコレ》ヲ日本ニ比《ヒ》スルニ五六倍十倍廿余倍ニモ出《イツ》ル者《モノ》アリ是《コレ》ヲ以《モツ》テ余《ヨ》ノ四大州《シダイシウ》ノ広大《コウツダ》ノ分《ブン》ヲ知《シル》ヘシ

ここで、朝鮮・琉球などの「小国」が挙げられていないことに注目しておこう。

③「亜細亜州アジアシウ」の国名は、「大日本　漢土カラ　韃而靼タルタリヤ、ダッタン」と来て、北アジアの諸国が続き、インドについては「安日川ガンジスリヒール　榜葛刺ベンガラ　印度又身毒インデヤ」が挙げられていて、「天竺」はない。なお、この説明にも、アジアの国として、朝鮮・琉球などは挙げられていない。

④対の「大日本輿地全図」の「長崎ヨリ万国里数」に「南天竺　二千二百里」とあり。

割を」果たしたという指摘（「本編解説」二二八頁）は重要だ。その観点からすれば、正確であるか否かは別として、世界には「三国」だけでなく、多様な人々と国があるということを知るだけでも、大きな前進なのだった。第三に、客観的、あるいは科学的な世界地理認識と主観的な世界観との分離が決定的になったこと。中世末からの西洋世界との接触によって三国世界観の解体がはじまった。それとともに、比喩的にいえば、世界地理認識という土俵で、仏教・儒学・西洋の世界観が勝ち抜き合戦をはじめ、西洋、特にオランダ系のそれが最終的に勝ち残った。しかし、いうまでもないことだが、土俵は世界地理認識ただ一つではなかった。その土俵では勝ちを譲ったにしても、宗教や倫理、その他世界観に関わる他の多くの土俵において、そうだったわけではなかった。戦い方にしても、それぞれに得意技はあるにしても、様々な形での技術の交流もなくはなかった。世界地理認識という土俵はわったものの、他の世界観たちは、また別の土俵、簡単に消えてしまったのではなく、やや姿を変えながらも、それぞれの後援者たちに支えられて生き残っていた。

3　天竺の行方――文献から――

さて、それでは「天竺」は、具体的にどこと考えられていたのか。現代の私たちは、「天竺」＝インドと考えるが、近世の人たちはどうだったのか。

まず、如見の『増補華夷通商考』をみる。表8（三六五頁）の、下線が引いてある「国／人物」が、本文中に「天竺」との記載があったものだ。下線があるものは、「外夷」①〜③にまたがって、ちょうど二〇ある。それらの「国／人物」をみると、天竺が、現在のインドを越えた、はるかに広い地域におよんでいることがわかる。その範囲は、東はインドネシアを除く東南アジアのほとんどをふくみ、西は、中近東にまでおよぶ。この地域が、東西南北の四つと、中天竺をあわせて、五天竺と呼ばれていたことは先に見た通り。如見も、その分け方を踏襲しているが、彼の記述には「西天竺」が二つあるだけ、あとはすべて「南天竺」とされていて、中・東・北の天竺が見られない。また、これらの分類そのものが、かなり曖昧である。例えば、如見においては「南天竺」だった「とんきん、かうち、ちゃむぱ、るそん、ひゃんは、かぼうちゃ」が、『徳兵衛天竺物語』（成立年未詳、研堂一、四九〇頁）では「中天竺」とされている。『徳兵衛天竺物語』においては、これらの国々が、徳兵衛が訪れたことになっている「達磨大師誕生の処」や中天竺の釈迦の聖地「まかた国」の近くだからだろう。もっとも、徳兵衛が訪れたのは、おそらくカンボジアのアンコールワットで、それを釈迦の聖地と誤認したことからこの混乱は生じているわけだが、アンコールワットに足を踏み入れたのは彼だけではなく、如見も、長崎の町人で、「天竺」渡海の時、暹羅・モウル国をへて「中天竺」の「釈迦ノ旧跡等」を見た者が三〇年以前までは存命だったと記している。現在の東南アジアのうち、およそメコン川の西から「天竺」がはじまると考えられており、その観念があったためにアンコールワットを釈迦の聖地と誤認し、逆に、その誤認が、この地域を「天竺」とする確信を強めるという関係になっていたようだ。したがって、暹羅も「南天竺」ということになる。『山田仁左衛門渡唐録』（一七九四年、研堂一、四八二頁）は、暹羅について次のようにいう。

一、或ひは云く、暹羅国は北極地を出る事、十三度の国なり、海上日本より二千四百里、柬浦寨の西地なり、唐土よりは南西の方に当れり、則ち南天竺なり、

フィリピン諸島のミンダナオ島に漂着して、現地住民の奴隷とされ、ボルネオ・バタヴィアを経て生還した孫七の記録が『吹流れ天竺物語』（一七七〇年?、研堂二）だが、この記録では、フィリピン群島のうちミンダナオ島辺りは

「南天竺」、ボルネオの要港バンジャルマシンの辺りは「中天竺」である。同じ漂流事件の別記録『南海紀聞』（福岡藩士青木定遠著、一八二〇年、研堂二、一六四頁）は、『吹流れ天竺物語』を「その説杜撰はなはだ多し」と批判するが、漂着先のミンダナオ島の辺りを「天竺」とみている点では同じである（著者青木は儒学者にして蘭学者）。

4　近代の「天竺」へ

すでに、一八世紀のはじめに如見は、「南天竺の内、近代他邦の為に奪ひ併せられし国多きよし聞つたふ。しからば仏法の徳用は天竺の為には非ずやといぶかし」（『町人嚢底払』下）と疑問を提示している。さらに、一八世紀後半以降、ヨーロッパ勢力がこの地域に進出し、植民地にくみこむようになると、その重要性はますます薄れていく。

一八世紀後半に、フィリピン諸島のミンダナオ島に漂着し、ボルネオ・バタヴィアを経て生還した福岡藩韓泊の廻船伊勢丸の水主孫太郎の漂流記『南海紀聞』でも、オランダ人がボルネオの要港バンジャルマシンに堅固な要塞を構えていることについて、「蕃酋」（土地の権力者）から咎められることはないのか、という青木の質問と、孫太郎の回答、それについての青木の感想は次のようである。

その原故は知らざれども、和蘭人威勢はなはだ強く、国人は勿論、実は蕃酋までも恐るゝ景状なり、元来和蘭人、唐山人共に、カイタンの蕃酋に宅税を収めて居住すと聞ゆ、然るに、カイタンの役人を始め土人等、常に唐山人を侮慢し、毎々非法を働けども、蕃酋よりさして法度もなく、唐山人迷惑致すことはなはだ多し、これ等のこと和蘭人にはこれなき已にあらず、蕃酋同様に憚り、恐れて土人等敢て近づかず、……余、これ等の物語りを聴き、掌を打ちて歎きて曰く、それ南国の人は、多愚にして北土の人は必づ智あり、これ天の賦する所にして、自然の符なり、如何ともすべからず、但し智あるときは、その国強く、愚なるときはその国弱し、強きは弱きを奪ひ、弱きは強きに役す、白石先生の采覧異言に論あり、読者鑒せざらんや。

こうして、「天竺」は、世界地理書から消えていくことになる。しかし、地図から消えても、記憶は残る。それが、漂流記などの形で蘇ったり、徳兵衛ものに素材を提供したりする。あるいは、「天竺の横町」（辺鄙な土地）、「天竺味噌」（唐がらし味噌、からすぎる）などのいいまわしや言葉遊びの中に残ることになる。

註

（1）荒野泰典「近世の対外観」（朝尾直弘他編『岩波講座日本通史一三　近世三』岩波書店、一九九四年。本書第Ⅲ部第一章）。

（2）ルイス・フロイス著、松田毅一・川崎桃太訳『日本史』一〜一二巻（中央公論社、一九七七〜八〇年）。

（3）訳註（同書六第四章註8、六六頁）によれば、「大内義隆記」（『群書類従』二一）に、この時ザヴィエル訪問の記事があり、「天竺仁ノ送物」を描写して、「カカル不思議ノ重宝ヲ五サマ送ケルトカヤ」と述べている。

（4）訳註によれば、ザヴィエル、ヴィレラはもちろん、一五九〇年頃のフロイスでさえ異教徒の前では公然と説教することはなく、キリシタンの前で説教するのにも支障があったほどだという（同書三第一章註7、二二頁、および第七章註7、九七〜九八頁）。

（5）「南蛮」Nanban の語句についても、訳者松田毅一の詳しい註記があり（同書一第一二章註16、二七〇頁）、以下のような先行論文があるが、いずれも参照できなかった。その点についても、訳者の寛恕をお願いするとともに、後日を期したい。松田毅一『近世初期日本関係南蛮史料の研究』（風間書房、一九六七年、三八六〜三八七頁）、「南蛮の語句について」（『キリシタン研究』第二部論攷篇、風間書房、一九七五年、三〜一〇頁）。

（6）宣教師たちに対する呼称は、著名な「伴天連」の他「ダイウス」があり、出身の「国」については、当初の「天竺」の他に「キリシタン国」、ついで「南蛮」、さらにポルトガル・イスパニアなどの具体的な国名やゴアやルソンなどの権力の所在地が出てくるように見え、それはそれぞれ日本人の地理的認識のひろがりと深まりを示している。日本側の史料でも、「キリシタン国」については、すでに、永禄三年（一五六〇）の将軍足利義輝の、キリシタン「伴天連」を保護する旨の「禁制」の宛名「幾利紫旦国僧波河伝連」に見える（フロイス『日本史』三第六章註8、八二頁）。

また、一五九一年二月二四日（天正一九年閏正月八日）の、豊臣秀吉のヴァリニャーノらインド副王使節の謁見の記事を、諸書は次のように記録している。

・閏正月九日丙子、昨日八日ダイウス、キリシタン国ヨリ罷上、殿下申御礼云々（『兼見卿記』巻四。八木書店、二〇一五年、一二九頁）

・閏正月八日、天晴、南蛮人殿下へ御礼申入、貴賤見物也（『時慶卿記』巻一。臨川書店、二〇〇一年、九〇頁）

・閏正月十二日、去八日キリシタン国ナンハンの内歟、大ウス関白殿へ御礼申了（『多聞院日記』巻四。『増補史料大成』三七、二八二頁）

（7）これについての、訳註は次の通り（同書七第三八章註24、一五四頁）。

南蛮人についてのこの短い説明文は、かならずしも正しくない。しかし南蛮人の解説は難しく（松田前掲註7論文「南蛮の語句について」）、フロイスらが、当時スペイン人らの中南米原住民に対する呼称「インディオス」と同じように、自分たちがその名で軽蔑して呼ばれていると解したことは注目されてよい。

このような日本人の蔑視と、「南蛮人」の容貌や姿にたいする評価とは密接に関わっていよう。

……人げんのかたちにて、さながらてんぐ（天狗）とも、みこしにうだう（見越入道）とも……はなのたかき事さゞゐがら（栄螺殻）のいぼのなきをすいつけたるににたり、目のおほきなる事は、めがねを二つならべたるがごとし……めんていのすさましき事あらてんぐと申すとも、かやうにはあるまじきと人みな申あへり（『吉利支丹物語』上。続々群書類従一二、五三頁）

ここに描写されている「南蛮人」の容貌を、現代の私たちは、まったく逆の価値観で　見ているのではないだろうか。これについては、また別に検討する機会をもちたい。

（8）訳者は、秀吉の「……ほど間抜けていない……」という言葉に註記して、「インドでゴアなどがポルトガル人によって奪われたことを意味するのであろう」と述べておられるが、非常に示唆的である。

（9）北島万次『豊臣秀吉の朝鮮侵略』（吉川弘文館、一九九五年）五一〜五二頁。

（10）秀吉の返書の原文（案文）の当該箇所は、左記の通り（同書二第三〇章、一五六頁註9）。

……夫吾朝者神国也、神者心也、森羅万象不出一心、非神其霊不生、……故以神為万物根源矣、此神在竺土、喚之為仏法、在震旦、以之以儒道、在日域謂諸神道、知神道、則知仏法、又知儒道、凡人処世也……

秀吉の返書は、原文に過激な表現があって、ヴァリニャーノの要求によって、やや穏当な表現に変えられたが、そのことはこれら二つの文の比較からもわかる。

（11）北島前掲註9書、五八〜六一頁。

（12）田中健夫「中世東アジアにおける国際認識の形成」（『歴史と地理』三〇一号、一九八〇年。のち、同『対外関係と文化交流』思文閣出版、一九八二年に収録）。

（13）荒野泰典「大君外交体制の形成」（『講座日本近世史二』有斐閣、一九八一年。のち、同『近世日本と東アジア』東京大学出版会、一九八八年に収録）。

（14）もっとも、リゴリスティックな儒者であるはずの林羅山にも、神道に関する著作があり、羅山が反本地垂迹説や三国世界観に対してどのような姿勢をとったかということについては、今後の検討課題として残しておきたいが、現段階では、私は、おそらく、きわめて近い位置にいたのではないかと推測している。

（15）荒野前掲註1論文（本書第Ⅲ部第一章）。

（16）以下の記述は、主として、織田武雄他編『日本古地図大成　世界図編』（講談社、一九七五年）によった。近世に「天竺」はどうなったのだろうか、という筆者の単純な疑問に、数多くの図版で明快に答えてくれた本書がなければ、このつたない小稿もできなかった。その学恩に感謝したい。

（17）前掲註16書、解説編、三頁。以下、この解説からの引用は（「解説」三頁）のようにして、本文中に書きこむ。

（初出）「天竺の行方―三国世界観の解体と天竺―」（木村尚三郎他編『中世における地域・民族の交流』学生社、一九九六年）。

第三章　二人の皇帝

第1節　欧米人の見た将軍と天皇

日本を「開国」させたペリーが、彼の『日本遠征記』の中で、天皇と将軍の関係について、次のように述べていることは、よく知られている。

> 日本は、同時に二人の皇帝を有するといふ奇異なる特質を有してゐる。御一人は世俗的な皇帝であり、他の御一人は宗教的な皇帝である。（序論第三節）

このように、天皇を「宗教的な皇帝」、徳川将軍を「世俗的な皇帝」とみなして、世俗的な政治的権力の一切が後者に帰属するという観察は、欧米列強の間で一般的だった。ケンペルやシーボルトによって当時の日本に関してかなりの情報を持っていたペリーも、この観察にしたがって、将軍を日本の元首として条約を締結し、そのことにほとんど疑いを持たなかった。しかし、条約の締結が結局は徳川幕府の権威を失墜させ、政治権力の分散を招いて、天皇を政治と外交の中心に引き出すことになる。[1]「宗教的な皇帝」にすぎないはずの天皇が、徳川将軍を押し退けて、「世俗的な皇帝」として歴史の表舞台に再登場してくるなどということは、それまでの類型的な天皇と将軍に関する観察になずんでいた欧米人にはもちろんのこと、当時の日本人にも、容易に理解できることではなかったにちがいない。

一八六二（文久二）年九月に来日して一八六九（明治二）年二月に日本を離れるまで、イギリスの通訳官として明治維新の過程に深く関わったアーネスト・サトウは、後の回顧録のなかで、来日当時の日本の政情について、次のように書いている。(2)

この時代（一八六二年、サトウの来日当時—筆者）に、一八六八年の革命（明治維新—訳註）ともいうべき事件にまで発展する運動が、すでに始まっていた。そして、この革命によって日本の封建制度は破壊され、古《いにしえ》の王政に復帰したのである。

一、二の例外はあるが、外国人はまだほとんどこの時代の趨勢に気づいてはいなかった。彼らは一般に、次のように想像していた。すなわち、主権者たる将軍と二、三の手に負えぬ大名との間に政治的な闘争が始まっている。これは、将軍が無力でその閣老が無能なため、宗主たる将軍家を無視するに至ったそれらの大名が、神聖な日本の国土を「夷狄」の足で侵させ、貿易による利得をすべて国家の頭首たる将軍家の手に収めさせるような条約（安政五年の条約—訳註）に対して、不満をいだいたために起こった闘争であると。

条約締結の名義人である元首、すなわち将軍が政治上の主権者であって、御門《ミカド》、すなわち天皇は、単に宗教上の頭首、乃至は精神界の皇帝《エンペラー》に過ぎないのだと、当時はまだそのように信じられていたのである。

サトウがいうように、欧米人の、機能を異にする二人の「皇帝」という観察は正確ではない。この観察は、あえていうならば、欧米人の、ヨーロッパにおける宗教と世俗の権力との役割分担に引き付けた誤解だった。しかも、この誤解は単なる誤解ではすまず、幕末維新期の政治史に大きな意味を持った。当時の日本に起こりつつあった、サトウのいう「運動」の行く末をどれだけ正確に見極めるかに、列強各国の日本における利害の行く末もかかっており、その見極めに二人の「皇帝」の性格をどう見るかが、きわめて重要な意味を持っていたからだ。おそらく、サトウは、二人の「皇帝」という見方が誤解であることにいちはやく気づいた欧米人のうちの一人であり、そのことが明治維新の過程における彼の役割を重くした。

本章では、このような欧米人の、二人の「皇帝」という類型的な観察がいつ頃からなされ、どのような経緯で彼らの間に定着し、幕末まで引き継がれたのか、ということを検討し、あわせて、その類型的な観察が現代の私たちに問いかける問題のありかについて考えてみたい。

第2節　「教皇《パパ》」と「皇帝《エンペラドール》」——キリシタン宣教師達の理解——

サトウは、上記のような欧米人の天皇と将軍に関する観察は、イエズス会の宣教師たちにさかのぼるとして、「十六、七世紀の間に日本で活動した耶蘇会の宣教師は、いずれも天皇を宗教上の頭首と信じこみ、将軍を日本の本当の支配者、俗界の王、いや皇帝とさえ称していた」と言う[3]。呼称は別として、少なくとも「宗教」と「世俗」という二分法的な見方は、彼らにはじまるというのが、サトウの意見だ。はたしてそうだったかということも含めて、本節では、彼らの理解について検討しよう。

宣教師たちの天皇と将軍に関する記述のうちで最も古いのは、一五四八年にニコラオ・ランチロットが、ゴアで、日本人アンジロウから聞きとり、記録したものである。そのなかに、すでに、天皇を「教皇」、将軍を「皇帝」とする、あの類型的な理解がみられる。まずその記述をみる[4]。

第一の王 rey prymçpal は彼らの言葉でワウ Vo〔王＝天皇—訳者註、以下同〕と呼ばれている。これは彼らの間で最も有力な血統 casta である。この血統に属する者は他の血統の者と結婚しない。彼らの間で、この王《ワウ》は私たちの教皇 papa のような存在のように思われる。彼〔ワウ〕は俗人たち及びこの国にたくさんいる宗教家たちを統轄している。彼〔ワゥ〕はあらゆることに絶対的な権限を持っているが、〔彼が述べるところでは〕決して誰かを裁くような命令を下さず、あらゆることを、彼らの言葉でゴショ Goxo〔御所＝将軍〕と呼ばれる者に任せている。御所《ゴショ》は私たちの皇帝 emperador のような存在であり、日本全土に命令権、支配権を持っているが、前述の王《ワウ》に服属している。御所《ゴショ》が王《ワウ》を訪問するさいには、〔彼が述べるところでは〕御所《ゴショ》は膝を床につける。〔彼が述べるところでは〕もし、御所《ゴショ》が何か悪事を犯すと、王《ワウ》は彼からその領国を奪い、もしそのことが〔死に〕価することならば、彼の首を斬ることができる。

「あらゆることに絶対的な権限」を持っていながら、現実の統治は「御所」〔将軍〕に任せている「王」〔天皇〕というのが、ランチロットがアンジロウから聴き取った、天皇と将軍の関係だった。フランシスコ・ザヴィエルは、この情報に基づいて、日本には、「ワゥ」〔天皇〕とゴショ〔将軍〕による「中央集権的政治体制」があると理解した。[5] 彼が、来日前に、すでに、「国王のいるところ」、すなわち京都へのぼる計画を持っていたのは、そのためだった。来日後、彼は、鹿児島で、日本の首都であり、かつ国王や国の有力者が住んでいる京都の重要性を再確認して、京都行きを実行することになる。しかし、よく知られているように、ザヴィエルは「国王」に会うことができないまま京都に「数日間」とどまるうち、「国民は、もう随分前から、王に従はなくなってゐる由を聞」き、彼は「国王に近づかうとするこれ以上の努力を中止し、国王から許可を得ることは、あきらめた。[6]」当時の日本には、上からの全国布教を可能にするような「中央集権的政治体制」は、すでに存在しなくなっていたのだった。

ザヴィエル以来の宣教師たちによって、「日本情報」は、より詳しく、正確になっていく。しかし、彼らが記録したのは、戦国から統一政権による全国統一までの大きな変動期の日本だった。『日本王国記』（一六二〇年頃）を書いたスペイン人アビラ・ヒロンは、その著書を「この不確定で、気ちがいじみた王国の移り変わりは、極めてはげし興味深い。

い」という文章からはじめている。[7] 当然のことながら、同じ人物の記録でも時期によってその内容が違ってくるのが興味深い。

例えば、一五七九年から八二年まで三年弱の間、東インド巡察使として日本を訪れ、布教の実情を視て廻ったアレシャンドロ・ヴァリニャーノは、その調査報告書『日本諸事要録』（一五八三年）において、戦国・分権の様相と、そのもとで権威も権力も地に落ちた「内裏」（天皇）や「公方」（将軍）の様子を詳しく述べている。[8]「内裏と公方」に代わって実権を握ったのが、割拠する大名たちであり、そのなかから「位階と実権」を得た者のうち「最高の者は屋形」だった。「彼等は諸国の完全な領主であり、日本の法律と習慣に従い全支配権と命令権を有するから、国王であ」る、という。[9] ヴァリニャーノの第一回訪日までは、「屋形」たちこそが日本の政治の動向を左右する存在であり、布教の成否も彼らとの関係如何にかかっていた。ところが、ヴァリニャーノの第二回の訪日（一五九〇～九二年）後に書かれた『補遺』（一五九二年）では、豊臣秀吉による全国統一と時代の転換が、詳しく述べられている。例えば、「関白殿と呼ばれる人が、信長の死後間もなく……天下様（Señor de la Tenca）になり、現在は全日本を津々浦々に至るまで自らの王国にひき入れたばかりでなく、彼は全日本をいとも完全に服従させたので、従来いかなる内裏も持たなかったほどの支配権を有し、今日まで彼ほど奉仕された君主はいない[10]」、というように。

秀吉登場の歴史的な意味は、他の宣教師たちにもよく理解されていた。例えば、一七世紀前半にジョアン・ロドリゲス通事によって書かれた『日本教会史』も、古代からそれまでを政治形態によって三つに時期区分するが、秀吉の政権掌握をもって、第二の武家争乱時代（一三四〇～一五八三年頃）の終わり、第三の武家統一時代の始まりととらえている。[11] 幕末にまで引き継がれる、天皇と将軍についての、二人の「皇帝」という観察も、直接には秀吉以後の実態に基づいていている、ととりあえずは考えていいだろう。しかし、この時期と幕末とでは、次の三点において顕著な違いがある。

第一に、当時は「日本国王」は天皇という認識が、一般的だった。先に見たように、ヴァリニャーノは、秀吉を「天下様」（Senor de la Tenca）、あるいは「関白」と呼ぶが、「国王」（Rey）とは呼ばない。彼は秀吉が「可能な範囲で内裏の権限を回復し、内裏を日本国王（Rey de Japon）と称している」ことも報じており、彼らの間では、「国王」は唯一天皇だけという認識が一般的だった、といってよい。先にあげたロドリゲスは、第三の政治形態は「本来の主君（天皇―筆者註）から支配権を僭奪」したものと見なしていたし、その他、ルイス・フロイスの『日本史』も、「本来の、そして真実には、当〔日本―訳者註〕六十六ヵ国全体の最高君主であり、国王かつ主権者はただ一人であって、これを皇《オウ》、もしくは天皇《テンオウ》、または内裏《ダイリ》と称する」と言明していた。[12] それは「関白」が「将軍」になっても、基本的には、変わらなかった。宣教師ではないが、ロドリゲスと同じ頃『日本王国記』を書いたアビラ・ヒロンも、「日本国王は内裏」と明言し、「天下 Tenca をわがものとして掌握した連中の一人が、いよいよ政治をおこなおうとする時には、まず内裏に拝謁して、徐目と叙任とをお受けする」と述べて、その関係のあり方を明示する。[13] 彼らは、天皇と「関白」あるいは「将軍」とは、一つの王権を機能的に「世俗」と「宗教」に分けて分担するのではなく、同じ国家権力のなかの上下関係でとらえていた。この点についての彼らの認識は、ランチロット以来変わらなかったし、幕末のサトウの見解とも一致する。つまり、サトウの彼らに対する批判は当たらない。

したがって、第二に、天皇を単に「宗教」的な権威だけとは見ていない。宣教師たちは、幕末期に見られるような、二分法的な見方はしていない。

しかし、先にランチロットに見たように、天皇の実態を「ローマ法王」という理念型で把握し、かつ、天皇が神聖な存在であると見なすのは、欧米人にほぼ共通している。例えば、先にあげたヒロンも、「その（内裏の―筆者註）領する国土は広大で、しかも人々から受ける尊敬は極めて厚いものがあって、われわれがローマ法王に捧げるのと同じ尊敬を日本人から捧げられている」（『日本王国記』一二三〜一二四頁）といい、同時に、天皇をあるタブーに包まれた存在として描く。つまり、彼らの事実認識そのものは、後に見るオランダ人やイギリス人と変わらない。

では、何が違うのか。ここから先は、推測にならざるをえないが、端的にいえば、「ローマ法王」の持つ意味が、さらには、「宗教」の持つ意味が違うのではないか。つまり、イスパニア・ポルトガル系のローマ・カソリック系の人々と、オランダ・イギリスのプロテスタント系の人々では、ローマ法王という存在のとらえ方、さらには、宗教というものの個人・社会・国家などにとっての意味が、違うのではなかろうか。言い換えれば、ローマ法王は、プロテスタント系の人々にとっては単なる「宗教」、あるいは「精神」の問題だったかもしれないが、カソリック系の人々にとってはそれではすまなかった、ちょうど「宗教」自体がそうだったように。

第三に、天皇や将軍という地位と、「国王」および「皇帝」という呼称との対応関係が、曖昧で複雑である。宣教師たちは、天皇を「内裏」という固有の呼称で呼ぶ以外は、おおむね「国王」、あるいは「王」と呼ぶが、「関白」（秀吉）や「将軍」（家康・秀忠）を「国王」と呼ぶ例は、さほど多くはない。それは、「関白」や「将軍」が「国王」と自称することはまずない[14]、ということに加えて、第一点ですでに述べたように、天皇が唯一正統な「国王」という観念が、彼らの間でも支配的だったことによる。したがって、外交文書など、彼我の公式な立場が強く反映される局面では、彼らが「国王」あるいは「皇帝」と呼ばれることはほとんどない。初めて外国から送られた文書では「国王」・「皇帝」と呼ばれることはあるが、その後の文書往復のなかで是正されることが多い。また、彼らから送られた文書の訳文も、日本の事情に通じた者の翻訳では、「国王」あるいは「皇帝」というような呼称は避けられ、原文に忠実な訳語が慎重に選ばれている[15]。

しかし、その一方で、日常のレヴェルでは、彼らを「国王」と呼び、さらには「皇帝」とさえ呼ぶのが一般化していた。ヒロンの次の文章はそれを示している。[16]

> 現在皇帝《エンペラドール》と呼ばれている人物は皇帝でもなければ、国王でもない。まして彼の前に現われた圧制者たちも、皇帝というような称号をおびることは、さすがにはばかっていたのであって、彼らの称号は総司令官《カピタン・ヘネラール》（征夷大将軍—訳者註）のそれだったということである。これはつまり太閤様 Thayco sama の称号、関白 Quanbaco を意味したのであるし、現在のそれの称号、将軍 Jongum のことである。

ヒロンは、別の所でも、「関白」や「将軍」を、「私たちが日本の国王、それどころか皇帝とさえ呼んでいる人」（九四頁）と書き、また、「日本国王、御所様（家康—筆者註）」とも書く。つまり、彼らは、日常のレヴェルでは、「関白」や「将軍」を、「国王」、さらには「皇帝」とも呼んでもいたのだった。言い換えれば、「関白」や「将軍」は、正式には「国王」とは呼ばれないが、統治権のほとんどを掌握しており、実質的な「国王」だという認識もまた、一般化していたのだった。それが、ヒロンの文章に見られるような、混用を招く一因でもあった。

事態をさらにわかりにくくしているのが、実態と「国王」、あるいは「皇帝」という言葉の対応関係が明確でないことだ。その一つは、当時のポルトガル人・イスパニア人たちの、「国王」と「皇帝」という言葉の使い方だ。彼らは、同じ人物を、ある時には「国王」と呼び、またある時には「皇帝」と呼ぶ。先にあげたヒロンの「私たちが国王、それどころか皇帝とさえ呼んでいる人」という言い方にもその特徴がよく表われている。この言い方から、同時に、「皇帝」が「国王」よりも格上というニュアンスも読みとれるので、当然のことながら、二つの言葉がもともと違う内容を持つ言葉と意識されていたということも判明する。にもかかわらず、彼らは二つの言葉を明確に使い分けていない。その原因については難問で、とりあえず今後の課題としておきたい。[17]もう一つは、日本人の「国王」と「皇帝」という言葉の使い方の問題。当時の『日葡辞書』を見ても、「王」は「ミカド Mikado」とされているが、その意味は、「国王」または「皇帝」ともされていて、両者の区別は曖昧である。(18)おそらく日本人は、天皇を「国王」であると同時に「皇帝」と観念していたのだろう。そこには、ポルトガル人・イスパニア人、さらには、日本人の国王観が反映しているように思える。

ともあれ、以上のことから、宣教師たちを中心とするポルトガル人・イスパニア人たちの天皇と将軍についての認識はかなり正確で、むしろアーネスト・サトウに近いものだった、といってよいのではないか。それが、彼らが布教という実践的な課題をもって、一世紀近く日本の社会や国家と格闘した成果、すなわち、到達点だった。その到達点の何が受け継がれ、何が受け継がれなかったのかを、次に検討しよう。

第3節　二人の皇帝——オランダ人・イギリス人の理解——

カソリックの宣教師たちは、天皇を「教皇」、将軍を「皇帝」になぞらえて把握していたが、彼らの役割が「宗教」と「世俗」に截然とわけられると理解していたわけではなかった。サトウは、「二人の主権者の一方を宗教上の皇帝、他方を俗界の皇帝」と呼ぶ「先例」をつくったのは、エンゲルベルト・ケンペルだと言う。(19)では、ケンペル以前のオランダ人やイギリス人はどうだったのだろうか。ここでは、その点を確認することから始めよう。

まず、オランダ人たちは、徳川将軍を「日本の皇帝陛下」Seijne japanse keijserlijcke Maijesteijt、「皇帝」Keijser、天皇を「内裏」Deijro と呼び、「内裏」については、「宗教上の最高位」opperste der geestelijckheit という注釈をつける。(20)また、イギリス商館長リチャード・コックスは、徳川将軍を「皇帝（emperour）」と呼ぶ一方で、天皇を「ダイリー（Direy 内裏）、すなわち日本の教皇（pope of japan）」と呼んでいる[21]。日本の王権を、機能的に「世俗」と「宗教」の二分法で考えることは、どうやら、オランダ人・イギリス人に始まるようだ。しかも、コックスの例から見て、彼らは来日当初からそのように判断していたと考えていいだろう。つまり、日本に滞在するヨーロッパ勢力が、オランダ人に限られる以前、ポルトガル・イスパニア・オランダ・イギリスの各勢力が日本に併存している段階で、すでにプロテスタント系の人々は、カソリック系の人々とは違う受け止めかたをしていたように見受けられる。ということは、前節で示唆しておいたように、両者の受け止め方の違いは、必ずしも、彼らの接した実態や段階の違いによるのではなく、認識する彼ら自身の内面の違い、あるいは、彼らの持つ価値観の違いによるのではないか。その点も含めて、彼らの、将軍と天皇についての見方を検討してみよう。

まず、彼らのいう「世俗の皇帝」、つまり、徳川将軍について見よう。オランダ人もイギリス人も、当初から徳川将軍を「皇帝」（kejiser, emperour）と呼んでいる。例えば、一六一〇（慶長一五）年のオランダ国王の国書は、徳川家康を「日本のもっとも強大なる皇帝にして国王」（den grootmachtichsten Keijser en Koning van Japan）と呼ぶ（当時の日本語訳文は「日本国主源家康貴君[22]」）。また、その前年の家康のオランダ国王宛返書の訳も「日本の皇帝にして国王」（Keijser ende Coninck van Japan）となっている（原文は「日本国主源家康[23]」）。オランダ人は、当初から家康を「皇帝」と呼んでいた（彼らが当初「皇帝にして国王」と書いた理由については、後述）。オランダ人に少し遅れて来日したイギリス人も同様だった[24]。

なぜ彼らは、「将軍」を「皇帝」とみなしたのだろうか。理由は、二つ考えられる。

一つは、「将軍」を複数の「国王」の上に君臨する存在、つまり「諸王の王」＝「皇帝」とみなしたことによる。彼らが、当時の日本に複数の「国王」がいると見ていたことが、その前提となる。そして実際に彼らはそのようにみていた。例えば、商館長フランソワ・カロンは、一六三九（寛永一六）年の江戸参府で、献上品を携えて登城した時の城内の様子を、次のように描写している（同年六月二日条）。[25]

其処で我々は、皇帝の宮殿 's keijsers paleijs に二時間いた。総ての王 alle de coningen、領主 lantsheeren、皇帝の叔父 ooms des keijsers、親族の領主 heeren van den bloede、内裏の使節や様々な領主の使者達 gesanten van den Deijro ende van den verscheijden heeren が一堂に会し、秩序正しく、皆それぞれ陛下が現われることを希望して、待っていた。

ここで「王」(de coning) と呼ばれているのが、大身の大名たちであることは、容易に想像できる。カロンは後に、三二の質問とその回答という形式で日本紹介記事「強き王国日本の正しい記事」（一六四五年）を書いた。[26] その第三問「日本における最上支配者の有する特質と権力とは如何に」に対する回答として、「日本における最上の支配者を皇帝といい、幾多の国王及び領主これに服従す」と答え、かつ、第二問「如何に多くの州を含むか」では、日本の「土地・町及び城は多数の国王領主の下に分割せらるる」として、二万石以上の大名一四一名の名前・領地・居城・収入、二万石以下の大名四一名の名前と収入、幕閣の大名二八名の名前と収入をあげる。二万石以上の大名は、「王《コニング》・公爵《ヘルトホ》・侯爵《プリンス》・伯爵《グラーフ》及び領主」に分けられており、そのうち「王」と呼ばれるのは、加賀前田（一一九万石）から越後ホルマンダ（?、三〇万石）まで二一名があげられている。[27] 彼が「王」Koning と呼ぶのは、いわゆる「国主」（国持大名）に相当する。[28] ここでの直接の関心は「王」だが、それと同時に、近世の大名が細かくランク分けされていることにも注目される。それは日本の実情をよく反映していたが、それと同時に、彼らが抱いたこのような日本の領主たちのイメージは、民族国家成立以前のヨーロッパの領主たちのあり方によく似ているとみなされていたようだ。

それは、実は、ヴァリニャーノやフロイスなどのカソリック系の宣教師たちにも共通する見方だった。例えば、フロイスは、戦国大名たちを「国王」(rey)と呼ぶことに関して、「実はこれらの人々は皆、(日本語の)殿《トノ》、すなわち限られた(権威の)貴人であって、そのような人は同一国内に多数いるのである。(それは)私たちの(ヨーロッパ諸国に)おけると同様である」といい、先に見たように、日本の「国王」は唯一天皇であるとする。「しかし彼らは一国、もしくは多くの国の絶対君主(であるには違いないので)通常、私たち(ヨーロッパ人)の間では、彼らのことを国王と呼び、その身分の高い家臣や諸城主、また幾つかの地方の支配者のことを殿と称している。たとえば平戸、志岐、天草、その他そういった諸地方の(殿)などである。だが先(に述べた)六十六ヵ国については、わずかの例外はあるけれども、それら(おのおのが)ヨーロッパの諸国と同じような広さや大きさを有すると見なしてはならない。[29]」つまり、ヨーロッパの基準に照してみれば、戦国大名は、彼の支配領域においては、「国王」としての内実を備えていたのだった。

もう一つは、オランダ人・イギリス人の「皇帝」観、あるいは「国王」観。先に見たように、ポルトガル人・イスパニア人にとって、「国王」と「皇帝」は、混用されやすい言葉だった。しかし、オランダ人・イギリス人の場合は、コックスやカロンに見られるように、「皇帝」から単なる「領主」まで、ある序列のなかにきっちりと組みこまれているようだ。その理由の考察は、今後の課題とせざるをえないが、少なくとも現象的に見るかぎりでは、彼らにとって「皇帝」は、他の「国王」とは明確に区別される、その意味でははっきりした輪郭と内容を持った言葉だった。[30]当初、家康の立場が「皇帝にして国王」(Keijser ende Koning)とオランダ語訳されたのは、家康が、徳川の所領においては「国王」であり、かつ、「皇帝」(諸王の王)である、ということが含意されていたともとれるが、むしろ、それがもともとスペイン語からの重訳であり、その言い方にスペイン人の観念が反映したものとみるのが妥当ではないか。したがって、このような呼び方はほどなく消えていくことになる。

次に、「宗教上の皇帝」、つまり、天皇について検討する。すでに見たように、リチャード・コックスは、当初から、天皇（内裏）を「日本の教皇」と呼んでいた。これも、おそらく、カソリック系の人々の見方の影響あるいは反映だろう。彼と日本社会を媒介する言葉はスペイン語が主で、彼の通訳も、スペイン語通事が多かったことが想い起こされる(31)。彼が「日本の教皇」を、単に宗教上の存在と見ていたのか、それだけにとどまらないと見ていたのかは、彼の記述からはかならずしも定かではないが、おそらく、宗教上の存在にすぎないと見ていたと考えて大過ないだろう(32)。

また、オランダ人たちは、一六三〇年代には、「内裏《ダイリ》」を「宗教上の最高位」（opperste der geestelijckheijt）と見ていたが、そのことがわかるのは、実は、彼らが日本の「内裏」に関して語る時ではなく、東京《トンキン》（ベトナム北部の王朝）で、黎朝の神宗淵皇帝について語る時だ(33)。このことから、二つのことが同時に明らかになる。一つは、言うまでもなく、彼らが「内裏」を、宗教上の最高位を指すと見ていたこと。もう一つは、「内裏」という固有名詞が、アジアの他地域に存在する同じような存在を指す言葉として、一般名詞風につかわれていること。その場合の類似性は、世俗的な実権はほとんど持たないで最高の権威のみを保っているように見えることであり、それは、彼らにとっては、とりもなおさず、「宗教的な最高権威」を意味するのだった、ちょうど彼らにとって「教皇」（pope）がそうであるように。

以上のことから、日本の王権を二分法的に截然と区別して考えるのは、彼らプロテスタント系の人々から始まったと考えてよく、それは、おもに彼らが当時の日本の天皇と将軍の関係を、自らの「国王」（皇帝）観と「宗教」観にのっとって解釈した結果だった。それを「世俗的皇帝」と「宗教的皇帝」というふうに定式化したのが、サトウの言うように、ケンペルだった。ケンペルは王権が二つに分れた経緯を次のように描写する(34)。

今世紀すなわち一七世紀の初めに当り、同じように征夷大将軍に任ぜられた若い公子が幕府を確立し、教界の朝廷とは全然別個の自己の権力を専有するに至った。かれは最高の君主権の完全分離を実現したのである。これは極めて重要な事であったが、しかしそれまでに十分にその下地ができていたので、実現にはそれほど骨は折れなかったのである。かれは家系が若いので、自らは絶対に皇位に即くことは望み得ないのであったが、この先祖伝来の神聖な皇室から俗界政治の全権力を取り上げ、兵馬の権を完全に自己の手中に収めた。しかし教界に所属する事柄については、一切の権力を少しも損わずにこれを天皇に留保し、天皇は現にその権限を享有し、神々の正統な後継者として認められ、現つ神として国民から尊敬されているのである。（中略）国家権力の強奪者は、天皇から俗界統治の象徴である宝冠を剥取ったものの、これを自ら被るわけにも行かなかった。この宝冠をめぐって、長い間多くの競争者が激しく相争ったが、ついに智勇無双の英雄である秀吉（ひでよし Fidejos）がその栄冠を戴くことを得た。

このような見方は、ケンペルから一世紀半近く経って来日し、日本とその周辺の国家・民族に関して、ケンペルをはるかにこえる詳細な記述を残したフランツ・フォン・シーボルトも受けついでいる[(35)]。こうして「オランダ人のおかした誤り[(36)]」が幕末まで維持されたのだった。

しかし、「二人の皇帝」観が流布するなか、より実態に近い認識を示したオランダ人もいた。例えば、一七九九（寛政一一）年から一九年間日本に滞在したヘンドリック・ドウフは「されど此人（ケンペル―筆者註）も他の著者も、皆何れも日本には神的君主と政治的君主との二者ありといひ、即ち内裏（Dairi）と将軍（Sjogfoen）とありて、前者は京都に、後者は江戸に居ることを記するは奇怪なり。予の考によれば、是世人が内裏を神皇と呼ぶが為に生じたる誤解なり」と述べて、通説を批判する[(37)]。引用文の「神的君主」「政治的君主」が、それぞれ本文の「宗教的皇帝」「世俗的皇帝」に対応していることはいうまでもない。ドウフも、「日本古代の独裁君主」だった「内裏」が、頼朝以来の武家政権によって「主権」を削られ、秀吉・家康に至って世俗の実権をほとんど奪われたという歴史認識も、両者の関係の現状についての認識も、他の記述者とほとんど変わらない(38)。それにもかかわらず、彼は通説を疑う。何故か。それは、次の二つの事件に「遭遇」したためだった。

其一は一八〇四年及一八〇五年に露国の使者レザノッフの来朝せし時、予の聞知する所によれば、其の申請に対して京都（Miaco）の朝廷即ち内裏の意見を尋ねたり。他の場合は、予が日本に滞在せし間に、江戸幕府の天文家が、今後年を日本式に月の運行によりて測定する代りに、太陽の年によりて算出し、之によりて暦を定めんと発議せしに、此時内裏の朝廷は之を差止めしことありたり。

彼が最初にあげている事例が、朝廷が幕府の政治・外交に口出しするきっかけとなった事件として注目されていることは、周知のことだろう(39)。第二の事件は、太陽暦採用の試みの早い事例として注目される。

これら二つの事件があったために、彼は「世間多くの著作者が言明する如く、内裏は神的皇帝にして、将軍は政治的皇帝なりといふに非ずして、内裏は本来絶対的主権者なりしことを知」ったのだった。彼が言いたいのは、次のことだろう。すなわち、日本の王権は「二人の皇帝」によって機能的に分担されているのではなく、現象的には将軍権力によって「宗教的」な権威に押込められているように見える天皇も、本来的には「世俗的」な権力の一つであり、両者の力関係によっては、何時でも「世俗的」な権力として復活する可能性を秘めている、と。つまり、将軍と天皇がともに「世俗的」な権力であり、両者の間には強い政治的な緊張関係が潜在していると見る点では、ドウフは、維新期のサトウとほぼ同じ認識に達していた。言い換えれば、ドウフほど日本に経験があり、かつ、慎重な観察者であれば、先のような事件に「遭遇」すれば、それだけのことは見てとれるということだろう。

もっとも、彼も「之を以て内裏は重大事件に対して採決権を有するものと観るべからず」と言うように、天皇が

「世俗」に対して「採決権」を持っていると考えているわけではない。彼は言う、レザノフ来航に関して幕府が天皇の意見を聴いたのは、このような重大事件にあたって、まず、諸大名の統合をはかるためであり、もし、天皇の意見が幕府と違えば、幕府は「全然之を無視」したに違いない、それだけ幕府の天皇と大名に対する監視は行き届いているのだ、と。幕府が天皇＝朝廷の意見を「無視」できなくなると、サトウが経験したように、すでに政治は新たな段階を迎えるのであって、そこまではドゥフの眼力も及ばなかったと言うべきだろう。

ともあれ、彼の観察は、彼の離任後ほどなく来日するシーボルトや、ペリーたちによっても引き継がれず、サトウによっても回顧されない。彼の著作が欧米社会で読まれなかったわけではない[40]。問題は、おそらく、彼の説明が、通説よりもわかりにくかった点にあるのではないか。そして、通説は是正されないままに、ペリーによる和親条約の締結を迎えることになる。

第4節　王権の世俗性

この原稿を書きながら私は、ある奇妙な感覚を覚えていた。近世の天皇に対する見方が、ペリー以前の欧米列強の見方からサトウらの見方へと変化していく様子は、ちょうど戦後の近世天皇制の研究史の推移によく似ているように思われたからだ。

かつての研究が描く将軍と天皇との関係は次のようなものだった。徳川幕府が、「禁中並公家諸法度」（一六一五年）や「紫衣勅許事件」（一六二六年）によって、官位・元号・暦の制定という三つの権能のみを留保した以外は、天皇から「世俗」的権力を奪い、「口には忠を云て、身には自在を行」った。ところが天皇は幕末ににわかに台頭して、外交問題を契機に「世俗」的権力として「再出現」することになる(41)。

これに対して、最近の研究は、将軍と天皇との関係を対立的にのみとらえるのではなく、両者あいまって一つの国家権力を担っていたとみなし、天皇権力の現実的基礎を具体的に明らかにしつつ、幕末における同権力の再浮上が決して「突然」ではなかったことを明らかにしようとしている(42)。そこでは、近世の天皇も、単なる「宗教」的存在ではない。むしろ、「宗教」を媒介にして、現実世界にしっかり根づいて、政治的にも影響力を行使している存在であり、「世俗」的権力の一環を構成していたのだった。

かつての研究史は、幕府がいかに天皇権力を抑えこんだかに力点をおいており、それはあたかも戦後の歴史学が近代天皇制のくびきから解放されて間もない頃の研究者たちの切実さを思わせる。近代天皇制からの解放は、それ自体がその時代の大きな成果だった。それに対して、最近の研究は、象徴天皇制のもとでの私たちの身の処し方と深く関わっているように思える。言い換えれば、近世にあれだけ封じ込めたように見える天皇権力が、なぜ幕末になって再浮上してくるのか、という問題こそが現代においては切実な問題なのだ、といえばよいだろうか。

最初にいった「奇妙な感覚」というのは、このダブルイメージを感じ続けたからだった。そして、そのイメージが喚起されればされるほど、それだけ、「二人の皇帝」観が持った、ある種の説得力に想いをいたさざるをえなかった。制度的に天皇権力が抑えこまれており、現実社会に天皇が働きかけることがきわめて少ない状態において、どれほどの人が、その「世俗」性に留意することができるだろうか。今にして思えば、あるいは、サトウの立場にたてば、欧米列強の「二人の皇帝」観も、「誤解・曲解に基づく偏見・独断の国際認識が国際関係を左右したいくつかの事例(43)」の一つに数えることができるだろう。その位置づけは、事柄の一面をたしかに言い当てている。しかし、問題を異文化理解、あるいは相互認識という局面にかぎってみても、それを単なる「誤り」、あるいは「誤解」とかたづけてしまっては、一面的にすぎる、あるいは後智恵による過去の裁断に陥るきらいがある。「誤り」や「誤解」にも、それなりの理由があるのではないか。

註

(1) 小野信二「幕府と天皇」(『岩波講座日本歴史10 近世2』一九六三年)が、簡単ながら天皇と将軍の問題にふれている。しかし、叙述の中心は、天皇と将軍の国内的な関係である。氏の「天皇が形式的に保持した宗主権と宮廷機構の残存は、歴史的条件の変化によって復活する余地が残されて」おり、「幕末の外交問題は、天皇出現の契機となった」という結論は首肯できる。しかし、これに続いて、「天皇の必然性の問題がここにあった」といわれる意味はよくわからない。

(2) アーネスト・サトウ『一外交官の見た明治維新』(*A Diplomat in Japan*, 1921. 坂田精一訳、岩波文庫、一九六〇年)二五頁。

(3) サトウ前掲註2書、三五〜三六頁。

(4) 岸野久『西欧人の日本発見—ザビエル来日前日本情報の研究—』(吉川弘文館、一九八九年)一〇八〜一〇九頁。岸野によれば、ランチロットによる聞き書きが作られた経緯はつぎのようである。「フランシスコ・ザビエルは一五四七年一二月日本人アンジロウに会い、翌年四月ゴアへ戻ってから日本布教をめざして準備を開始した。が、彼はインド半島内を巡回するため、日本のことに専念できなかったので、日本情報の蒐集を同僚で聖パウロ学院の院長ニコラオ・ランチロット Nicolao Lancilloto に依頼した。ランチロットはアンジロウに教理教育を施すかたわら、日本について質問して情報を集め「日本情報」としてまとめた。それゆえ「日本情報」は正確にはアンジロウ述ランチロット編というべきである」(九三頁)。情報提供者のアンジロウは、「薩摩出身の貿易商人」で、「人を殺害して役人に追われる身であった彼はポルトガル商人ジョルジュ・アルヴァレスに助けられ、その紹介で一五四七年一二月上旬マラッカでザビエルに逢った。アンジロウの才知はザビエルに深い感銘を与え、ザビエル来日のきっかけを作った。アンジロウは同伴した二人の召使いとともに一五四八年三月ゴアへ到り、聖パウロ学院において教理教育を受け、同五月に受洗し、パウロ・デ・サンタ・フェ Paulo de Santa Fé という教名を受けた。一五四九年四月ザビエル一行の一員としてゴアを立ち、同年八月鹿児島に上陸し、ザビエルの通訳、案内役をつとめた。ザビエル上京後は鹿児島に残ったが、その末路は明らかでない」（九四頁）。ランチロットの「日本情報」には、第一稿から三稿まであるが、ここではポルトガル語の第一稿からの岸野訳によっている。なお、ランチロットの「日本情報」ついては、村井早苗氏の示教をえた。

（5）岸野前掲註4書、一〇〇頁。

（6）アルーペ神父『聖フランシスコ・デ・ザビエル書翰抄』下（井上郁二訳、岩波文庫、一九四九年）。書翰第三〇、一五五二年一月二九日コチン発欧州の会友宛。

（7）アビラ・ヒロン『日本王国記』（*Relación del Reino de Nippon a que llaman corruptamente Jappon*, 佐久間正他訳、大航海時代叢書Ⅺ、岩波書店、一九六五年）三九頁。

（8）アレシャンドロ・ヴァリニャーノ『日本巡察記』（*SUMARIO de las cosas de Japón*, 1583. *ADICIONES del sumario de Japón*, 1592. 松田毅一他訳、平凡社東洋文庫二二九、一九七三年）八〜九頁。つぎに述べる『補遺』も、同書による。

（9）「屋形」は、『邦訳日葡辞書』（*VOCABVLARIO DA LINGOA DE IAPAN com a declaração em Portugues*, 1603, 土井忠生他訳、岩波書店、一九八〇年）によれば、

　Yacata, ヤカタ（屋形）公家（Cũgues）以外の、重だった主君の或る位。また、大身の主君の御殿、または、家屋。
　また、船に造られている部屋。

以上の三つの意味のうち、ヴァリニャーノが、最初の意味で「屋形」という言葉をつかっていることは、間違いない。福田美也子によれば、南北朝以後、一般に将軍の居所（幕府）を「屋形」と呼ぶようになったのに対して、守護級の大名の居所を「屋形」といい、そこの主人である管領や守護大名をさして御屋形《おやかた》、御館《みたち》などと称するようになった。戦国時代には、屋形号の特権化が進み、屋形号が将軍の認可にかかわり、特定の大名に限られた（「屋形」『国史大辞典』吉川弘文館、一九九三年）。ヴァリニャーノが描く「屋形」像は、戦国期のそれだ。ただ、フロイス『日本史』によれば、「屋形」という言葉の使い方は、もっと曖昧になっており、平戸・天草・志岐などの「殿」（領主）も「屋形」と呼ばれていたようだ。フロイスも、ポルトガル人たちは彼らを「国王」と呼んでいるが、それは彼らが日本語を知らないがゆえの誤解だとする。しかし、

彼らを「国王」あるいは「王」とみなす例は、ヴァリニャーノにかぎらず、当時のヨーロッパ人に一般的だった。彼らのこの認識は、後に見るように、天皇や将軍を「皇帝」（諸王の王）とみなす根拠のひとつとなる。

（10）ヴァリニャーノ、前掲註8書、一六三～一六九頁。

（11）『大航海時代叢書』第一期Ⅸ（土井忠生他訳、岩波書店、一九六七年）による。なお、訳者の解説によれば、原著は、一六二〇年からロドリゲス通事のもとで編纂がはじめられ、二年後にはほぼ脱稿したが、その後一六三四年の通事の死まで手が加えられている。

（12）松田毅一他訳『フロイス日本史1　豊臣秀吉篇Ⅰ』（中央公論社、一九七七年）八四頁。

（13）アビラ・ヒロン前掲註7書、九三～九四頁・一二四頁。

（14）足利義満が明の永楽帝から「日本国王」に冊封されて以来、征夷大将軍が実質的な外交権を握ることになる。しかし、征夷大将軍が対外的に「日本国王」を名乗るか否か、ということについては、将軍や相手国によってちがい、一定していない。例えば、明に対しては、義満以外に、義政・義澄・義晴が「日本国王臣源……」と名乗っているのに、朝鮮に対しては、義満以外の全員が「日本国源……」として、「国王」とは名乗らない（『善隣国宝記』『続善隣国宝記』による）。実質的には「国王」にちかい存在でありながら、自らは「国王」と名乗らない、その一方で他からそう呼ばれることは放置しておく、というのが「柳川一件」（国書改竄事件）までの慣例だった（荒野泰典『近世日本と東アジア』東京大学出版会、一九八八年）。

（15）外交文書についての詳細な検討は、別の機会に譲るとして、ここでは一例として、一六一二（慶長一七）年六月日付徳川家康の濃毘数般国主宛書翰をあげておく（村上直次郎訳註『増訂異国日記抄』、復刻版『異国叢書』雄松堂、一九六六年、六四～七九頁）。この原文は「日本国　源家康、復章濃毘数般国主　麾下」となっているが、その訳文は、El Señor del Japón, Minamotono Iyeias responde al Virrey de la Nueba España... となっている。「日本国　源家康」を“El Señor”（「君主」あるいは「主」）として、“El Rey”（国主）としなかった点に、その配慮が見える。編者村上の解説によれば、「此西語訳文は、ビスカイノの依頼に依りて、千六百十二年八月末日、サン・フランシスコ派の宣教師にして、日本語に熟達せしフライ、ペドロ、バプチスタ Fray Pedro Baptista、フライ、ルイス、ソテロ Fray Luis Sotelo、フライ、セバスチアン、デ、サン、ペドロ Fray Sebastian de San Pedro 三人の手に成りしものにして、今セビーヤ市の印度文書館に蔵せり。此訳文は、善く原文の意を訳出したるものなり」。これと同様なことは、ウィリアム・アダムズの手になるという、イギリス国王宛徳川家康の書翰（慶長一八年）の訳文にも見ることができる。その訳文では、「日本国源家康」は、"hiest Commander in this kingdome of Japan" となっており、「征夷大将軍」を指すものとなっている（同書一七九〜一八四頁）。

（16） アビラ・ヒロン前掲註7書、一二五頁。

（17） この点については、まず、彼ら自身がもっていた、「国王」と「皇帝」の実態に規定されているのではないかと考えてみた。つまり、イスパニア国王は、国内においては「国王」だが、同時に、植民地をふくむイスパニア「帝国」の「皇帝」だった。それは、ポルトガルについても同様だった。そう考えれば、「国王」が、同時に「皇帝」であることには、なんの不思議もない。以上は、小井高志氏（フランス近代史）の示教。また、イスパニア国王は、同時に「神聖ローマ皇帝」であったこともあり（一五一九〜五六年）、その間は、彼らにとって「国王」は同時に「皇帝」だった、ということも考えてみた。しかし、「神聖ローマ皇帝」がイスパニア国王だった時期がむしろ例外なので、近世ヨーロッパにおいては、どこかの（おおむねドイツ地域の）国王が「神聖ローマ皇帝」を兼ねることが普通だった。つまり、この時期のヨーロッパ人にとっては、普通「皇帝」といえば「神聖ローマ皇帝」を意味していたが、彼は、ほとんどいつもどこかの「国王」であって、その意味では、当時のほとんどのヨーロッパ人にとって、「皇帝」は同時に「国王」でもあった。したがって、この見通しは、なりたたない。この点については青木康氏（イギリス近代史）の示教をうけた。以上、二つの見方のうちでは、前者、つまり植民地帝国をふくめて考える方が妥当なように思えるが、いずれにしても、見通しにすぎず、今後の課題にせざるをえない。

（18） 前掲註9辞書の「ワゥ」などの語句の説明にも、その特徴はよく表われている。「Vŏ ワゥ（王）Micado.（帝）国王、または、皇帝」「Micado.（帝）国王」「Dairi. ダイリ（内裏・内裡）……国王の宮殿、時に国王その人の意味にも取られる」。「Cocuŏ. コクワゥ（国王）Cunino vŏ（国の王）国王、または、皇帝」「Tei. テイ（帝）Teiuŏ（帝王）に同じ。国王。文書語」「Teiuŏ. テイワゥ（帝王）国王、または、皇帝」。「Tenxi. テンシ（天子）Teiuŏ（帝王）に同じ。国王。例、Tenxi xŏgunno cŏqetotemo xŏjiuo mancareyezu.（天子将軍の高家とても生死を免れ得ず）たとえ国王や将軍、すなわち、高貴の人であっても、生と死とをのがれることはできない」。このように、「国王」と「皇帝」は区別されていない、というよりは、基本的に同じものと観念されているように見える。

(19) サトウ前掲註2書、三六頁。

(20) 東京大学史料編纂所『日本関係海外史料・オランダ商館長日記』一六三八年八月一五日条（『訳文編』三下）。なお、この箇条は、ベトナム黎朝の神宗淵皇帝を「ダイリ」Deijro と呼び、註釈をつけたもので、直接天皇について述べたものではないが、日本の天皇の固有の呼称が、他地域の同じような存在に関してつかわれた事例としても注目できる。これについては、後述。

(21) 東京大学史料編纂所『日本関係海外史料・イギリス商館長日記』一六一七年九月一九日条（『訳文編』下、一〇一頁）、一六一七年一〇月七日（『訳文編』下、一二三頁）。その他、「シャッケ（Shacke, 釈迦）の末裔であるダイレ（Daire, 内裏）」（一六一六年一〇月一八日条、「訳文編」上、五四一頁）、江戸の増上寺について、「この塔は、ダイレ（Dyre, 内裏）に次ぐ日本の偉大な、すなわち高貴な僧 the greate or high bushopp of Japan の座所」（一六一八年一〇月二四日条、「訳文編」下、四五四頁）と述べており、このことからも、天皇が「僧」bushop, すなわち、宗教的存在と見られていたことがわかる。しかし、コックスは、泉涌寺での後陽成上皇の埋葬の準備を見た時、そのためにしつらえられた「堂 rood（すなわち祠 shrine）」の柱に垂らされた幡は、「彼（ダイリ）が自ら諸王中の王 king of kinges としてそこに君臨していると考える日本にある諸国ないし諸王国の総べて all the provinces or kingdoms in Japon を現しているものだと」の説明を受けている（同一二二頁）。ただ、この「皇帝」（king of kinges）が、「宗教的」なのか、「世俗的」なのかはこれだけではわからないが、おそらく前者（宗教的）だろう。

(22) 村上前掲註15書、一二六〜一四三頁。この訳文の文末には「千六百十年十二月十八日、日本ニて、慶長十五年十一月十二日、（割註略）従阿蘭陀之国主之文体、無処残和之、写拝上仕候、あんでれいこ、ぼろうわる（Hendrick Brouwer）、在判、じゃかうべ、すつへきす（Jacques Specx）、在判、御披露　本田《(ママ)》上野守様」とある。これについて村上氏は、「千六百十三年一月二十九日の日付にて、ブルーワーが平戸より蘭領印度総督に呈せし報告書に、閣下ガ予ニ托シテ、日本皇帝ニ贈リシ書翰ハ、公爵閣下ノ書ト共ニ、イスパニヤ語ノ訳文ヲ添ヘテ、之ヲ奉呈セリとあり、日本訳文はイスパニア訳文の重訳なるべし」と述べる。つまり、日本語を翻訳するにあたって、イスパニア語、およびイスパニア人たちの見方の影響を受けている、ということはできるだろう。おそらく「皇帝にして国王」というような言い方は、その影響ではないか。ただ、それらの微妙な言回しも、日本語に翻訳されると「日本国　源家康」あるいは「日本国主源家康」という、さしさわりのない呼び方にすりかえられてしまう。なお、蘭領印度総督ピーテル・ポット Pieter Both の書翰（一六一二年三月晦日付）の訳文でも、「阿蘭陀之国主之名代へいとる、ぽっと、奉拝上日本国主」となっており、家康は「国主」と呼ばれている（同書一四四頁）。

(23) 村上前掲註15書。なお、この訳文について、村上は、「これは家康の書翰の、オランダ語訳文と称するものにしてハーグ市の国立文書館に蔵する関係文書中に在り、原文に比すれば修飾多く、年月日も缺たれども、当時の訳なるは疑ふべからず。」と述べている（同書三一頁）。

(24) 村上前掲註15書の、一六一三（慶長一八）年のイギリス国王の家康宛書翰では、家康を「高貴にして強力な君主、日本皇帝」（the highe and mightie Prince the Emperour of Japan）と呼んでいる。当時の日本語訳文は「日本之将軍様」である（同書一六二頁）。それに対する家康の返翰では、「日本国源家康」という自称が、「日本王国の最高司令官」（hiest Commander in this kingdome of Japan）となっているがこれは「征夷大将軍」の意訳だろう（同書一七九〜一八一頁）。「関白」や「将軍」をこのように呼ぶ例はカソリック系の人々にもあり、その影響かとも思われる。なお、イギリス国王（伊伽羅諦羅国主）は the King of Great Brittone.... となっている。この訳がウィリアム・アダムズの手になる（同書一八二頁）というのは、日本の事情に通じた人の手になると、その実情にあわせた訳語が選ばれるということを示唆しているかのようである。

(25) 東京大学史料編纂所『日本関係海外史料・オランダ商館長日記』（訳文編四之上、八〇頁）。なお、引用するにあたって、本文にルビとしてつけられているオランダ語原文は、本文に入れこんだ。

(26) フランソア・カロン著、幸田成友訳『日本大王国志』（平凡社、一九六七年）。

(27) 訳者幸田成友は、カロンはこのリストを、「遅くも寛永十三年、多分はそれ以前の写本の武鑑から飜訳した」ものであり、その記事の内容から、「寛永九年上半に、その以前から存在した写本の武鑑に最後の訂正を加えたもの」と推定している（前掲註26書、一一三頁）。

（28）訳者幸田成友は、カロンが、「皇帝（将軍）の支配下に Koning（王）、Hertog（公）、Prince（侯）、Graaf（伯）、Landheer（領主）あり」としているが、「要するにこれらの称号や区別は全然わが国に存せざる所なれば、深く意とするには足らぬ。日本では一万石以上を大名と呼ぶ習慣だから（王）（公）より（領主）に至るまでを一括して大名または諸侯と訳して宜い」とする（前掲註26書、一一二頁）。しかし「万石以上」の大名については、周知の、三家・家門・譜代・外様という将軍との親疎による分け方の他、石高、江戸城中の詰の間、領国・居城による分け方があった。そのうち、領国・居城による分け方によれば、国主（国持）・準国主・城主・城主格・無城の五つの格式があった（山口啓二「藩体制の形成」『岩波講座日本歴史10』一九六三年。のち同『幕藩制成立史の研究』校倉書房、一九七四年に収録）。詳しい検討は今後に譲るが、カロンの分け方は、ほぼこれに準じていると考えてよいのではないか。

（29）前掲註12書、八四〜八五頁。

（30）稀に、徳川将軍を「国王」と呼ぶ例がないわけではない。例えば、一六三三年五月末のバタヴィア政庁のニコラース・クーケバッケル宛訓令（『日本関係海外史料・オランダ商館長日記』訳文編一之上、二四六頁）のなかで、「大身の日本の国王の閣僚たち」（de groote Japanderen Raetsheeren des Coninckx）という言い方がされており、この場合は将軍は「国王」（de Coninckx）だ。しかし、このような例はきわめて稀であり、オランダ人たちにとっては徳川将軍は「皇帝」（de Keijser）だった。

（31）荒野泰典「通訳論・序説─境界の人と言葉─」（荒野泰典・石井正敏・村井章介編『アジアのなかの日本史Ⅴ　自意識と相互理解』東京大学出版会、一九九三年。本書第Ⅰ部補論1）二〇〜二一頁。

（32）前掲註21参照。

（33）前掲註20参照。

（34）ケンペル『日本誌』下（今井正訳、霞ヶ関出版、一九七三年）四五八〜四五九頁。以下の引用は、本訳書による。なお、訳者はこの点について、つぎのように註釈する。

「ケンペルは、近世の日本においては、恰も中世にローマ教皇と神聖ローマ帝国皇帝とが並立したように、天皇と幕府将軍が並立したと見ており、前者を宗教的世襲皇帝とし、後者を世俗的皇帝としている」（上、二九七頁）。「ケンペルは、歴代天皇表に対比する形式で、源頼朝を初代とし、徳川綱吉を第三六代とする歴代将軍職表を掲げた。ドイツ語のKaiserという言葉は、一般に皇帝、天皇と訳されているが、ケンペルは、君主国の最高実権者をKaiserと呼び、頼朝時代以降、とくに秀吉の時代以後は、日本の政治の実権は将軍職に移行したので、この時期以降Kaiserと言えば、天皇よりは幕府将軍を呼ぶことの方が多い。天皇を呼ぶには、Mikaddo（帝）、Dairi（内裏）という表現を用い、とくに天皇と将軍職を対比する場合には、天皇をGeistlicher Erbkaiser（宗教的皇帝）と呼び、将軍職をWeltlicher Erbkaiser（世俗的皇帝）と呼んでいる。将軍職を呼ぶ表現としては、この他にFeldherr, Krongeneral, Weltlicher Monarchという言葉が用いられている」（上、三六一頁）。

(35) 例えば、「天皇《ミカド》（世襲の皇帝）」（一巻、四七頁）、「日本のヴァチカンにあたる京都の内裏」（一巻、二八一頁）、「現在の将軍（世俗的皇帝）」（一巻、二八二頁）、「現在支配する将軍（いわゆる世俗の皇帝）」（一巻、二九五頁）。以上の引用はシーボルト『日本』（*Nippon. Archiv zur Beschreibung von Japan, und desen Neben-und Schutzlanderen*, 1832–1851. 岩生成一監修、石山禎一他訳、雄松堂書店、一九七七～七九年）による。

(36) ジョルジュ・ブスケ『日本見聞記』（*Le Japon de nos jours*, 1877. 野田良之・久野桂一郎訳、みすず書房、一九七七年）二八頁。

(37) ヘンドリック・ドゥーフ著『ヅーフ日本回想録』（*Herinneringen uit Japan*, 1833. 斎藤阿具訳註『異国叢書』九、雄松堂、一九六六年改訂復刻版）一二頁。以下の引用も、同書による。

(38) 両者の関係を、ドゥーフはつぎのように記述するが、それはとくに目新しいことがらを含んでいるわけではない。

日本は此時以来全く内争及外戦より免れたり。されど旧時日本の独裁者たりし内裏の権力は、今や権現によりて甚しく制限せられて、全く江戸の将軍の実権の下に在り、宮中の費用も将軍より年々一定の額を給せられたり。尤も内裏は単に称号のみなりとはいへ、官職位階を授与する権を有し、之を受けたる者より多額の献金を得たり。されど斯かる叙任も皆将軍の申請を要し、然る上内裏は之に押印せしに過ぎず。（二〇～二一頁）

(39) 藤田覚「寛政期の幕府と朝廷」（『歴史学研究』一九八九年度別冊特集、五九九号）。

(40) 例えば、ペリーが、彼の「遠征記」のなかでドゥーフに触れているように、ドゥーフの著作が知られていなかったわけではない。

(41) 小野前掲註1論文。

(42) それらの仕事は数多くあるが、ここではとりあえず、つぎの二点をあげておきたい。

宮地正人『天皇制の政治史的研究』(校倉書房、一九八一年)。

高埜利彦『近世日本の国家権力と宗教』(東京大学出版会、一九八九年)。

高埜は著書の「序」で「近世の国家権力を、幕府と藩による幕藩領主権力にとどめず、天皇・公家・門跡などを含めた広い意味での朝廷を含みこませて、その特質を明らかにしようとしたところに、本書のねらいの一つがある」(xiii頁)と述べている。なお、私も、対外関係において、そのような試みをしている(前掲註14荒野『近世日本と東アジア』参照)。

(43) 田中健夫「相互認識と情報」(前掲註31『アジアのなかの日本史V』所収)。

(初出)「二人の皇帝―欧米人の見た天皇と将軍―」(田中健夫編『前近代の日本と東アジア』吉川弘文館、一九九六年)。

あとがきにかえて

本書は、私個人の論稿をまとめた単著としては二冊目にあたります。最初の論集、『近世日本と東アジア』（東京大学出版会）を出したのが一九八八年でしたから、三七年ぶりということになります。こんなに時間があくことになるとは思っていなかったのですが、やや言い訳めいた表現をさせてもらうなら、逆に時間があいたからこそ、あらためてこれまでの自身の研究の到達点として本書を編むことができたともいえます。各章の末尾に初出情報を掲載してありますが、本書刊行にあたって、各稿に大幅に加筆修正を加えています。吉川弘文館編集部には、書き込みで真っ赤になった初校を丁寧に修正いただきました。当初原稿への加筆修正は、論稿を発表した後の、十数年あるいは数十年間の私の研究の歩みであり、深化でもあります。初校が戻ってくるのを辛抱強く（おそらく、校正紙が戻ってくるのか心配になりつつ）待っていただいた吉川弘文館に、あらためてお礼を申しあげます。

本書は「第Ⅰ部　近世日本国際関係論の位相」「第Ⅱ部　海禁論の射程」「第Ⅲ部　日本型華夷意識の展開」の三部からなりますが、この仕分けのベースを作ってくれたのは、妻の画家仲間であり編集者でもあった、故松原秀氏でした。二冊目の論集を出すことについては、以前より周囲からも勧められていましたし、私自身も出したい、出さなくては、と考えていました。二〇年ほど前、松原氏に二冊目の論集の相談をしたところ、箱にゴチャッと入っていた私の論文のコピーや抜き刷りを「これとこれは華夷意識がテーマ」「これは国際関係」……と、どんどん仕分けしていき、手品のようなその手際に見とれている間にテーマごとの山ができていました。それは同時に、私が研究してきた個々のテーマをゆるやかに体系づけることでもあり、私は、自分がこんな研究をしてきたのかと、目が覚めるような思いで感激したことを覚えています。以来、私は自分の研究関心や研究者としての立場《スタンス》に、より自覚的になったのかもしれません。

本書には、ややボリュームのある序論をつけました。「序論　本書の研究上の立場と四つのキーワード」は、これまでの私自身の研究の歩みの振り返りであり、また「近世国際関係史」研究者としての立場の表明でもあります。「鎖国・開国」という言葉が、近・現代日本人のナショナル・アイデンティティと切り離せないという認識は、一九八三年の歴史学研究会大会の全体報告において報告者の私に投げかけられた問い「近世の日本は鎖国していたはずだが、近代に入って急に侵略性をもつようになる。このメカニズムは何か」と向き合うなかで得たものと地続きです。近世の日本がもっていた国際関係が、明治維新後に再編を迫られていく、その過程で切り捨てられたものや身にまとわれた自己認識。本書が、近世史を、また近現代史を追究する方たちにも届くことを、願っています。

私が歴史研究を志すようになった経緯や、いわゆる「鎖国」論から「海禁・華夷秩序論」へ転換した経緯については、『鎖国を見直す』（荒野著、岩波書店、二〇一九年）の「あとがき」で記したことがありますが、振り返ってみれば、あそこがターニングポイントだったと気づく、多くの人との出会いがありました。感謝とともにここに記して、本書をしめたいと思います。

ぐっと遡りますが、広島県立広高校時代に所属していた文芸部顧問の山碕雄一先生は、私に物を書く楽しさを教えてくれました。自分が日本の歴史をいかに知らないかを痛感し、歴史を学ぶきっかけとなったのは、最初に入学した東京商船大学時代に寄港したロサンゼルスで出会った人たちでした。二度目の受験勉強を経て入学した東京大学では、恩師尾藤正英先生、山口啓二先生から、その後の近世国際関係史研究につながっていく研究テーマが示されました。お二人はたとえ自説と違う意見であっても否定せず、私の研究報告を聞いた山口啓二先生が腕組みのまま黙考されたあと「うん。面白い！」と言われた時の事は忘れられません。そして、その時その時で関心を共にする多くの研究仲間に恵まれました。本書の註に挙げることができた先行研究はごく一部に過ぎません。調査を共にし、知見を交換しあい、議論を重ね、私なりに研究を深めた成果が本書です。

刊行にあたっては、吉川弘文館岡庭由佳氏にお世話になりました。校正作業には、立教大学に勤務していた頃のゼミ生である秋山伸一・上白石実・及川将基・田中葉子諸氏の協力を得ました。そして、東京大学史料編纂所在職中から、私の研究者人生の大半をみてきた妻晶子には、編集部やゼミ生たちとの連絡など、これまでになく手を借りました。本書を形にするために私を助けてくれた多くの人に感謝するとともに、本書が、私たちの過去と、現在と、未来を考えるための一助となることを願ってやみません。

二〇二五年二月

荒野泰典

著者略歴
一九四六年、広島県生まれ
一九七〇年、東京商船大学卒業
一九七五年、東京大学文学部国史学科卒業
一九七七年、東京大学大学院人文科学研究科修士課程修了
東京大学史料編纂所、立教大学文学部を経て、
現在、立教大学名誉教授

〔主要編著書〕
『近世日本と東アジア』（東京大学出版会、一九八八年）
『「鎖国」を見直す』（岩波書店、二〇一九年）
『日本の時代史一四　江戸幕府と東アジア』（編著、吉川弘文館、二〇〇三年）
『近世日本の国際関係と言説』（編著、溪水社、二〇一七年）

近世日本国際関係論

二〇二五年（令和七）四月一日　第一刷発行

著者　荒《あら》野《の》泰《やす》典《のり》

発行者　吉川道郎

発行所　株式会社　吉川弘文館
郵便番号一一三—〇〇三三
東京都文京区本郷七丁目二番八号
電話〇三—三八一三—九一五一〈代〉
振替口座〇〇一〇〇—五—二四四番
https://www.yoshikawa-k.co.jp/

印刷＝株式会社 理想社
製本＝誠製本株式会社
装幀＝黒瀬章夫

ISBN978-4-642-04372-4

索　　引

事　　項

あ　行

相対貿易……………………………………………53
アイデンティティ………6, 11, 21, 23, 179, 354, 355, 378
アヘン戦争……49, 310, 311, 331, 332, 341, 361, 386, 398, 399
『亜墨新話』…………………………………………369
夷(蕃夷，東夷，夷狄)……17, 23, 32, 43, 44, 46-48, 52, 53, 58, 92, 105, 147, 171, 272, 311, 316, 368, 370, 371, 383, 384, 443
異域 ………………108, 117, 163, 282, 291, 304, 360
異域民 ………………………………………118, 121
家役 ……143, 145, 146, 151, 153, 156, 162, 163, 165
『イギリス商館長日記』(コックス『日記』)……81, 93, 103, 104, 118, 119, 138, 141, 173-175, 177, 186, 187, 189, 318, 463
イギリス東インド会社…………………70, 174, 329
威光 ………………………………157, 162, 167, 257
異国………35, 74, 135, 140, 163-165, 198, 210, 211, 214-216, 270, 272, 277-279, 282, 290, 295, 296, 306, 315, 316, 334, 345, 360, 364, 368, 373, 376, 388
異国押えの役 ……………………157, 158, 163, 165
異国人／異国民………107, 108, 111, 113, 114, 117, 120-125, 127, 135, 136, 164, 165, 190, 194, 275
異国船 ………………………108, 124, 158, 278, 310
異国船打払令 …………………………308, 310, 334
異国渡海御制禁／異国渡海の禁……270, 281, 283, 285, 286, 295, 299, 300, 307, 312, 314-316, 318, 319
『異国日記』……………………17, 34, 150, 154, 168
『異国風土記』……………………………………364
異人 ……………………………………………118, 360
『異人恐怖伝』……………………………………310
以酊庵 …………………149, 151, 153, 202, 228, 245
糸割符 …………………………………123-127, 139
糸割符仲間 ……………………………123, 126, 139
移民 ………………………………………………319
異民族 …………………………169-172, 194, 196
内町 ……………………………………110, 127, 131
エスノセントリズム………………46, 108, 252, 378
蝦夷地口 …………………………………………194
江戸参府………82, 84, 155, 178, 187, 190, 301, 318, 338, 349, 356, 452
沿岸警備体制 ………………………194, 251, 252
応永の外寇……………………………………91, 170
大津浜一件 ………………………………………287
岡本大八事件 …………………………………69, 99
沖買 …………………………………218-222, 228
押えの役 ……………………………162, 163, 165
オランダ商館長 ………185, 186, 259, 318, 349, 356
『オランダ商館長日記』………………337, 463, 464
オランダ通詞………2, 182, 184, 185, 198, 260, 280, 304
オランダ東インド会社……18, 34, 66, 70, 71, 79, 81, 103, 134, 298, 368
『折たく柴の記』……………………………267, 300

か　行

華……………………43, 44, 47, 52, 92, 357, 370, 383
外夷………40, 364, 365, 368, 370-373, 377, 380-383, 413, 414, 436
華夷意識……………………………25, 44, 45, 114, 252
海外渡航差許布告 ………………………………319
海禁・華夷秩序………1, 2, 5, 31, 250, 251, 253, 264, 282, 285, 289, 303, 344, 356
海禁・華夷秩序体制 ………………………………5
「海禁」言説……………………………………16, 19
開港……1, 3, 21, 24, 28, 36, 109, 135, 286, 287, 302,

304, 310, 311, 314, 323, 332, 341, 350
開港地／開港場……62, 110, 123, 124, 126, 134-136
外交・貿易関係 ……………………………5, 8, 324
開国……1-7, 13, 21, 25, 28, 36, 38, 56, 287, 288, 290, 300, 311, 312, 321, 324-327, 331, 332, 334-338, 341, 349-352, 442
開国勧告…………………………………………19, 285
「開国」言説 ……………………………………7, 28
回賜………………………………………………44, 52, 53
華夷思想 ………………………………………43-45
華夷主義 ……………………………252, 357, 386
海商………………………………………………62, 63, 94
海賊………50, 65, 114, 116, 212, 268, 274-276, 281, 290, 293, 294, 298, 317, 320, 336, 349
海賊行為……………67, 114-116, 117, 121, 122, 138
海賊停止令………65, 67, 94, 114, 117, 122-124, 137, 317
華夷秩序……2, 25, 32, 38-47, 56, 61, 90-92, 97, 98, 250-254, 257, 285, 330, 356, 357
回答…………………18, 242, 246, 284, 285, 307, 374
回答兼刷還使……………………………………………17
『海東諸国紀』……………………………………237
『外蕃通書』…………………294, 300, 301, 306, 403
華夷変態 ……………………………………273, 383
『華夷変態』………229, 268, 269, 275, 290, 299, 379
下海通蕃之禁 ……………………12, 34, 52, 62, 194
華僑……62, 63, 65, 74, 76, 87-89, 119, 120, 174-177, 179, 187
華僑社会……………………62, 76, 77, 174, 175, 187
学習指導要領 ……………………………4, 9, 354
蔭山一件 ………………………212, 214-216, 218
嘉靖大倭寇…………………………………………65
唐(唐人)………15, 20, 23, 40, 57, 58, 105, 127, 154, 163, 215, 221, 268, 272, 284, 291, 299, 300, 306, 308, 316-318, 331, 334, 361, 362, 370, 371, 377-379, 383, 385, 387, 390, 398, 399, 402, 403, 407-411, 416, 417, 428, 434, 435, 437, 438
唐入り……………………………………91, 144-147
『環海異聞』…………………………35, 389, 394, 430
勘合………51, 91, 92, 94, 95, 114, 145, 147, 268, 282, 317
勘合符………………………………48, 95, 96, 148
漢字文化圏 ……………………………176, 373
生糸 ……………………………34, 63, 123, 126
癸亥約条 ……………………………………………217
『紀州船米国漂流記』…………………………390
境界………68, 89, 105, 107, 108, 122, 134-136, 169, 170, 172, 179, 184, 276, 373, 374
共通語 …………………171, 172, 174-177, 188, 223
居留地 ……………………111, 113, 170, 171, 186
キリシタン………29, 79, 80, 85, 109, 113, 128, 259, 439, 439, 440, 444
キリスト教………2, 65, 69, 87, 90, 99-101, 112, 113, 118, 124, 126-135, 139, 141, 149, 183, 186, 188, 190, 265, 271, 273, 281, 283, 305, 315, 326, 327, 333, 336, 341, 392, 399, 400, 404
キリスト教禁止(禁令)……123, 127, 130, 271, 281, 333, 411
キリスト教弾圧 ………………69, 99, 100, 129-131
キリスト教布教 ………………68, 70, 100, 109, 124
金……64, 115, 158, 159, 193, 198, 224, 230, 240, 259, 377
銀………41, 49, 54, 63-65, 75, 98, 115, 116, 119, 140, 156, 159, 163, 193, 202, 206, 211, 212, 215-217, 219, 224, 225, 230, 239, 259, 267, 277
近世国際関係論………………………………15, 344
近世日本………1, 2, 4, 5, 7-9, 11-13, 15, 16, 23, 24, 26-28, 30, 31, 45, 53, 55, 60, 69, 79, 102, 108, 172, 194, 249-253, 257, 265-267, 277, 285, 291, 295, 303, 330, 335, 340, 341, 348, 350, 353, 354, 356, 357, 361, 413
黒船 ……………………114-116, 270, 314, 315, 318
『憲教類典』…………………………………282, 283
言説………1, 3-7, 9-12, 16, 19-22, 25, 27-29, 31, 34, 35, 264, 280, 281, 303, 353
元和偃武 ………………………………………………126
降化倭(降倭) …………………88, 89, 104, 203, 204
公儀 …………152, 154, 157, 162, 210, 296, 297, 378
港市…………………………………51, 110, 111, 137
皇帝(将軍) …………………………20, 86, 183, 465
公貿易……………………………………………44, 51, 53
高麗町……………………………………………………78
交隣……………………45, 91, 92, 223, 224, 245, 340
『交隣提醒』……………………………………………296
国王……12, 16, 18, 19, 34, 44, 48, 50-53, 68, 69, 78, 88, 92, 97, 148, 149, 154, 166, 186-189, 255, 285, 310, 331, 348, 357, 358, 445-454, 460-462, 464, 465
国際関係………1, 2, 4, 5, 7, 9, 11, 12, 14-16, 18, 19, 22-26, 30-32, 34, 35, 48, 52, 55, 60, 72, 90, 91,

124, 166, 194, 195, 224, 248–250, 252, 254–260, 265, 286, 301, 303, 327, 330, 347, 348, 353, 356, 357, 458
国際関係論 ………15, 16, 34, 38, 248, 250, 254, 256
国際慣行 ……………………………………303, 335
国際体系……8, 14, 38, 254, 256, 289, 312, 322, 330, 348, 351, 352, 357
国際秩序………24, 39, 43, 48, 52, 145, 224, 335, 348
国際法……18, 254, 311, 312, 321, 325, 330–332, 335, 341, 352
国書……18, 53, 92, 149, 150, 153, 154, 202, 288, 300, 301, 451, 461
国民……3, 7–9, 11–13, 16, 19–22, 27, 34, 60, 89, 90, 99, 102, 123, 194, 258, 264–266, 268, 272, 280, 289, 291, 294, 313, 315, 319, 327–331, 336, 338, 341, 348, 349, 355, 445
国権拡張…………………………9, 56, 320, 322, 351
「五天竺図」………………………414–416, 418, 419
『古道大意』…………………………………………306
混血児…………………………………………………86

さ　行

『西域物語』…………………………………319, 336
『采覧異言』………305, 333, 362, 363, 366, 367, 372, 374–376, 384, 413, 439
先買い特権………………67, 115, 122, 123, 125, 139
冊封……17, 44, 48–52, 57, 58, 62, 144, 154, 166, 357, 370, 461
鎖国………1–13, 15, 18–22, 24–28, 30, 31, 34–36, 38, 56, 139, 149, 194, 249–253, 264–267, 271, 286–293, 295, 296, 300–304, 307–313, 316, 320–338, 343–357
「鎖国・海禁」論 ……………………………………25
「鎖国」・「開国」観………………………………352
「鎖国・開国」言説………1, 5, 9, 11, 20, 21, 27, 36, 303
「鎖国」観……2, 10, 12, 194, 267, 276, 329, 330, 348
「鎖国」言説 ……………………………7, 22, 25, 35
鎖国肯定論 ……………………………3, 20, 36, 327
「鎖国」祖法観………………………………………325
鎖国得失論 ……………………………264, 289, 291
「鎖国の根性」………………………………………321
「鎖国」の「祖法化」…………………271, 295, 286
鎖国令
『鎖国論』………3, 20, 25, 27, 31, 291, 301, 304–307, 310, 316, 331, 333, 334, 342
「鎖国」論 …………26, 251, 265, 266, 293, 344, 346
刷還……………………………………………18, 77, 78
三韓征伐…………………………………………91, 412
三国 ………………………………………………40, 46
三国世界観……57, 361, 398–401, 404, 408, 410, 412–414, 416, 419, 420, 436, 441
『三才図会』…………………………368, 372, 418
三檣(三本檣) ………………………266, 278–280
三藩の乱 …………………………………224, 268
三浦の乱 ……………………………………………201
事大……………………………………………45, 46, 91
私貿易……………………………44, 52, 53, 126, 158
市法商法 ……………………………105, 107, 137
島原・天草一揆………1, 29, 130, 149, 265, 270, 271, 314, 379
『時務策』…………………………………287, 288, 311
謝恩使…………………………………………………97
シャクシャインの乱…………………………………94
朱印状 ………………66, 74, 95, 96, 98, 99, 115, 119
朱印船………34, 79, 96–100, 110, 124–126, 279, 288, 319, 336
10万石以上の格 ……………145, 158, 160–162, 165
儒学の日本化 ………………………………………272
攘夷 ……………………………………158, 287, 311
商館付の通詞 ……………………………174, 180, 182
少数民族 ……………………………16, 42, 252, 254, 255
小中華意識……………………………………46, 383
正徳新例………………………35, 219, 220, 269, 379
『職方外紀』……………………………363, 364, 425
植民地………19, 34, 70, 102, 113, 171, 188, 329, 330, 336, 340, 341, 345, 390, 438, 462
諸民族雑居(の状態)………1, 61, 72, 86, 87, 89, 90, 101, 122, 136, 176, 185
『慎機論』………………………………………………309
進貢貿易…………………………………………………53
神国 ……306, 377–379, 387–394, 398, 411–413, 441
神国観 …………………………378, 387–389, 411–413
人臣に外交なし……………31, 34, 52, 255, 298, 312
人身売買 ……………………………………………74, 80
震旦 ……………………361, 366, 368, 385, 414, 441
『信長公記』…………………………………409, 410
『新訂万国全図』………375, 416, 421, 424, 433–435
信牌 ……………………………………220, 269, 379
侵略……7, 45, 49–51, 54, 55, 94, 162, 204, 224, 351,

379, 407, 412
『新論』……………………………286-288, 295, 311
『垂統秘録』…………………………………319, 336
駿府政権…………………………………95, 147, 151
『西州投化記』…………………………………73, 74
『西洋紀聞』………295, 305, 333, 362, 363, 366, 367, 374, 384, 389
『西洋旅案内』附図「世界図」……………432-434
世界観……43, 361, 362, 366, 370, 374, 375, 377, 378, 398-400, 407, 408, 410, 412-414, 416, 419, 420, 431-433, 436
遷界令 …………………219, 267, 268, 275, 293, 338
先住民族……………………………………15, 31, 42
宗主国…………………………45, 49, 50, 58, 91, 171
造船制限 ………………265, 271, 276, 279, 284, 299
『増補華夷通商考』……40, 268, 293, 299, 362, 364-367, 371, 372, 375, 381, 413, 417, 428, 436
外町 …………………………………………110, 131
祖法………31, 271, 285, 286, 295, 300, 307, 310-312, 323, 325, 335

た 行

対外観 ………………………………330, 360, 361
対外関係……1, 14, 15, 22, 26, 55, 56, 60, 62, 67, 74, 92, 93, 95, 97-99, 104, 135, 144, 145, 147, 154, 164, 165, 194, 249-252, 255, 257, 281, 295, 316, 318, 336, 357, 467
対外交渉…………………………………………14
大君 …………………………143, 149, 153, 154, 206
大君外交体制……………………………………12
「大君」号 ……………………………97, 154, 166
『大黒屋光太夫ロシア漂流一件』………………393
『大清会典』…………………………273, 274, 298
『大明会典』………………………………………269
台湾事件(浜田弥兵衛事件)/ノイツ事件………34, 66, 173, 190
「脱亜入欧」…………………………………321, 322
単檣 …………………………………280, 281, 285
中華……17, 19, 40, 43, 46, 48, 95, 96, 147, 253, 272, 273, 357, 364, 365, 368, 370, 371, 373, 380, 382-385, 387, 413, 417, 418
『中陵漫録』…………………………………278, 279
朝貢………17, 23, 44, 46, 48, 51-54, 58, 62, 63, 253, 318, 370, 384
朝貢使節……………………………………17, 53, 62
朝貢船………………………………………………48
朝貢貿易……………………48, 49, 51-53, 62, 63, 96
『朝鮮王朝実録』……………233, 235, 237, 238, 247
朝鮮押えの役 ………………156, 158, 161-163, 165
朝鮮口 ……………………………………………194
朝鮮侵略(戦争)……17, 18, 49, 51, 55, 68, 73, 77, 88, 91-94, 144-146, 179, 195, 203, 232, 407, 412, 413
『朝鮮通交大紀』………150, 168, 201, 205, 206, 226, 228, 234, 247
(朝鮮)通信使……17, 78, 80, 81, 85, 87, 97, 145, 148, 149, 153, 155, 162, 168, 193, 202, 210, 211, 226, 247, 340, 349, 356
(朝鮮の)被虜(人) …………77-80, 87, 88, 103, 179
『町人嚢』…………………………272, 377-380, 383
『町人嚢底払』……………………378, 380, 381, 438
草梁項 ……………………………………208, 210, 246
草梁倭館 …………………………………………232
『通航一覧』……89, 94, 139, 141, 163, 168, 190-192, 227-229, 231, 247, 278, 279, 294, 295, 301, 302, 307
『通航一覧続輯』………………………278, 299, 301
通交者………………………………………………68
通交貿易…………………………62, 63, 67, 143-145
通事………63, 170, 172, 191, 193, 198, 202, 213, 243, 244, 269, 301, 404, 446
通詞 …………………………172-192, 194, 260, 314
通商……15, 20, 31, 32, 34, 35, 38, 41, 44, 52, 53, 58, 62, 65, 68, 149, 184, 257, 265, 271, 280, 284, 285, 288, 289, 291, 293, 301, 304, 306, 311, 320, 329, 331-334, 341, 371, 390, 391
通商国 ………142, 257, 284, 285, 302, 307, 335, 358
通信……15, 18, 31, 32, 150, 245, 257, 266, 285, 289, 300, 311
通信国………142, 154, 257, 284, 285, 289, 302, 307, 335, 358
通訳……36, 65, 79, 146, 169, 170, 172, 177, 179, 181, 185, 187, 189, 237, 260, 332, 442, 454, 460
出会貿易 ………………………………62-66, 70, 73
帝国………2, 16-19, 23, 24, 36, 44, 46, 48, 336, 389, 462, 465
出島………87, 100, 110, 113, 123, 172, 183, 185, 190, 191, 208, 259, 260, 296, 329, 338
出島乙名 …………………………183, 184, 190, 191
天下……128, 144, 220, 288, 297, 306, 334, 378-380,

383, 418, 446, 447
天竺………40, 57, 281, 361, 362, 365, 366, 368, 377–380, 387, 398–411, 413–439, 441
銅 ………………………………………156, 224, 275
投化倭……………………………………………88
唐人小路 ……………………………………73, 76
唐人町……………………………73, 76–78, 111, 112
唐人屋敷……………………………87, 113, 208
唐船…………114–117, 123, 124, 140, 212, 215, 216, 218, 248, 260, 267, 268, 279, 295, 317, 390
唐通事(唐人通事)………74, 100, 179, 191, 198, 211, 213, 214, 218, 220, 364, 379
豆毛浦倭館 ……………………………208, 232, 236
『徳川実紀』………3, 19, 282, 283, 285, 286, 288, 307
『徳兵衛天竺物語』………………………………437
奴隷……………………………………74, 78–80, 437

な　行

内通詞 ……………………………………………184, 191
苗代川の陶工 ……………………………………78, 79
『長崎オランダ商館日記』…………………186, 259
長崎口………105, 107, 108, 110, 113, 122, 127, 134–136, 184, 194, 257
『長崎根元記』…………211, 213, 215, 216, 218, 295
『長崎志』…………………………………305, 333
長崎代官……114, 128, 129, 132, 149, 173, 211, 213–215
長崎通詞 ………………………………………266, 291
長崎のイエズス会領……………………………69
長崎の人口 ……………………………………109, 132
長崎奉行……35, 67, 68, 95, 101, 106, 116, 118, 120, 148, 164, 178, 182–184, 186, 187, 197–200, 227, 257, 260, 280, 282, 283, 301, 326, 357, 373
(長崎)町年寄 ………………131, 132, 198, 215, 216
『長崎土産』………………………105, 108, 295, 316
『長崎夜話草』……268, 269, 272, 281, 295, 305, 307, 314, 333, 368, 370, 371, 383
中継貿易 ……………………54, 63, 66, 70, 112, 115
投銀 ……………………………124, 140, 213–217
『南海紀聞』………………………………437, 438
南蛮通詞 …………………………………183, 186
南蛮貿易……………………………………1, 8, 22
『南瓢記』…………………………………………387
南洋日本町 ……………………………………61, 89
日米和親条約……………………………………21
日朝講和…………………………………………17, 232
『日本』 ………………………19, 25, 330, 340, 466
『日本遠征記』 ……………………………338, 442
日本型華夷意識 ……………………………25, 91, 361
日本型華夷秩序……60, 68, 90, 94, 97, 253, 257, 335, 340, 351, 357
日本気質 ………………………………83–85, 182
日本型小帝国………………………………1, 11, 16, 23
日本国王………………………51, 154, 166, 447, 461
『日本誌』……2, 3, 19, 35, 36, 291, 292, 301, 302, 304, 305, 313, 315, 326, 328, 333, 337, 465
『日本史』………………399, 400, 439, 440, 447, 460
日本神国観　→神国観
日本人の海外渡航禁止…………1, 35, 140, 271, 280
『日本水土考』 ………………………………378, 379
『日本風俗図誌』 ……………280, 299, 319, 336, 388
抜買 ………………………………………………218, 219
抜荷 …………118, 138, 198, 212, 218–222, 227, 231
抜船 ……………………………196, 201–207, 209, 211
抜船一件……196, 199, 201, 202, 208, 209, 211, 215, 223

は　行

『馬丹島漂流記』 ……………………………373, 390
ばはん(八幡) ……………………………………116, 317
『犯科帳』……………………197, 199, 215, 227, 229
万国公法 ………………………………311, 325, 332
「万国坤輿図」 ………………………………366, 374
万国津梁の鐘……………………………………46
藩属国 …………………………………45, 49, 50, 58
東アジア……1, 2, 5, 6, 10, 11, 14, 16, 17, 19, 20, 23–26, 31, 34, 35, 38–47, 53, 55–57, 60–63, 65, 67–72, 77, 92, 142, 145, 155, 166, 171, 176, 195, 223, 248, 250–258, 285, 286, 289, 303, 308, 312, 317, 318, 320, 322, 324, 331, 334, 335, 348, 349, 351–353, 356, 357, 361, 362, 383, 412
『百姓嚢』……………………272, 370, 371, 379–381
漂着……65, 75, 95, 119, 164, 186, 201, 248, 249, 257–260, 275, 373, 381, 392, 394, 422, 437, 438
漂流………77, 124, 248, 258–260, 344, 362, 369, 373, 386, 388, 390, 392, 393, 397, 399, 431, 437–439
漂流民……73, 164, 200, 248–250, 256–260, 271, 358, 360, 373, 387, 390, 392, 431
漂流民送還体制……………………26, 248, 249, 256
『平戸オランダ商館の日記』(『オランダ商館日記』,

永積『日記』)………81, 86, 101, 104, 185, 186, 188, 230
被虜(人)　→(朝鮮の)被虜(人)，(倭寇の)被虜(人)
武威 …………………………21, 90–93, 99, 144, 318
撫育……………………………………15, 17, 32, 358
『吹流れ天竺物語』………………………………437
釜山倭館……195, 196, 200, 201, 210, 217, 232, 237, 238, 246, 392
福建総督…………………………16, 94, 95, 148, 318
船宿 ……………………………………………216–218
ブラウ図 …………………………………………367
ブレスケンス号 …………………………258, 259
文引 ……………………………………144, 201, 206
文明開化 ………………………………5, 14, 21, 328
文禄・慶長の役 ………77, 88, 94, 95, 134, 162, 232
『米国条約集』……………………………………32
平和………3, 4, 7, 8, 14, 17, 20, 22, 27, 31, 55, 67, 68, 91, 95, 106, 108, 114, 117, 120, 122, 123, 125, 126, 135, 136, 195, 224, 255, 280, 314, 317, 318, 327, 328, 330, 335, 339, 349, 371, 377, 378
ペリー来航(ペリー艦隊来航，ペリーの来航)………5, 167, 258, 260, 286, 293, 301, 302, 313, 316, 320, 324, 432
『邦訳日葡辞書』…………………402, 410, 450, 460
ポサドニック号事件 ………………………167, 289
『戊戌夢物語』(『夢物語』) …………………308, 309
本朝………40, 361, 362, 366, 377, 378, 388, 398, 408, 410

ま　行

マージナル・マン …………………………170, 184
密貿易……62–64, 118, 196, 206, 207, 217, 230, 259, 296, 338
密貿易集団…………………34, 64, 65, 67, 73–75, 87
明・清制度の研究 ………………269, 273, 276, 277
明清交代……35, 46, 72, 224, 338, 362, 383, 386, 398
無主 ……………………………………………16, 32
無主の地 ………………………………………15, 31
無高 …………………………………………157, 160
『名家叢書』………………………274, 276, 297–299
モリソン号(砲撃)事件 ……………………308–310

や　行

役(軍役) ……………………142, 145, 146, 156–167
宿町付町 ………………………………………216–218
柳川一件…………………18, 149, 150, 152, 153, 461
『山田仁左衛門渡唐録』…………………………437
『夢ノ代』…………………………………………306
四つの口………1, 4, 5, 8, 12, 13, 194, 253, 257, 344, 345, 347, 354, 356, 357
「四つの口」論 ……………………………………1, 26

ら　行

ラックスマンの通商要求…………………………20
ラックスマン来航 …………………………280, 301
琉球口 ……………………………………………194
琉球慶賀使…………………………………97, 155
琉球国王使 ………………………………349, 356
(琉球)侵略…………………………………………54
琉球征服(琉球王国の征服)…………18, 94, 95, 147
流芳院 ……………………………………………151
「歴代の御被官」………………………………66, 125
レザノフの通商要求 ……………………………284
レザノフへの回答 ………………………………307

わ　行

倭館……195, 196, 200, 201, 207–211, 217, 228, 229, 232, 233, 236–240, 242, 245–247, 392
『和漢三才図会』……40, 362, 363, 366, 368, 369, 372, 403, 413, 417, 435
倭語 ………………………………………170, 176
倭寇……16, 25, 34, 50, 51, 54–56, 62, 64, 65, 67, 68, 73–75, 77, 87, 89, 95, 102, 111, 112, 114, 117, 122, 143, 170, 172, 195, 259, 265, 268, 271, 275, 283, 287, 294, 317, 319, 320, 336, 349
倭寇的状況……1, 2, 8, 25, 34, 60–67, 71–73, 75–77, 89, 94, 96, 100, 111, 114, 348
(倭寇の)被虜(人)……………………73, 74, 77, 170

人　　名

あ　行

会沢安(正志斎)……………281, 286-288, 295, 311
足利義満……………………………51, 166, 389
アダムズ，ウィリアム………75, 87, 118-120, 177-180, 187, 189, 462, 464
油屋彦右衛門………………………………197-200
雨森芳洲……………………………………191, 296
新井白石………35, 219, 220, 267-270, 272, 273, 283, 300, 301, 305, 333, 360, 362, 363, 366, 367, 374-376, 379, 384, 389, 413, 439
有馬義純…………………………………………109
アルメイダ，ルイス……………………………109
アレニ，ジュリオ……………………………363, 364
安藤重長……………………………………………93
アンドレア…………………………………………119
イートン，ウィリアム(ぎりん)………82, 83, 100, 178
井伊直弼…………………………………288, 310, 319
イサベラ……………………………………………81
イザベル……………………………………………406
以心崇伝…………………………17, 154, 411, 413
板倉勝重……………………………………………120
板倉重宗………………………………………84, 85
井手弥六左衛門……………………………204, 209
伊藤小左衛門……192, 196, 197, 199-202, 211, 215, 217, 223, 233
伊藤東涯…………………………………272, 297
弥留(富)九郎右衛門………………………211-215
ヴァリニャーノ，アレシャンドロ………115, 440, 441, 446, 447, 452, 460, 461
ウィッカム，リチャード…………………………83
ウィリアムズ，S・W…………………36, 332, 341
ヴィルマン………………………………296, 299
ヴィレラ，ガスパル………109, 401, 405, 408, 410, 439
牛込忠左衛門………………………………212, 213
うりえもん(ウィリアム)……………………83, 188
江川英龍……………………………………………309
江口伊右衛門………………………………197, 199
エロザエモン殿……………………………………79
王圻…………………………………………………372
扇角右衛門……………………………198-200, 227
王熹官………………………………………211, 215
王直…………………………64, 73, 74, 89, 172, 174
大内義隆……………………………75, 401, 404, 439
大国隆正……………………………………………311
大島正朝…………………………………289, 322, 335
太田南畝…………………………………301, 305, 333
大槻玄沢…………………………384, 389, 394, 430
大槻盤渓……………………………………………281
大トメ………………………………………178, 189
大友宗麟……………………………………………406
大原左金吾…………………………………………281
大村純忠……………………………………………109
荻生徂徠…………………………………272, 275, 277
荻生北渓(観)……………………………………275, 298

か　行

貝原益軒……………………………………………364
蔭山九太夫………………………………211-215, 223
数之助(ミゲル)…………………………………119, 187
勝海舟………………………………………………321
桂川甫周…………………………280, 376, 394, 424, 430
カブラル，フランシスコ…………………………406
かめそう……………………………………………83, 86
ガルセス，フランシスコ……………406, 407, 411
カロン，フランソワ………101, 109, 173, 176, 452, 453, 464, 465
川路聖謨……………………………………………309
カント，イマヌエル……………………20, 313, 339
魏官……………………………………119, 120, 175, 187
魏天…………………………………………………170
(規伯)玄方…………………………………………153
姜沆……………………………………………………79
金検忠………………………………………………202
金忠善(沙也可)…………………………88, 195, 204
金同知……………………………………204, 205, 209
グスマン……………………………………………117
久世広民……………………………………………280
クック，ジェームズ………………………………368
クラーメル，クーンラート……………………185, 186

黒沢翁満 ……310
景轍玄蘇 ……146, 148
玄奘三蔵 ……414
ケンペル，エンゲルベルト……2, 3, 18–20, 22, 24–27, 31, 35, 36, 266, 272, 291, 292, 295, 301, 302, 304–307, 313–316, 318, 320, 323, 326–331, 333, 334, 337–340, 349, 442, 450, 454, 455, 465, 466
康熙帝 ……220, 267, 268, 274, 291, 339
コエリョ，ガスパル ……128
古賀侗庵 ……281
コックス，リチャード……82–85, 93, 115, 116, 118–121, 123, 173–175, 177, 178, 180, 181, 187–189, 450, 451, 453, 454, 463
小トメ ……178
小西行長 ……145, 146
小西隆佐 ……115
小茂田勘左衛門 ……197–200, 227
五郎左衛門 ……178, 180, 181, 188, 189
近藤守重 ……282, 294, 300, 306, 403

さ　行

ザヴィエル，フランシスコ……65, 400, 404, 439, 445, 459, 460
榊原篁洲 ……269
佐久間象山 ……281, 332, 342
貞方利右衛門 ……185, 189
サトウ，アーネスト……170, 171, 185, 443, 444, 447, 450, 454, 456–459, 463
佐藤中陵 ……279
佐藤信淵 ……319, 336
サンテン，ピーテル・ファン ……188
サントフォールト，メルヒオール・フォン ……81, 189
シーボルト，フランツ・フォン……18, 19, 20, 35, 302, 326, 327, 329–331, 335, 336, 338–341, 442, 455, 457, 466
シエモン(バスティアン)……79
(志佐)重忠 ……120
志筑忠雄……3, 20, 25, 26, 36, 266, 291, 292, 301, 304, 316, 331, 333, 337
シドッチ，ジョアン ……271, 363, 366, 367
司馬江漢 ……376, 385, 424, 430
渋川春海 ……423, 427
下田弥三右衛門 ……211–215
シモン ……178, 180
ジャパン，ジョン ……177, 180, 188
シャンクス，ヘンリー ……178, 180
先生金右衛門 ……211, 219–221, 223
周性如 ……94, 95
ショイヒツァー，ヨハン・カスパル……38, 337
徐海……64
ジョン，コ ……178, 179, 181, 188
ジョン万次郎 ……248, 390, 392
新宮惣兵衛 ……198–200
ズーニガ ……130
末次三蔵 ……173
末次平蔵 ……101, 173, 211–218, 230
杉田玄白 ……384, 385
杉田成卿 ……305
スザンナ……81
スペックス，ヤック ……122, 138
セイヤー，エド ……119
セイヤー，エドモンド ……179
聖誉玄故 ……133
セーリス，ジョン ……174, 178, 180, 186–188
宣祖……50
全長老 ……202
宋希璟 ……170, 185
宗義真 ……197, 204, 205, 209, 239, 240, 244, 245
宗義成 ……148, 149, 151, 152, 208, 232
宗義智 ……145–148
ソテロ，ルイス……79, 462

た　行

大黒屋光太夫 ……248, 393–395
高木作右衛門 ……132
高野長英……35, 308, 309, 389
高橋景保 ……305, 333, 375, 421, 424
高比良善兵衛(メルチャー) ……179, 180
高山右近 ……129
卓順官 ……211, 212, 215
竹中重義 ……118, 132
伊達政宗 ……177, 180
ダミアン ……118
趙完璧……79
長福院 ……212–214, 218
張六左衛門……75
陳東……64
鄭経(錦舎) ……212, 213, 218, 290
鄭芝竜……74, 174

鄭成功……66, 202
ティチング，イサーク……280, 299, 319, 336, 338, 388
ディッティス，アンドレア……174
鄭和……63
寺島良安……40, 41, 362, 363, 366, 368, 369, 372, 373, 375, 376, 403, 413, 414
天荊……146
ドゥーフ，ヘンドリック……185, 329, 338, 340, 455–457, 466
ドゥーフ(荷蔵役)……186
藤堂高虎……127
ドーム，クリスチャン，ウィルヘルム……36, 38, 292, 302, 328, 329, 337, 339
徳川家光……66, 93, 149, 150, 152–154, 288
徳川家康……16–18, 34, 66, 69, 75, 95, 117, 118, 123, 130, 145, 147, 148, 150, 151, 154, 205, 318, 325, 411, 413, 448, 449, 451, 453, 456, 461, 462, 464
徳川斉昭……281, 308
徳川秀忠……66, 93, 121, 148–151, 154, 448
徳川光貞……269
徳富蘇峰……264–266, 268, 271, 276, 292–294, 320, 321, 336, 345, 353
ドミンゴ……178, 180
朝長対馬守……109
豊田天功……281
豊臣秀吉……8, 17, 23, 49, 51, 55, 68, 69, 73, 77, 88, 91, 92, 109, 115, 117, 127, 128, 144–148, 179, 195, 203, 204, 224, 232, 317, 402, 406–413, 440, 441, 446, 447, 455, 456, 461, 466
虎吉……390–392, 394, 395
鳥居耀蔵……309

な　行

ナーレット，アントニオ……173, 179, 185
内藤如安……129
ナイエンローデ，コーネリアス・ファン……186
中川淳庵……280
長久保赤水……376, 417, 423, 428–435
鍋島直茂……114, 115, 117, 127, 128
成島司直……282, 283
ニールソン，ウィリアム……179, 180
肉屋九右衛門……119
西川如見……40, 41, 57, 267–272, 283, 293–295, 305, 307, 313–318, 327, 333, 360, 362–366, 369–371, 373, 375–383, 403, 413, 428, 436–438
ノイツ，ピーテル……66, 84, 85, 190

は　行

華宇……74, 187
バウティスタ，トメ……177
羽倉外記……281
長谷川権六……116, 187
長谷川藤継……178, 180
長谷川藤広……95, 118, 119, 128–130, 148
長谷川藤正……118–120, 129–131, 141
ハチクワン・ジョアキン……79
浜田弥兵衛……173
はや……82–84, 86
林鵞峯(弘文院)……202
林子平……281, 417, 423
林道栄……364
林羅山……94, 168, 413, 441
ハリス，タウンゼント……288, 311, 343
ハルティンク，カールレル……189
ヒコ，ジョセフ(浜田彦蔵)……36, 311, 312, 321, 325, 386
平田篤胤……306, 307
平田所左衛門……202
平山常陳……100, 119, 130, 141
ヒロン，アビテ……79, 81, 130, 140, 141, 445, 447, 449, 460–462
フィヒテ，ヨハン・ゴットリープ……314, 339
フーコー，ミシェル……7, 28
フェルステーヘン，ウィルレム……81
深堀純賢……116
深見有隣……274, 275, 281, 298
深見玄岱……269, 274
福沢諭吉……432–434
フロイス，ルイス……104, 109, 138, 399, 400, 404–406, 408, 410, 439, 440, 447, 452, 453, 460, 461
フワン……118
ペリー，マシュー・カルブレイス……3, 4, 21, 24, 28, 36, 288, 302, 304, 310, 311, 326, 331, 332, 335, 336, 338, 339, 341, 342, 386, 435, 442, 457, 467
ベルツ，エルヴィン・フォン……9, 28, 321, 322
ヘレナ……82
卞孝文……85
細川忠利……151

本多利明 ……………………………284, 319, 336
本多正純 ……………………………16, 94, 148, 318
本多正信……………………………………………79

ま　行

益田四郎 ……………………………………………131
松浦允任 ………………168, 206, 209, 226, 228, 247
松平定信……………………………28, 305, 385, 393
松平主殿頭(忠房) …………………………212, 213
松平信明 ……………………………………………305
松浦静山 ……………………………………………305
松浦隆信 ……………………………120, 173, 174, 187
松浦信辰 ……………………………………………121
マティンガ(まち) …………………………83, 84
マルティン，ニコラス …………………………173
まん……………………………………………………83
マンショ ……………………………………………178
ミゲル……………………………79, 178–181, 188
水野守信 ……………………………………118, 132
箕作阮甫 ……………………………………………305
ムイゼル，ピーテル …………………173, 185, 186
向山源太夫 …………………………………………310
向山黄村 ……………………………………………289
村山等安 ……………………………129, 131, 149
室鳩巣 ………………………………………………220
毛利元就………………………………………………75
毛利吉成 ……………………………………………115

や　行

柳川調興 ……………………………148, 150, 151
山鹿素水 ……………………………………………281
山口直友 ……………………………………………128
山田長政………………………………………………89
山村昌永 ……………………………………………374
ヤンセン，ウイルレム …………………173, 186
葉明……………………………………………………64
吉雄幸作 ……………………………………………280
吉田松陰 ……………………………………………348

ら・わ行

頼山陽 ………………………………………………281
ラックスマン，アダム ………20, 28, 280, 301, 393
ランチロット，ニコラオ………444, 445, 447, 459, 460
李旦……67, 68, 74, 115, 121, 174, 175, 177, 180, 186, 187
リッチ，マテオ………366, 374, 412, 413, 417, 419, 421, 422, 425–428, 432
レオン ……………………………………178, 180
レザノフ，ニコライ ………284, 307, 329, 394, 457
ロメイン，ヴィンセント……………………81, 189
渡辺崋山 …………………………309, 368, 383, 396
ワルデナール，ウィレム …………………186, 259